Schweitzers Handausgaben
mit Erläuterungen

K. Helmreich

Die bayerischen Gesetze über die Bezirks- und Kreistage

2. Auflage.

1920
München, Berlin und Leipzig
J. Schweitzer Verlag (Arthur Sellier)

Die bayerischen Gesetze

über die

Bezirks- und Kreistage

mit Erläuterungen

und mit Abdruck und Erläuterung der einschlägigen Gesetze, Verordnungen und Vollzugsvorschriften

herausgegeben von

Dr. Karl Helmreich,
rechtsk. Stadtrat.

2. Auflage
der Handausgabe des Distrikts- und Landratsgesetzes.

1920
München, Berlin und Leipzig
J. Schweitzer Verlag (Arthur Sellier).

Junge & Sohn, Univ.-Buchdruckerei, Erlangen

Meinem Vater

zugeeignet.

Vorwort zur 1. Auflage.

Die beiden vorliegenden Gesetze gehören zu den sprödesten des bayerischen Verwaltungsrechts. Bei ihrer erheblichen praktischen Bedeutung mag vielleicht eine die Rechtsprechung und Literatur bis auf die neueste Zeit berücksichtigende Handausgabe nicht unwillkommen erscheinen. Hiebei war naturgemäß auf die Erläuterung des Distriktsratsgesetzes der weitaus größere Nachdruck zu legen.

München, im Juni 1913.

Dr. Helmreich.

Vorwort zur 2. Auflage.

Nachdem die 1. Auflage seit längerer Zeit völlig vergriffen ist, erscheint die neue Auflage in einem verhältnismäßig günstigen Augenblick, insoferne als durch die Gesetzgebung des April und Mai 1919 voraussichtlich ein gewisser gesetzgeberischer Abschluß erreicht ist. Das vorliegende Werk macht den Versuch, den Schwierigkeiten in der Auslegung der beiden Gesetze, die durch die Gesetzgebung des Jahres 1919 wesentlich vergrößert wurden, einigermaßen beiseite zu räumen.

München, im Mai 1920.

Dr. Helmreich.

Inhaltsübersicht.

Verzeichnis der Abkürzungen.

A. A. = anderer Ansicht.
AA = Verhandlungen des 3. Ausschusses der Kammer der Abgeordneten 1851, Beil. Bd. III, IV.
AARef = Bericht des Abgeordneten von Steinsdorf im 3. Ausschuß der Kammer der Abgeordneten 1851 Beil. Bd. III.
A. E. = Am Ende.
AG = Ausführungsgesetz.
AK = Verhandlungen der Kammer der Abgeordneten 1852, Stenographische Berichte Band III. IV.
Anm. = Anmerkung.
A. V. = Allerhöchste Verordnung.
ArmG = Armengesetz.
Bekm. oder Bkm. = Bekanntmachung.
B.G. = Beamtengesetz.
BGB = Bürgerliches Gesetzbuch.
Bl. f. adm. Pr. = Blätter für administrative Praxis.
Bl. f. RA = Seufferts Blätter für Rechtsanwendung.
Brater = Brater, Kommentar zum Distriktsratsgesetz und Landratsgesetz in Dollmanns Gesetzgebung des Königreichs Bayern, II. Teil, I. Bd.
Braunwart-Stößel = Braunwart-Stößel, Die neue bayer. Gemeindegesetzgebung.
Breunig-Henle = Breunig-Henle, Die bayerischen Staats- und Gemeindesteuergesetze.
BTG = Gesetz über die Bezirkstage, kurz: Bezirkstagsgesetz.
DRG = Distriktsratsgesetz.
Dyroff = Dyroff, Verwaltungsgerichtsgesetz.
Entwurf Auer, Brettreich vgl. die Einleitung.
EG = Einführungsgesetz.
EStG = Einkommensteuergesetz.
Frank = Frank, Bayr. Gemeindebeamtenrecht.
Fußn. = Fußnote.
GBG = Gemeindebeamtengesetz.
GO = Gemeindeordnung (rechtsrheinische).
GVBl. = Gesetz- und Verordnungsblatt.
GVG = Gerichtsverfassungsgesetz.
Helmreich-Rock = Helmreich-Rock, Bayerische Gemeindeordnung.
Jan = Jan, Die bayer Gemeinde-, Bezirks- und Kreiswahlen.
KrAG = Kreislastenausscheidungsgesetz vom 23. Mai 1846.
KrTG = Gesetz über die Kreistage, kurz: Kreistagsgesetz.
Lermann = Lermann, Die bayer. Distriktsgemeindeordnung.
Lindner-Hauck-Fischer = Lindner-Hauck-Fischer, Bayer. Gemeindeordnung.
LRG = Landratsgesetz.

MABl. = Amtsblatt der Staatsministerien des Äußern und des Innern.
MBek. oder Min.Bekm. = Ministerialbekanntmachung.
ME = Ministerialentschließung.
Mot. = Motive zu den Entwürfen der Gesetze: die Distrikts- und Landräte betr. (Verhandlungen der Kammer der Abgeordneten 1851, Beil. Bd. II).
ObLG = Oberstes Landesgericht.
Pöll = Pöll, Unterstützungswohnsitzgesetz und Armengesetz.
PolStGB = Polizeistrafgesetzbuch.
Reger = Regers Entscheidungen der Gerichte und Verwaltungsbehörden.
RGBl. = Reichsgesetzblatt.
RRK = Verhandlungen der Kammer der Reichsräte 1851/52, 4. Prot. Bd.
RRRef = Vortrag des Referenten im Ausschuß der Kammer der Reichsräte 1852, 4. Beil. Bd.
Rösch = Rösch, Bayer. Gesetz über die Selbstverwaltung.
RStGB = Reichsstrafgesetzbuch.
RVO = Reichsversicherungsordnung.
s. = siehe.
Seydel = Seydel, Bayerisches Staatsrecht. 2. Auflage.*)
SG = Gesetz über die Selbstverwaltung.
Sörgel = Sörgel, Jahrbuch der Rechtsprechung zum Verwaltungsrecht.
StPO — Strafprozeßordnung.
UmlG = Umlagengesetz.
V. oder V.O. oder Vdg = Verordnung.
VA = Vollzugsanweisung.
VBekm oder VB = Vollzugsbekanntmachung.
VGG = Verwaltungsgerichtsgesetz.
VGH = Verwaltungsgerichtshof.
VGH 1 usw. = Sammlung von Entscheidungen des Verwaltungsgerichtshofes Band 1 usw.
Vgl. = vergleiche.
VV = Vollzugsvorschriften.
Weber = Weber, Gesetz- und Verordnungensammlung für das Königreich Bayern.
WG = Wahlgesetz für die Gemeinde-, Bezirks- und Kreiswahlen.
WO = Wahlordnung für die Gemeinde-, Bezirks- und Kreiswahlen.
ZPO = Zivilprozeßordnung.
Ztschr. f. Rpfl. = Zeitschrift für Rechtspflege in Bayern.

---

*) Bei Seydel wurde absichtlich stets die 2. Auflage angeführt, weil sie von der durch Graßmann und Piloty besorgten 3. Auflage hinsichtlich ihrer wissenschaftlichen Höhe nicht erreicht worden ist.

Einleitung.

I.

Die ersten Ansätze zur Bildung höherer, mehrere Gemeinden umfassender Gemeindeverbände gehen auf die ersten Jahrzehnte des 19. Jahrhunderts zurück. Aus den gesteigerten Bedürfnissen für öffentliche Zwecke, insbesondere für Straßenbauten, Kriegslasten u. s. w., ergab sich das Bedürfnis, sie auf leistungsfähigere Schultern als die der Gemeinden abzuwälzen. Da man damals an eine Heranziehung des Staates in dem heute als selbstverständlich angesehenen Umfang nicht dachte, griff man zur Zusammenfassung benachbarter Gemeinden in sogenannte Konkurrenzdistrikte. Die Rechtsgrundlage bildeten § 7 des Gemeindeediktes vom 17. Mai 1818, ferner das Gesetz vom 22. Juli 1819, die Umlagen für Gemeindebedürfnisse betreffend (GBl. 1819 S. 83) und das Gesetz vom 11. September 1825 über die Behandlung der Distriktsumlagen (GBl. S. 87). Es waren lediglich Zweckverbände benachbarter Gemeinden mit der Aufgabe, gemeinsam für gemeinsame Zwecke beizutragen. Der Charakter einer Rechtspersönlichkeit fehtle den Distriktsgemeinden völlig; auch im übrigen waren die gesetzlichen Bestimmungen über die Verfassung und Verwaltung der Distriktsgemeinden lückenhaft und unbefriedigend. — Eine ähnliche Entwicklung machten die Kreisgemeinden durch, deren erste gesetzliche Grundlage eine Verordnung vom 1. Januar 1822 über die Einführung der Landräte (RegBl. S. 9) darstellt, die später ergänzt wurde durch das Landratsgesetz vom 15. August 1828, die Einführung der Landräte betreffend (GBl. S. 49). Auch den Kreisgemeinden fehlte der korporative Charakter.

Die unbefriedigenden Bestimmungen über die Distrikts- und Kreisgemeinden waren in den folgenden Jahrzehnten wiederholt Gegenstand mannigfacher Wünsche und Vorschläge des Landtags. Aber abgesehen von zwei Gesetzen vom 17. November 1837 und vom 23. Mai 1846 über die Ausscheidung der Kreislasten (GBl. S. 45) blieb der bisherige

Rechtszustand im wesentlichen unverändert, bis die Ereignisse des Jahres 1848 eine Reform in der Zusammensetzung des Landtags bewirkten und damit auch die Notwendigkeit einer Revision in der Verfassung und Verwaltung der Gemeinden und der Gemeindeverbände. Dem Landtag des Jahres 1850 wurden daher drei Gesetzentwürfe, die Gemeindeordnung, die Distriktsräte und die Kreis-(Land-)räte betreffend vorgelegt, die jedoch nicht mehr zur Beratung gelangten. Dem nächsten Landtag, dem des Jahres 1852, wurden die beiden letztgenannten Entwürfe neuerdings vorgelegt, nach nicht sehr erheblichen, während der Beratung vorgenommenen Änderungen unterm 28. Mai 1852 zum Gesetz erhoben und im Gesetzblatt S. 245 und 269 ff. veröffentlicht.

Wenn auch die beiden Gesetze noch weit davon entfernt waren, das Recht der Selbstverwaltung den höheren Gemeindeverbänden zu verleihen, so bedeuteten sie doch einen wesentlichen Fortschritt durch die Feststellung des korporativen Charakters der Distrikts- und Kreisgemeinden, durch eine klare Umgrenzung der ihnen zukommenden Aufgaben, durch genaue Bestimmung der ihnen zur Verfügung stehenden Einnahmequellen. Dagegen wurde schon damals und später in steigendem Maße als Mangel empfunden die nicht mehr zeitgemäße Zusammensetzung der Vertretungskörper nach Berufsständen unter starker Betonung des Grundbesitzes und die Beschränkung der Bewegungsfreiheit der Gemeindeverbände durch den Fortbestand der Staatskuratel auch dann noch, als die Gemeindeordnungen des Jahres 1869 sie im wesentlichen beseitigt hatten. Das Verwaltungsgerichtsgesetz vom Jahre 1878 gab durch seinen Art. 10 Ziffer 1 wenigstens den Distriktsgemeinden einen wenn auch bescheidenen verwaltungsrechtlichen Schutz, den Kreisgemeinden blieb auch dieser versagt. Das Umlagengesetz vom Jahre 1910 und das Gemeindebeamtengesetz vom Jahre 1916 konnten trotz der mancherlei Verbesserungen, die sie mit sich brachten, das immer lauter werdende Verlangen nach einer zeitgemäßen Umgestaltung der Gesetze nicht befriedigen.

Am 26. Juli 1918 legte das Staatsministerium des Innern dem Landtag den Entwurf eines Gesetzes über die Änderung der Gemeindeordnung, des Distriktsratsgesetzes und des Verwaltungsgerichtsgesetzes samt einer Begründung vor (Beilage 2584 zu den Verhandlungen der Kammer der Abgeordneten 1917/18; Entwurf Brettreich), dem am 23. August 1918 eine vergleichende Zusammenstellung zum Entwurf eines Gesetzes über die Änderung der Gemeindeordnungen, des Distriktsratsgesetzes und des

Verwaltungsgerichtsgesetzes (Beilage 2645 zu den Verhandlungen der Kammer der Abgeordneten 1917/18) folgte. Der Entwurf brachte wenigstens den Distriktsgemeinden das verwaltungsgerichtlich geschützte Recht der Selbstverwaltung, ließ aber die Zusammensetzung der Vertretungskörper der Distriktsgemeinden unverändert, da „die Staatsregierung die Wichtigkeit dieser Frage nicht verkenne, sie aber noch nicht für spruchreif halte, weil die Meinungen über eine brauchbare Lösung noch zu weit auseinandergingen". Das Landratsgesetz ließ der neue Entwurf ganz unangetastet. Der Gesetzentwurf kam infolge der Ereignisse des Spätherbstes des Jahres 1918 nicht mehr zur gesetzgeberischen Behandlung.

II.

Der Gestaltung des gegenwärtigen Rechtszustandes ging eine Reihe von gesetzgeberischen Maßnahmen des jungen Volksstaates voraus, die zum Teil nur programmatische Grundsätze darstellten, zum Teil aber unmittelbar rechtserzeugend waren. Zu den ersteren gehören das Staatsgrundgesetz der Republik Bayern vom 4. Januar 1919 (GVBl. S. 1) und das vom Landtag beschlossene vorläufige Staatsgrundgesetz des Freistaates Bayern vom 17. März 1919 (GVBl. S. 109), worin den Gemeindeverbänden ausdrücklich das Recht der Selbstverwaltung zugesichert wurde. Von unmittelbarer praktischer Bedeutung war die Bekanntmachung vom 22. Januar 1919, Gemeindewahlrecht betreffend (GVBl. S. 22), deren Rechtsgültigkeit übrigens mit erheblichen Gründen bestritten werden muß, da sie, in der Form einer bloßen Ministerialbekanntmachung erlassen, die bisherigen gesetzlichen Bestimmungen nicht aufzuheben geeignet war. Der Streit hierüber ist jedoch heute gegenstandslos, da die Bekanntmachung sicher durch die Gesetzgebung des April und Mai 1919 beseitigt wurde. Die eigenartigen politischen Verhältnisse in Bayern, der damals noch unentschiedene Kampf zwischen dem demokratischen Prinzip und dem Rätegedanken, fanden ihren besonderen gesetzgeberischen Ausdruck in dem Gesetz vom 28. März 1919 über die Ermächtigung der Regierung zu gesetzgeberischen Maßnahmen (GVBl. S. 112), abgedruckt, soweit hieher gehörig, im Anhang II. Darin war der Regierung vom Landtag Blankovollmacht zur Erlassung von Gesetzen und Verordnungen gegeben, u. a. zum Zweck der Neuordnung der Verfassung und Verwaltung der Gemeinden, Bezirke (Distrikte) und Kreise auf der Grundlage eines umfassenden Selbstverwaltungsrechts und des allgemeinen, gleichen, geheimen und unmittelbaren Verhältniswahlrechts. Diesem Auftrag kam die Regierung, die ihren Sitz inzwischen nach Bamberg verlegt hatte, nach durch Erlassung des Wahlgesetzes für die Gemeinde-, Bezirks- und Kreiswahlen vom 15. April 1919 (GVBl. S. 171), abgedruckt im Anhang III 1, und des Gesetzes über die Selbstverwaltung vom 22. Mai 1919 (GVBl. S 239), abgedruckt im Anhang II 1, welch letzterem ein durch das Selbstverwaltungsgesetz gegenstandslos gewordenes Gesetz über die Verfassung und Verwaltung der Gemeinden, Bezirke und Kreise vom 22. April 1919 (abgedruckt im „Freistaat" 1919 Nr. 13, im „Bayer. Staatsanzeiger" 1919 Nr. 118; im Gesetz- und Verordnungsblatt nicht abgedruckt) vorangegangen war. Zum Wahlgesetz und zum Selbstverwaltungsgesetz erschien eine Reihe von Ausführungsbestimmungen; nennenswert sind zu ersterem insbesondere die Wahlordnung vom 15. April 1919 (abgedruckt im Anhang III 2) und die Vollzugsbekanntmachung zum Wahlgesetz und zur Wahlordnung vom 22. April 1919 (abgedruckt im Anhang III 3), zu letzterem insbesondere die Vollzugsanweisung zum Gesetz über die Selbstverwaltung vom 14. Juni 1919 (abgedruckt im Anhang II 2). Trotz ihrer Jugend haben in der Zwischenzeit das Selbstverwaltungsgesetz und das Wahlgesetz schon gesetzgeberische Änderungen erfahren; zu ersterem erging das Gesetz vom 28. Oktober 1919 zur teilweisen Abänderung des Selbstverwaltungsgesetzes (abgedruckt im Anhang II 3), zu letzterem das Gesetz betreffend Gemeinde-, Bezirks- und Kreiswahlen vom 14. Mai 1919 (berücksichtigt im Anhang III 1 u. 2).

Die Reichsverfassung vom 11. August 1919 und die bayerische Verfassung vom 14. August 1919 haben das neue bayerische Gemeinderecht unberührt gelassen, da letzteres den von den beiden Verfassungen geforderten programmatischen Grundsätzen entspricht.

Inhaltlich bringt die neue bayerische Gemeindegesetzgebung jedenfalls den obengenannten Bestrebungen auf eine Revision des Distrikts- und Landratsgesetzes restlose Erfüllung, ja es kann wohl gesagt werden, daß aus parteipolitisch-doktrinären Gründen das Bestehende teilweise zu radikal und unter Mißachtung des historisch Gewordenen und Notwendigen beseitigt wurde, eine Anschauung, die ihren Ausdruck in der Aufhebung der Art. 24 und 25 des Selbstverwaltungsgesetzes durch das oben erwähnte Gesetz vom 28. Oktober 1919 gefunden hat.

Gesetzestechnisch stellt die Gemeindegesetzgebung des Jahres 1919 einen seit 100 Jahren nicht erreichten Tiefstand dar, der eine teilweise Erklärung in der Schwierigkeit ihrer Entstehung fern vom Regierungssitz findet. Die Bestimmung in Artikel 1 des Selbstverwaltungsgesetzes, wonach die beiden Gemeindeordnungen, das Gesetz über die Distriktsräte und das Gesetz über die Landräte „nur noch insoweit bestehen, als sich mit diesem Gesetz verträgt", läßt so ziemlich allen Zweifeln Raum, die durch das Fehlen aller sonstigen Auslegungsbehelfe (Begründung, parlamentarische Berichte usw.) noch bestärkt werden. Die Auslegung stößt teilweise auf unlösbare Schwierigkeiten. Die Schwierigkeiten werden vermehrt durch die fast unübersehbare Fülle von Berichtigungen, Ergänzungen und Erläuterungen zu den obengenannten Gesetzen und ihren Ausführungsbestimmungen und kaum gemindert durch Verwendung eines einem beschränkten Kreis zugänglich gemachten Entwurfes des Ministeriums Auer zu einem Gesetz über die Verfassung und Verwaltung der Gemeinden, Bezirke und Kreise (Entwurf Auer).

Das Ermächtigungsgesetz vom 28. März 1919 ist durch das Gesetz vom 24. Januar 1919 (abgedruckt im Anhang I 2) aufgehoben worden. Selbstverständlich sind damit nicht auch die auf Grund des Gesetzes erlassenen Gesetze und Verordnungen ihrer Rechtswirksamkeit entkleidet worden.

I. Erläuterungen zum Bezirkstagsgesetz.

Vorbemerkungen.

Über das vor Erlaß des Gesetzes vom 28. Mai 1852, die Distriktsräte betr., für die Distriktsgemeinden geltende Rechte vergleiche Seydel II S. 135 ff., Mot. S. 564 und AA Ref. S. 165.

Das Gesetz vom 28. Mai 1852, die Distriktsräte betr., kurz Distriktsratsgesetz genannt, hatte bis zum Jahre 1919 nur wenige, jedoch einschneidende Veränderungen erlitten. Abgeändert wurden:

Art. 28 des Gesetzes durch Art. 48 VGG.

Art. 31 des Gesetzes durch Gesetz vom 10. Juni 1899 (§ 44 des Landtagsabschiedes vom 10. Juni 1899 [GVBl. S. 299]).

Art. 20 und 26 des Gesetzes durch Art. 21 und 22 GVG.

Aufgehoben wurden Art. 31 Absatz I und II und Art. 33 des Gesetzes durch Art. 49 Absatz I Ziff. 4 des UmlG, dann eine große Anzahl weiterer Artikel durch die Gesetzgebung des Jahres 1919 (vgl. die Erläuterungen zu den einzelnen Artikeln).

Die zahlreichen auf Abänderung insbesondere der Bestimmungen, die die Zusammensetzung des Distriktsrats regeln, gerichteten Bestrebungen haben bis zum Jahre 1919 zu keinem gesetzgeberischen Erfolg geführt (vgl. Seydel II S. 138 Anm. 27, Lermann S. 2); eine durchgreifende Umgestaltung erfuhr das Gesetz aus Anlaß der staatlichen Umwälzung durch die Gesetzgebung des April und Mai 1919 (vgl. im einzelnen die Einleitung II).

Nach Art. 1 Abs. II SG treten an Stelle der Bezeichnungen Distriktsgemeinde, Distriktsrat, Distriktsausschuß, Distriktsratsmitglied die Bezeichnungen Bezirk, Bezirkstag, Bezirksausschuß, Bezirksvertreter.

Art. 1.

*) I Jeder Amtsbezirk einer Distriktsverwaltungsbehörde — in der Pfalz jeder Kanton — bildet eine Distriktsgemeinde und in einem jeden derselben besteht als Vertreter dieser Korporation ein Distriktsrat.

II Werden infolge einer Amtsorganisation mehrere Landgerichtsbezirke in einen Verwaltungsdistrikt vereinigt, so kann jeder dieser Bezirke als Distriktsgemeinde mit besonderer Vertretung fortbestehen [12]).

Art. 1 ist ersetzt durch Art. 12 und Art. 11 Abs. I—III SG. Diese lauten:

---

*) Alle in Kleindruck abgedruckten Artikel des BTG und KrTG sind aufgehoben oder gegenstandslos geworden. Wo im folgenden „Art." ohne weiteren Zusatz angeführt sind, sind solche des Bezirkstagsgesetzes gemeint.

Definition der Bezirke. Rechtspersönlichkeit. Selbstverwaltungsrecht.

Art. 12.

I Die Gemeinden, die Bezirke[1]), die Kreise sind Körperschaften des öffentlichen Rechts[2]) mit dem Rechte der Selbstverwaltung[3]) nach Maßgabe der Gesetze[4]). Sie können Rechte erwerben[2]) und Verbindlichkeiten eingehen[2]).

II Aufgabe der Gemeinden, Bezirke und Kreise ist die Pflege des geistigen, sittlichen und wirtschaftlichen Wohles der Einwohner und deren Erziehung zur Gemeinschaft des ganzen Volkes[4a]).

Gebietsumfang der Bezirke[5]).

Art. 11.

I Mit Wirkung vom 1. Januar 1920 werden die zu einem Bezirksamte gehörigen mehreren Distrikte zu einem einzigen Bezirke vereinigt[6]).

II Streitigkeiten über die Auseinandersetzung des Vermögens werden nach Art. 11 des Verwaltungsgerichtsgesetzes entschieden[7]). Jeder bisherige Distrikt wird in diesem Verfahren noch vom bisherigen Distriktsausschusse vertreten[8]). Dieser ergänzt eintretende Lücken durch Zuwahl aus den nach dem älteren Recht wählbaren[9]) Angehörigen des bisherigen Distrikts.

III Die Verwaltung des vereinigten Bezirkes wird nach Beendigung der Wahl von der für den vereinigten Bezirk gewählten Vertretung übernommen[10]). Der Haushalt für das laufende Jahr wird nach Maßgabe des aufgestellten Voranschlags noch getrennt für die beiden[11]) bisherigen Distrikte geführt.

1) An die Stelle der bisherigen „Distriktsgemeinde" ist durch Art. 1 Abs. II SG die Bezeichnung „Bezirk" getreten.

Bis zum Inkrafttreten des DRG vom Jahre 1852 hatten verschiedentlich wohl auch als Distriktsgemeinden bezeichnete Konkurrenzverbände bestanden (vgl. die Einleitung I). Was ihren Fortbestand nach dem Inkrafttreten des DRG vom Jahre 1852 anlangte, so war der Ausschußreferent der Abgeordnetenkammer (AARef S. 168) der Ansicht, daß alle jene Konkurrenzdistrikte, welche nicht schon aus dem Bezirk der neuzubildenden Distriktsgemeinden beständen, aufzulösen und ihre Zwecke denen der Distriktsgemeinde anzureihen seien. Dem ist mit der Maßgabe beizustimmen, daß die Auflösung der alten Verbände nicht eo ipso erfolgte und ebensowenig eo ipso die Anreihung ihrer Zwecke an die neuen Distriktsgemeinden, auch wenn die Bezirke des alten Konkurrenzverbandes und der Distriktsgemeinde zusammenfallen; dagegen nimmt mit Unrecht ein Erkenntnis des Oberappellationsgerichts vom 28. Februar 1871 (Bl. f. RA 36, 352) an, daß die mit den früheren Distriktsgemeinden verbundenen Rechte und Lasten kraft Gesetzes auf die neuen Verbände übergegangen seien. Dieser Übergang auf die Distriktsgemeinde setzt vielmehr die beschlußmäßige Übernahme durch den Distriktsrat voraus (vgl. VGH **12**, 229). Hat eine solche nicht stattgefunden, so bestehen die alten Konkurrenzverbände fort, das hiezu gehörige Vermögen, Anstalten usw. bleiben im Eigentum der beteiligten Gemeinden (AARef S. 168). Die aus dem älteren Rechtszustand stammenden Konkurrenzverbände sind nunmehr nach Art. 37 zu beurteilen. S. daselbst über die Rechtsverhältnisse, insbesondere über die Lösbarkeit der Konkurrenzverbände. Ebensowenig sind die auf Grund des Art. 37 DRG entstandenen Verbände eo ipso seit dem Inkrafttreten des SG nunmehr nach Art. 26 SG zu beurteilen. S. hierüber unten bei Art. 37.

Steuerdistrikte haben mit den Bezirken nichts zu tun. Die Kassen, Fonds und Anstalten eines Bezirks sind keine besonderen juristischen Persönlichkeiten: ihr Vermögen, Forderungen und Schulden sind solche des Bezirks.

Grundsätzlich haben der Bezirk als Gemeindeverband und der Bezirk als staatlicher Verwaltungsdistritt nach dem SG nichts miteinander zu tun. Tatsächlich läßt sich die vom Gesetz grundsätzlich ausgesprochene Trennung nicht durchführen, wenigstens zurzeit nicht. Dies setzte die Aufstellung eines staatlichen und eines bezirksgemeindlichen Verwaltungsapparats voraus, einen Luxus, den sich Bayern auf Jahrzehnte hinaus nicht wird leisten können. Wie bisher wird sich der Bezirk auf die Verwaltung seines Vermögens (Art. 21, 22 SG), auf die Aufstellung von Bezirksbeamten und auf die Errichtung und Unterhaltung bezirksgemeindlicher Anstalten und Einrichtungen (einschließlich der Bezirksarmenpflege) zu beschränken haben, wozu durch Art. 23 SG noch in beschränktem Umfang gewisse Gegenstände der Bezirkspolizeiverwaltung getreten sind, im übrigen wird wie bisher das Bezirksamt die Geschäfte des Bezirks als Selbstverwaltungskörpers zu besorgen haben. Art. 23 Abs. III SG, § 22 Abs. II und § 23 Abs. III der VA zum SG sprechen dies — allzueng begrenzt — von den Beschlüssen des Bezirksausschusses aus. S. im übrigen Braunwart-Stößel S. 146 ff. und Ziff. 4 der ME vom 1. September 1919 (abgedruckt im Anhang II 6).

Die Organe des Bezirks, der Bezirkstag und der Bezirksausschuß, sind durch eine zu § 114 RStGB ergangene Entscheidung des Reichsgerichts (Band 40 S. 161; Bl. f. adm. Pr. 57 S. 347) als Behörden anerkannt worden. Daß dies auch heute noch rechtens ist, nachdem es hinsichtlich der gemeindlichen Organe unbestritten ist, darf wohl als sicher gelten. Eine Disziplinargewalt gegenüber den Bezirksvertretern besteht nicht.

2) Die Bezirke sind Korporationen des öffentlichen Rechts, also juristische Personen. Sie sind rechtsfähig, sie nehmen am Privatrechtsverkehr teil, sie sind fähig Vermögen zu erwerben, zu besitzen und zu veräußern, Verträge abzuschließen, Schulden aufzunehmen und als Erbe eingesetzt zu werden.

Die Bezirke sind parteifähig (§ 50 Abs. I ZPO) und prozeßfähig (§ 52 Abs I ZPO). Ihr allgemeiner Gerichtsstand wird gemäß § 17 Abs. I ZPO durch den Sitz des Bezirksamts, zu dessen Sprengel sie gehören, bestimmt.

Die Zwangsvollstreckung gegen Bezirke in bürgerlichen Rechtsstreitigkeiten wegen Geldforderungen erfolgt, soweit nicht dingliche Rechte verfolgt werden, gemäß § 15 Ziff. 3 EGZPO, Art. 9 Abs. II und III AGZPO ohne Einmischung der Gerichte durch die Aufsichtsbehörde, d. i. die Kreisregierung und zwar im Weg der Zwangsetatisierung (Art. 27 Abs. I lit. a BT Grund Art. 13 Abs. III—V SG [unten bei Art. 23]), Zwangsvollstreckungen wegen anderer als Geldforderungen nach Vorschrift der §§ 883 ff. ZPO. Für die Zwangsvollstreckung in Verwaltungsrechtssachen gilt Art. 16 BGG im Zusammenhalt mit Art. 27 Abs. I lit. a BTG, Art. 13 Abs. IV SG (unten bei Art. 23).

Um als handelndes Subjekt in die Außenwelt treten und um ihre eigenen Angelegenheiten verwalten zu können, bedarf der Bezirk als juristische Person der Organe. Seine Organe sind der Bezirkstag und der Bezirksausschuß. Wegen der Abgrenzung der Zuständigkeit dieser Organe vgl. Anm. 2 zu Art. 21 SG unten bei Art. 11. Soweit die Organe des Bezirks innerhalb ihrer Vertretungsmacht handeln, berechtigen und verpflichten sie den Bezirk (§ 164 BGB). Überschreiten sie ihre Vertretungsmacht, so sind ihre Handlungen für den Bezirk nicht verbindlich, es sei denn, daß sie nachträglich von ihm genehmigt würden.

Zustellungen an den Bezirk haben an den Bezirksausschuß (Art. 22 Abs. I SG) „zu Handen des Vorsitzenden desselben des Herrn N.", zu erfolgen (§ 22 Abs. V der BA zum SG; § 171 Abs. II ZPO). Eine Zustellung an das Bezirksamt oder dessen Vorstand ist nicht als an den Vorstand des Bezirksausschusses und hiemit an diesen letzteren selbst erfolgt zu erachten (vgl. BGH **3**, 381).

3) Während bisher nach der herrschenden Ansicht (BGH **8**, 305; **12**, 302; **32**, 157 und die erste Auflage dieses Werkes) den Distriktsgemeinden das Recht der Selbstverwaltung keineswegs zustand, vielmehr nach Art. 23 Abs. I DRG die Staatskuratel in vollem Umfang in Geltung war, wenn sie auch in den letzten Jahrzehnten milde gehandhabt wurde, hat Art. 1 SG auch den Bezirken das volle Recht der Selbstverwaltung im gleichen Umfang wie den Gemeinden verliehen. Die Vermutung spricht für ihr Selbstverwaltungsrecht, eine Einschränkung besteht nur, soweit eine gesetzliche Bestimmung eine Einschränkung enthält. Hierüber vgl. Anm. 4.

Das Selbstverwaltungsrecht erstreckt sich grundsätzlich auch auf den sog. übertragenen Wirkungskreis, insbesondere die Polizeiverwaltung (Art. 23 Abs. I SG). Das Selbstverwaltungsrecht umfaßt auch das Recht, innerhalb des Wirkungskreises des Bezirks allgemein verbindliche statutarische Bestimmungen mit Gesetzeskraft sowie (auf dem Gebiet der Polizeiverwaltung) bezirkspolizeiliche Vorschriften (Art. 23 Abs. I lit. a SG) zu erlassen, soweit sie nicht in Widerspruch treten mit den von einem höheren Verband, insbesondere dem Staat, erlassenen Vorschriften.

Das Petitionsrecht der Bezirke zum Land- und Reichstag muß trotz Fehlens einer ausdrücklichen Bestimmung anerkannt werden; es ist ein Ausfluß des Selbstverwaltungsrechts.

Portofreiheit genießen die Bezirks- und Kreistage nicht, wohl aber die Bezirks- und Kreisausschüsse (Verzeichnis II der MBek. vom 25. Juli 1916 [GVBl. S. 179]).

4) Das Recht der Selbstverwaltung ist kein unbeschränktes, sondern „nach Maßgabe der Gesetze" beschränkt. Gesetz in diesem Sinn ist jede Rechtsnorm (Lindner-Hauck-Fischer S. 108).

Die das Selbstverwaltungsrecht einschränkenden gesetzlichen Bestimmungen sind vor allem in Art. 14 und 15 SG, den letzten Resten der Staatskuratel, enthalten, aber auch in zahlreichen anderen reichs- und landesgesetzlichen Bestimmungen. In einzelnen Fällen (Art. 13 Abs. III SG:

tritt an die Stelle der Tätigkeit des Selbstverwaltungskörpers die der Aufsichtsbehörde.

Seinen überaus wichtigen verwaltungsrechtlichen Schutz findet das Selbstverwaltungsrecht des Bezirks in der Bestimmung des Art. 10 Ziff. 1 VGG in der Fassung des Art. 30 SG (Anhang VI). Hienach kann der Bezirk in letzter Instanz eine Entscheidung des Verwaltungsgerichtshofs über staatsaufsichtliche Beschlüsse und Verfügungen der Kreisregierungen herbeiführen, wenn der Bezirk behauptet, die Verfügung verletze sein gesetzliches Selbstverwaltungsrecht oder belaste ihn mit einer gesetzlich nicht begründeten Leistung. Vgl. hiezu die auch hier verwertbare hinsichtlich des Selbstverwaltungsrechts der Gemeinden ergangenen Rechtsprechung des Verwaltungsgerichtshofs bei Dyroff, VGG.

4a) Der Abs. II des Art. 12 SG enthält nur Sätze von programmatischer Bedeutung, er ist rechtlich belanglos (vgl. § 12 Abs. II der VA zum SG).

5) Der erste Halbsatz des Art. 1 Abs. I BTG gilt unverändert weiter. Hienach deckt sich grundsätzlich — und dieser Grundsatz ist durch Art. 11 Abs. I SG nunmehr ausnahmslos durchgeführt — der Amtsbezirk eines Bezirksamts mit dem Gebiet eines Bezirks als höheren Gemeindeverbands.

Die Bildung der staatlichen Verwaltungsdistrikte unterliegt der Zuständigkeit der staatlichen Organisationsgewalt, und zwar des Ministeriums des Innern (Lermann S. 30; a. A. Seydel II S. 140). Dieses kann daher jederzeit sowohl Teile eines Verwaltungsdistrikts einem andern Verwaltungsdistrikt zuteilen, als auch einen Distrikt unter mehrere andere völlig aufteilen als auch einen oder mehrere Verwaltungsdistrikte im ganzen einem andern Verwaltungsdistrikt zuteilen. Ein Einspruchsrecht der Bezirke bei Veränderung der Verwaltungsdistrikte besteht nicht; eine Mitwirkung der Gemeinden nur soweit, als derartige Veränderungen ihren Bestand berühren (Art. 4 Abs. I und II GO in der Fassung des Art. 27 SG).

Veränderungen im Bestand von Bezirken sind stets eine Folge von Veränderungen in der Organisation von Verwaltungsdistrikten. Nicht zulässig wäre es, wenn sich mehrere Bezirke vereinigen wollten, ohne daß gleichzeitig von der Staatsregierung eine Vereinigung der Verwaltungsdistrikte verfügt würde. Unzulässig ist auch eine freiwillige Auflösung des Bezirks oder die Bildung mehrerer Bezirke aus einem einzigen (ME vom 5. Juli 1879 [Weber 13 S. 74] Ziff. 3 Abs. II).

Veranlaßt wird die Veränderung in der Organisation eines Verwaltungsdistrikts sehr häufig durch die Erhebung einer Gemeinde zur kreisunmittelbaren Stadt (s. Art. 17 SG) oder durch die Einverleibung einer bisher im Bezirksverband stehenden Gemeinde in eine kreisunmittelbare Stadt. Übrigens kann nunmehr nach Art. 17 SG eine Gemeinde zur kreisunmittelbaren Stadt erhoben werden, ohne daß sie aus dem Bezirksverband auszuscheiden hat (vgl. Anhang II 5).

Auch kann die Staatsregierung kraft ihres Organisationsrechtes — hiegegen besteht kein Einspruchsrecht — den Untergang eines Bezirks herbeiführen, indem sie Teile des Verwaltungsdistrikts an andere Distrikte in der Weise anfügt, daß keiner dieser Teile als ein den bisherigen Bezirk fortsetzender lebensfähiger Körper betrachtet werden kann. Bei der Würdigung, ob diese Voraussetzung in einem ge-

gegebenen Fall vorliegt, wird auf die wirtschaftlichen Verhältnisse und die Leistungsfähigkeit der betreffenden Gemeinden sowie auf das Gewicht der von dem Bezirk zu tragenden Lasten Rücksicht zu nehmen sein. Hiebei ist der Bestand von kleinen, wenig leistungsfähigen Bezirken keinesfalls zu begünstigen. Ob diese Voraussetzungen zutreffen, ist von der Kreisregierung, Kammer des Innern, zu entscheiden (ME vom 5. Juli 1879 [Weber 13 S. 74] Ziff. 3). Gegen die Entscheidung der Kreisregierung findet die reine Verwaltungsbeschwerde zum Ministerium des Innern statt. Die Zuständigkeit des Verwaltungsgerichtshofes ist nicht vorgesehen.

Während bisher nach Art. 1 Abs. II DRG im Falle der Vereinigung mehrerer Verwaltungsdistrikte die bisherigen Distriktsgemeinden fortbestehen konnten, ist dies in Zukunft (Art. 11 Abs. I SG) ausgeschlossen; mit anderen Worten: jeder Amtsbezirk eines Bezirksamts umfaßt nicht mehr und nicht weniger als das Gebiet **eines** Bezirks als Selbstverwaltungskörpers.

Die Ab- und Zuteilung von Teilen einer Gemeinde berührt den Bezirk materiell nur, wenn die Abtrennung von oder die Zuteilung zu einer Gemeinde eines fremden Bezirks in Frage kommt. Formell ist sie für den Bezirk ohne Belang, da der Bezirk aus dem Gebiet der zugehörigen Gemeinden und ausmärkischen Gebiete besteht und daher ohne weiteres den abgetrennten Gemeindeteil verliert und den zugeteilten gewinnt.

Über Vermögensauseinandersetzungen im Falle der Änderungen im Bestand von Bezirken s. Anm. 7.

6) Die Vereinigung ist am 1. Januar 1920 kraft Gesetzes eingetreten, und zwar auch dann, wenn bis dahin die Vermögensauseinandersetzung nicht abgeschlossen war. Nach § 11 der VA zum SG ist der Übergang der Vermögensrechte der bisher getrennten Bezirke auf den neuen einzigen Bezirk als Gesamtrechtsnachfolge zu betrachten, weshalb wohl in vielen Fällen eine förmliche Vermögensauseinandersetzung unterbleiben konnte. Der Eigentumsübergang an Grundstücken vollzieht sich außerhalb des Grundbuchs, das Grundbuch ist zu berichtigen. Die Vermögensvereinigung erstreckt sich auf das rentierliche und unrentierliche Vermögen ebenso wie auf die Schulden. Die Verwaltung des vereinigten Vermögens ging schon vor erfolgter Auseinandersetzung nach beendigter Wahl auf die Verwaltung des vereinigten Bezirks über (Abs. III).

7) Art. 11 BGG in der Fassung des Art. 30 SG lautet:

I Wenn Änderungen im Bestand von Gemeinden, Distrikten, Kreisen oder Schulverbänden eintreten und sich die Beteiligten über die Teilung oder Auseinandersetzung des Gemeinde-, Distrikts-, Kreis- oder Schulvermögens, oder über die Rechte und Pflichten in Bezug auf bestehende Anstalten nicht gütlich zu einigen vermögen, so tritt in letzterer Beziehung schiedsrichterliche Entscheidung ein.

II Diese steht zu:

1. einer von dem K. Staatsministerium des Innern delegierten Kreisregierung, Kammer des Innern, in denjenigen Fällen, in denen eine Gemeinde, welche einer Kreisregierung unmittelbar untergeordnet ist, eine Distrikts- oder Kreisgemeinde beteiligt erscheint;
2. . . . . . .

III Gegen die Entscheidung der Kreisregierung . . . . findet Berufung an den Verwaltungsgerichtshof statt, welcher in letzter Instanz entscheidet.

IV Wird in dem Schiedsspruch ein einer Gemeinde, einer Ortschaft, einer abgesonderten Markung oder einem Schulverband gehörendes Grundstück auf eine andere Gemeinde, Ortschaft oder abgesonderte Markung oder einen anderen Schulverband übertragen, so tritt die Eigentumsänderung mit der Rechtskraft des Schiedsspruchs ein. Im Schiedsspruche kann ein anderer Zeitpunkt bestimmt werden.

Die nachstehenden Erörterungen beziehen sich — wie überhaupt Art. 11 BGG — nicht bloß auf den Spezialfall des Art. 11 Abs. I SG, sondern auf alle Änderungen im Bestand von Gemeinden, Bezirken usw. und die hiebei notwendig werdende Auseinandersetzung des Vermögens, sei es in friedlicher Weise, sei es durch Schiedsspruch. Hiebei ist es gleichgültig, ob die Änderung im Bestand von Gemeinden, Bezirken usw. auf Willensakte dieser Selbstverwaltungskörper oder auf organisatorische Verfügungen der Staatsregierung (s. oben Anm. 5) oder auf die Gesetzesbestimmung des Art. 11 Abs. I SG zurückzuführen ist.

a) Verfahren.

Die Zuständigkeit zur Entscheidung kommt in erster Linie der Kreisregierung, Kammer des Innern, zu, die vom Staatsministerium hiezu bestimmt wurde; die Entscheidung braucht nicht nach kollegialer Beratung zu erfolgen; in zweiter und letzter Instanz entscheidet der Verwaltungsgerichtshof. Für das Verfahren gelten die Vorschriften des Art. 45 BGG. Siehe Dyroff, BGG, Anm. zu Art. 45.

Diee Entscheidung der Kreisregierung wie des Verwaltungsgerichtshofs ist ihrem Wesen nach eine schiedsrichterliche, sie erfolgt nach Billigkeit und freier Beurteilung der Sach- und Rechtslage (VGH **11**, 499; **12**, 373) und nicht unbedingt nach den zivilrechtlichen Grundsätzen über Gemeinschaftsteilung; die Zuerkennung von Verzugszinsen ist in der Regel ausgeschlossen und nur bei ganz besonderen, außerordentlichen Umständen gerechtfertigt (VGH **12**, 373).

Eine schiedsrichterliche Entscheidung tritt nur ein, wenn sich die Beteiligten nicht gütlich zu einigen vermögen. Wenn nun unter den Parteien Streit besteht, ob eine gültige gütliche Vereinbarung vorliegt, so ist nach Ansicht des Verwaltungsgerichtshofes die Austragung des letzteren Streites dem schiedsrichterlichen Verfahren präjudiziell und hierüber von der zuständigen Behörde gesondert zu entscheiden (VGH **14**, 103). Zweckmäßiger jedenfalls und auch nicht im Widerspruch mit den Grundsätzen dieses Verfahrens stehend wäre es, die Frage der Gültigkeit solcher Vereinbarungen als Inzidentpunkt von der schiedsrichterlichen Instanz entscheiden zu lassen (vgl. ähnliche Fälle bei Dyroff, BGG, S. 568 ff).

Zuständig zum Abschluß von Vereinbarungen namens der Gemeinden sind der Stadt- bzw. Gemeinderat; namens des Bezirks schließt der Bezirksausschuß (Art. 22 Abs. II lit. a SG) — ausnahmsweise (Art. 21 Abs. I lit d—f SG) kommt eine Beschlußfassung des Bezirkstags in Frage — derartige Vereinbarungen ab. Einer besonderen Form bedürfen sie nicht. Im Spezialfall des Art. 11 Abs. I SG vertreten nach Abs. II Satz 2 die bisherigen Distriktsausschüsse die bisherigen Distriktsgemeinden.

Was den Umfang der schiedsrichterlichen Entscheidung anlangt, so bildet der Streitgegenstand, nämlich die Teilung und Auseinandersetzung des Vermögens, ein unzertrennbares Ganzes, das nicht in einzelne Teile zerlegt werden kann, sondern nach seiner Totalität und einheitlich den Beteiligten gegenüber gewürdigt und entschieden werden muß (VGH **11**, 499). Eine Vereinbarung oder eine rechtskräftige Entscheidung über einen Teil des Vermögens hat daher keinen Anspruch darauf, im Streitfalle bzw. in der Entscheidung 2. Instanz als unumstößlich aufrecht erhalten zu bleiben.

Die Legitimation zum Abschluß von Vereinbarungen sowie zur Vertretung im schiedsrichterlichen Verfahren kommt den Bezirken, deren Gebiete sich ändern, bzw. den unmittelbaren Städten zu, denen Gemeinden einverleibt oder von denen Gemeinden losgetrennt werden. Sie vertreten ohne weiteres die Interessen der austretenden Gemeinden. Letzteren kommt dagegen beim Abschluß von Verträgen keinerlei Mitwirkung zu, es sei denn, daß es sich um die Einverleibung einer Gemeinde in eine unmittelbare Stadt handelt; dann ist Art. 4 Abs. I und II GO in der Fassung des Art. 27 SG zu beachten.

Das schiedsrichterliche Verfahren vor den Verwaltungsgerichten läßt einem Streit vor den Zivilgerichten über denselben Gegenstand keinen Raum; letzteren mangelt daher die Zuständigkeit zur Entscheidung über die Vermögensauseinandersetzung (Entscheidung des Gerichtshofs für Kompetenzkonflikte vom 1. Juli 1867; Reg.Bl. 1867 S. 841). Die Frage des Eigentums allerdings ist, weil zivilrechtlicher Natur, von den Zivilgerichten zu entscheiden.

b) Die Wirkung der schiedsrichterlichen Entscheidung bzw. der gütlichen Vereinbarung ist die, daß die den austretenden Gemeinden anläßlich des Austritts zufallenden Vermögensstücke ohne weiteres auf den neuen Bezirk bzw. die einverleibende unmittelbare Stadt übergehen (Art. 11 Abs. IV VGG [oben abgedruckt]). So fallen Bezirksanstalten, Bezirksstraßen und Grundstücke des Bezirks, die für die austretende Gemeinde anläßlich ihres Austritts aus dem bisherigen Bezirksverband ausgeschieden werden, ohne weiters dem neuen Bezirk, bzw. der unmittelbaren Stadt zu (vgl. Bl. f. adm. Pr. 14 S. 333; 37 S. 293); der Abschluß notarieller Verträge hinsichtlich der Grundstücke unterbleibt, vielmehr ist das Grundbuch zu berichtigen (vgl. § 11 Abs. II und § 30 der VA zum SG und Helmreich-Rock, GO, Anm. 12 zu Art. 5). Ebenso erfolgt der Übergang der auf der austretenden Gemeinde ruhenden Verpflichtungen. Als Zeitpunkt des Übergangs gilt nach Art. 11 Abs. IV VGG (oben abgedruckt) der Tag, an dem der Schiedsspruch rechtskräftig wird oder den die Staatsbehörde bestimmt.

Bezüglich der Geltung bezirkspolizeilicher Vorschriften bei Änderung der Grenzen des Bezirks s. Helmreich-Rock, GO, Anm. 9 zu Art. 4; bezüglich der Ausdehnung einer Bezirksanstalt auf die dem Bezirk neu zugeteilten Gemeinden s. Bl. f. adm. Pr. 34 S. 21.

c) Materielle Grundsätze für die Vermögensauseinandersetzung:

Für den Sonderfall des Art. 11 Abs. I SG (Vereinigung mehrerer zu einem Bezirksamt gehöriger Distrikte) stellt § 11 der VA zum SG (abgedruckt im Anhang II 2) besondere Grundsätze auf, als deren wichtigster die Bestimmung anzusehen ist, daß grundsätzlich eine Vereinigung der mehreren Vermögensmassen anzustreben und die Bildung von Sonderrechten möglichst zu vermeiden ist, was der Idee der Gesamtrechtsnachfolge (s. oben Anm. 6) entspricht. Auch die

Gehälter, Ruhegehälter usw. der bisher getrennten Distrikte gehen auf den neuen Bezirk über (vgl. Braunwart-Stößel S. 143).

Handelt es sich um Änderungen im Bestand von Bezirken anläßlich des Ausscheidens einer Gemeinde aus dem Bezirk, so ist, soweit nicht mit Rücksicht auf inmitteliegende Vereinbarungen oder auf sonstige besondere Verhältnisse Abweichungen veranlaßt sind, das gesamte rentierende Vermögen sowie die Schulden des Bezirks nach dem Stande zur Zeit des Ausscheidens der Gemeinde festzustellen (VGH **25**, 417 und VGH bei Sörgel 4 S. 376). Nicht zum rentierenden Vermögen, sondern zum öffentlich-rechtlichen Zweckvermögen gehören Bezirksstraßen, Bezirkskrankenhäuser, Armenhäuser und ähnliche Anstalten; sie sind bei der Auseinandersetzung in der Regel nicht zu berücksichtigen (VGH **25**, 417; s. aber VGH bei Sörgel 4 S. 376), so daß die ausscheidende Gemeinde hiefür in der Regel nichts zu beanspruchen hat, während derartige Anstalten sowie Bezirksstraßen, die sich in der abgetrennten Gemeinde befinden, ohne weiteres auf den aufnehmenden Verband übergehen. Dasselbe gilt auch für das mit der Bezirksstraße verbundene Pflastermaterial, das tatsächlich und rechtlich nur einen Bestandteil der Bezirksstraße darstellt (VGH **25**, 419). Befindet sich jedoch in der abgetrennten Gemeinde eine Bezirksanstalt, die einen nicht ganz unbedeutenden Vermögenswert darstellt, z. B. ein Bezirkskrankenhaus, so wird es der Billigkeit entsprechen, dem Bezirk für den Verlust dieses Vermögensstückes eine dem Wert desselben (nach Abzug der hiefür entstandenen Schulden) entsprechende Entschädigung zuzubilligen (Bl. f. adm. Pr. 14 S. 332 und VGH **25**, 424). Zum rentierenden Vermögen gehört auch das der Bezirkssparkassen (Bl. f. adm. Pr. 14 S. 90; 18 S. 200); auch Kapitalien, die zur künftigen Errichtung einer Anstalt gesammelt wurden, unterliegen der Teilung (Bl. f. adm. Pr. 14 S. 332); ebenso ein Bezirksarmenfonds, der zur Bestreitung der Ausgaben für Bezirksarmenzwecke sowie zur Unterstützung der mit Armenlasten überbürdeten Gemeinden bestimmt ist (VGH **25**, 422). Ob das Vermögen bezirklicher Stiftungen teilungsfähig ist, ist nach dem Willen des Stifters zu beurteilen (Lermann S. 32). Dagegen gehört der Ausfall an Bezirksumlagen, der durch die Abtrennung einer Gemeinde entsteht, nicht zum teilungsfähigen Vermögen des Bezirks (vgl. VGH **14**, 96); wegen der den Bezirken durch § 21 des Finanzgesetzes vom 26. Mai 1892 (GVBl. S. 165) aus der Staatskasse überwiesenen Kapitalien s. VGH **25**, 422. Von dem rentierenden Vermögen sind die Schulden des Bezirks abzuziehen; das so verbleibende Reinvermögen des Bezirks ist nun der Teilung zu unterwerfen. Schulden, die zwar erst nach dem für die Vermögensauseinandersetzung maßgebenden Zeitpunkt (s. oben), aber zur Deckung von Ausgaben, die schon vor diesem Zeitpunkt beschlossen wurden, aufgenommen wurden, sind als abzugsfähige Bezirksschulden anzusehen, da die Verpflichtung zur Übernahme dieser Belastung vor dem maßgebenden Zeitpunkt entstanden ist und daher auch die späterhin austretende Gemeinde umfaßt (VGH **25**, 421). Verteilungsmaßstab ist das Verhältnis der in der abzutrennenden Gemeinde nach Art. 24, 25 UmlG berechneten Steuersumme zu der Gesamtheit der nach Art. 39 Abs. I UmlG berechneten Steuersumme des Bezirks (vgl. VGH **25**, 419). Das für eine ausscheidende Gemeinde berechnete Saldo wird nicht stets in Geld zu bezahlen sein, sondern wird häufig durch Überlassung von Vermögensstücken, die mit dem austretenden Gebietsteil verbunden sind, berichtigt werden können.

Was im Vorstehenden über die Vermögensauseinandersetzung beim Ausscheiden von Gemeinden bemerkt wurde, gilt auch beim Ausscheiden eines ausmärkischen Bezirks aus einem Bezirk.

8) S. oben Anm. 7 c.

9) S. Art. 7 des bisherigen DRG.

10) Über die Zahl der Vertreter, die die vereinigten Bezirke zusammen zu wählen hatten, vgl. Art. 11 Abs. IV mit Art. 9 SG. Diese am 15. Juni 1919 gewählte gemeinsame Bezirksvertretung hatte sofort nach der Wahl die Verwaltung des aus den bisherigen Distrikten gebildeten Bezirks zu übernehmen, obwohl nach Art. 11 Abs. I BGG die Vereinigung erst am 1. Januar 1920 in Kraft trat.

11) Richtiger: für die mehreren ....., da es auch Bezirksämter mit 3 Distrikten gab.

12) Art. 1 Abs. II des bisherigen DRG ist angesichts der Bestimmung in Art. 11 Abs. I SG gegenstandslos geworden, da künftig der Grundsatz gilt, daß sich der Amtsbezirk eines Bezirksamts unbedingt mit dem Gebiet eines Bezirks als höheren Gemeindeverbands decken muß (s. oben Anm. 5 am Anfang).

Zusammensetzung des Bezirkstags.

Art. 2.

I Der Distriktsrat wird gebildet:

a) aus den Vertretern sämtlicher zu dem Distrikte gehörigen Gemeinden in der Art, daß Gemeinden bis zu 2000 Seelen einen, größere Gemeinden für je 2000 Seelen mehr einen weiteren Abgeordneten zu wählen haben;

b) aus den Eigentümern desjenigen Grundbesitzes, von welchem die höchste Grundsteuer im Distrikte entrichtet wird, oder aus den Bevollmächtigten dieser Eigentümer, mit ein Achtel der Zahl der Vertreter der Gemeinden lit. a;

c) aus den Vertretern des unter lit. b nicht begriffenen größeren Grundbesitzes mit ein Viertel der Zahl der Vertreter der Gemeinden;

d) aus einem Vertreter des Staatsärars, wo dieses bei den Distriktsumlagen beteiligt erscheint.

II Ein Restbetrag von mehr als 1000 Seelen bei lit. a wird vollen 2000 gleichgeachtet. Ergeben sich bei lit. b und c Bruchteile, so werden dieselben, wenn sie die Hälfte oder darüber betragen, der vollen Zahl gleichgehalten.

Art. 2 ist ersetzt[1]) durch Art. 9 SG. Dieser lautet:

Art. 9.

I Die Anzahl der Bezirksvertreter[2]) wird auf ein Drittel der bisherigen Zahl der Vertreter der Gemeinden[3]) festgesetzt. Bruchteile unter der Hälfte bleiben bei der Berechnung außer Betracht[4]).

II Der Art. 68 des Armengesetzes bleibt unberührt[5]).

1) Über die früheren Bestrebungen hinsichtlich der Zusammensetzung des Distriktsrats vgl. die Einleitung I.

2) D. h. Mitglieder des Bezirkstags. Nunmehr vertreten die Bezirksvertreter den ganzen Bezirk auf Grund des Umstands, daß der ganze Bezirk einen Wahlbezirk bildet (Art. 5 WG), während die bisherigen Distriktsvertreter Abgeordnete der dem Distrikt angehörigen Gemeinden oder einzelner Personengruppen waren. Mit Recht heben Braunwart-Stößel S. 14 hervor, daß hiedurch die rechtliche Stellung der Bezirke beeinflußt werde, die nicht mehr als aus einer Mehrzahl von Einzelgemeinden (und abgesonderten Markungen) bestehende Gemeindeverbände höherer Ordnung, sondern künftig besser als Samtgemeinden zu bezeichnen seien. Doch hat diese Schlußfolgerung mehr theoretisch-konstruktive als praktische Bedeutung. Denn der Grundsatz des Art. 38 UmlG, wonach bezirksumlagenpflichtig die Gemeinden und die Eigentümer ausmärkischer Grundstücke sind, gilt unverändert weiter, solange überhaupt noch das Umlagenrecht der Bezirke bestehen bleibt.

3) Vgl. hiezu den bisher gültigen, nunmehr gegenstandslosen Art. 2 DRG in Abs. I lit. a und Abs. II. Diese Festsetzung der Zahl der Bezirksvertreter ist absolut verbindlich, ein Abweichen nach oben oder unten unzulässig, da der in Art. 6 Abs. III Ziff. 3 SG den Gemeinden zugestandene Spielraum den Bezirksvertretungen nicht eröffnet ist. Änderungen in der Einwohnerzahl, die nach dem bisherigen Recht die Anzahl der Gemeindevertreter und damit auch die der Bezirksvertreter beeinflußt hätten, bleiben in Zukunft unberücksichtigt. Bei der Berechnung der Zahl der Bezirksvertreter für mehrere zu einem Bezirksamt gehörige, nunmehr vereinigte Distrikte ist die Summe der Vertreter der Gemeinden der bisherigen Distrikte maßgebend (Art. 11 Abs. I und IV SG). Gewissermaßen eine Erweiterung der Zahl der Bezirksvertreter stellt die Bestimmung in Art. 20 Abs. I SG dar, wonach vom Bezirkstag Sonderausschüsse auch aus Bezirksangehörigen, die nicht Mitglieder des Bezirkstags sind, gewählt werden können.

Vgl. im übrigen § 9 Abs. I der VA zum SG.

4) Wenn bei der Teilung durch 3 ein Rest von 2 bleibt, so ist ein Vertreter mehr zu wählen, bleibt bei der Teilung ein Rest von 1, so ist er nicht zu berücksichtigen.

5) Art. 68 des Armengesetzes vom 21. August 1914 (GVBl. S. 551) lautet:

> I Die Behandlung der Angelegenheiten in Art. 65 bis 67 gehört zum Wirkungskreise des Distriktsrats und des Distriktsausschusses.
>
> II An der Beratung und Beschlußfassung haben als stimmberechtigte Mitglieder die Bezirkstierärzte und zwei Pfarrer des Distrikts teilzunehmen. Die Pfarrer wählt der neugebildete Distriktsratsausschuß zu Beginn einer jeden Wahlzeit auf deren Dauer. Bei der Wahl entscheidet einfache Stimmenmehrheit, bei Stimmengleichheit, soweit nötig, das Los. Bei Bedarf können Ersatzmänner zugezogen werden.

Die ausdrückliche Aufrechterhaltung des Art. 68 des Armengesetzes hat vor allem die unveränderte Geltung des Absatzes II dieses Artikels im Auge und die Bedeutung, daß, trotz der erheblichen Umgestaltung der Organe des Distrikts (nunmehrigen Bezirks) durch die neue Gesetzgebung, hinsichtlich der Armenpflege des Bezirks die bisher vorgeschriebene Anteilnahme des Bezirksarzts und zweier Pfarrer des Bezirks als stimmberechtigte Mitglieder aufrecht erhalten bleibe.

Die Ausscheidung der Zuständigkeiten des Distriktsrats (nunmehr Bezirkstags) und des Distriktsausschusses (nunmehr Bezirksausschusses) bemißt sich jetzt nicht mehr nach Art. 11 und 16 des DRG, sondern nach den diese Bestimmungen ersetzenden Art. 21 und 22 SG. S. Näheres hierüber unten bei Art. 11 und 16.

Wegen der Bezirksarmenpflege im übrigen vgl. Art. 65—68 des Armengesetzes vom 21. August 1914 (abgedruckt und erläutert unten bei Art. 36).

Aktives Wahlrecht, Wahlbezirk, Wahlverfahren.

Art. 3.

Die Vertreter der Gemeinden werden:

a) in Gemeinden mit magistratischer Verfassung von den in einen Wahlkörper vereinigten Magistraten und Gemeindebevollmächtigten,

b) in den Landgemeinden von dem Gemeindeausschusse,

c) in der Pfalz von dem Gemeinderate,

aus den wirklichen Gemeindemitgliedern — in der Pfalz aus den Ortsbürgern —, welche eine direkte Steuer in dem Gemeindebezirke entrichten, nach absoluter Stimmenmehrheit auf die Dauer von drei Jahren mittels Wahlzettel gewählt.

Art. 4.

I Die Eigentümer des in Art. 2 lit. b bezeichneten Grundbesitzes sind nur dann zur Teilnahme an dem Distriktsrate und zur Bevollmächtigung eines Stellvertreters berechtigt, wenn sie das Indigenat besitzen.

II Gehört ein solcher Grundbesitz einem Minderjährigen, einer inländischen Stiftung oder Korporation, so sind deren gesetzliche Vertreter zur Teilnahme an dem Distriktsrate oder zur Stellung eines Bevollmächtigten berechtigt.

III Die Bevollmächtigten müssen bayerische Staatsbürger sein, und können sich im Distriktsrate auf erhaltene Aufträge nicht beziehen.

Art. 5.

I Die Vertreter des größeren Grundbesitzes (Art. 2 lit. c) sind von den 50 höchstbesteuerten Grundbesitzern des Distriktes, welche nicht schon unter Art. 2 lit. b begriffen sind, aus ihrer Mitte ebenfalls auf die Dauer von drei Jahren zu wählen. Hiebei hat lediglich die Grundsteuer in Berechnung zu kommen.

II Die Wahl findet im persönlichen Zusammentritte der Wähler unter Leitung der Distriktsverwaltungsbehörde mittelst Wahlzettel statt.

Art. 3—5 sind ersetzt durch 2, 3, 5, 6, 9, 11, 12 WG. Diese lauten:

Aktives Wahlrecht.

Art. 2.

I Wahlberechtigt [1]) sind alle männlichen und weiblichen Personen [2]), die am Tage der Wahl

1. das 20. Lebensjahr vollendet [3]) haben,
2. die bayerische Staatsangehörigkeit [4]) besitzen,
3. sich seit 6 Monaten [5]), vom Tage der Anmeldung in der Gemeinde [6]) an gerechnet [7]), in der Gemeinde, im Bezirke, im Kreis aufhalten. Heeresdienst oder Hilfsdienst ersetzt den Aufenthalt [8]).

II Das mit dem Bürgerrecht verbundene Wahlrecht wird aufgehoben.

Art. 3.

Von der Wahlberechtigung ist ausgeschlossen:

1. wer entmündigt ist oder unter vorläufiger Vormundschaft steht [9]),
2. wer infolge eines rechtskräftigen Urteils die bürgerlichen Ehrenrechte nicht besitzt [10]).

Wahlkreis.

Art. 5.

Für die Wahl bildet jede Gemeinde, jeder Bezirk, jeder Kreis je einen Wahlkreis [11]).

Wahlverfahren.

Art. 6.

Sämtliche Wahlen erfolgen als allgemeine, geheime, gleiche, unmittelbare Wahlen nach den Grundsätzen des Verhältniswahlrechtes, wenn es sich nicht nur um die Wahl einer Person handelt [12]).

Art. 9.

Für die Durchführung der Verhältniswahl [13]) gelten folgende Bestimmungen [14]):

1. Die Wählerlisten sind vom 21. bis 14. Tag vor dem Wahltag zu jedermanns Einsicht öffentlich auszulegen [15]). Einsprüche [16]) dagegen sind in der gleichen Frist zu erheben [17]);
2. die Wahl erfolgt auf Grund von Wahlvorschlägen, die spätestens am 15. Tage vor dem Wahltag bei dem Wahlkommissär einzureichen sind [18]);
3. Die Wahlvorschläge dürfen für die Gemeindewahlen in Gemeinden mit weniger als 30000 Einwohnern höchstens zweimal, in größeren Gemeinden und für die Bezirks- und Kreiswahlen höchstens $1^1/_2$mal soviel Namen enthalten, als Personen zu wählen sind [19]);
4. mehrere Wahlvorschläge können verbunden werden [20]);
5. wird für eine Wahl kein [21]) Wahlvorschlag eingereicht, so erfolgt die Wahl als Mehrheitswahl [22]);
6. die Wahl dauert von 9 Uhr vormittags bis 6 Uhr nachmittags. Die Wahl kann schon vorher geschlossen werden, sobald sämtliche in der Wählerliste eingetragenen Personen ihre Stimmen abgegeben haben. Erscheint für eine Gemeinde

die Wahldauer von 9 bis 6 Uhr nach den örtlichen Verhältnissen und der Zahl der Wähler als zu lang, so kann der Gemeindewahlausschuß eine kürzere Wahldauer, jedoch nicht unter 6 Stunden festsetzen[23]);

7. die Wähler sind an die Wahlvorschläge gebunden[24]). Die Stimmzettel haben nicht die Namen der zu Wählenden, sondern nur das Kennwort des Wahlvorschlags (Parteibezeichnung oder ein sonstiges einzelnes Kennwort) zu enthalten[25]);

8. die zu besetzenden Stellen werden auf die einzelnen Wahlvorschläge nach dem Verhältnis der hierauf entfallenen Stimmen und innerhalb der Wahlvorschläge nach der Reihenfolge der Benennungen auf den Wahlvorschlägen verteilt[26]);

9. wenn ein Wahlvorschlag weniger als $1^1/_2$mal soviel Namen enthält, als ihm bei der Wahl Sitze zugefallen sind, kann der Wahlvorschlag nach der Feststellung des Wahlergebnisses bis auf diese Zahl ergänzt werden[27]);

10. die nichtgewählten Bewerber gelten nach der Reihenfolge ihrer Benennung auf dem Wahlvorschlag als Ersatzmänner für die auf dem gleichen Wahlvorschlag gewählten Bewerber[28]). Bei gemeinsamen Wahlvorschlägen mehrerer Gruppen kann die Reihenfolge der Ersatzmänner anders geregelt werden[29]).

Wahlkosten.

Art. 11.

I Die Kosten der Wahl treffen bei den Gemeindewahlen die Gemeinden, bei den Bezirks- und Kreiswahlen für die Bereitstellung des Wahlraumes und der für die Wahl sonst noch nötigen Gegenstände, sowie für die Wählerlisten der Gemeinden, sonst die Bezirke und Kreise[30]).

II Die zum Vollzuge der Wahl vorgesehenen Ämter sind Ehrenämter, wofür keine Vergütung beansprucht werden kann[31]).

Vollzug der Wahl.

Art. 12.

I Die näheren Bestimmungen über den Vollzug der Wahl erläßt das Staatsministerium des Innern[32]).

II Die Bestimmungen für die Wahl der Ortschaftsvertretungen bleiben vorbehalten.

1) Das bisherige in Art. 3—5 DRG niedergelegte Wahlrecht mit im wesentlichen ständischen Charakter unter starker Betonung des Grundbesitzes

z. Einleitung 1) ist durch Art. 2 und 3 WG völlig beseitigt. In Zukunft ist die Wahlberechtigung zu den Vertretungskörpern des Bezirks lediglich an die im Art. 2 und 3 WG niedergelegten Voraussetzungen geknüpft. Die Ausübung des Wahlrechts setzt allerdings noch außerdem voraus, daß der Wähler in der Wählerliste eingetragen ist; hievon bestehen zugunsten des Wahlberechtigten nur die zwei in §§ 17 und 18 WO erwähnten Ausnahmen (unverschuldete Versäumnis der Einspruchsfrist und dienstliche Verhinderung von Staatsbeamten und Staatsarbeitern am Wahltag).

2) Auch Militärpersonen; vgl. die Min.Bekm. vom 2. April 1919 (Anhang III 5), vom 17. Mai 1919 (Anhang III 9) und vom 22. Mai 1919 (Anhang III 10).

3) Es genügt, wenn der Wähler am Wahltag seinen 20. Geburtstag hat.

4) Das Erfordernis der bayr. Staatsangehörigkeit ist durch Art. 17 der Reichsverfassung vom 11. August 1919 (RGBl. S. 1383) beseitigt; es genügt die Staatsangehörigkeit in irgend einem deutschen Land.

5) Nach Art. 17 Abs. II Satz 2 der Reichsverfassung wäre es zulässig gewesen, eine Aufenthaltsdauer von einem Jahr festzusetzen.

6) Nach Art. 2 des Aufenthaltsgesetzes vom 19. Juli 1915 (GVBl. S. 590) hat sich jeder, der in der Gemeinde Wohnsitz oder nicht nur vorübergehend Aufenthalt nimmt, bei der Ortspolizeibehörde (in München bei der Polizeidirektion) anzumelden. Jedoch wird es zulässig sein, den Beginn des Aufenthalts auch in anderer Form nachzuweisen (Braunwart-Stößel S. 78).

7) Der Aufenthalt muß sechs Monate lang ununterbrochen sein; doch schadet eine vorübergehende Abwesenheit nicht. Der Aufenthalt darf nicht aus sicherheits- oder armenpolizeilichen Gründen verboten, er muß ein freiwilliger sein (am Haftort nicht Wahlberechtigte sind von der Stimmabgabe ausgeschlossen; s. Anm. 10) und kraft freier Willensbestimmung gewählt sein (vgl. Ziff. 5 der VBekm. z. WG und unten Anm. 9). Vgl. die Erläuterungen zum Begriff des Aufenthalts bei Pöll S. 174/175.

8) D. h. Heeresangehörige, die seit mindestens sechs Monaten Heeresdienst leisten, oder, wenn sie erst kürzere Zeit Heeresdienst leisten, die zu sechs Monaten fehlende Zeit im Standort unmittelbar vor dem Eintritt in den Heeresdienst zugebracht haben, sind am Standort ohne weiteres wahlberechtigt, wenn sie in die Wählerliste eingetragen sind (vgl. die in Anm. 2 erwähnten Ministerialbekanntmachungen). Desgleichen wird ehemaligen Heeresangehörigen der Heeresdienst insofern angerechnet, als es genügt, wenn sie einschließlich einer an einem beliebigen Standort verbrachten Dienstzeit sich mindestens sechs Monate in der Gemeinde aufgehalten haben.

9) Vgl. §§ 6, 1906 BGB, §§ 645 ff. ZPO. Pflegschaft beeinträchtigt das Wahlrecht nicht. „Notorisch Geisteskranke“, die nicht entmündigt sind, ohne weiteres als nicht wahlberechtigt zu bezeichnen (so Braunwart-Stößel S. 76 und 79), ist nicht unbedenklich, da bekanntlich der psychiatrische Begriff der Geisteskrankheit ebenso wie das Volksempfinden schwankend ist. Vorsichtiger ist Ziff. 5 der VBekm. z. WG, wonach das Wahlrecht nur bei solchen nicht im Zustand freier Willensbestimmung befindlichen Personen, die sich in Heil- und Pflegeanstalten befinden, entfällt. S. oben Anm. 7.

10) Vgl. §§ 32—34 RStGB. Am Haftort nicht wahlberechtigte Untersuchungs- und Strafgefangene sind von der Stimmabgabe ausgeschlossen, nicht aber solche, die, abgesehen von der Tatsache ihrer Haft, am Haftort wahlberechtigt sind. Vgl. die Min.Bekm. vom 10. Juni 1919 betr. Gemeinde-, Bezirks- und Kreiswahlen in Straf- und Untersuchungsgefängnissen (Anhang III 12).

11) Jeder Bezirksamtsbezirk bildet einen Wahlkreis für die Bezirkswahlen, jeder Regierungsbezirk einen Wahlkreis für die Kreiswahlen. Verschieden von den Wahlkreisen sind die Stimmbezirke (§ 6 WO und Ziff. 15 der VBekm. zum WG).

12) Bei den Wahlen genügt grundsätzlich die einfache (relative) Stimmenmehrheit, wobei es gleichgültig ist, welcher Teil der Wahlberechtigten von seinem Wahlrecht Gebrauch gemacht hat. Absolute Stimmenmehrheit kommt bei den Bezirks- und Kreiswahlen überhaupt nicht vor.

13) Für die Gemeinde-, Bezirks- und Kreiswahlen gilt das Verhältniswahlsystem mit gebundenen Listen (Ziff. 7 dieses Artikels) und der Möglichkeit der Listenverbindung (Ziff. 4 dieses Artikels). Die Leitung der Bezirkswahlen obliegt den Bezirksamtmännern, die Leitung der Kreiswahlen den Regierungspräsidenten (§ 1 Abs. II WO) als Wahlkommissären. Ihnen steht für jede Wahl ein Wahlausschuß zur Seite, gebildet aus dem Wahlkommissär und den auf den eingereichten Listen bezeichneten Vertrauensmännern (§§ 2—5 WO).

14) In Art. 9 WG werden nur die grundlegenden Bestimmungen über das Wahlverfahren aufgeführt; Einzelbestimmungen enthält die gemäß Art. 12 Abs. I WG vom Staatsministerium des Innern erlassene Wahlordnung (abgedruckt im Anhang III 2) und die hiezu sowie zum WG erlassene Vollzugsbekanntmachung (abgedruckt im Anhang III 3). Ergänzend tritt hinzu eine Anzahl weiterer Ministerialbekanntmachungen (abgedruckt im Anhang III 4—13).

15) Zu den Wählerlisten vgl. §§ 7—18 WO, Ziff. 17—21 der VB zum WG. Das Muster für die Wählerliste findet sich in der Min.Bekm. vom 21. März 1919 (Anhang III 4). Wegen Anfertigung von Listen für größere Truppenverbände vgl. § 10 WO und die Min.Bekm. vom 17. Mai 1919 (Anhang III 9).

16) Wegen Bekanntmachung der Einspruchsfrist vgl. § 12 WO und Ziff. 19 der VB zum WG. Wegen Versäumnis der Einspruchsfrist vgl. § 17 WO und Ziff. 20 der VB zum WG.

17) D. h. die Aufsichtsbehörde, nämlich das Bezirksamt, bei unmittelbaren Städten die Regierung, entscheidet über erhobene Einsprüche spätestens am 8. Tag vor dem Wahltag (§ 13 Abs. I WO) und zwar endgültig.

18) Wegen der Wahlvorschläge vgl. §§ 19—30 WO, Ziff. 22—34 der VB zum WG. Wegen gemeinsamer Wahlvorschläge (nicht zu verwechseln mit der Verbindung der Wahlvorschläge) mehrerer Parteien vgl. § 21 Ziff. 5 WO (eingefügt durch Min.Bekm. vom 14. Mai 1919 [GVBl. S. 282]).

19) Wegen der Zahl der bei den Bezirkswahlen zu wählenden Personen vgl. Art. 9 SG (oben bei Art. 2 BTG), wegen der Zahl der bei den Kreiswahlen zu wählenden Personen vgl. Art. 10 SG (unten bei Art. 2 KrTG). Es kann deshalb auf die Wahlvorschläge eine größere Zahl von Personen gesetzt werden, als zu wählen sind, weil die nicht gewählten Bewerber als **Ersatzmänner für die aus dem gleichen Wahlvorschlag Gewählten** gelten (Ziff. 10 dieses Artikels und § 64 WO).

20) Die Verbindung der Wahlvorschläge hat die Bedeutung, daß verbundene Wahlvorschläge bei der Verteilung der Sitze zunächst als ein Wahlvorschlag gerechnet werden, worauf erst dann die Verteilung der auf die verbundenen Listen entfallenen Sitze unter die einzelnen Wahlvorschläge erfolgt (§ 62 WO, Ziff. 56 der VB zum WG).

21) Wird auch nur ein Wahlvorschlag eingereicht, so ist die Berücksichtigung von Einzelbewerbern unzulässig (Ziff. 5 der Min.Bekm. vom 13. Mai 1919; Anhang III 8).

22) Vgl. § 30 WO und Ziff. 34 der VB zum WG; ebenda über die Ersatzmänner in solchen Fällen.

23) Wegen der Leitung der Wahlen durch den Wahlkommissär und den Wahlausschuß vgl. oben Anm. 13. Wenn eine Gemeinde in mehrere Stimmbezirke eingeteilt ist, so ist vom Gemeindewahlkommissär ein Wahlvorsteher und ein Stellvertreter zu bestimmen, die mit einem Schriftführer und zwei bis vier Beisitzern den Wahlvorstand bilden. Schriftführer, Beisitzer und zwei Ersatzmänner sind vom Wahlvorsteher zu bestimmen (§§ 31—38 WO, Ziff. 35—38 der VB zum WG).

Wegen der Wahlhandlung vgl. §§ 40—47 WO, Ziff. 39 der VB zum WG. Die Gemeinde-, Bezirks- und Kreiswahlen erfolgen gleichzeitig durch Stimmzettel verschiedener Farbe. Wegen der Farben der Stimmzettel vgl. Ziff. 1 der Min.Bekm. vom 28. April 1919 (Anhang III 6).

Die Wahlhandlung wird nach Ablauf der festgesetzten Zeit geschlossen, gleichviel welcher Prozentsatz der Wähler abgestimmt hat.

24) Vgl. Ziff. 45 der VB zum WG. Wegen der Folgen der Abweichung vom Wahlvorschlag vgl. § 54 WO und Ziff. 49 der VB zum WG, sowie II Ziff. 5 der Min.Bekm. vom 2. Mai 1919 (Anhang III 7).

25) Vgl. § 48 WO.

26) Wegen der Festsetzung der Wahlergebnisse bei den Bezirkswahlen vgl. §§ 70—73 mit §§ 49—65 WO und Ziff. 62—64 der VB zum WG, wegen der Festsetzung der Wahlergebnisse bei den Kreiswahlen vgl. §§ 74—76 mit §§ 49—65 WO und Ziff. 65 und 66 der VB zum WG. Die Wahlverhandlungen sind dem Bezirks- und Kreistag beim ersten Zusammentritt vorzulegen. Über den Zusammentritt der neugewählten Verwaltungen vgl. die Min.Bekm. vom 13. und 17. Juni 1919 (Anhang III 14 und 15).

Falls die Wahl für ungültig erklärt wird, findet eine Nachwahl statt (§ 80 WO).

27) Vgl. § 61 WO und Ziff. 55 der VB zum WG. Zuständig hiefür ist der sog. Vertrauensmann; über diesen vgl. § 21 Ziff. 4 WO.

28) Vgl. oben Anm. 19.

29) Satz 2 der Ziff. 10 ist angefügt worden durch Gesetz vom 14. Mai 1919 (GVBl. S. 281); vgl. hiezu § 64 Abs. II WO in der Fassung der Min.Bekm. vom 14. Mai 1919 (GVBl. S. 282). Wegen der gemeinsamen Wahlvorschläge vgl. oben Anm. 18.

30) Besondere Kosten werden den Gemeinden für die Bezirks- und Kreiswahlen in der Regel, abgesehen von den Kosten der Formblätter, nicht entstehen, da sie gleichzeitig mit den Gemeindewahlen stattfinden, für deren Kosten die Gemeinden ohnedies aufzukommen haben.

31) Solche Ämter sind die der Wahlkommissäre, deren Stellvertreter, der Wahlausschußmitglieder, Wahlvorsteher, deren Stellvertreter, der Schriftführer und Beisitzer des Wahlvorstands sowie deren Ersatzmänner. Es wird auch nicht zulässig sein, daß eine Vergütung an die genannten Personen freiwillig durch die Gemeinden entrichtet wird. Wohl aber können nach § 2 Abs. III WO die zu den Arbeiten der Wahlausschüsse und Wahlvorstände beigezogenen Hilfsarbeiter eine Vergütung erhalten.

32) Vgl. die im Anhang III 2 und 3 abgedruckte Wahlordnung vom 15. April 1919 nebst Vollzugsbekanntmachung zum Wahlgesetz und zur Wahlordnung vom 22. April 1919, sowie die im Anhang III 4—13 abgedruckten Ministerialbekanntmachungen.

Voraussetzungen einer gültigen Wahl.

Art. 6.

[1]) I Zu einer gültigen Wahl (Art. 3 und 5) wird die Abstimmung von $^2/_3$ der Wähler und die absolute Stimmenmehrheit der Abstimmenden erfordert [2]).

II Die Beamten der vorgesetzten Distriktsverwaltungsbehörde können nicht als Mitglieder des Distriktsrates gewählt werden [3]).

1) Art. 6 ist durch das SG und das WG gegenstandslos geworden.

2) Bei den Bezirks- und Kreiswahlen genügt grundsätzlich die einfache (relative) Mehrheit (vgl. Anm. 12 des vorigen Artikels).

3) Da ein gesetzliches Hindernis nicht besteht, können die Beamten des Bezirksamts sehr wohl in den Bezirkstag gewählt, ja sogar als Vorsitzende bestellt werden (vgl. §§ 1, 2 der VA zum SG), vorausgesetzt, daß sie im Gebiet des Bezirks wohnen, nicht etwa im Gebiet einer unmittelbaren Stadt, ebenso die Beamten der Regierung in den Kreistag. Ob dies zweckmäßig und nicht etwa geeignet ist, die betreffenden Beamten in eine wenig erfreuliche Doppelstellung zu bringen, ist eine hier nicht zu erörternde Frage.

Passives Wahlrecht.

Art. 7.

I Sämtliche Mitglieder des Distriktsrates müssen das dreißigste Lebensjahr zurückgelegt haben.

II Was von der Wahl der Gemeindevertretung ausschließt, schließt auch von der Wahl (Art. 3 und 5) und dem Eintritte in den Distriktsrat (Art. 4) aus.

Art. 7 ist ersetzt durch Art. 4 Abs. I WG. Dieser lautet:

Art. 4.

I Wähler sind die in Art. 2[1]) bezeichneten Personen, wenn sie das 25. Lebensjahr zurückgelegt haben und keiner der Ausschließungsgründe des Art. 3[1]) vorliegt[2])[3]).

1) Zu Art. 2 und 3 WG vgl. oben bei Art. 2 BTG; ebenda s. die Erläuterungen hiezu. Wegen der Wählbarkeit der Beamten des Bezirksamts und der Regierung vgl. Anm. 3 des vorigen Artikels.

2) Abgesehen von den in Art. 3 WG erwähnten Ausschließungsgründen sind alle anderen bisherigen Ausschließungsgründe gefallen. Jedoch können nach Art. 3 Abs. II SG Eltern und Kinder, ferner Geschwister nicht gleichzeitig Mitglieder des Bezirkstags sein.

3) Da nach § 22 Abs. II Ziff. 1 WO dem Wahlvorschlag eine gemeindeamtliche Bestätigung über den Eintrag der Bewerber in die Wählerliste beizulegen ist, so wäre eigentlich wählbar nur der, der in die Wählerliste eingetragen ist; jedoch genügt es, wenn die Wählbarkeit in irgend einer anderen Weise zweifelsfrei nachgewiesen wird (vgl. Jan S. 25, Braunwart-Stößel S. 83).

Wahlablehnung.

Art. 8.

I Eine Ablehnung[1]) oder freiwillige Niederlegung[1]) der Wahl findet nur[2]) statt:

a) wegen zurückgelegten 60. Lebensjahres;
b) wegen nachgewiesener[3]) geistiger oder körperlicher Unfähigkeit;
c) wenn der Gewählte schon einmal die Stelle eines Distriktsrates[4]) sechs[5]) Jahre lang ununterbrochen bekleidet hat.

II Der Distriktsrat entscheidet hierüber ohne Zulassung einer Berufung[6]).

III Der Verlust der die Wählbarkeit bedingenden Eigenschaften[7]) hat den Austritt zur notwendigen Folge[8])[9]).

Vorbemerkung: Art. 8 ist durch Art. 3 Abs. I SG (Anhang II 1) ausdrücklich aufrecht erhalten worden. S. auch § 3 der VA zum SG.

1) Der Unterschied zwischen Ablehnung und freiwilliger Niederlegung besteht darin, daß erstere vor Annahme der Wahl zu erfolgen hat, letztere im Laufe der Wahlperiode.

2) Eine Erstreckung auf ähnlich gelagerte Fälle wird im Hinblick auf den Wortlaut unzulässig sein (a. A. Lerman S. 54); auch eine Ablehnung wegen Doppelwahl in mehrere parlamentarische Körperschaften ist nicht begründet.

3) Der Nachweis kann auf verschiedene Weise, insbesondere durch ärztliche Zeugnisse, erbracht werden.

4) Der Mitgliedschaft zum Bezirkstag dürfte die zu einem Sonderausschuß nach Art. 20 SG gleichstehen.

5) Nunmehr 5 Jahre (§ 3 der VA zum SG, a. A. Braunwart-Stößel S. 108).

6) Die Entscheidung des Bezirkstags über das beanspruchte Recht zur Ablehnung oder Niederlegung des Amtes ist endgültig; eine Beschwerde zur Kreisregierung oder eine verwaltungsrechtliche Entscheidung kommt nicht in Frage. Weigert sich der Betreffende trotz der Entscheidung des Bezirkstags, an den Beratungen des Bezirkstags teilzunehmen, so können Zwangsmittel nicht angewendet werden, da Art. 14 Abs. III als aufgehoben anzusehen ist.

Die Ablehnung kann gegenüber dem Wahlkommissär, dem Bezirkstag, dem Kreistag, dem Bezirksamt, der Regierung erklärt werden. Schweigen innerhalb der in § 77 WO vorgesehenen Frist gilt als Annahme (§ 3 Satz 2 und 3 der VA zum SG).

7) Vgl. Art. 4 WG (oben bei Art. 7 BTG) mit Art. 2 und 3 WG (oben bei Art. 2 BTG). Sonstige Verlustgründe gibt es nicht: weder längere

Abwesenheit, wenn damit nicht der Aufenthalt im Gebiet des Bezirks beseitigt wird, noch Bestrafung wegen strafbarer Handlungen, wenn damit nicht der Verlust der bürgerlichen Ehrenrechte verknüpft ist (§§ 32—34 RStGB) begründen den Verlust des Amts.

8) Streitigkeiten darüber, ob der Verlust des Amtes eingetreten ist, werden in demselben Verfahren wie Streitigkeiten über das Recht der Teilnahme entschieden (Seydel II S. 151); vgl. hierüber unten Art. 10 mit Anm.

9) Im Augenblick des Verlusts der erforderlichen Eigenschaften hört der Betreffende auf, Mitglied des Bezirkstags zu sein. Jedoch sind Beschlüsse des Bezirkstags nicht deshalb ungültig, weil eine zur Teilnahme nicht berechtigte Person bei ihrer Fassung mitgewirkt hat (Seydel II S. 150; s. auch Anm. 2 zu Art. 10).

Wahlperioden, Wiederwahl.

Art. 9.

I Bei eintretender Erledigung der Stelle eines Distriktsrates findet eine neue Wahl statt [1]).

II Der Gewählte tritt an die Stelle des Austretenden auf die Dienstesdauer, welche dieser noch zu erfüllen gehabt hätte [2]).

III Die ordentliche Erneuerung der Wahlen geschieht alle drei Jahre [3]).

IV Die Austretenden sind wieder wählbar, soferne sie die die Wählbarkeit bedingenden Eigenschaften nicht verloren haben [4]).

1) Abs. I ist gegenstandslos geworden, da im Fall der Erledigung einer Stelle keine Neuwahl vorzunehmen ist, sondern der nächste Ersatzmann des betreffenden Wahlvorschlags an die Stelle tritt (vgl. Art. 9 Ziff. 10 WG). Anders liegt der Fall, wenn die Wahl allgemein als ungültig erklärt wird (Anm. 2 zu Art. 10).

2) Nur bezüglich der Amtsdauer tritt der eintretende Ersatzmann an die Stelle des Ausgeschiedenen, nicht aber bezüglich etwaiger Funktionen, die dieser versehen hatte, z. B. bezüglich der Mitgliedschaft im Bezirksausschuß oder in Sonderausschüssen.

3) Abs. III ist gegenstandslos geworden durch Art. 5 SG, wonach die Wahlzeit für alle Selbstverwaltungsvertretungen fünf Jahre dauert; die gegenwärtige Wahlzeit läuft vom 1. Januar 1920 ab bis Ende 1924. Den Zeitpunkt der regelmäßigen Wahlen bestimmt das Ministerium des Innern. Mit dem Ende der Wahlzeit endet auch die Berufung der vom Bezirkstag oder Bezirksausschuß in Kommissionen, Ausschüsse oder sonstige öffentliche Vertretungen entsandten Mitglieder (§ 5 der VA zum SG).

Über den Zusammentritt der neugewählten Verwaltungen vgl. die Min.Bekm. vom 13. Juni 1919 (Anhang III 14), teilweise berichtigt und ergänzt durch die Min.Bekm. vom 17. Juni 1919 (Anhang III 15). Hienach werden die Mitglieder der Bezirks- und Kreistage von den Bezirksämtern, bzw. Regierungen zur ersten Sitzung geladen und sind bei der ersten Sitzung von den Bezirksamtmännern bzw. Regierungspräsidenten auf die Bedeutung der Selbstverwaltung, auf die Wichtigkeit und Verantwortlichkeit ihres Amtes aufmerksam zu machen; eine Verpflichtung unterbleibt (§ 18 Abs. II VA zum SG). Darnach erfolgen die Wahlen nach Art. 18 SG.

Erst mit dem Zusammentritt der neuen Vertretung endigt die Amtstätigkeit der alten Vertretung, die also in der Regel noch einige Wochen nach den Neuwahlen ihr Amt fortzuführen hat.

4) Vgl. Anm. 7 zu Art. 8.

Wahlanfechtung.

Art. 10.

I Die Wahlakten werden durch die Distriktsverwaltungsbehörde dem Distriktsrate zugestellt, welcher über Wahlanfechtungen[1]), sowie über die gehörige Bevollmächtigung der in Artikel 2 lit. b und d bezeichneten Vertreter selbst[2]) und ohne Zulässigkeit einer Berufung[3]) beschließt[4]).

II Im Falle des Artikels 2 lit. b kann jeder der dort bezeichneten Eigentümer nur eine Stimme in dem Distriktsrate in Anspruch nehmen und im Falle gemeinschaftlichen Besitzes dieselbe nur durch einen Stellvertreter ausgeübt werden.

1) Unter Wahlanfechtungen im Sinne des BTG sind nicht nur von Dritten ausgehende Anfechtungen der Wahl zu verstehen, sondern alle Maßnahmen, die eine Wahlvernichtung im Auge haben. Denn als legitimiert eine Wahl zu beanstanden, sind nicht nur diejenigen, die zu der betreffenden Wahl wahlberechtigt waren, zu betrachten, sondern auch der Bezirkstag selbst, d. h. aus der Mitte des Bezirkstags jedes Mitglied, auch der Vorsitzende; denn es muß als ein im korporativen Wesen des Bezirks begründetes Recht des Bezirkstags angesehen werden, darüber zu wachen, daß nicht unbefugte Personen an ihm teilnehmen (VGH **3**, 265).

Die sich in der GO (Art. 196 bzw. 122 [pfälz.]) findende Unterscheidung zwischen Nichtigkeit der Wahl, Wahlanfechtung und Wahlbeschwerde ist dem BTG fremd. Alle Anfechtungsgründe haben gleichen Rang und sind im selben Verfahren zu würdigen.

Anfechtungsgrund ist zunächst jeder bei der Wahl vorgekommene wesentliche Formfehler, d. h. jeder Formfehler, der einen störenden Einfluß auf das Wahlergebnis gehabt hat oder gehabt haben kann. Es seien hier im Anschluß an die zu Art. 196 Abs. V GO ergangene Judikatur des Verwaltungsgerichtshofes (vgl. Helmreich-Rock, GO, 3. Aufl. Anm. 15 zu Art. 196) als Formfehler genannt: Zulassung eines Stellvertreters bei der Stimmabgabe (VGH **4**, 1), Stimmabgabe unter Angabe des Namens eines anderen Wahlberechtigten (VGH **10**, 10), gesetzwidrige Bildung des Wahlausschusses oder Wahlvorstands (VGH **4**, 40; **16**, 317), Nichtaufliegen der Wählerliste oder Aufliegen einer mangelhaften Wählerliste (VGH **4**, 42; **10**, 172), Unregelmäßigkeiten bezüglich der Bekanntgabe des Wahltermins (VGH **4**, 44; **10**, 94; **13**, 125); Beschränkung des Rechts auf Einsichtnahme in die Wählerliste (VGH **7**, 161), Berichtigung der Wählerliste durch Nachtrag von Personen ohne vorgängigen Einspruch (VGH **10**, 77); Zulassung von Personen zur Abstimmung, die weder in die Wählerliste eingetragen sind noch ein Zeugnis nach § 17 WO beigebracht haben (VGH **15**, 135); Entscheidung von Anständen über Wahlberechtigung durch den Wahlkommissär bzw. Wahlvorsteher anstatt durch den Wahlausschuß bzw. Wahlvorstand (VGH **12**, 143), unrichtige Behandlung der Wahlakten bei Unterbrechung der Wahlhandlung (VGH **6**, 183), Zulassung von Wählern nach Ablauf der für die Stimmabgabe festgesetzten Frist (VGH **10**, 70); ferner wenn die als gewählt bezeichnete Person nicht die erforderliche Stimmenzahl auf sich vereinigt hat.

Dagegen liegt keine Formverletzung vor bei der irrtümlichen Aufnahme einer Person in die Wählerliste und der hierdurch herbeigeführten Teilnahme jener Person an der Wahl (VGH **4**, 65 und Bl. f. adm. Pr. 3 S. 70), bei einer unrichtigen Entscheidung des Wahlkommissärs hinsichtlich einer undeutlichen Stimmbezeichnung (VGH **6**, 56).

Jedoch sei nochmals darauf hingewiesen, daß die Formverletzung allein noch nicht genügt, um die Aufhebung der Wahl zu begründen; die Formverletzung muß auf das Wahlergebnis einen störenden Einfluß gehabt haben (vgl. VGH **1**, 372; **4**, 1, 40, 44; **11**, 55; **13**, 125; **17**, 184; **32**, 39). Soweit der störende Einfluß reicht, ist die Wahl für ungültig zu erklären oder es ist an Stelle des Gewählten, dessen Wahl angefochten wurde, ein anderer als gewählt zu erklären.

Materieller Wahlanfechtungsgrund ist vor allem die mangelnde Befähigung zum Eintritt in den Bezirkstag (Art. 4 WG oben bei Art. 7).

2) Zunächst ist zu beachten, daß bei den Bezirks- und Kreiswahlen — anders bei den Gemeindewahlen — die Wahlanfechtung an keine Frist gebunden ist; sie kann also jederzeit, auch mitten in der Wahlperiode, erhoben werden. Hat aber der Bezirkstag anläßlich einer Wahlanfechtung eine Entscheidung getroffen, so geht diese auch materiell in Rechtskraft über; es kann also während der Wahlperiode auf Grund des gleichen Tatbestands nicht eine neue Wahlanfechtung erhoben werden.

Die Entscheidung des Bezirkstags wirkt ex nunc, also vom Tage der Entscheidung ab. Deshalb können auch Beschlüsse wegen Teilnahme später ausgeschiedener Mitglieder nicht in Frage gezogen werden (s. oben Anm. 9 bei Art. 8). Wird eine Wahl allgemein als ungültig erklärt, so hat eine Nachwahl stattzufinden (§ 80 WO).

3) Es ist weder Beschwerde zur Aufsichtsbehörde noch ein verwaltungsrechtlicher Streit zulässig. Dagegen ist das Ergebnis der Wahl der Aufsichtsbehörde anzuzeigen; die Gewählten bedürfen keiner Bestätigung (Art. 4 Abs. I SG).

4) Selbstverständlich erstreckt sich die Zuständigkeit des Bezirkstags auch auf die Entscheidung der Frage, ob ein Mitglied wegen der nach seiner Wahl eingetretenen Veränderung der persönlichen Eigenschaften noch befähigt ist, Mitglied des Bezirkstags zu sein.

Wirkungskreis des Bezirkstags.

Art. 11.

Zum Wirkungskreise des Distriktsrates gehören alle Angelegenheiten, welche die der Distriktsgemeinde als Korporation zustehenden Rechte und Verbindlichkeiten betreffen, insbesondere:

a) die Prüfung und Feststellung des jährlichen Voranschlags (Etats) aller Distriktsausgaben;
b) die Beantragung und Verteilung der nötigen Distriktsumlagen;
c) die Prüfung resp. Anerkennung oder Beanstandung der Distriktskassarechnung und der Rechnungen aller Distriktsanstalten;
d) die Aufnahme von Passivkapitalien zur Bestreitung außerordentlicher Bedürfnisse des Distrikts und die Festsetzung des desfallsigen Tilgungsplanes;

e) die Erwerbung oder Veräußerung von Realitäten oder nutzbaren Rechten der Distriktsgemeinde;
f) die Beantragung von Einrichtungen und Anstalten, welche nicht schon gesetzlich erforderlich sind, aus Distriktsmitteln.
Die Verwaltung der Distriktsanstalten geschieht nach den von dem Distriktsrate vorgeschlagenen oder geprüften, und von der Kreisregierung genehmigten Ordnungen.
g) die Abgabe von Gutachten über Gegenstände, welche die Verwaltung und Wohlfahrt des Distriktes betreffen, auf Veranlassung der vorgesetzten Kreisregierung.
Nebstdem ist der Distriktsrat befugt:
h) von den der Verwaltung einer Religionsgesellschaft nicht unterliegenden Distriktsstiftungen Einsicht zu nehmen, und die das Interesse des Distriktes wahrenden Anträge zu stellen;
endlich
i) über den Zustand des Distriktes und über etwa wahrgenommene Gebrechen der Verwaltung desselben sich zu äußern, und hierauf bezügliche Anträge und Beschwerden zu stellen.

Art. 11 ist ersetzt durch Art. 21 SG. Dieser lautet:

Art. 21.

I Zum Wirkungskreise des Bezirkes[1]), Kreises gehören alle Angelegenheiten, die Rechte und Verbindlichkeiten des Bezirkes, des Kreises betreffen, insbesondere[2])

a) die Prüfung und Feststellung des jährlichen Voranschlags aller Einnahmen und Ausgaben[3]),
b) die Festsetzung des Umlagenbedarfs[4]),
c) die Prüfung und Anerkennung oder Beanstandung[5]) der Rechnungen[6]) der Bezirks-, Kreiskasse, der Bezirks-, Kreisanstalten[7]) und der vom Bezirke, Kreise verwalteten Stiftungen,
d) die Aufnahme von Anlehen zur Bestreitung außerordentlicher Bedürfnisse und die Festsetzung des Tilgungsplanes[8]),
e) die Erwerbung[9]) und Veräußerung[10]) von Grundstücken oder Rechten an einem Grundstücke des Bezirkes, Kreises sowie die Belastung eines Grundstückes des Bezirkes, Kreises, mit einem solchen Recht,
f) die Errichtung, Veränderung und Aufhebung der Anstalten[11]) und Einrichtungen[11]) des Bezirkes, Kreises, sowie die Erlassung von Satzungen[12]) für die Verwaltung dieser Anstalten und Einrichtungen.

II Der Bezirkstag, Kreistag kann Angelegenheiten seiner Zuständigkeit auf Grund besonderer Beschlüsse nach näheren Weisungen dem Ausschusse zur Erledigung übertragen[13]). Beschlüsse, die der aufsichtlichen Genehmigung bedürfen, hat der Bezirks-, Kreistag zu fassen[14]).

III In außerordentlich dringlichen[15]) Fällen kann, wenn sonst die Berufung des Bezirks-, Kreistages nötig wäre, der Ausschuß die erforderlichen Beschlüsse fassen. Diese müssen dem Bezirks-, dem Kreistage beim nächsten Zusammentritt vorgelegt werden[16]).

Vorbemerkung: Art. 21 SG ersetzt, soweit er den Bezirk betrifft, Art. 11 BTG. Er umschreibt die Zuständigkeit des Bezirkstags (Abs. I), der Angelegenheiten seiner Zuständigkeit dem Bezirksausschuß übertragen kann (Abs. II). In außerordentlichen dringenden Fällen ist der Bezirksausschuß kraft Gesetzes berechtigt, an Stelle des eigentlich zuständigen Bezirkstags zu handeln (Abs. III). Im übrigen sei auf § 21 der VA zum SG verwiesen.

1) Statt „Bezirkes" muß es richtiger heißen „Bezirkstages", da Art. 21 SG den Wirkungskreis des Bezirkstags umschreibt. Den Wirkungskreis des Bezirks als Selbstverwaltungskörpers umschreibt der grundlegende Art. 12 SG (s. oben bei Art. 1).

Über den Vollzug der Beschlüsse des Bezirkstags vgl. Anm. 2 zu Art. 22 SG unten bei Art. 16.

2) Die Abgrenzung des Wirkungskreises des Distriktsrates (nunmehr Bezirkstags) von jenem des Distriktsausschusses (nunmehr Bezirksausschusses) hat von Anfang an (Brater S. 68, 69) der Auslegung Schwierigkeiten geboten. Die Gelegenheit, diese Auslegungsschwierigkeiten des bisherigen Art. 11 DRG, an dessen Stelle der fast wörtlich gleichlautende Art. 21 SG getreten ist, anläßlich der Schaffung des SG durch eine klare Gesetzesbestimmung zu beseitigen, ist leider versäumt worden. Wie bisher ist bei der Entscheidung dieser Streitfrage das Schwergewicht auf das Wort „insbesondere" in Art. 11 BTG, Art. 21 SG zu legen, aus dem zu ersehen ist, daß die Aufzählung der Funktionen des Bezirkstags in Art. 21 SG nur eine beispielsweise ist, während die Aufgaben des Ausschusses in Art. 16 BTG, Art. 22 SG ohne jenes Wort verzeichnet sind. Hieraus muß der Schluß gezogen werden, daß der Bezirkstag in allen Angelegenheiten zuständig ist, die nicht ausdrücklich der Zuständigkeit des Bezirksausschusses überwiesen sind, sei es kraft Gesetzes (Art. 22 und Art. 21 Abs. III SG), sei es kraft Übertragung (Art. 21 Abs. II SG); ebenso Seydel II S. 142, insbes. Fußn. 32, a. A. Lermann S. 83.

In den folgenden Anmerkungen sind nur die in Abs. I lit. a—f bezeichneten Aufgaben des Bezirkstags besprochen; wegen sonstiger Aufgaben s. den Exkurs zu Art. 11.

Die rechtliche Stellung der Mitglieder des Bezirkstags und des Bezirksausschusses ist dahin zu präzisieren, daß sie nicht mehr, wie bisher die Mitglieder des Distriktsrats und des Distriktsausschusses, bloß Mitglieder einer parlamentarischen Körperschaft, sondern Mitglieder eines Verwaltungsorgans des Bezirks und damit Beamte eines Gemeindeverbands **im Sinne des § 839 BGB, Art. 77 EGBGB, Art. 60 AGBGB, Art. 7** Abs. II BGG sind. Über die Haftpflicht der Gemeindebeamten überhaupt und die Haftung des Gemeindeverbands für Handlungen seiner Beamten vgl. Helmreich-Rock, GO, 3. Aufl. Anm. 2 zu Art. 86. Dagegen sind die Mitglieder des Bezirkstags oder Bezirksausschusses nicht Bezirksbeamte im Sinn des Art. 20 und 26 (in der Fassung des Art. 21 und

22 GBG). Einer Disziplinargewalt unterstehen die Mitglieder des Bezirkstags nicht.

3) Die ganze Finanzwirtschaft des Bezirks beruht letzten Endes auf der Beschlußfassung des Bezirkstags. Keine Ausgabe, auch eine solche nicht, die er zu bestreiten gesetzlich verpflichtet ist (Art. 27 Abs. I) oder zu der er rechtskräftig verurteilt wurde, wird Gegenstand der bezirklichen Finanzwirtschaft ohne die Beschlußfassung des Bezirks bzw. die Zwangsetatisierung der Kreisregierung (Art. 21 Abs. V, VI BTG, Art. 13 Abs. IV SG).

Beschließt der Bezirkstag, eine Ausgabe aus Bezirksmitteln zu machen, so wird der Bezirk zwar verpflichtet, die Ausgabe in Ausführung des Beschlusses zu machen. Dritte erwerben jedoch hierdurch — es sei denn, daß der Bezirk mit ihnen einen Vertrag abgeschlossen hätte — keinerlei Rechte gegenüber dem Bezirk, insbesondere nicht das Recht auf Befreiung von einer ihnen bisher obliegenden Last. Der Bezirkstag ist daher auch berechtigt, durch neuerlichen Beschluß von seinen früheren Beschlüssen abzugehen oder sie abzuändern (VGH **5**, 203).

Über die formelle Einrichtung des Voranschlages s. die ME vom 19. April 1855 (Weber 4 S. 697), bezüglich der Bezirksarmenpflege ME vom 11. Januar 1870 (Weber 8 S. 483). Über das Finanzrecht der Bezirke s. die nunmehr teilweise veralteten Abhandlungen in den Bl. f. adm. Pr. 37 S. 289 ff., 60 S. 204. Über die Mitwirkung des Bezirksamtes bei Aufstellung des Voranschlags s. § 21 Abs. II und III der VA zum SG und Ziff. 1 der ME vom 1. September 1919 (Anhang II 6).

Der Voranschlag wird vom Bezirksausschuß entworfen und vorberaten (Art. 22 Abs. II lit. c und e SG unten bei Art. 16), die endgültige Feststellung erfolgt durch den Bezirkstag. Ein Teil der Feststellung des Voranschlags ist die Klassifizierung der darin vorgesehenen Ausgaben, d. h. ob dieselben gesetzliche oder freiwillige sind (vgl. Art. 29 Abs. I und 30 Abs. II). Der Bezirkstag hat ferner zu bestimmen, in welcher Weise und in welcher Höhe die erforderlichen Deckungsmittel beschafft (Art. 27 Abs. II) und in welcher Weise im einzelnen die Ausgaben gemacht z. B. Bezirksanstalten errichtet und verwaltet (vgl. lit. f) werden. Die Führung des Haushalts kommt im übrigen dem Bezirksausschuß zu (Art. 22 lit. a und b SG [unten bei Art. 16]).

Das Rechnungsjahr des Bezirks ist jetzt nicht mehr das Kalenderjahr, sondern es läuft vom 1. April bis 31. März (Min.Bekm. vom 24. November 1919; Anhang V 1). Es muß jedes Jahr ein neuer Voranschlag aufgestellt werden, gleichviel ob er inhaltlich mit dem vorjährigen übereinstimmt oder nicht, und auch dann, wenn keine Bezirksumlagen erhoben, sondern die bezirklichen Bedürfnisse durch Naturalleistungen (Art. 31 Abs. III) gedeckt werden (vgl. ME vom 22. Januar 1855 [Weber 4 S. 673]). Die Voranschläge sollen bis Ende Oktober jedes Jahres aufgestellt sein (Ziff. 1 der ME vom 1. September 1919 [Anhang II 6]).

Absolut unzulässig, weil der einjährigen Budgetperiode widersprechend, ist die Festsetzung der Bezirksumlagen, auch der Naturalleistungen, sowie der Vorausleistungen (Art 32) auf längere Zeit als auf ein Jahr (vgl. VGH **8**, 326). Daher ist auch durch den staatsaufsichtlich genehmigten Beschluß des Bezirkstags, ein Bezirkskrankenhaus mit Hilfe eines aufzunehmenden Darlehens zu erbauen und auch solche Gemeinden des Bezirks, welche eigene Krankenhäuser besitzen, zu jenen Umlagen heranzuziehen, die zur Tilgung und Verzinsung der Bauschuld erforderlich werden, über die Beitragspflicht der Gemeinden nicht ein für allemal in rechtskräftiger Weise Entscheidung getroffen, sondern nur der Bezirk verpflichtet worden, die zur Ausführung der Beschlüsse notwendigen Mittel aufzubringen. Die Frage, in welchem Umfang diese Gemeinden zur Bestreitung der dem Bezirk durch den Neubau zugegangenen Lasten beizusteuern haben, ist vielmehr von Jahr zu Jahr nach Maßgabe der jeweiligen Beschlüsse des Bezirkstags zu würdigen (VGH **26**, 353).

Wegen der Festsetzung der Einnahmen des Bezirks s. die folgende lit. b.

4) Lit. b ist die Gegenseite von lit. a, indem hier die Finanzgewalt des Bezirkstags bezüglich der Einnahmequellen des Bezirks statuiert ist.

Lit. b spricht zwar nur von Bezirksumlagen, jedoch ist davon auszugehen, daß der Bezirkstag die Festsetzung sämtlicher bezirklicher Einnahmen vorzunehmen hat. Hierbei ist er freilich nicht unbeschränkt; denn die verschiedenen Einnahmequellen des Bezirks stehen in subsidiärem Verhältnis zu einander (vgl. Anm. 1 zu Art. 30).

Über Bezirksumlagen s. die Anm. zu Art. 31. Deren Verteilung darf der Bezirkstag nicht willkürlich vornehmen, sondern nur nach Maßgabe der gesetzlichen Bestimmungen (s. Anm. 4 und 5 zu Art. 31, sowie Art. 32).

Auch bei Festsetzung der Einnahmen und Verteilung der erforderlichen Umlagen kommt dem Ausschusse eine vorbereitende Tätigkeit zu (Art. 22 Abs. II lit. c und e SG unten bei Art. 16).

5) Näheres über die Prüfung der Rechnungen und die event. Haftbarmachung des Bezirkskassiers und der Ausschußmitglieder s. Art. 21 Abs. I—IV BTG und Art. 22 Abs. II lit. d SG (unten bei Art. 16), ferner § 21 Abs. IV und V der VA zum SG, GemZtg 1920 S. 182 ff.

6) Über die Rechnungslegung der Ausgaben für die Bezirks-Armenpflege sowie über Bezirks-Armen-, -Kranken- und -Wohltätigkeitsanstalten s. Anm. 16 zu Art. 36 und die ME vom 11. Januar 1870 (Weber 8 S. 483).

7) Über den Begriff der Bezirksanstalten s. Anm. 10 zu Art. 27.

8) Der Bezirk hat — vorbehaltlich der Stellungnahme der Kreisregierung (Art. 14 SG) — das Recht, in bestimmten Fällen Anleihen aufzunehmen. Dies ist deshalb notwendig, weil sein Vermögen im Grundstock ungeschmälert erhalten werden soll (Art. 30 Abs. I lit. a) und deshalb auch zur Befriedigung außerordentlicher Bedürfnisse nicht angegriffen werden darf. Ob die an die Aufnahme von Anlehen nach Art. 14 Abs. II SG geknüpften Bedingungen vorliegen, hat der Bezirkstag vorbehaltlich der Stellungnahme der Aufsichtsbehörde (VGH **32**, 157) zu entscheiden.

Anhaltspunkte für die Anleihewirtschaft der Bezirke enthält die auch für die Bezirke geltende ME vom 11. Oktober 1907 (Weber 35 S. 524).

9) Auch bei unentgeltlichem Erwerb.

10) Wenn durch einen Vergleich — gleichviel ob gerichtlich oder außergerichtlich — der Erwerb oder Verlust eines Grundstücks herbeigeführt wird, so wird ebenfalls die Beschlußfassung des Bezirkstags erforderlich sein (Bl. f. adm. Pr. 5 S. 159). Unter Umständen ist zur Veräußerung eine Genehmigung der Aufsichtsbehörde erforderlich (Art. 15 Abs. I Ziff. 2 SG).

Nur die eigentliche Beschlußfassung über Erwerb oder Veräußerung von Immobilien ist Sache des Bezirkstags, die Ausführung des Beschlusses, insbesondere die Mitwirkung bei der notariellen Beurkundung von Erwerbs- und Veräußerungsverträgen ist Sache des Bezirksausschusses bzw. der von ihm hiezu bevollmächtigten Person (Bl. f. adm. Pr. 44 S. 331; 56 S. 313; Entsch. des ObLG in C. S. n. F. 14 S. 633).

11) über den Begriff bezirklicher Anstalten und Einrichtungen s. Anm. 10 zu Art. 27, ebenda über die Unterhaltung und Aufhebung derselben. Hier sei nur von ihrer Begründung die Rede. Der Begriff der „Einrichtungen" dürfte übrigens mit dem der „Anstalten" ziemlich identisch sein (s. auch Anm. 10 zu Art. 27).

Zur Begründung von Anstalten und Einrichtungen sind die Bezirke im allgemeinen — ausgenommen den Fall der Bezirkskrankenhäuser (Art. 65 Abs. I Ziff. 3 ArmG) — nicht verpflichtet; denn die ihnen gesetzlich obliegenden Aufgaben können ohne Errichtung von Bezirksanstalten erfüllt werden; bezüglich der Bezirksstraßen s. Art. 28 mit Anmerkungen, bezüglich der nach Art. 65 Abs. I Ziff. 1 mit 4 und Art. 66 ArmG den Bezirken obliegenden Aufgaben s. bei Art. 36. Die Begründung erfolgt durch Beschlußfassung des Bezirkstags, eine Genehmigung der Kreisregierung ist nicht notwendig. Die Beschlußfassung des Bezirkstags muß ergeben, ob wirklich die Begründung einer „Anstalt" oder nur eine versuchsweise oder widerrufliche Einrichtung ins Auge gefaßt ist. Daß letzteres gemeint ist, kann sich aus der Einstellung des Betrags unter die freiwilligen Leistungen ergeben (Lermann S. 63).

Das Recht des Bezirkstags zur Errichtung freiwilliger Bezirksanstalten ist beschränkt durch Art. 30 Abs. II (s. die Anm. hierzu).

12) Diese Satzungen haben den Zweck, die Grundsätze und Formen, nach denen die Verwaltung geführt werden soll, sowie die Vorschriften für die Stellung und Aufnahme des Verwaltungspersonals und dessen Geschäftsführung festzusetzen (AARef S. 170).

Die Satzungen werden entweder vom Bezirkstag vorgeschlagen oder jenem von den Verwaltungsbehörden; im letzteren Fall hat der Bezirkstag den Vorschlag zu prüfen. Die endgültige Festsetzung wie die spätere Änderung der Satzungen kommt jedoch in allen Fällen dem Bezirkstag zu.

Die Aufsicht über die Bezirksanstalten kommt dem Bezirksausschuß zu (Art. 22 Abs. II lit. b SG unten bei Art. 16).

Möglich ist auch die Errichtung von Bezirksanstalten gemeinsam für mehrere Bezirke. Hiezu ist die übereinstimmende Beschlußfassung der Bezirkstage erforderlich; auch die Aufstellung von Satzungen für diese Anstalten erfolgt auf demselben Wege.

13) Die übertragung von Angelegenheiten, die eigentlich der Zuständigkeit des Bezirkstags gehören, auf den Bezirksausschuß kann allgemein oder für besondere Fälle geschehen. Im ersteren Fall erfolgt dies am besten durch eine vom Bezirkstag aufzustellende Geschäftsordnung (Art. 19 Abs. II SG).

14) Eine übertragung der Beschlußfassung an den Ausschuß ist also in diesen Fällen unzulässig. Die Fälle, in denen Beschlüsse des Bezirkstags der staatsaufsichtlichen Genehmigung bedürfen, sind in Art. 14, 15 SG erschöpfend aufgezählt.

15) Als außerordentlich dringliche Fälle zählt § 21 Abs. VII der BA zum SG beispielsweise Maßnahmen bei Elementarereignissen, Verwesung erledigter Stellen und dgl. auf.

16) Der Bezirkstag hat zwar an sich die Gültigkeit der vom Ausschuß gefaßten Beschlüsse anzuerkennen; soweit aber nicht schon Dritte hieraus Rechte erworben haben, ist er in der Lage, die ihm vorgelegten Beschlüsse des Ausschusses abzuändern oder aufzuheben.

Dieser Absatz ersetzt den Art. 25 BTG.

Exkurs zu Art. 11.

Sonstige Aufgaben des Bezirkstags.

1) Die Entscheidung von Wahlanfechtungen und sonstigen Beanstandungen der Mitgliedschaft, sowie darüber, ob der Verlust der Mitgliedschaft kraft Gesetzes eingetreten ist (Art. 10 Abs. I, 8 Abs. III; Anm. 1—4 zu Art. 10, Anm. 7—9 zu Art. 8).

2) Entscheidung über die Ablehnung oder freiwillige Niederlegung der Wahl (Art. 8 Abs. II; Anm. 6 zu Art. 8).

3) Wahl des Vorsitzenden und Schriftführers (Art. 18 Abs. I SG), des Bezirksausschusses und der Sonderausschüsse (Art. 19 und 20 SG).

4) Wahl des Bezirkskassiers (Art. 20 in der Fassung des Art. 21 GBG) und der übrigen Beamten des Bezirks (Anm. 5 im Exkurs zu Art. 20).

5) Gewährung von Vergütungen an die Ausschußmitglieder und den Kassier (Art. 26 Abs. II).

6) Beschlußfassung über die Art und Weise der Erfüllung der dem Bezirk obliegenden Verbindlichkeiten (Art. 27 Abs. II).

7) Besorgung der Bezirksarmenpflege, die Verwaltung des Bezirksarmenvermögens und der bezirklichen Armenanstalten (Art. 65—68 ArmG; Anm. 16 zu Art. 36).

8) Kenntnisnahme von den erlassenen bezirkspolizeilichen Vorschriften und Beschwerderecht (Art. 6 Abs. II und Art. 14 Abs. II PolStGB); s. aber Art. 22 Abs. I lit. a SG.

9) Wahl der Vertrauensmänner zur Wahl von Geschworenen und Schöffen (§§ 40, 87 GVG, Art. 24 AGGVG, Ziffer XII der ME vom 1. August 1880 [Weber 14 S. 542]).

10) Wahl der Sachverständigen zur Bildung des Ausschusses, der den Wert der nach §§ 66 ff. des Reichsviehseuchengesetzes vom 26. Juni 1909 entschädigungsfähigen Tiere zu schätzen hat (Art. 4 AG zum Viehseuchengesetz vom 13. August 1910 [GVBl. S. 615]).

11) Gutachtliche Äußerung bei Festsetzung der Gebührenordnung für Feldgeschworene (Art. 24 des Abmarkungsgesetzes vom 30. Juni 1900 [GVBl. S. 553] und § 33 der Min.Bekm. vom 21. Dezember 1900 [Weber 30 S. 767]).

12) Die Wahl von Sachverständigen für den Körausschuß (Art. 11 Abs. I des Körgesetzes vom 13. August 1910 [GVBl. S. 609] und § 23 der Bekm. vom 12. November 1911 [GVBl. S. 1087]).

13) Die Wahl von drei Mitgliedern und drei Stellvertretern für den Körausschuß für Pferdezucht (Art. 2 Abs. II der Körordnung vom 26. März 1881 [GVBl. S. 166] und §§ 40 ff. der Verordnung vom 8. Juni 1890 [Weber 20 S. 174] in der Fassung der Verordnung vom 7. November 1898 [Weber 26 S. 361]).

14) Wahl der ständigen Mitglieder und der Ersatzmänner für die Steuerausschüsse (Art. 38 Abs. IV Ziff. 3 und 39 des EStG und § 54 der VB hiezu vom 28. Mai 1911 [GVBl. S. 455]).

15) Fakultativ ist die Errichtung von Gewerbegerichten (§ 1 Abs. IV des Gewerbegerichtsgesetzes in der Fassung vom 29. September 1901 [RGBl. S. 353], § 3 der Verordnung vom 16. August 1890 [Weber 20 S. 358], ME vom 24. Januar 1906 [Weber 34 S. 168]).

16) Eine überaus große Tätigkeit kommt dem Bezirkstag im Vollzug der Reichsversicherungsordnung zu. Vgl. hierzu vor allem § 5 der Min.Bekm. vom 29. Dezember 1911 (GVBl. S. 1368):

I. Gemeindeverbände im Sinne des 2. Buches der RVO, mit Ausnahme der §§ 169 und 172, sowie im Sinne der §§ 953 und 1275 a. a. O., ferner der Art. 9 und 16 des Einführungsgesetzes hiezu sind, soweit nicht in einzelnen Fällen ausdrücklich etwas anderes bestimmt wird, die kreisunmittelbaren Städte und die Distriktsgemeinden. Jene sind es auch im Sinne der §§ 39 und 59.

II. Die kreisunmittelbaren Städte werden durch den Magistrat, die Distriktsgemeinden durch den Distriktsrat, in den Fällen des § 305 der RVO sowie der Art. 9 und 16 des Einführungsgesetzes durch den Distriktsausschuß vertreten. Im Fall des § 489 der RVO bedarf der Magistratsbeschluß der Zustimmung der Gemeindebevollmächtigten.

III ....

IV. Gemeindeverbände im Sinne der übrigen Vorschriften der RVO und des Einführungsgesetzes sind sowohl die kreisunmittelbaren Städte und die Distriktsgemeinden als auch die Kreisgemeinden.

Besonders hervorzuheben ist:

a) Errichtung allgemeiner Ortskrankenkassen und Landkrankenkassen (§ 231 Abs. I RVO).

b) Wahl des Vorsitzenden der Landkrankenkasse (§ 331 Abs. I RVO).

c) Wahl der Vertreter der Arbeitgeber und Versicherten bei der Landkrankenkasse (§ 336 Abs. I RVO).

Ferner hat der Bezirkstag nach Art. 10 des AGRVO vom 5. November 1912 (GVBl. S. 1135) zwei landwirtschaftliche Unternehmer (nebst Stellvertretern) zu wählen, aus denen die Mitglieder der Genossenschaftsversammlung für die land- und forstwirtschaftlichen Berufsgenossenschaften entnommen werden.

17) Wahl der bürgerlichen Mitglieder der verstärkten Ersatzkommission und der Oberersatzkommission (§ 30 Ziff. 4 des Reichsmilitärgesetzes vom 2. Mai 1874, § 2 Ziff. 6 der Wehrordnung in der Fassung der Bekm. vom 29. September 1904 [Weber 33 S. 145] mit Anm. hiezu [Weber 33 S. 150].

18) Wahl von zwei Beisitzern zur Kommission der Forstpolizeibehörde (Art. 110 des Forstgesetzes in der Fassung vom 4. Juli 1896 [GVBl. S. 325], §§ 1, 2 und 6 der Verordnung vom 5. Juli 1896 [Weber 23 S. 744]).

19) Wahl von zwei Mitgliedern zur Einquartierungskommission (§ 7 des Reichsgesetzes vom 25. Juni 1868 über die Quartierleistung [Weber 7 S. 338] mit Reichsgesetz vom 9. Februar 1875 [Weber 10 S. 587] und § 4 der Instruktion zur Ausführung dieses Gesetzes vom 8. Juli 1875 [Weber 11 S. 86] mit ME vom 27. August 1875 [Weber 11 S. 134]).

Zu Ziff. 9, 10, 12, 13, 14, 16, 17, 19:

Hat der Bezirkstag Wahlen vorzunehmen und bestehen keine Bestimmungen über das hiebei einzuhaltende Verfahren, so wird die Bestimmung hierüber dem Ermessen des Bezirkstags anheimzugeben sein (Vermann S. 68). Relative Stimmenmehrheit ist erforderlich und genügend (vgl. Anm. 12 zu Art. 3—5), bei Stimmengleichheit entscheidet das Los.

Einer Genehmigung bedürfen Wahlhandlungen des Bezirkstags nicht.

20) Wahl der Mitglieder der Kommunalverbandsausschüsse (Art. 5 Abs. II der Verordnung vom 26. Juni 1919 [GVBl. S. 320]).

21) Abberufung eines Bezirksamtmannes nach Art. 25 SG; s. aber Anhang II 3.

Wahl des Vorsitzenden und Schriftführers. Zusammentritt des Bezirkstags.

Art. 12.

I Der Distriktsrat versammelt sich jährlich in der Regel einmal unter dem Vorsitze und der Leitung des Distriktsverwaltungsbeamten oder dessen Stellvertreters.

II Bei dringender Veranlassung kann er zu außerordentlichen Sitzungen berufen werden, in diesem Falle aber nur über diejenigen Gegenstände beraten, wofür die außerordentliche Sitzung bestimmt ist.

III Die Mitglieder desselben werden von der Distriktsverwaltungsbehörde zu jeder Sitzung mit Bestimmung des Ortes, des Tages und der Stunde des Zusammentrittes und mit Angabe der Beratungsgegenstände, womöglich vierzehn Tage vor der Sitzung schriftlich geladen.

IV Ohne diese Einberufung darf der Distriktsrat nicht zusammentreten, und nach dem von dem vorsitzenden Distriktsverwaltungsbeamten erklärten Schlusse nicht versammelt bleiben.

V Der König kann den Distriktsrat auflösen, in welchem Falle binnen acht Wochen eine neue Wahl stattzufinden hat.

VI Die Neugewählten versehen sodann ihre Stellen bis zur nächsten ordentlichen Wahl.

Art 12 ist ersetzt durch Art. 18 SG. Dieser lautet:

Art. 18.

I Der Bezirkstag, der Kreistag wählt[1]) in getrennten Wahlgängen[2]) den Vorsitzenden[3]), den Schriftführer[3]) und für beide[4]) einen Stellvertreter.

II Der Bezirkstag, der Kreistag wird vom Vorsitzenden im Einvernehmen[5]) mit dem Bezirksamte, mit der Regierung, Kammer des Innern, einberufen[6]). Auf Verlangen eines Drittels der Bezirks-, der Kreisvertreter muß die Berufung innerhalb 4 Wochen geschehen.

III Die Sitzungen werden dem Bezirksamte, der Regierung mindestens 24 Stunden vorher angezeigt[7]). Das Bezirksamt, die Regierung kann Vertreter zur Sitzung abordnen, die auf ihr Verlangen jederzeit gehört werden müssen[8]).

1) Es entscheidet, wie auch sonst durchwegs bei den Wahlen der Bezirks- und Kreisvertretungen, einfache (relative) Stimmenmehrheit, bei Stimmengleichheit das Los (§ 18 Abs. I der VA zum SG).

2) Die Wahl soll nach § 18 Abs. I der VA zum SG alljährlich vorgenommen werden. Das Gesetz enthält auch hier eine Lücke, von der immerhin zweifelhaft ist, ob sie im Sinn der VA auszufüllen ist. Man kann mit guten Gründen der Meinung sein, daß der Vorsitzende und der Schriftführer nebst ihren Ersatzleuten auf die Dauer der Wahlzeit, also auf 5 Jahre gewählt werden.

Über die Form der Wahl ist ebenfalls nichts bestimmt. Sie wird zweckmäßig schriftlich und geheim durch nichtunterschriebene Stimmzettel zu erfolgen haben. Die Geschäftsordnung kann eine andere Form bestimmen.

3) Aus der Mitte des Bezirkstags (Ziff. 8 der ME vom 1. September 1919 [Anhang II 6].

4) D. h. für jeden von beiden.

5) Kommt eine Verständigung nicht zustande, so ist die Entscheidung des Vorsitzenden maßgebend.

Die erste Einberufung des Bezirks- und Kreistags nach Vollzug der Wahlen wird stets vom Bezirksamt, von der Regierung auszugehen haben (Rösch S. 69), die weiteren Einberufungen zu den Sitzungen erfolgen dann durch den Vorsitzenden.

6) Statt der förmlichen Einberufung kann für die regelmäßigen Tagungen des Bezirks- und Kreistags im Wege der Geschäftsordnung oder durch Beschlußfassung im voraus ein Tag festgesetzt werden, z. B. der erste Mittwoch jedes Monats

Wird dies nicht beliebt — das Verfahren eignet sich auch besser für den häufiger zusammentretenden Bezirks-(Kreis-)Ausschuß —, so muß eine förmliche Ladung der Mitglieder erfolgen. Für die Form der Ladung bestehen keine bindenden Vorschriften, doch wird Schriftlichkeit zum mindesten zu fordern sein und Ausschreiben in einer Zeitung oder mündliche Mitteilung der nächsten Sitzung bei der vorhergehenden nicht ausreichen. Die Mitteilung der Tagesordnung gleichzeitig mit der Ladung ist nicht mehr erforderlich, ebensowenig die Einhaltung einer Frist zwischen Ladung und Sitzung. Wenn die Ladung z. B. durch Versehen der Post nicht in die Hände des Empfängers gelangt ist, so schadet dies nichts; die Sitzung und die hiebei gefaßten Beschlüsse bleiben rechtsgültig. S. aber Anm. 5 zu Art. 13.

Eine bestimmte Mindestzahl von Teilnehmern ist durch Art. 13 Abs. 1 vorgeschrieben.

Durch ME vom 16. August 1908 (MABl. S. 410) ist es für zulässig erklärt worden, das Protokoll über die der Beschlußfassung des Bezirkstags unterliegenden Ausschußbeschlüsse vor Zusammentritt des Bezirkstags eine Zeit lang beim Bezirksamt zur Einsicht der Bezirkstagsmitglieder aufzulegen und diese hierauf in der Ladung aufmerksam zu machen.

7) Bei Nichtbeachtung dieser Vorschrift wird die Sitzung ungültig sein.

8) Nach § 18 Abs. IV der VA zum SG soll der Vorstand des Bezirksamts in der Regel den Sitzungen beiwohnen; auch können sachtechnische Berater z. B. Bezirksärzte, Bezirksbaumeister, nach Bedarf zu den Sitzungen abgeordnet werden.

Beschlußfähigkeit des Bezirkstags. Abstimmung in demselben.

Art. 13.

I Zu einem gültigen Beschlusse[1]) des Distriktsrates ist die Anwesenheit[2]) von wenigstens zwei Dritteilen[3]) seiner Mitglieder[4]) erforderlich[5]).

II Die Beschlüsse werden nach Stimmenmehrheit gefaßt[6])[7]).

III Bei Gleichheit der Stimmen entscheidet der Vorstand, der außerdem nicht mitzustimmen hat[8]).

IV Die Übertragung des Stimmrechtes ist nicht gestattet[9]).

V Im Falle des Art. 11 lit. i hat der Vorstand den Vorsitz an das hiefür von dem Distriktsrate zu bestimmende Mitglied desselben abzugeben und an der Beratung und Beschlußfassung keinen Teil zu nehmen[10]).

1) Gleichviel in welcher Angelegenheit, auch bei Wahlhandlungen (Seydel II S. 153 Anm. 93).

2) Zu den Anwesenden gehört auch derjenige, der sich der Stimme enthält (s. Anm. 6), nicht aber derjenige, der sich vor der Abstimmung dauernd entfernt.

3) Eine geringere Anzahl für die Beschlußfähigkeit ist in Art. 14 Abs. II gefordert; vgl. auch Art. 21 Abs. II mit Anm.

4) Bei Berechnung der Mitgliederzahl ist auch der Vorsitzende des Bezirkstages mitzuzählen.

5) Eine Beschlußfähigkeit ist auch dann gegeben, wenn aus irgend einem Grund, z. B. weil sich die Erklärung über die Annahme der Wahl irgend eines Mitglieds verzögert hat, der Bezirkstag nicht vollständig zusammengesetzt sein kann, sofern nur zwei Drittel der Mitglieder, aus denen sich nach dem Gesetz der Bezirkstag zusammensetzen soll, anwesend sind.

Zu einem gültigen Beschluß wird aber nicht nur die Anwesenheit von zwei Dritteln der Mitglieder erfordert, sondern auch, daß alle Mitglieder in gültiger Weise (s. Anm. 6 zu Art. 18 SG oben bei Art. 12) geladen wurden. Ist auch nur ein Mitglied nicht oder in nicht gültiger Weise geladen, so kann der Bezirkstag keine gültigen Beschlüsse fassen, ehe nicht die Ladung nachgeholt wurde. Gleichwohl gefaßte Beschlüsse sind — und zwar mit Wirkung gegen jeden Dritten (s. Helmreich-Rock, GO, 3. Aufl. Anm. 5 zu Art. 102) — als ungültig zu behandeln und gegebenenfalls von der Kreisregierung nach Art. 13 Abs. II SG zu beanstanden (a. A. z. Teil Lermann S. 106 Ziff. 7). Die Ungültigkeit reicht aber nur soweit, als durch den Verstoß eine anderweitige Beschlußfassung herbeigeführt sein kann. Wurden also z. B. alle Mitglieder bis auf zwei rechtsförmig geladen und wurden die Beschlüsse mit solcher Majorität gefaßt, daß die Teilnahme an der Abstimmung durch jene zwei eine Änderung des Ergebnisses nicht zur Folge haben konnte, so sind die Beschlüsse als gültig anzusehen. Dabei dürfen aber Untersuchungen, in welcher Weise solche Personen etwa abgestimmt hätten, nicht angestellt werden (a. A. Bl. f. adm. Pr. 3 S. 95).

Über die Verhandlungen des Bezirkstags soll ein Protokoll geführt werden, doch ist dies zur Gültigkeit der gefaßten Beschlüsse nicht erforderlich. Andererseits ist eine im Protokoll enthaltene Feststellung über einen gefaßten Beschluß keineswegs rechtserzeugend, wenn feststeht, daß ein derartiger Beschluß in Wirklichkeit nicht gefaßt wurde. S. auch § 19 Abs. V der VA zum SG.

6) Grundsätzlich werden alle Beschlüsse des Bezirkstags mit einfacher (relativer) Majorität gefaßt (Motive S. 565); eine Ausnahme enthält Art. 20 Abs. I.

Stimmenthaltung muß, weil im Gesetz nicht verboten (s. dagegen Art. 102 Abs. VI GO), als zulässig erachtet werden (a. A. Lermann S. 75).

Im Falle der persönlichen Beteiligung eines Mitglieds bei einer Beschlußfassung wegen Vorhandenseins eines Privatinteresses hat sich der Betreffende der Abstimmung zu enthalten (s. Art. 103 GO); ob ein solcher Fall gegeben ist, wird in analoger Anwendung des Art. 10 Abs. I der Bezirkstag zu entscheiden haben.

7) Niemand kann mehr als eine Stimme haben.

8) Abs. III ist hinsichtlich des Relativsatzes gegenstandslos, da der Vorsitzende des Bezirkstags ordentliches Mitglied desselben und daher vollstimmberechtigt ist. Dagegen gilt nach wie vor, daß bei Stimmengleichheit die Stimme des Vorsitzenden entscheidet, d. h. die Stimme des Vorsitzenden gibt den Stichentscheid. Die Auffassung in § 18 Abs. VI VA zum SG, daß Art. 13 Abs. III sich nicht mehr mit dem Selbstverwaltungsgesetze vertrage, ist irrig, desgleichen die Bestimmung in § 18 Abs. V VA zum SG, wonach bei Stimmengleichheit der Antrag als abgelehnt gelte und daß die Geschäftsordnung abweichende Bestimmungen treffen könne.

9) Selbstverständlich ist es auch unzulässig, über einen Gegenstand seine Stimme schriftlich und ohne an der Beratung teilzunehmen abzugeben.

10) Abs. V ist gegenstandslos, da eine dem Art. 11 lit. i entsprechende Bestimmung in dem ihn ersetzenden Art. 21 SG keine Aufnahme gefunden hat.

Verpflichtung der Bezirkstagsmitglieder zum Erscheinen. Folgen des Nichterscheinens.

Art. 14.

I Jedes Mitglied des Distriktsrates[1]) ist verpflichtet, bei den angesagten Versammlungen zu erscheinen[2]).

II Über die Zulässigkeit von Entschuldigungsgründen entscheidet endgültig[3]) die Stimmenmehrheit der Erschienenen[4]).

III Kommt die Versammlung wegen Nichterscheinens[5]) der erforderlichen Zahl von Mitgliedern[5a]) nicht zustande, so ist dieselbe zwar wiederholt festzusetzen, es haben aber diejenigen Mitglieder, welche entweder ohne gültige Verhinderungsursache ausgeblieben sind[6]), oder die ihnen zur Seite stehenden gültigen Verhinderungsgründe rechtzeitig anzuzeigen unterlassen haben[7]), die Kosten der vereitelten Sitzung und die Entschädigung der erschienenen Mitglieder nach Feststellung der Distriktsverwaltungsbehörde zu tragen[8]).

Vorbemerkung: Für die in § 33 Ziff. 3 der VA zum SG vertretene Auffassung, daß Art. 14 durch das SG aufgehoben sei, fehlt jeder Anhaltspunkt.

1) Alle Mitglieder verlieren diese Eigenschaft, sobald ein Grund zur Ablehnung oder Niederlegung des Amts anerkannt wurde (Art. 8 Abs. I und II) oder die Notwendigkeit des Austritts kraft Gesetzes eingetreten ist (Art. 8 Abs. III).

2) Oder rechtzeitig ausreichende Entschuldigungsgründe anzugeben, bei Vermeidung der in Abs. III angedrohten Folgen.

3) Jedoch vorbehaltlich der Beschwerde (Anm. 8).

4) Dies ist ein Ausnahmefall gegenüber Art. 13 Abs. I.

Auch hier wird relative Mehrheit genügen (s. Anm. 6 zu Art. 13).

5) Stimmenthaltung ist dem Nichterscheinen nicht gleichzuachten (Anm. 6 zu Art. 13).

5a) S. Art. 13 Abs. I mit Anm.

6) Vorausgesetzt, daß sie überhaupt richtig geladen wurden. Das Unterbleiben richtiger Ladung (s. Anm. 16 zu Art. 18 SG oben bei Art. 12) entschuldigt immer.

7) Auch das Vorhandensein gültiger Entschuldigungsursachen entschuldigt dann nicht, wenn sie nicht rechtzeitig, d. h. bis Beginn der Versammlung, dem Bezirkstag angezeigt wurden. Das Unterbleiben richtiger Ladung (s. oben Anm. 6) entschuldigt aber in jedem Falle.

8) Die Bezirksverwaltungsbehörde setzt für die erschienenen Mitglieder eine billige Entschädigung für Reisekosten, Aufwand und Verdienstentgang (Art. 4 Abs. II und Art. 19 Abs. II SG) fest. Die so festgesetzten Kosten werden auf die unentschuldigt oder nicht ausreichend entschuldigt ausgebliebenen Mitglieder zu gleichen Teilen verteilt. Die Quote kann sich später noch ändern, wenn z. B. sich später herausstellt, daß ein zu den Kosten verurteiltes Mitglied wegen unterbliebener Ladung ausgeblieben ist; dieses ist dann von der Kostentragung frei, der auf dieses Mitglied verteilte Betrag von den anderen zu tragen.

Der diesbezügliche Beschluß des Bezirksamts ist den in die Kosten Verurteilten zuzustellen. Diesen steht Beschwerde im reinen Verwaltungsverfahren (2. Instanz: Kreisregierung, Kammer des Innern; 3. Instanz: Staatsministerium des Innern) binnen einer Frist von 14 Tagen offen. Nach eingetretener Rechtskraft kann zur Zwangsvollstreckung geschritten werden, die gemäß Art. 6 und 7 AGZPO (Weber 27 S. 391) vorzunehmen ist.

Wahl des Bezirksausschusses.

Art. 15.

I Der Distriktsrat wählt auf die Dauer seines Bestehens aus seiner Mitte einen Ausschuß nach absoluter Stimmenmehrheit. Derselbe besteht aus vier bis sechs Mitgliedern, für welche gleichzeitig ebensoviel Ersatzmänner zu wählen sind.

II Vater und Sohn, Bruder, Oheim und Neffe, Stiefvater und Stiefsohn, Schwiegervater und Schwiegersohn, Frauenbruder und Schwestermann, dürfen nicht zugleich Mitglieder des Ausschusses sein.

III Die Gewählten werden durch den Vorstand für ihr Amt verpflichtet.

IV Ständiger Vorstand des Distriktsausschusses ist der Distriktsverwaltungsbeamte und in seiner Verhinderung dessen Stellvertreter.

Art. 15 ist ersetzt durch Art. 19 SG. Dieser lautet:

Art. 19.

I Der Bezirkstag, der Kreistag wählt aus seiner Mitte[1]) nach den Grundsätzen des Verhältniswahlrechtes[2]) einen Ausschuß von 5 bis 7 Mitgliedern[3]) und ebensoviele Ersatzmänner. Diese können auch als Stellvertreter bei Verhinderung von Mitgliedern vorübergehend einberufen werden. Den Vorsitzenden[4]) des Ausschusses, den Schriftführer[4]) und für beide einen Stellvertreter wählt[5]) der Ausschuß selbst. Die Sätze 1, 2 gelten entsprechend für die Wahl der weiteren Mitglieder und der Ersatzmänner des Landarmenrates.

II Der Bezirkstag, der Kreistag regelt den Geschäftsgang durch eine Geschäftsordnung[6]); diese setzt auch die Stärke des Ausschusses und die Entschädigung[7]) für die Mitglieder des Bezirkstages, des Kreistages und der Ausschüsse fest.

1) Die Mitglieder des Bezirks- und Kreisausschusses müssen also Mitglieder des Bezirks- und Kreistags sein. Anders die Mitglieder der Sonderausschüsse, die nach Art. 20 SG zur Verwaltung von Anstalten, Einrichtungen und Stiftungen des Bezirks, ferner zur endgültigen Erledigung eines bestimmten Aufgabenkreises oder bestimmter einzelner Aufgaben oder Geschäfte gebildet werden können und teils aus Mitgliedern des Bezirkstags, teils aus wählbaren Bezirksangehörigen zusammengesetzt werden. Näheres über diese Ausschüsse vgl. Art. 3 Abs. II, 20 Abs. I Satz 2 und 3 und Abs. II SG und § 20 der VA zum SG und Ziff. 5 der ME vom 1. September 1919 (Anhang II 6).

2) Nach § 19 Abs. I der VA zum SG kann von einer förmlichen Wahl abgesehen und dafür die Wahl durch Zuruf eintreten, wenn niemand widerspricht. In beiden Fällen ist das Stärkeverhältnis zu berücksichtigen. Falls eine förmliche Wahl vorzunehmen ist, so ist das durch das Wahlgesetz und die Wahlordnung vorgeschriebene Verfahren einzuhalten. Insbesondere erfolgt die Wahl auf Grund von Vorschlagslisten; nur wenn keine Vorschlagslisten eingereicht werden, erfolgt die Wahl als Mehrheitswahl. Eine Pflicht zur Annahme der Wahl in den Ausschuß dürfte nicht bestehen.

Die in § 19 Abs. III VA zum SG vertretene Meinung, daß die Wahlen zu den Ausschüssen jährlich zu erneuern seien, entbehrt der gesetzlichen Grundlage. Vielmehr werden die Bezirks-, Kreis- und Sonderausschüsse auf die Dauer der Wahlzeit des Bezirks- und Kreistags gewählt.

Da der Ausschuß aus Mitgliedern des Bezirkstags besteht, können (Anm. 2 zu Art. 7) Eltern und Kinder sowie Geschwister nicht gleichzeitig

Mitglieder des Ausschusses (wegen der Sonderausschüsse vgl. Art. 3 Abs. II SG) sein.

3) Der Bezirks- und Kreistag bestimmen beschlußmäßig, aus wieviel Mitgliedern die Ausschüsse zu bestehen haben (s. Abs. II).

4) Vorsitzender und Schriftführer des Ausschusses können, müssen aber nicht dieselben sein wie Vorsitzender und Schriftführer des Bezirks- und Kreistags.

5) Die Wahl kann, wenn niemand widerspricht, durch Zuruf erfolgen; andernfalls erfolgt sie in getrennten Wahlgängen mit einfacher Stimmenmehrheit. Die Vorsitzenden der Ausschüsse stimmen stets mit und geben bei Stimmengleichheit den Stichentscheid.

6) Die Erlassung einer Geschäftsordnung ist zweckmäßig, aber nicht obligatorisch. Über den Inhalt derselben im einzelnen vgl. § 19 Abs. V der VA zum SG.

Über die Zuziehung von Vertretern der Gemeindebeamtenkammer und der Verbände der mittleren Gemeinden zu den Ausschußsitzungen in gewissen Fällen vgl. § 19 Abs. VI der VA zum SG.

Über die Teilnahme der Arbeiterräte an den Sitzungen der Bezirks- und Kreistage vgl. Min.Bekm. vom 7. August 1919 (Bayer. Staatsanz. Nr. 197).

7) Vgl. auch Art. 4 Abs. II Satz 3 SG (Anm. 1 zu Art. 26). Die Entschädigung kann nach Sitzungstagen bemessen, es kann aber auch eine Bauschsumme festgesetzt werden (Rösch S. 72).

Zuständigkeit des Bezirksausschusses.

Art. 16.

Der Distriktsausschuß hat:

a) die Verwaltung des Vermögens der Distriktsgemeinde zu leiten und die Distriktsgemeinde in jenen Fällen zu vertreten, welche nicht zur Zuständigkeit des Distriktsrates verwiesen sind;
b) die Aufsicht auf die Distriktsanstalten;
c) die Verrechnungs- und Zahlungsanweisungen durch den Vorstand an den Distriktskassier zu erlassen;
d) alle an den Distriktsrat zu bringenden Gegenstände vorzuberaten und vollständig vorzubereiten;
e) die Rechnungen des Distriktskassiers und der Distriktsanstalten vor der Vorlage an den Distriktsrat zu revidieren;
f) den jährlichen Bedarfsvoranschlag (Etat) herzustellen und denselben mit allen nötigen technischen Erhebungen zu belegen, sodann mit dem vollständigen Repartitionsentwurfe der Distriktsumlagen zu begleiten;
g) bei unvorhergesehener Erledigung der Stelle eines Distriktskassiers einen andern vorbehaltlich der Bestätigung des Distriktsrates bei seiner nächsten Versammlung aufzustellen.

Art. 16 ist ersetzt durch Art. 22 SG. Dieser lautet:

Art. 22.

Der Bezirksausschuß, der Kreisausschuß wird vom Vorsitzenden einberufen[1]) und vertritt den Bezirk, den Kreis nach außen[2]). Zur

Beschlußfähigkeit ist die Anwesenheit von mehr als der Hälfte der ordentlichen Vollzahl der Mitglieder erforderlich[3]).

Der Ausschuß hat[4])

a) die Verwaltung des Vermögens zu leiten[5]),
b) die Aufsicht auf die Anstalten[6]) des Bezirkes, des Kreises zu führen[7]),
c) alle an den Bezirkstag, Kreistag zu bringenden Gegenstände vorzubereiten und vorzuberaten[8]),
d) die Rechnungen des Bezirkes, des Kreises vor der Vorlage an den Bezirkstag, Kreistag zu prüfen[9]),
e) den jährlichen Voranschlag herzustellen[10]), den zur Erhebung bestimmten Hundertsatz der Bezirks-, Kreisumlage zu berechnen[11]).

Der Bezirksausschuß hat ferner die Umlagen auf die einzelnen Gemeinden und Eigentümer ausmärkischer Grundstücke zu verteilen[11]).

Die Zahlungsanweisungen für den Bezirk erläßt innerhalb des Voranschlags das Bezirksamt, für den Kreis die Regierung, Kammer des Innern[12]). Die Sitzungen der Ausschüsse sind dem Bezirksamte, der Regierung mindestens 24 Stunden vorher bekanntzugeben[13]). Das Bezirksamt, die Regierung, Kammer des Innern, kann Vertreter abordnen, die auf ihr Verlangen jederzeit gehört werden müssen[14]).

1) Nach § 22 Abs. I der VA zum SG kann die Einberufung der Vorsitzende selbst besorgen, er kann auch das Bezirksamt, die Regierung darum ersuchen. Auch hier können bestimmte Sitzungstage von vornherein festgesetzt werden, in diesem Fall ist eine förmliche Einberufung wohl entbehrlich. S. hiezu Anm. 6 zu Art. 18 SG oben bei Art. 12. Ohne Einberufung durch den Vorsitzenden ist die Tagung der etwa gleichwohl versammelten Ausschußmitglieder ungültig. Die Mitteilung einer Tagesordnung bei der Einladung ist zweckmäßig, aber nicht notwendig.

2) Der Ausschuß vertritt den Bezirk gerichtlich und außergerichtlich. Er beschließt über die Erhebung von Klagen, bestellt Prozeßbevollmächtigte, schließt Vergleiche ab — über Vergleiche, bei denen Immobilien in Frage kommen, s. Anm. 9 und 10 zu Art. 21 SG oben bei Art. 11 — und ist berechtigt, Rechtsmittel einzulegen. Die Einlegung eines Rechtsmittels durch den Vorsitzenden des Ausschusses ist dann als rechtsgültig zu erachten, wenn sie nachträglich durch Beschluß des Ausschusses genehmigt wird (VGH **25**, 482).

Über Zustellungen an die Bezirke s. Anm. 2 zu Art. 12 SG oben bei Art. 1; ebenda über Zwangsvollstreckung gegen Bezirke.

Was die rechtliche Stellung der Ausschußmitglieder anlangt, so ist zunächst auf Anm. 2 zu Art. 21 SG (oben bei Art. 11) zu verweisen. Der Ausschuß ist verfassungsmäßiges Organ des Bezirks im Sinne der §§ 89, 31 BGB (Zeitschrift für Rechtspflege Band 1 S. 244). Zum

Schadensersatz verpflichtende Handlungen (und Unterlassungen) der Ausschußmitglieder innerhalb des ihnen durch Art. 22 SG bezeichneten Wirkungskreises machen den Bezirk nach §§ 89, 31 BGB haftbar, der an ihnen wieder Rückgriff nehmen kann. Daneben haften sie selbst jedem Dritten nach den allgemeinen Grundsätzen über Schadensersatz; kraft öffentlichen Rechts haften sie dem Bezirk für jeden Schaden, den sie dem Bezirk durch Verletzung der ihnen zukommenden Obliegenheiten direkt zufügen (s. auch Art. 21 Abs. V). Letzterer Anspruch ist, weil öffentlich-rechtlicher Natur, von den Verwaltungsbehörden (Kreisregierung) festzustellen; alle anderen Haftungsstreitigkeiten gehören vor die Zivilgerichte. Ob der Bezirk die Ausschußmitglieder für einen ihn direkt oder indirekt zugefügten Schaden in Anspruch nehmen will, ist dem Ermessen des Bezirkstags anheimgegeben (Lermann S. 87).

Über den Vollzug der Beschlüsse des Bezirksausschusses vgl. § 22 Abs. II—IV der VA zum SG, sowie Abs. IV unseres Artikels. Nach Rösch S. 78 soll im Zweifelsfalle immer das Bezirksamt, die Regierung den Vollzug der Beschlüsse übernehmen. Über die Vorbereitung und den Vollzug der Beschlüsse des Bezirksausschusses und Bezirkstags vgl. ferner Ziff. 4 der ME vom 1. September 1919 (Anhang II 6).

3) Falls nicht die vom Gesetz verlangte Mindestzahl von Teilnehmern anwesend ist, sind Beschlüsse, die etwa gleichwohl gefaßt werden, nichtig. Hierauf kann sich der Bezirk wie jeder Dritte berufen. Weiter ist notwendig, daß die Ausschußmitglieder geladen werden (Art. 18). Bei Verstößen hiegegen vgl. Anm. 5 zu Art. 13. Bei der Berechnung der ordentlichen Vollzahl und der Hälfte wird der Vorsitzende mitgezählt. Zu den „Anwesenden" gehören auch solche, die sich während der Sitzung zeitweise entfernten, nicht aber solche, die sich vor der Abstimmung dauernd entfernten (VGH **24**, 358).

Stimmenthaltung wird nicht unzulässig sein, da eine dem Art. 102 Abs. VI GO entsprechende Bestimmung hier fehlt. Die sich der Stimme Enthaltenden gehören zu den Anwesenden im Sinne des Abs. I.

Wegen der Protokollierung der Ausschußbeschlüsse vgl. die auch hier geltende Anm. 5 zu Art. 13.

4) Im folgenden sind nur die in Art. 22 SG erwähnten Aufgaben des Bezirksausschusses besprochen. Über weitere Aufgaben s. den Exkurs zu unseren Art.

Über die Abgrenzung der Zuständigkeit des Bezirksausschusses von der des Bezirkstags s. Anm. 1 zu Art. 21 SG oben bei Art. 11.

5) Während dem Bezirkstag die Feststellung des Haushalts des Bezirks zukommt, hat der Ausschuß die Ausführung desselben in die Wege zu leiten und alle hierauf bezüglichen laufenden Geschäfte zu erledigen. Er ist verpflichtet, bei Vermeidung der Haftung, sich an den vom Bezirkstag festgestellten Voranschlag zu halten; nur bei außergewöhnlichen Vorkommnissen kann er im Rahmen des Art. 21 Abs. III SG (s. oben bei Art. 11) eigenmächtig handeln.

Zu den Verwaltungsgeschäften gehört auch die Vergebung der für Rechnung des Bezirks zu liefernden Arbeiten, sei es im Wege der öffentlichen Ausschreibung oder ohne diese.

Die Regieausgaben des Ausschusses und des Bezirkstags sind Ausgaben des Bezirks und von ihm zu bestreiten.

6) Über den Begriff der Bezirksanstalten s. Anm. 10 zu Art. 27.

7) Die Aufsicht wird ausgeübt durch das ganze Kollegium oder einzelne von ihm delegierte Mitglieder. Bezüglich des Erlasses von Satzungen für Bezirksanstalten s. Art. 21 Abs. II lit. f SG oben bei Art. 11.

8) Dies hat aber nicht die Bedeutung, daß nichtvorberatene Gegenstände im Bezirkstag nicht behandelt werden könnten. Lit. c ist vielmehr eine bloße Ordnungs(Soll-)vorschrift.

9) S. Art. 21 nebst Anm. Die Bezirksämter haben mit der Rechnungsrevision nichts zu tun (Bl. f. adm. Pr. 23 S. 62; s. oben Ziff. 2 der ME vom 1. September 1919 [Anhang II 6]); sie obliegt dem Ausschuß als ganzen, nicht dem Vorstand allein. Bei der Rechnungsprüfung im Bezirkstag kann der Ausschuß Mitteilungen über die Ergebnisse des abgelaufenen Verwaltungsjahres machen; zu einer förmlichen Rechenschaftsablage ist er nicht verpflichtet (vgl. AA III S. 179; AK III S. 87, 94, 96, 100).

Über die Gründung eines Prüfungsverbands im Sinn des Art. 16 Abs. II SG vgl. die Min.Bekm. vom 13. Januar 1920 (vgl. Anhang V 2) und vom 13. April 1920 (Bayr. Staatsanz. Nr. 89).

10) D. h. zu entwerfen; die endgültige Feststellung kommt dem Bezirkstag zu (Art. 21 Abs. I lit. a SG; oben bei Art. 11).

11) Über das Verfahren bei Berechnung und Verteilung der Bezirksumlagen (einschließlich der Vorausleistungen nach Art. 32) s. § 137 der VB zum UmlG (Anhang V 4).

12) S. § 21 Abs. II und IV der VA zum SG.

13) S. Anm. 7 zu Art. 18 SG oben bei Art. 12.

14) S. Anm. 8 zu Art. 18 SG oben bei Art. 12.

Sonstige Aufgaben des Bezirksausschusses.

Exkurs zu Art. 16.

1) Beschlußfassung an Stelle des Bezirkstags in dringlichen Fällen (Art. 21 Abs. III SG).

2) Teilnahme an der Versammlung mehrerer Bezirksausschüsse in den Fällen des Art. 34.

3) Teilnahme an der Bezirksarmenpflege (s. bei Art. 36).

4) Gutachtliche Äußerung bei der Bildung von Bürgermeistereien (Art. 6 Abs. II GO).

5) Gutachtliche Äußerung bei der Disziplinierung von Mitgliedern der Stadt- oder Gemeinderäte, Ortsausschüsse und Ortspfleger (Art. 167 Abs. II [Art. 97 Abs. II der pfälz.] GO in der Fassung des Art. 31 SG).

6) Wahl von Sachverständigen in die nach den Vorschriften des Kriegsleistungsgesetzes zu bildenden Abschätzungskommissionen (§ 33 Abs. III des Gesetzes über die Kriegsleistungen vom 13. Juni 1873 [Weber 10 S. 34], Ziffer 16 der V. vom 1. April 1876 über die Kriegsleistungen [Weber 11 S. 482] und ME vom 21. August 1876 [Weber 11 S. 641]).

7) Wahl von Sachverständigen für die zur Abschätzung von Manöverschäden zu bildenden Kommissionen (§ 14 Abs. II des Gesetzes über die Naturalleistungen vom 13. Februar 1875 [Weber 26 S. 2], III C

der Instruktion hiezu vom 28. August 1898 [Weber 26 S. 172]).

8) Vertretung der nach verschiedenen Reichsgesetzen für militärische Angelegenheiten zu bildenden Lieferungsverbände (vgl. §§ 16, 17 des Reichsgesetzes über die Kriegsleistungen vom 13. Juni 1873 [Weber 10 S. 34] und ME vom 25. November 1873 [Weber 10 S. 158]; §§ 3, 4, 7 des Gesetzes vom 28. Februar 1888, betr. die Unterstützung von Familien der zu Friedensübungen einberufenen Mannschaften [Weber 21 S. 355], ME vom 29. Juni 1892 hiezu [Weber 21 S. 520]); Reichsgesetz vom 4. August 1914 (RGBl. S. 332), Min.Bekm. vom 13. August 1914 (Bayer. Staatsanz. Nr. 190 b).

9) Wahl der der Pferdeaushebungskommission zuzuteilenden drei Schätzer (§§ 25—27, 36 des Gesetzes über die Kriegsleistungen vom 13. Juni 1873 [Weber 10 S. 34], §§ 15, 16 der Min. Bekm. vom 7. August 1902, Pferdeaushebungsvorschrift betr. [Weber 32 S. 83]).

10) Vertretung des Gemeindeverbands im Sinne der RVO in den Fällen des § 305 RVO und der Art. 9 und 16 EGRVO (s. die in Anm. 16 des Exkurses zu Art. 11 aufgeführte Min.Bek. vom 29. Dez. 1911 § 5 Abs. II).

11) Eine außerordentliche Erweiterung der Zuständigkeiten des Bezirksausschusses ist durch Art. 23 Abs. I SG (s. Anhang II 1) eingetreten, wonach der Bezirksausschuß als Beschlußbehörde in bestimmten Fällen tätig wird und die hiefür bisher bestandene Zuständigkeit des Bezirksamts ersetzt. Wegen der einzelnen Fälle vgl. den Art. 23 Abs. I SG sowie die Min.Bekm. vom 3. Dezember 1919 (Anhang II 4). Darüber hinaus kann das zuständige Staatsministerium weitere Angelegenheiten dieser Art dem Ausschusse zur Beratung und Beschlußfassung überweisen (Art. 23 Abs. II SG). Die Beschlüsse sind behördliche Entscheidungen, gegen die dieselben Rechtsmittel eingelegt werden können, die bisher gegen Entscheidungen der Bezirksämter zulässig waren. Die Vorbehandlung dieser Angelegenheiten und der Vollzug der Beschlüsse des Bezirksausschusses obliegt dem Bezirksamt (Art. 23 Abs. III SG und § 23 der VA hiezu). Der Bezirksausschuß kann durch das Bezirksamt weitere Erhebungen anordnen.

Ferner kann der Bezirksausschuß auch in anderen den Bezirk berührenden Angelegenheiten Anregungen geben, Anträge stellen und sich gutachtlich äußern (Art. 23 Abs. V und VI SG). Endlich soll er die freiwillige Bildung von Zweckverbänden fördern (vgl. hiezu unten Art. 37).

12) Bildung von Zweckverbänden mangels Zustimmung der Beteiligten (Art. 26 Abs. II SG).

13) Mitwirkung bei Besetzung von Bezirksamtmannstellen nach Art. 24 SG; s. aber Anhang II 3.

Beschlußfassung des Bezirksausschusses.

Art. 17.

I Der Distriktsausschuß faßt seine Beschlüsse nach Stimmenmehrheit[1]). **Zur Fassung gültiger Beschlüsse ist die Anwesenheit von wenigstens drei oder vier Mitgliedern des Ausschusses erforderlich, je nachdem dieser aus vier oder mehreren Mitgliedern besteht**[2]). Bei Stimmengleichheit entscheidet der Vorstand [3]). Glaubt der letztere nach pflichtmäßiger Überzeugung annehmen zu sollen, daß ein Beschluß des Ausschusses den Gesetzen oder Verordnungen zuwiderlaufe, so ist derselbe berechtigt und verpflichtet, die Vollziehung zu vertagen und die Verhandlungen der vorgesetzten Kreisregierung binnen acht Tagen vorzulegen [4]).

II Diese hat sodann ohne Verzug über die Aufrechterhaltung oder Aufhebung des angefochtenen Beschlusses nach kollegialer Beratung zu entscheiden, und im Falle der Aufhebung unter Angabe der Gründe die Sache an den Distriktsausschuß zu neuer Beschlußfassung zurückzuweisen [4]).

1) D. h. nach einfacher (relativer) Majorität (s. Anm. 6 zu Art. 13). Einer Bestätigung bedürfen Ausschußbeschlüsse nicht (s. aber Art. 21 Abs. III Satz 2 SG oben bei Art. 11). Stimmenthaltung ist, weil nicht verboten, zulässig. Über das Stimmrecht des Vorsitzenden s. die folgende Anm. 3.

2) Satz 2 ist durch Art. 22 Abs. I Satz 2 SG (s. oben bei Art. 16) aufgehoben; a. A. mit Unrecht § 33 Ziff. 3 der VA zum SG.

3) Der Vorsitzende hat stets mitabzustimmen; im Falle der Stimmengleichheit entscheidet die Meinung, für die er seine Stimme abgegeben hat. Die in § 33 Ziff. 3 der VA zum SG vertretene Meinung, Satz 3 unseres Artikels sei nunmehr gegenstandslos, ist irrig.

4) Satz 4 des Abs. I und Abs. II sind nunmehr aufgehoben.

Einberufung des Bezirksausschusses. Verpflichtung der Mitglieder zum Erscheinen. Folgen des Nichterscheinens.

Art. 18.

Der Distriktsausschuß versammelt sich nur auf Einladung des Vorstandes [1]). Die Einberufung hat jedoch zu erfolgen [2]), wenn wenigstens die Hälfte der Mitglieder [3]) des Ausschusses darauf anträgt [4]). — Die Bestimmungen des Artikels 14 gelten auch für den Ausschuß [5]).

1) Satz 1 ist durch die gleichlautende Bestimmung in Art. 22 Abs. I SG gegenstandslos geworden. S. Anm. 1 zu Art. 22 SG oben bei Art. 16.

2) Unterläßt der Vorsitzende gleichwohl die Einberufung des Ausschusses, so kann jedes Mitglied desselben Beschwerde zur Kreisregierung führen. Der Zusammentritt des Ausschusses ist jedoch auch in diesem Fall nicht eher zulässig, als bis der Beschwerde stattgegeben und der Vorsitzende zur Anberaumung einer Sitzung angewiesen wurde und dieser nunmehr die Sitzung anberaumt hat.

3) Hier wie sonst wird der Vorsitzende bei der Berechnung der Mitgliederzahl mitgerechnet.

4) Der Antrag kann in jeder Form gestellt werden: schriftlich oder mündlich. Letzterenfalls ist er zu protokollieren.

5) D. h. auch für die Ausschußmitglieder besteht eine Pflicht zu erscheinen (Art. 14 Abs. I und Anm. 2 zu Art. 14), nicht aber die Pflicht abzustimmen (Anm. 6 zu Art. 13, Anm. 1 zu Art. 17); über die Zulässigkeit von Entschuldigungsgründen entscheidet endgültig die Mehrheit der erschienenen Ausschußmitglieder (Art. 14 Abs. II und Anm. 3 und 4 zu Art. 14); kommt die Versammlung wegen Nichterscheinens der erforderlichen Ausschußmitglieder (Art. 17 Abs. I) nicht zustande, so haben die unentschuldigt ferngebliebenen Ausschußmitglieder die Kosten der vereitelten Sitzung nach Feststellung der Bezirksverwaltungsbehörde zu tragen (Art. 14 Abs. II und Anm. 6—8 zu Art. 14).

Art. 19.

Im Falle der Auflösung des Distriktsrates hat der Distriktsausschuß seine Verrichtungen bis dahin fortzusetzen, wo der Distriktsrat neu gewählt und der Ausschuß aus seiner Mitte neu bestellt sein wird [1].

1) Art. 19 ist gegenstandslos, da eine Auflösung nach Art. 12 Abs. V nunmehr ausgeschlossen ist.

Wegen des Fortbestehens der bisherigen Vertretung bis zum ersten Zusammentritt der neugewählten Vertretung vgl. Anm. 3 zu Art. 9.

Wahl des Bezirkskassiers und Bezirksbaumeisters. Verpflichtung und Kautionsleistung der Bezirksbeamten.

Art. 20.

I Der Distriktsrat [1]) wählt [2]) mit absoluter Stimmenmehrheit [3]) für die Erhebung, Verwendung [4]) und Verrechnung [5]) des Distriktsgemeindeeinkommens einen Distriktskassier [6]) und außerdem einen Bezirksbaumeister [7]).

II Die Distriktsbeamten [8]) werden von der Distriktsverwaltungsbehörde für ihr Amt verpflichtet [9]). Ob und welche Kautionen sie zu leisten haben, bleibt dem Beschlusse des Distriktsrats [10]) anheimgegeben [11]).

Vorbemerkung: Neue Fassung des Art. 20 durch Art. 21 GBG! Sie ist nach Art. 26 GBG seit 17. Juli 1916 in Kraft. Vgl. die Übergangsbestimmung für die ab 1. August 1914 bis 17. Juli 1916 ausgeschiedenen oder verstorbenen Bezirksbeamten in Art. 26 Abs. II und IV GBG.

1) In außerordentlich dringenden Fällen tritt an Stelle der Beschlußfassung des Bezirkstags die des Bezirksausschusses (Art. 21 Abs. III SG), der Bezirkstag kann auch das ihm zustehende Wahlrecht allgemein oder im einzelnen Fall dem Ausschuß übertragen (Art. 21 Abs. II SG).

2) Die Wahlhandlung kann nur stattfinden, wenn wenigstens zwei Drittel der Mitglieder des Bezirkstags anwesend sind (Art. 13 Abs. I).

3) Bei Stimmengleichheit gibt (wie sonst) die Stimme des Vorsitzenden den Ausschlag (Anm. 8 zu Art. 13).

4) S. Anm. 2 zu Art. 21.

5) S. die ME vom 12. Oktober 1869 (Weber 8 S. 382), die auf die Kassenführung der Bezirke analoge Anwendung finden wird (Lermann S. 99); ferner die Min.Bekm. vom 31. Oktober 1912, Rechnungsvorschriften für die Sparkassen der Gemeinden und Distrikte betr. (MABl. S. 1087).

6) Das Amt des Bezirkskassiers kann nach dem Ermessen des Bezirkstags entweder einem Mitglied des Bezirkstages bzw. Bezirksausschusses oder einem beliebigen Dritten übertragen werden; letzteren Falles wird der Betreffende hiedurch nicht Mitglied des Bezirkstags oder Ausschusses, kann auch letzteren Falles vollbeschäftigter berufsmäßiger Bezirksbeamter im Sinn des Art. 26 Abs. III werden. Ferner kann der nicht aus der Mitte des Bezirkstags gewählte Bezirkskassier den Sitzungen des Bezirkstags und des Bezirksausschusses mit beratender Stimme anwohnen, bei der Rechnungsstellung (Art. 21) muß er dies. Kein Bezirkstags- oder Ausschußmitglied ist verpflichtet, das Amt eines Bezirkskassiers anzunehmen.

Mehrere Bezirke können gemeinsam einen Kassier bestellen; hiebei wird Art. 37 analog anzuwenden sein (s. Anm. 1 im Exkurs zu Art. 20).

Über die dem Kassier zu gewährende Vergütung s. Art. 26 Abs. II. Im übrigen sind die Dienstverhältnisse des Kassiers analog denen der übrigen Beamten der Bezirke; hierüber s. Näheres im Exkurs zu Art. 20. Über die Zuständigkeit der Verwaltungsbehörden, über den Anspruch eines Bezirkskassiers gegen eine Gemeinde auf Ersatz einer irrtümlich aus eigenen Mitteln für die Gemeinde gemachten Zahlung zu entscheiden, s. das Erkenntnis des Komp. Konfl. Gerichtshofs vom 3. Juni 1862 (Regierungsblatt S. 1976 ff).

7) Nach § 12 Abs. VI und VII der VA zum SG soll vor der Besetzung der Stelle eines Bezirkstechnikers (Bezirksbaumeisters) in der Regel ein öffentliches Ausschreiben zur Bewerbung ergehen. Vor der endgültigen Wahl ist der Landesverband der Bezirksbaumeister Bayerns zu hören. Als Mindestvorbildung soll das erfolgreiche Bestehen der Schlußprüfung einer staatlich anerkannten Baugewerkschule und der Nachweis einer mehrjährigen praktischen Tätigkeit im öffentlichen oder privaten Baudienste verlangt werden.

Die Aufstellung eines Bezirkskassiers und eines Bezirksbaumeisters ist für jeden Bezirk vorgeschrieben, wie sich aus der jetzigen Fassung unseres Artikels ergibt, während vor dem Inkrafttreten des Art. 20 in seiner vorliegenden Fassung die Aufstellung eines Bezirksbaumeisters nur dann erforderlich war, wenn festgestellt war, daß sich die nach Art. 27 Abs. I lit. b Ziff. 4 dem Bezirk obliegende Aufgabe in anderer billigerer Weise nicht erfüllen ließ (VGH **8**, 301; **15**, 213; Zeitschrift f. Rechtspflege 6 S. 290). Weigert sich der Bezirkstag, der Verpflichtung zur Bestellung dieser beiden Beamten nachzukommen, so ist gegen den Bezirk das staatsaufsichtliche Verfahren einzuleiten.

8) Über die Rechtsverhältnisse der Bezirksbeamten im einzelnen vgl. den Exkurs zu Art. 20.

9) Eine bestimmte Form für die Verpflichtung besteht nicht; es genügt, wenn die Beamten die gewissenhafte Erfüllung ihres Amtes versichern.

10) Der Beschluß kann jederzeit durch denselben oder einen neugewählten Bezirkstag abgeändert werden.

11) Daraus, daß der Bezirkstag von der Anordnung der Stellung einer Kaution abgesehen hat, kann eine Fahrlässigkeit der Bezirkstagsmitglieder nicht gefolgert werden; denn die Anordnung der Kautionsstellung ist dem Ermessen des Bezirkstags anheimgegeben. Wegen Sicherungshypotheken zugunsten der Kommunalverbände an Grundstücken der Verwalter ihres Vermögens vgl. Art. 89 AGBGB.

Exkurs zu Art. 20.

Das Recht der Beamten der Bezirke.

Vorbemerkung: Gesetzliche Bestimmungen über die Rechtsverhältnisse der Beamten der Bezirke fehlen abgesehen von Art. 20 und 26 mit Anführungen fast völlig; es muß daher der Versuch gemacht werden, diese Lücke durch Heranziehung allgemeiner Rechtsnormen, insbesondere der im BG niedergelegten, zu füllen.

1) Beamte des Bezirkes sind alle Personen, die durch öffentlich-rechtlichen Vertrag in ein dienstliches Abhängigkeitsverhältnis zum Bezirk zwecks Erfüllung der ihm obliegenden öffentlich-rechtlichen Aufgaben treten, gleichviel ob die für den Bezirk entwickelte Tätigkeit ihren Haupt- oder Nebenberuf bildet (VGH **34**, 187). Für den Beamtenbegriff kommt es nicht darauf an, ob das Dienstverhältnis dauernd oder auf Zeit oder widerruflich abgeschlossen ist (VGH im „Recht" 1913 S. 610). Keine Beamten des Bezirks in diesem Sinn sind die Mitglieder des Bezirkstags und des Bezirksausschusses, ebensowenig solche Personen, die Dienste irgendwelcher Art für den Bezirk verrichten und bei Ausführung derselben vertragsmäßig den Anweisungen seiner Organe zu folgen haben, jedoch in keine dienstliche Abhängigkeit zum Bezirk treten, z. B. Unternehmer von Bauten für Rechnung des Bezirks. Auch die Verpflichtung sowie die Pensionsberechtigung begründen noch nicht unter allen Umständen Beamteneigenschaften.

Beamte des Bezirks im staatsrechtlichen Sinn (sowie im Sinne des Art. 7 Abs. II BGG und der strafrechtlichen Bestimmungen) sind demnach stets der Bezirkskassier, der Bezirkstechniker (Bezirksbaumeister), der Bezirkswegmacher (Bezirksstraßenwärter) (VGH **21**, 96; **25**, 9; Reger 15 S. 205; „Recht" 1913 S. 145), in der Regel auch die zur Verwaltung von Bezirksanstalten angestellten Personen (z. B. Krankenhausverwalter, Sparkassenverwalter); bei den in Bezirkskrankenhäusern angestellten Ärzten kann die Beamteneigenschaft zweifelhaft sein; man wird sie dann annehmen können, wenn die Anstellung im Hauptamt erfolgt. S. auch Frank I S. 102.

Die Bezirkstechniker sind (wie die andern eben genannten Personen) keine zur Mitwirkung bei der Entscheidung von Verwaltungsrechtssachen berufenen Beamten im Sinn des Art. 18 VGG, sondern Sachverständige der Bezirksverwaltungsbehörde (VGG **19**, 324); es kommt ihnen auch nicht die Eigenschaft einer öffentlichen Behörde im Sinne des § 255 StPO zu (Reger 14 S. 306).

Mehrere Bezirke können sich auch zur gemeinsamen Bestellung von Beamten vereinigen. Es entsteht dann ein Rechtsverhältnis nach Art. 34. Durch die vertragsmäßige Festlegung der zwischen den Gemeinden und zwischen diesen und den Beamten entstehenden Rechtsverhältnisse wird sich die zu große Kompliziertheit des Dienstverhältnisses vermeiden lassen.

Für die vollbeschäftigten (berufsmäßigen und nichtberufsmäßigen) Bezirksbeamten gelten hinsichtlich ihrer Bezüge, der Lösbarkeit ihres Dienstverhältnisses und des Disziplinarrechts besondere in Art. 26 Abs. III und IV niedergelegte Bestimmungen (vgl. die Anm. zu Art. 26).

2) Eine Befähigung ist für kein Amt des Bezirks gesetzlich vorgeschrieben (vgl. Motive S. 565); es wird sich aber von selbst verstehen, daß nur solche Personen anzustellen sind, die für ihr Amt geeignet sind (bezüglich der Bezirkstechniker s. die ME vom 21. Mai 1885 [Weber 17 S. 159] und Anm. 7 zu Art. 20).

3) Es ist dem Bezirk nicht völlig freigestellt, ob er Beamte anstellen will oder nicht. Obligatorisch ist vielmehr die Aufstellung eines Bezirkskassiers und eines Bezirksbaumeisters (Art. 20 Abs. I); die Aufstellung eines zur ordnungsgemäßen Instandhaltung einer Bezirksstraße erforderlichen Wegmachers dann, wenn durch die zuständige Verwaltungsbehörde — der Verwaltungsgerichtshof ist zur Nachprüfung dieser Frage nach Art. 13 Abs. I Ziff. 3 VGG nicht zuständig — mit Bestimmtheit konstatiert ist, daß sich die nach Art. 27 Abs. I lit. b Ziff. 4 dem Bezirk obliegende Aufgabe in anderer billigerer Weise nicht genügend erfüllen läßt (VGH **16**, 197; **25**, 9; VGH bei Sörgel 2 S. 63). Obligatorisch ist ferner die Anstellung der Personen, die zur sachgemäßen Weiterführung der bestehenden Bezirksanstalten, bis deren Aufhebung beschlossen ist (s. Anm. 10 zu Art. 27), erforderlich sind; denn sie gehören zu dem von dem Bezirk nach Art. 27 Abs. I lit. b Ziff. 4 aufzubringenden Bedarf für den Unterhalt der Bezirksanstalten. Über Bezirkstierärzte s. Anm. 14 zu Art. 27.

4) Der Bezirk ist auch verpflichtet, zur Besoldung seiner Beamten entsprechende Gehaltsbezüge in seinen Voranschlag aufzunehmen. Die Festsetzung des Gehalts ist zunächst Sache des Bezirkstags, unterläßt jedoch dieser, einen Gehalt auszuwerfen oder ist der von ihm ausgeworfene Gehalt nicht ausreichend, um geeignete Beamte zu gewinnen, so ist die Aufsichtsbehörde berechtigt, einen entsprechenden Betrag in den Voranschlag einzustellen (VGH **15**, 213).

5) Das Recht zur Ernennung der Beamten steht dem Bezirkstag (ebenso Frank I S. 103) zu; in dringenden Fällen ist der Ausschuß zur Ernennung berechtigt (Anm. 1 zu Art. 20). Bei der Wahl entscheidet (s. Art. 20 Abs. I) absolute Majorität; bei Stimmengleichheit entscheidet die Stimme des Vorsitzenden.

Weigert sich der Bezirkstag, die Wahl einer entsprechenden Persönlichkeit für eine obligatorische Stelle (s. oben Anm. 3) vorzunehmen, so ist die Aufsichtsbehörde (Kreisregierung) berechtigt, die Besetzung der Stelle vorzunehmen.

Durch Art. 24 und 25 SG war dem Bezirksausschuß bzw. Bezirkstag das Recht verliehen worden, bei der Besetzung erledigter Bezirksamtmannsstellen mitzuwirken, sowie die Abberufung eines wenigstens ein Jahr im Amte befindlichen Bezirksamtmanns zu beantragen. Diese Bestimmungen sind jetzt gegenstandslos, weil Art. 24 und 25 SG durch Gesetz vom 28. Oktober 1919 (Anhang II 3) vorläufig außer Wirksamkeit gesetzt wurden (vgl. Stenogr. Bericht über die Verh. d. Landtags v. 24. Okt. 1919 I. Bd. S. 550).

6) Anfang und Ende des Amts.

Das Amt beginnt mit dem Tage, an dem nach dem Beschlusse des Bezirkstags der Gewählte seine Stelle anzutreten hat, frühestens jedoch mit dessen Dienstesantritt. Jeder Beamte soll von der Bezirksverwaltungsbehörde auf gewissenhafte Erfüllung des Amts verpflichtet werden (Art. 20 Abs. II); diese Verpflichtung ist aber ohne Einfluß auf die amtliche Eigenschaft.

Niemand ist verpflichtet, die auf ihn gefallene Wahl zum Beamten anzunehmen.

Jeder Beamte des Bezirks ist berechtigt — vorbehaltlich etwaiger vertragsmäßiger Kündigungsfristen —, jederzeit und ohne Angabe von Gründen sein Amt niederzulegen; nur darf dies nicht zur Unzeit geschehen; d. h. das Amt muß solange fortgeführt werden, bis der Ausschuß in der Lage ist, eine geeignete Person als Ersatz zu finden.

Der Bezirkstag kann auch jederzeit, unbeschadet etwaiger Pensionsrechte (s. hierüber Anm. 8) und vorbehaltlich des Art. 26 Abs. III und der etwa getroffenen Vereinbarung einer Kündigungsfrist, jeden seiner Beamten des Dienstes entheben; denn Anspruch, im Dienst belassen zu werden, hat niemand. Gegen die Entlassung ist Beschwerde zulässig (s. Anm. 9). In dringenden Fällen kommt auch dem Ausschuß das Recht zu, einen Beamten vorläufig und vorbehaltlich der Entscheidung des Bezirkstags vom Dienste zu entheben (Art. 21 Abs. III SG).

Unabhängig ist die Dienstleistung der Beamten von dem Ablauf der Wahlperioden. Ihr Amt dauert fort, sofern nicht abweichende Dienstverträge geschlossen wurden, bis sie das Amt niederlegen oder des Dienstes enthoben werden.

7) Die Dienstespflichten der Beamten richten sich nach dem Anstellungsvertrag und der Natur des Amtes. Der Anstellungsvertrag kann auch die Form sog. Dienstesordnungen oder Satzungen haben, also die Dienstverhältnisse sämtlicher Beamten einer Kategorie gleichmäßig regeln. Hiefür ist ein Beschluß des Bezirkstags erforderlich (Art. 23 Abs. V GBG); eine Genehmigung der Regierung ist nicht mehr nötig.

Auch sein außerdienstliches Verhalten hat der Beamte entsprechend seiner Stellung als eines öffentlichen Beamten einzurichten. Die Übernahme von Nebengeschäften ist nur mit Genehmigung des Ausschusses zulässig.

8) Die Rechte der Beamten, insbesondere auf Gehalt und Pension regeln sich nach den Dienstverträgen (Dienstesordnungen), ebenso die Frage, ob der Beamte auch im Fall grundloser Entlassung irgend welche vermögensrechtliche Ansprüche gegen den Bezirk bewahrt und ob im Falle seines Todes seinen Hinterbliebenen vermögensrechtliche Ansprüche zustehen.

Für vollbeschäftigte (berufsmäßige und nichtberufsmäßige) Bezirksbeamte gelten hinsichtlich ihrer Bezüge (einschließlich Ruhegehalt und Hinterbliebenenversorgung), sowie hinsichtlich der Lösbarkeit des Dienstverhältnisses die besonderen Vorschriften des Art. 26 Abs. III BTG mit Art. 77a, 77b, 132 Abs. III GO). Hienach kann nur vollbeschäftigten berufsmäßigen Bezirkskassierern und Bezirksbaumeistern das Recht der Unwiderruflichkeit gewährt werden. Die Besoldung muß angemessen sein. Hinsichtlich der Sonntagsruhe und des Urlaubs der berufsmäßigen Bezirksbeamten vgl. §§ 3 und 4 der Min.Bekm. vom 25. Juli 176 BG scheint unzulässig, da er eine singuläre Vorschrift darstellt. Vgl. Helmreich-Rock, GO, 3. Aufl. S. 280.

Die Gehalts- und Pensionsansprüche sind, wenn die Verträge nichts anderes bestimmen, im Verwaltungswege — erste Instanz: die Aufsichtsbehörde (Kreisregierung) — geltend zu machen, weil sie einem öffentlichrechtlichen Rechtsverhältnis entstammen; die analoge Anwendung des Art. 176 BG scheint unzulässig, da er eine singuläre Vorschrift darstellt. Vgl. Helmreich-Rock, GO, 3. Aufl. S. 280.

9) Die Aufsicht und Disziplin über die Beamten kommt dem Bezirksausschuß und in dessen Namen dem Vorsitzenden desselben zu (vgl. Art. 22 Abs. II lit. b SG oben bei Art. 16). Disziplinarmittel sind Verwarnung und

Dienstesentlassung. Gegen die Handhabung der Disziplinargewalt durch den Ausschuß wird dem Beamten ein Beschwerderecht zur vorgesetzten Aufsichtsbehörde (Kreisregierung) offenstehen.

Das Recht umfaßt auch die Pflicht zur Beaufsichtigung der Beamten, z. B. zur Vornahme von Kassenrevisionen. Ausschußmitglieder, die diese Pflicht vernachlässigen, machen sich für hiedurch entstandenen Schaden haftbar.

Für vollbeschäftigte (berufsmäßige und nichtberufsmäßige) Bezirksbeamte gelten hinsichtlich des Disziplinarrechts die Sonderbestimmungen des Art. 26 Abs. III BTG mit Art. 167, 168 GO, sowie die Min.Bekm. vom 25. Juli 1916 (Anhang IV 3).

10) Was die Haftung der Bezirke für ihre Beamten, sowie die Haftung dieser gegenüber Dritten und gegenüber dem Bezirk anlangt, so finden die für Gemeindebeamte geltenden Grundsätze uneingeschränkte Anwendung; vgl. hierüber Helmreich-Rock, GO, 3. Aufl. Anm. 3 zu Art. 86.

Ergänzend ist zu bemerken, daß der Bezirkstechniker innerhalb seines Wirkungskreises (Unterhaltung der Bezirksstraßen) verfassungsmäßiger Vertreter im Sinne der §§ 31, 89 BGB ist (Zeitschrift für Rechtspflege 6 S. 290). Der Bezirk kann daher keinen Entlastungsbeweis nach § 831 Abs. I Satz 2 BGB führen.

11) Versicherungspflicht:

Vollbeschäftigte (berufsmäßige und nichtberufsmäßige) Bezirksbeamte sind nach Art. 26 Abs. III BTG mit Art. 77a GO, § 9 des Versicherungsgesetzes für Angestellte, Art. 57 AGRVO frei von der Kranken-, Unfall-, Invaliden- und Angestelltenversicherung (VGH **34**, 187).

Für die übrigen Bezirksbeamten gilt Folgendes:

Die Bezirksbeamten, die einen Gehalt von nicht mehr als 5000 Mk. jährlich erhalten, unterliegen der Krankenversicherungspflicht (§ 165 Abs. I Ziff. 2 RVO). Versicherungsfrei sind sie, wenn der Bezirkstag beschließt, ihnen einen Anspruch auf die in § 169 RVO erwähnten Leistungen zu gewährleisten.

Bezirksbeamte sind unfallversicherungspflichtig, wenn ihr Jahresarbeitsverdienst 5000 Mk. nicht übersteigt (§§ 537 Abs. I Ziff. 3, 544, 545 RVO); sie sind versicherungsfrei, wenn ihnen Pensionsrechte oder eine Fürsorge nach § 14 des Unfallfürsorgegesetzes vom 18. Juni 1901 (RGBl. S. 211) gewährleistet ist (§ 554 Abs. I Ziff. 4 und 5 RVO).

Die oben als der Krankenversicherungspflicht unterliegend bezeichneten Personen unterliegen auch der Invaliden- und Hinterbliebenenversicherung nach §§ 1226 ff. RVO, wenn ihr Jahresarbeitsverdienst 2000 Mk. nicht übersteigt. Sie sind unter den in § 1234 RVO bezeichneten Voraussetzungen versicherungsfrei.

Der Versicherung nach dem Versicherungsgesetz für Angestellte vom 20. Dezember 1911 (RGBl. S. 989) unterliegen die Beamten der Bezirke im Hinblick auf § 9 dieses Gesetzes und auf Art. 57 des AGRVO vom 2. November 1912 (GVBl. S. 1135) nicht; vgl. die Min.Bekm. vom 11. November 1912 über das Verhältnis der Gemeindebeamten zum Versicherungsgesetze für Angestellte (MABl. S. 1075).

Rechnungslegung über den Haushalt des Bezirks.

Art. 21.

I Der Kassier hat am Schlusse eines jeden Verwaltungsjahres[1]) Rechnung zu stellen[2]), welche nach vorausgegangener Revision im Ausschusse[3]) der Beratung des Distriktsrates[4]) (Art. 11 lit. c) unterstellt wird.

II An der diesfallsigen Abstimmung[5]) haben die Mitglieder des Ausschusses keinen Anteil zu nehmen[5]).

III Die Rechnung wird sodann samt den Beschlüssen durch die Distriktsverwaltungsbehörde an die Kreisregierung zur schließlichen Prüfung und Bescheidung[6]) vorbehaltlich der Berufung[7]) eingesendet[8]).

IV Die Rechnungsergebnisse werden durch das Kreisamtsblatt zur öffentlichen Kenntnis gebracht.

V Die festgestellten Etats, an deren Einhaltung[9]) der Distriktsausschuß und Kassier gebunden und hiefür haftbar[10]) sind, bilden die Grundlage für die Verrechnung[11]).

VI In dem Etat nicht vorgesehene Ausgaben[12]) könnrn in dem Falle des Artikels 25[12]) von dem Distriktsausschusse, außerdem nur mit Zustimmung des Distriktsrates angewiesen werden[12]).

1) Das Rechnungsjahr läuft nunmehr vom 1. April bis 31. März (Min.Bekm. vom 24. November 1919 und vom 29. Januar 1920, beide abgedruckt im Anhang V 1 und 3).

2) Hiebei ist das für die Aufstellung des Voranschlags durch ME vom 19. April 1855 (Weber 4 S. 697) vorgeschriebene Formular zu verwenden (Lermann S. 99). S. ferner Anm. 5 zu Art. 20.

Bezüglich der Rechnungen der Bezirksarmenpflege s. Anm. 16 zu Art. 36.

Der Ausschuß ist auch, wie sich aus seiner Stellung eines Verwalters des Bezirksvermögens ergibt, verpflichtet, entweder in corpore oder durch beauftragte Mitglieder Kassenrevisionen von Zeit zu Zeit abzuhalten (Brater S. 70); die Nichterfüllung dieser Pflicht kann zu Haftungsverbindlichkeiten der Ausschußmitglieder führen (s. Anm. 9 im Exkurs zu Art. 20).

3) S. Art. 22 Abs. II lit. d SG und Anm. 9 hiezu oben bei Art. 16.

4) Die Vorlage der Rechnungen hat bei einer der dem Rechnungsjahr folgenden ordentlichen oder außerordentlichen Sitzungen des Bezirkstags zu erfolgen (ME vom 14. Oktober 1869 Ziff. 3 [Weber 8 S. 393]).

Die Beschlußfassung des Bezirkstags geht entweder darauf hinaus, die Geschäftsführung des Kassiers und des Ausschusses als gesetzmäßig und den Beschlüssen des Bezirkstags entsprechend zu bezeichnen und die Rechnungsergebnisse als richtig anzuerkennen, oder das Gegenteil hiervon zu konstatieren und zu beschließen, ob die Mitglieder des Ausschusses und des Kassiers zur Haftung (s. Abs. V) herangezogen werden sollen. Im Falle der Beanstandung ist den Beteiligten Gelegenheit zur Aufklärung und Rechtfertigung zu geben (s. die oben zitierte ME vom 14. Oktober 1869).

5) Bei der Feststellung der Beschlußfähigkeit (Art. 13 Abs. I) werden sie jedoch mitgezählt (Brater S. 75).

6) Die Prüfung und Verbescheidung erstreckt sich — abgesehen von der Frage der Haftbarmachung (Anm. 4) — darauf:

ob die Rechnung rechnerisch richtig ist, ob die nötigen Belege vorhanden sind, ob die in der Rechnung eingesetzten Einnahmen und Ausgaben dem Gesetz und den Beschlüssen des Bezirkstags entsprechen,

ob das Vermögen des Bezirks ungeschmälert erhalten wurde (Art. 30 Abs. I lit. a).

Im übrigen findet eine materielle Würdigung der Beschlüsse des Bezirkstags durch die Kreisregierung nicht mehr statt (Art. 12 Abs. I SG).

7) Die Entschließung der Regierung bezüglich der Revisionsergebnisse ist dem Bezirkstag und dem Bezirksausschusse mitzuteilen. Beiden steht das Recht der Beschwerde zum obersten Rechnungshof zu (Motive S. 565).

8) Nach Art. 16 SG kann die Aufsichtsbehörde in einzelnen Jahren von der rechnerischen Prüfung der Rechnungen absehen; sie kann auch die Vorlage der einzelnen Rechnungen in einzelnen Jahren überhaupt erlassen. Die Erleichterungen sollen nur zeitweise, nicht dauernd genehmigt werden (§ 16 der VA zum SG). Die Bezirke sind verpflichtet, dem Prüfungsverband öffentlicher Kassen zur Prüfung des Rechnungs- und Kassenwesens beizutreen (Min.Bekm. vom 13. Januart 1920 [Anhang V 2 und Min. Bekm. vom 13. April 1920 [Bayr. Staatsanz. Nr. 89]]).

9) Ausnahme: s. Abs. VI.

10) S. oben Anm. 4, ferner Anm. 10 im Exkurs zu Art. 20 bezüglich der Haftung des Kassiers.

Der Kassier hat bei Ausführung der ihm erteilten Zahlungsanweisungen (Art. 22 Abs. IV SG) nicht nur deren formelle Seite (Echtheit usw.), sondern dieselben auch materiell dahin zu prüfen, ob sie sich innerhalb des Voranschlags halten. Nur im Falle des Art. 21 Abs. III SG (s. die folgende Anm. 12) kommt ihm eine Nachprüfung, ob dessen Voraussetzungen gegeben sind, nicht zu (Lermann S. 99).

11) S. Anm. 3 zu Art. 21 SG (oben bei Art. 11).

12) Solche Ausgaben können

a) in außerordentlichen dringlichen Fällen vom Ausschuß gemacht werden (Art. 21 Abs. III SG [oben bei Art. 11], der den Art. 25 BTG ersetzt hat),

b) in einen Nachtragsetat eingestellt werden, der bei der nächsten ordentlichen Sitzung des Bezirkstags zu beraten ist.

Öffentlichkeit der Sitzungen des Bezirkstags.

Art. 22.

I Die Sitzungen des Distriktsrates[1]) sind öffentlich, soweit diese Öffentlichkeit dem Staate, einer Gemeinde oder den Einzelnen nicht nachteilig[2]) zu werden droht.

II Die Frage, ob ein solcher die Öffentlichkeit ausschließender Fall vorliegt, wird von dem Distriktsrat in geheimer Sitzung[3]) selbst beurteilt und entschieden[4]).

1) Die Sitzungen des Ausschusses sind nie öffentlich.

2) Vgl. die analoge Bestimmung in Art. 105 GO. Hierunter ist die Beeinträchtigung berechtigter Interessen zu verstehen.

3) Auf Antrag auch nur eines Mitglieds oder des Vorsitzenden ist die Frage, ob die Öffentlichkeit auszuschließen sei, in geheimer Sitzung zu beraten.

4) Ein Rechtsmittel gegen die Entscheidung findet nicht statt.

Vgl. auch Rösch S. 69.

Staatsaufsicht über Bezirke.

Art. 23.

I Die Verhandlungen des Distriktsrates werden durch die Distriktsverwaltungsbehörde der vorgesetzten Kreisregierung vorgelegt und von dieser in kollegialer Beratung alsbald beschieden.

II Die Entschließung der Kreisregierung wird den Mitgliedern des Distriktsrates und jeder beteiligten Gemeinde durch die Distriktsverwaltungsbehörde eröffnet.

III Gegen einen von der Kreisregierung bestätigten Beschluß des Distriktsrates findet keine Berufung statt.

IV Jeder beteiligten Gemeinde und jedem der in Art. 2 lit. b bezeichneten Mitglieder des Distriktsrates steht die Befugnis zu, die Berufung gegen die Entschließung der Kreisregierung an das Ministerium des Innern zu ergreifen; dem Distriktsausschusse in denjenigen Fällen, in welchen Beschlüsse des Distriktsrates von der Kreisregierung nicht bestätigt werden.

V Die Beschwerdeausführung ist bei der Distriktsverwaltungsbehörde einzureichen und von dieser ungesäumt mit den Verhandlungen einzubefördern.

Art. 23 ist ersetzt durch 13—15 SG. Diese lauten:

Art. 13.

I Die Staatsaufsicht[1]) wird unter der obersten Leitung des Staatsministeriums des Innern[2])

a) über die unmittelbaren Städte von der Regierung, Kammer des Innern, über alle übrigen Gemeinden vom Bezirksamte,
b) über die Bezirke von der Regierung, Kammer des Innern,
c) über die Kreise vom Staatsministerium des Innern ausgeübt.

II Die Aufsichtsbehörde kann[3]) gesetzwidrige[4]) Beschlüsse[5]) aufheben[6]) und die Erfüllung der gesetzlichen[7]) oder übernommenen[8]) Verpflichtungen erzwingen[9]).

III Wird die Verpflichtung bestritten[10]), so hat die Aufsichtsbehörde Beschluß zu fassen[11]). Gegen die Beschlüsse der Bezirksämter ist Beschwerde[12]) zur Regierung, gegen die Beschlüsse der

Regierung Beschwerde[12]) zum Verwaltungsgerichtshofe[13]) nach Art. 10 Ziff. 1, 2 des VGG[14]) zulässig. Alle Beschwerden sind innerhalb einer unerstrecklichen Frist von vier Wochen einzulegen[15]).

IV Wird auch die endgültig festgestellte Verpflichtung[16]) nicht erfüllt[17]), so hat die Aufsichtsbehörde das Recht des Zwangsvollzuges[18]) und der Einsetzung der Kosten in den Voranschlag[18]). Sie kann in solchen Fällen rechtserhebliche Erklärungen an Stelle der Gemeinde, des Bezirkes, des Kreises schriftlich abgeben oder zur Abgabe solcher Erklärungen einen Bevollmächtigten für die Gemeinde, den Bezirk, den Kreis aufstellen[19]).

V In dringenden Fällen steht der Aufsichtsbehörde die Befugnis des vorigen Absatzes selbst dann zu, wenn die bestrittene Befugnis noch nicht endgültig festgestellt ist; die Aufsichtsbehörde kann auch vorläufige Anordnungen treffen[20]).

Art. 14.[21])

I Die Beschlüsse der Gemeinde, des Bezirks, des Kreises bedürfen im Falle der Schuldaufnahme[22]) der Genehmigung der Aufsichtsbehörde[23]), wenn der Betrag der aufzunehmenden Schuld in demselben Rechnungsjahre[24])

1. in Gemeinden mit weniger als 5000 Einwohnern	20000 *M*
in Gemeinden mit 5000 aber weniger als 20000 Einwohnern	100000 *M*
in Gemeinden mit 20000 aber weniger als 50000 Einwohnern	500000 *M*
in Gemeinden mit 50000 aber weniger als 100000 Einwohnern	1 Million
in allen übrigen Gemeinden	2 Millionen
2. in den Bezirken	1 Million
3. in den Kreisen	2 Millionen

übersteigt.

II Anlehen sollen nur zu werbenden Zwecken[25]) und im übrigen nur zu Ausgaben von dauerndem Nutzen aufgenommen werden, soweit zu deren sofortiger Deckung die Leistungsfähigkeit der Gemeinden, Bezirke, Kreise nicht zureicht. Nur ausnahmsweise in Zeiten der Not sind auch Anlehen für die Deckung laufender Bedürfnisse zulässig[26]). Bei wiederkehrenden Aufwendungen muß der Anlehensbetrag bis zur Wiederkehr des Bedürfnisses getilgt sein; Ausnahmen sind nur aus wichtigen Gründen zulässig[26]). Es sind stets Tilgungspläne aufzustellen und der Aufsichtsbehörde vorzulegen[27]).

Art. 15.[21])

I Die Gemeinden, Bezirke und Kreise bedürfen der Genehmigung der Aufsichtsbehörde[23]).

1. bei Ausleihung von Geldern unter Abweichung von den bestehenden Vorschriften[28]) oder an Mitglieder der Verwaltung der Gemeinde, des Bezirkes, des Kreises,
2. zur Veräußerung[29]) oder wesentlichen Veränderung[30]) von Gebäuden oder sonstigen unbeweglichen oder beweglichen Gegenständen von künstlerischem oder geschichtlichem Werte[31]).

Absatz II und III ist hier nicht einschlägig.

1) Während das bisherige DRG noch von dem alten Kuratelrecht beherrscht war und daher jeder Beschluß des Distriktsrats zu seiner Wirksamkeit der staatsaufsichtlichen Genehmigung bedurfte, hat das SG mit diesen Grundsätzen gebrochen und den Bezirken (und Kreisen) das Selbstverwaltungsrecht im selben Umfang verliehen, wie sie bisher schon die Gemeinden hatten (Art. 12 SG oben bei Art. 1). Damit ist auch an die Stelle der Kuratel die Staatsaufsicht getreten; verschwindende Reste der Staatskuratel finden sich noch in Art. 14, 15 SG.

Die Staatsaufsicht wird von Amts wegen tätig, sie ist zeitlich nicht begrenzt. Sie kann aber wohl auf Anregung eines Dritten tätig werden, ohne daß sie hiedurch ihren staatsaufsichtlichen Charakter verlöre.

2) Die oberste Leitung des Staatsministeriums des Innern bedeutet, daß, auch wo diese Stelle nicht erstinstanziell staatsaufsichtlich tätig ist (lit. c), sie doch im Instanzenweg angerufen werden und die Entscheidungen der unteren Aufsichtsbehörden aufheben oder ändern kann. Die Anrufung der Oberaufsichtsbehörde ist an eine Frist nicht gebunden; auch die Oberaufsichtsbehörde kann von Amts wegen tätig werden.

Die Entscheidungen der Aufsichtsbehörden sind nach Art. 3 Ziff. 1 des Kostengesetzes vom 21. August 1914 gebührenfrei, wenn kein Fall des Art. 182 vorliegt (Frivolitätsstrafe).

3) Die Aufsichtsbehörde muß nicht einschreiten, das Einschreiten ist in ihr Ermessen gestellt.

4) Der erste Halbsatz dieses Absatzes handelt von der negativen Staatsaufsicht, die in Tätigkeit tritt, wenn ein Bezirk einen gesetzwidrigen Beschluß faßt, sei es daß er seine Zuständigkeit überschreitet oder die seinem Wirken gezogenen Schranken nicht beachtet (Helmreich-Rock, GO, 3. Aufl. S. 393). Wo jedoch die Bezirksvertretung (Kreisvertretung) in Ermessensfragen tätig ist, ist für die Ausübung der Staatsaufsicht kein Platz.

Wie gegenüber den Gemeinden so hat die Aufsichtsbehörde auch gegenüber Bezirken und Kreisen das Recht der Amts- und Kassenvisitation (§ 13 Abs. II der VA zum SG).

5) Voraussetzung des Einschreitens ist weiter, daß ein formell gültiger Beschluß des Bezirkstags oder Bezirksausschusses (Kreistags, Kreisausschusses) vorliegt; im Gegensatz zum bisherigen Recht kann auch gegen Beschlüsse des Bezirksausschusses die Staatsaufsicht einschreiten. Ein aus formellen Gründen ungültiger Beschluß ist als nicht vorhanden zu behandeln; weigert sich die Bezirksvertretung (Kreisvertretung) dies anzuerkennen, so kann er ausdrücklich von der Aufsichtsbehörde als unwirksam erklärt werden.

Die Staatsaufsicht kann nur tätig werden auf dem Gebiet des öffentlichen Rechts; wo der Bezirk am Privatrechtsverkehr teilnimmt, ist hiewegen staatsaufsichtliches Einschreiten ausgeschlossen.

6) Die Aufhebung kann nicht in einer verwaltungsrichterlichen Entscheidung erfolgen, sie muß vielmehr, da sie eine Maßnahme der Staatsaufsicht darstellt, den Aufsichtsbehörden überlassen bleiben (VGH **11**, 518). Die Aufsichtsbehörde muß sich darauf beschränken, den Beschluß der Bezirksvertretung außer Wirksamkeit zu setzen; sie ist nicht berechtigt, den Beschluß abzuändern oder zu ergänzen (Kahr, GO, II S. 41).

7) Was unter gesetzlichen Verpflichtungen der Bezirke zu verstehen ist, ergibt sich aus den Bestimmungen des vorliegenden BTG sowie anderer Gesetze (vgl. z. B. Art. 65—67 ArmG). Privatrechtliche Verpflichtungen gehören nicht hieher (s. oben Anm. 5).

8) Freiwillig übernommene Verpflichtungen stehen den gesetzlichen Verpflichtungen solange gleich, als sich der Bezirk der Verpflichtung durch entsprechende Beschlußfassung auf gesetzmäßigem Wege nicht entledigt hat. Auch hier ist nur von öffentlich-rechtlichen Verpflichtungen die Rede.

9) Hierüber vgl. die beiden folgenden Absätze.

10) Nach feststehender Rechtsprechung des Verwaltungsgerichtshofs ist ein staatsaufsichtliches Einschreiten unzulässig, wenn die Verpflichtung von dem in Anspruch Genommenen deshalb bestritten wird, weil ein anderes Rechtssubjekt kraft öffentlichen Rechts zu der Leistung verpflichtet sei (Helmreich-Rock, GO, 3. Aufl. S. 395 mit Zitaten). Dann ist das staatsaufsichtliche Verfahren bis zur rechtskräftigen Erledigung dieser präjudiziellen Frage auszusetzen. Ob ein Beschluß staatsaufsichtlichen oder verwaltungsrechtlichen Charakter an sich hat, ist nicht nach der Form, sondern nach dem Inhalt desselben zu beurteilen. Die Geltendmachung der privatrechtlichen Verpflichtung eines Dritten hindert nicht die Ausübung staatsaufsichtlichen Zwangs (VGH im „Recht“ 1918 S. 294).

11) Nach § 13 Abs. IV der VA zum SG ist der Bezirk (Kreis) zunächst auf seine Verpflichtung aufmerksam zu machen und über die einschlägigen gesetzlichen Bestimmungen zu belehren, ohne daß dies formale Voraussetzung des Einschreitens wäre; erst wenn diese Schritte erfolglos geblieben sind, kann der staatsaufsichtliche Zwang ausgeübt werden. Voraussetzung des Einschreitens ist die Leistungsfähigkeit des Bezirks (Kreises), die sorgsam zu prüfen und im Beschluß festzustellen ist (§ 13 Abs. III der VA zum SG). Die bisher vorgeschriebene (Art. 23 Abs. I DRG) Beschlußfassung der Kreisregierung nach kollegialer Beratung entfällt, die Entscheidungen der Regierung ergehen im Büroweg.

12) Beschwerdeberechtigt gegen staatsaufsichtliche Verfügungen sind lediglich die Organe der Selbstverwaltungskörper, beim Bezirk also der Bezirksausschuß (Art. 22 Abs. I SG oben bei Art. 16); auch bereits anhängige Beschwerden der beteiligten Gemeinden und der sog. Personalisten können nicht mehr berücksichtigt werden (VGH **40**, 80). Die Beschwerde kann rechtswirksam auch vom Vorstand des Ausschusses (nicht vom

Bezirksamt) vorbehaltlich nachträglicher Beschlußfassung des Bezirksausschusses eingelegt werden (VGH **24**, 230).

13) Auch Beschwerde zum Ministerium des Innern neben der Beschwerde zum Verwaltungsgerichtshof ist zulässig. Wegen solcher Doppelbeschwerden vgl. Art. 49 VGG.

Staatsaufsichtliche Bescheide sind auch der Rechtskraft fähig (VGH **2**, 501), soweit das Beschwerderecht des Beschwerdeführers in Frage kommt; andererseits kann die Aufsichtsbehörde, vorbehaltlich bereits erworbener Rechte Dritter, ihre Verfügung jederzeit ändern.

14) Hier ist nur Art. 10 Ziff. 1 VGG einschlägig. Dieser lautet in der Fassung des Art. 30 SG:

1. Verfügungen in Gegenständen der Staatsaufsicht über die Bezirke und Kreise, wenn der Bezirk, der Kreis behauptet, die Verfügung verletze sein gesetzliches Selbstverwaltungsrecht oder belaste ihn mit einer gesetzlich nicht begründeten Leistung.

Hiedurch ist der Schutz des Selbstverwaltungsrechts für Bezirke und Kreise ebenso gestaltet wie bisher schon für Gemeinden. Auch der Bezirk kann nicht nur (wie bisher) wegen Auferlegung nicht begründeter Leistungen — der Wegfall der Worte „oder wegen gesetzwidriger Verteilung der Distriktslasten" ist wohl sachlich ohne Bedeutung —, sondern auch wegen Verletzung des ihm zustehenden Selbstverwaltungsrechts Beschwerde zum Verwaltungsgerichtshof erheben. Doch genügt die bloße Behauptung der Verletzung des Selbstverwaltungsrechts nicht; wenn sich aus den zur Begründung dieser Behauptung vorgebrachten Tatsachen ergibt, daß sich die Beschwerde nur gegen die Handhabung des den Verwaltungsbehörden zustehenden Ermessens richtet, ist die Beschwerde wegen Unzuständigkeit des Verwaltungsgerichtshofs (Art. 13 Abs. I Ziff. 3 VGG) zurückzuweisen, weil in Ermessensfragen der Verwaltungsgerichtshof überhaupt unzuständig ist. Dies gilt insbesondere für die Frage der Leistungsfähigkeit des Selbstverwaltungskörpers. Vgl. im einzelnen hiezu Dyroff, VGG, bei Art. 10 Ziff. 2.

15) Die bisherige 14tägige Beschwerdefrist (Art. 38 BTG) ist durch eine vierwöchige Frist ersetzt, soweit Beschwerden gegen staatsaufsichtliche Verfügungen in Frage kommen; dies gilt auch für Beschwerden zum Verwaltungsgerichtshof. Die Frist ist eine Notfrist; der Tag der Eröffnung oder Zustellung der aufsichtlichen Verfügung wird in der Frist nicht eingerechnet (§§ 222, 223 ZPO, §§ 187—193 BGB).

Die Beschwerde ist schriftlich oder zu Protokoll bei der Behörde einzureichen, die die aufsichtliche Verfügung erlassen hat (Art. 45 Abs. II VGG), doch wird durch rechtzeitige Anbringung der Beschwerde bei einer unrichtigen Instanz die Beschwerdefrist gewahrt (K. Deklaration vom 15. Juni 1898; Weber 26 S. 39); s. aber Anm. 2 zu Art. 38.

16) Ebenso wie die im staatsaufsichtlichen Verfahren festgestellten öffentlich-rechtlichen Verpflichtungen sind Verpflichtungen zu behandeln, die sich aus rechtskräftigen zivilrechtlichen oder verwaltungsrechtlichen Entscheidungen ergeben.

17) In erster Linie ist es Sache des Selbstverwaltungskörpers, die endgültig festgestellte Verpflichtung zu erfüllen. Kommt er dieser Verpflichtung binnen einer von der Aufsichtsbehörde gesteckten Frist nicht nach, so tritt der Zwangsvollzug ein.

18) Die den Zwangsvollzug bezweckende Tätigkeit der Aufsichtsbehörden tritt an die Stelle der Tätigkeit des Selbstverwaltungskörpers. Die Aufsichtsbehörde ist daher hiebei an die gesetzlichen Bestimmungen gebunden, die für den eigentlich zum Handeln verpflichteten Selbstverwaltungskörper gelten. Hier ist von besonderer Wichtigkeit die Bestimmung in Art. 30 Abs. I über die primären und subsidiären Deckungsmittel. Im übrigen hat die Aufsichtsbehörde bei ihren Maßnahmen selbstverständlich nicht weiter zu gehen, als zur Durchführung des Zwangsvollzugs unbedingt notwendig ist. Häufig wird es genügen, wenn die Aufsichtsbehörde den aufzubringenden Bedarf in den Voranschlag einstellt und dem Bezirk (Kreis) den Vollzug dieser Anordnung überläßt.

Soweit nach Art. 9 Abs. II und III AGZPO und Art. 46 VGG eine Zwangsvollstreckung gegen einen Selbstverwaltungskörper ohne Mitwirkung der Aufsichtsbehörden, also insbesondere bei dinglichen Rechten, stattfindet, findet Art. 13 SG keine Anwendung.

19) Satz 2 des Abs. IV hat vor allem die Fälle im Auge, wo nach dem bürgerlichen Recht die Abgabe einer Erklärung namens des Selbstverwaltungskörpers notwendig ist, z. B. vor dem Grundbuchamt. Weigert sich die Vertretung des Selbstverwaltungskörpers, die erforderliche Erklärung abzugeben, so kann die Aufsichtsbehörde die Erklärung schriftlich oder mündlich durch einen Bevollmächtigten abgeben.

20) Auch im staatsaufsichtlichen Verfahren sollen wie im sonstigen verwaltungsrechtlichen Verfahren (vgl. Art. 13 Abs. I Ziff. 2 VGG und Dyroff, VGG, Anm. 6 zu Art. 13) vorsorgliche Maßnahmen, d. h. Maßnahmen zur einstweiligen Regelung vor endgültiger Entscheidung, zulässig sein. Gegen diese vorläufigen Anordnungen ist wie sonst auch (Art. 13 Abs. I Ziff. 2 VGG) eine Beschwerde zum Verwaltungsgerichtshof ausgeschlossen.

21) Wie oben unter Anm. 1 bemerkt, enthalten Art. 14 und 15 SG die letzten Reste des Kuratelrechts über Gemeinden, Bezirke und Kreise, wo also zum Zustandekommen eines Beschlusses dieser Selbstverwaltungskörper eine Mitwirkung der Aufsichtsbehörde unumgänglich notwendig ist. Mit Unrecht nennt jedoch § 14 Abs. I der VA zum SG die Aufzählung dieser Fälle in Art. 14 und 15 SG erschöpfend; dies trifft nur für den sog. eigentlichen Wirkungskreis, nicht für den übertragenen, insbesondere nicht die polizeiliche Tätigkeit zu. Hier wird die Aufsichtsbehörde im bisherigen Umfang tätig; vgl. insbesondere Art. 23 Abs. I lit. a SG (Erlassung bezirkspol. Vorschriften) mit Art. 6, 10—13 PolStGB. Auch Art. 21 Abs. III BTG (s. oben), wonach die Bezirksrechnungen der Aufsichtsbehörde vorzulegen sind, gilt, wie sich eben aus der Erleichterungsvorschrift des Art. 16 SG ergibt, nach wie vor.

22) Die Beschlußfassung hierüber steht dem Bezirkstag (Kreistag) zu (Art. 21 Abs. I lit. d SG oben bei Art. 11). Die Art und Weise der Schuldaufnahme steht im Ermessen des Selbstverwaltungskörpers. Das Darlehen kann von Privaten oder von öffentlichen Kreditanstalten und Körperschaften aufgenommen werden. Auch die Ausgabe von Inhaberschuldverschreibungen ist mit staatlicher Genehmigung zulässig. Vgl. im einzelnen Helmreich-Rock, GO, 3. Aufl. Anm. 2 und 3 zu Art. 14 SG bei Art. 61—63 GO; ebenda über den Fall der Konvertierung einer Anleihe und der Aufnahme einer Schuld zur Abtragung einer älteren Anleihe.

23) Die Genehmigung der Aufsichtsbehörde ist, soweit sie erforderlich ist, Bedingung der öffentlich-rechtlichen und privatrechtlichen Wirksamkeit des Beschlusses des Selbstverwaltungskörpers (Kahr, GO II S. 75; Seydel I S. 523 und Fußn. 28; VGH **13**, 31). Die einmal erteilte Genehmigung ist unwiderruflich (Helmreich-Rock, GO, 3. Aufl. S. 401), sie wirkt auf den Zeitpunkt der Beschlußfassung des Selbstverwaltungskörpers zurück. Mängel der Beschlußfassung des Selbstverwaltungskörpers werden durch die aufsichtliche Genehmigung nicht geheilt (Bl. f. adm. Pr. 39 S. 170; a. A. Rösch S. 59).

Die Erteilung oder Versagung der staatsaufsichtlichen Genehmigung steht im Ermessen der Aufsichtsbehörde. Gegen die Versagung der Genehmigung ist Verwaltungsbeschwerde zur nächsthöheren Aufsichtsbehörde zulässig, eine Zuständigkeit des Verwaltungsgerichtshofs ist ausgeschlossen (Art. 13 Abs. I Ziff. 3 VGG; VGH **2**, 314; **3**, 701; **12**, 200; **15**, 33 usw.). Wenn jedoch ein Selbstverwaltungskörper entgegen der Auffassung der Aufsichtsbehörde der Ansicht ist, in einem bestimmten Fall der aufsichtlichen Genehmigung gar nicht zu bedürfen, so kann gegen einen die Genehmigung versagenden Bescheid der Aufsichtsbehörde Beschwerde zum Verwaltungsgerichtshof wegen Verletzung des Selbstverwaltungsrechts (Art. 10 Ziff. 1 VGG in der Fassung des Art. 30 SG) erhoben werden.

Wenn einmal die Genehmigung versagt wurde, so kann neuerdings darum nachgesucht und dann die Genehmigung erteilt werden.

24) Nur die in demselben Rechnungsjahr (vgl. Anm. 1 zu Art. 21) aufzunehmende Schuld kommt in Betracht. Die Schuldenlast früherer Rechnungsjahre bleiben unberücksichtigt, ebenso Zinsen und Tilgungsraten.

25) Grundsätzlich sollen Anlehen nur für einmalige Ausgaben (Ausnahme Anm. 26) und für werbende Zwecke d. h. für solche Zwecke aufgenommen werden, bei denen ein dauernder, insbesondere wirtschaftlicher Vorteil für die Angehörigen des Selbstverwaltungskörpers sich ergibt. Doch ist eine Schuldaufnahme für andere Zwecke, auch für freiwillige Zwecke (Art. 29 Abs. I, 30 Abs. II BTG) nicht ausgeschlossen. Vgl. die Min.Bekm. vom 11. Oktober 1907, gemeindliche Anleihewirtschaft betr. (Weber 35 S. 524).

26) In besonderen Ausnahmefällen kann entgegen dem in Satz 1 aufgestellten Grundsatz (s. vorige Anm.) auch zur Deckung laufender Bedürfnisse und wiederkehrender Leistungen ein Anlehen aufgenommen werden.

27) Tilgungspläne sind stets, d. h. ohne Rücksicht auf die Höhe des Anlehens aufzustellen und der Aufsichtsbehörde vorzulegen, desgleichen jede Abänderung der Tilgungspläne.

28) Für die Bezirke und Kreise bestehen hinsichtlich der Kapitalsausleihungen keine Vorschriften. Die analoge Anwendung der für die Gemeinden geltenden Vorschriften (K. Verordnung vom 5. Mai 1905 [Weber 33 S. 728], Min.Bekm. vom 13. Mai 1905 [Weber 33 S. 736], abgeändert und ergänzt durch die Min.Bekm. vom 2. Mai 1906 [Weber 33 S. 741 Fußn. 11], vom 30. August 1909 [Weber 37 S. 550] und vom 27. November 1909 [Weber 37 S. 550 Fußn. 2] ist nicht ohne Bedenken, zumal Ziff. 1 der Min.Bekm. v. 13. Mai 1905 ausdrücklich besagt, daß die Vorschriften sich nur auf Gemeinden und Ortschaften beziehen.

29) Zwangsweise Veräußerung im Wege der Zwangsversteigerung oder Zwangsenteignung gehört nicht hieher; im übrigen ist es belanglos, ob die Veräußerung entgeltlich oder unentgeltlich erfolgt. Die dingliche Belastung des Gegenstands ist keine Veräußerung im Sinn dieser Vorschrift (a. A. Rösch S. 64).

30) Zur Veränderung gehört auch die Restauration (Rösch S. 64) oder die völlige Beseitigung.

31) Die Höhe des Wertes ist belanglos.

Aufschiebende Wirkung von Beschwerden.

Art. 24.

Den Berufungen kommt aufschiebende Wirkung nicht zu, wenn Gefahr auf dem Verzuge haftet[1]).

1) Art. 24 ist im wesentlichen gegenstandslos, da für Beschwerden gegen staatsaufsichtliche Verfügungen Art. 13 Abs. III und V SG (s. oben bei Art. 23) maßgebend ist; soweit durch die Beschwerde der Verwaltungsgerichtshof nach Art. 10 Ziff. 1 VGG angerufen wird, ist Art. 45 mit Art. 24 VGG anzuwenden.

Art. 25.[1])

I Ist in einzelnen Fällen die Ergreifung augenblicklicher Maßregeln zur Abwendung dringender Gefahren oder erheblicher Nachteile erforderlich, so steht dem Distriktsausschusse die Befugnis zu, die erforderlichen Leistungen innerhalb der Grenzen des unabweisbaren Bedürfnisses sogleich zu beschließen.

II Die Genehmigung des Distriktsrates muß bei seiner nächsten Versammlung eingeholt werden. Zu diesem Zwecke ist eine außerordentliche Versammlung einzuberufen, wenn wenigstens die Hälfte der Mitglieder des Ausschusses darauf anträgt.

III Die Nichtgenehmigung kann auf das gemäß Absatz I des gegenwärtigen Artikels bereits Vollzogene nicht erstreckt werden.

1) Art. 25 ist ersetzt durch Art. 21 Abs. III SG; s. oben Anm. 15 und 16 zu Art. 21 SG oben bei Art. 11.

Ehrenamtliche Tätigkeit der Bezirksvertretungen. Dienstverhältnisse vollbeschäftigter Bezirksbeamter.

Art. 26.

I Die Mitglieder des Distriktsrates[1]) verrichten ihr Amt unentgeltlich[1]).

II Den Mitgliedern des Ausschusses[1]) und dem nicht vollbeschäftigten Kassier[2]) können von dem Distriktsrat angemessene[1]) Vergütungen aus Distriktsmitteln bewilligt werden[1]).

[3])III Für die vollbeschäftigten[4]) berufsmäßigen[5]) Distriktskassiere[6]) und Bezirksbaumeister[6]) gelten in den Landesteilen rechts des Rheines die Bestimmungen der Art. 77 Abs. II[7]) und III[8]), 77a[9]), 77b[10]), 85 Abs. I Satz 2[11]), 167[12]), 168[12]) der Gemeindeordnung für die Landesteile rechts des Rheines entsprechend. Die übrigen vollbeschäftigten[4]) Distriktsbeamten werden jedoch in ihren

Dienst- und Gehaltsverhältnissen den vollbeschäftigten berufsmäßigen Gemeindebeamten der Landgemeinde gleichgestellt[13]).

[3])IV In der Pfalz finden auf die vollbeschäftigten[4]) berufsmäßigen[5]) Distriktsbeamten die Bestimmungen der Art. 64, 64a, 64b, 75 Abs. II, 97 und 98 der pfälzischen Gemeindeordnung entsprechend Anwendung[14]).

Vorbemerkung: Art. 26 hat durch Art. 22 GBG eine neue Fassung erhalten.

1) Die bisherige unterschiedliche Behandlung der Mitglieder des Distriktsrats und des Ausschusses, darin bestehend, daß jene keinerlei, diese eine angemessene Vergütung erhalten konnten, ist durch Art. 4 Abs. II und III SG beseitigt. Denn Art. 4 Abs. II Satz 1 SG stellt für alle Gewählte — also gleichviel, ob sie Mitglieder des Bezirksausschusses oder des Bezirkstags sind — den Grundsatz auf, daß der Dienst zwar ehrenamtlich, daß aber eine angemessene Aufwandsentschädigung zu gewähren ist; Angestellte und Lohnarbeiter haben außerdem auch Anspruch auf Ersatz für entgangenen Verdienst. Die Aufwandsentschädigung darf nicht so hoch bemessen sein, daß sie einen Ersatz für den durch die Ausübung des Ehrenamts verursachten Einnahmeausfall — hiefür erhalten ja Angestellte und Lohnarbeiter, aber nur diese, nicht selbständig Gewerbetreibende und Kaufleute, eine besondere Vergütung — bildet, sondern lediglich eine Vergütung für Reisekosten, Zehrgeld, Übernachtungsaufwand u. dgl.

Die Aufwandsentschädigung wird vom Bezirkstag festgesetzt (Art. 19 Abs. II SG), und zwar nach freiem Ermessen entweder für jede Sitzung, als Monatspauschale oder in anderer Weise. Natürlich kann den mehr in Anspruch genommenen Mitgliedern der Ausschüsse eine höhere Entschädigung gewährt werden als den Mitgliedern des Bezirkstags. Auch der Ersatz für entgangenen Verdienst wird vom Bezirkstag festgesetzt.

Die Aufwandsentschädigung muß angemessen sein, d. h. der Bedeutung, dem Umfang, der Schwierigkeit des Amtes entsprechen (vgl. Ziff. III der Min.Bekm. vom 25. Juli 1916; Anhang IV 4). Entsteht Streit hierüber, so entscheidet auf Anrufen eines Beteiligten die Aufsichtsbehörde. Die Beschwerdefrist beträgt vier Wochen (Art. 13 Abs. I—III SG). In demselben reinen Verwaltungsverfahren wird im Streitfall über den Ersatz für entgangenen Verdienst gestritten. Der Rechtsweg ist ausgeschlossen, ebenso besteht keine Zuständigkeit des Verwaltungsgerichtshofs.

Hieher gehört noch die Bestimmung in Art. 4 Abs. III SG, wonach den Beamten und Arbeitern des Staates, der Gemeinden und sonstigen öffentlichen Körperschaften die zur Ausübung eines Wahlamtes des Bezirkes und Kreises erforderliche Dienstbefreiung gewährt werden muß. Bei Angestellten und Arbeitern ist die Übernahme eines solchen Amtes kein Kündigungsgrund.

2) Gleichviel ob der nicht vollbeschäftigte Kassier Mitglied der Bezirksvertretung ist oder nicht (Anm. 6 zu Art. 20). Für den vollbeschäftigten berufsmäßigen Bezirkskassier gilt Abs. III und IV unseres Artikels.

3) Über die Dienstverhältnisse der Bezirksbeamten im allgemeinen vgl. den Exkurs zu Art. 20. Für vollbeschäftigte (berufsmäßige und nichtberufsmäßige) Bezirksbeamte gelten hinsichtlich einiger besonderer Punkte, nämlich Angemessenheit der Bezüge, Ruhegehalt, Hinterbliebenenversorgung, Lösbarkeit des Dienstverhältnisses, Anrechnung der Militärdienstzeit bei Militäranwärtern, Disziplinarrecht) die Sondervorschriften des Art. 26 Abs. III und IV. Im übrigen können die Bezirke die Dienstverhältnisse ihrer Beamten durch Satzungen regeln (Art. 23 GBG und oben Anm. 7 im Exkurs zu Art. 20).

Übergangsweise gilt Art. 26 Abs. I Satz 2, Abs. II und IV GBG.

4) Vollbeschäftigte Beamte sind solche, deren Geschäftsaufgaben die volle Arbeitskraft eines geistig wie körperlich normalen Menschen in Anspruch nehmen (vgl. Helmreich-Rock, GO, 3. Aufl. Anm. 6 zu Art. 77).

5) Berufsmäßige Beamte sind solche, die ihre Arbeitskraft gegen Entgelt dem Bezirk, Kreis zur Verfügung stellen. Vollbeschäftigte Beamte sind wohl immer berufsmäßig, berufsmäßige Beamte brauchen aber keineswegs vollbeschäftigt zu sein.

6) Nur für den (vollbeschäftigten berufsmäßigen) Bezirkskassier und Bezirksbaumeister gilt die hier vorgesehene Regelung, die eine Gleichstellung mit den Gemeindebeamten in Gemeinden mit (vormals) städtischer Verfassung bedeutet. Alle anderen vollbeschäftigten Bezirksbeamten fallen unter Satz 2 unseres Absatzes und werden damit den Gemeindebeamten in Gemeinden mit (vormals) Landgemeindeverfassung gleichgestellt. Der Unterschied zwischen den beiden Kategorien besteht nur in zwei Punkten, nämlich darin, daß nur die erstgenannte Kategorie die Rechte der Unwiderruflichkeit erwerben kann und in der Zuständigkeit zur Ausübung der Disziplinargewalt. Im einzelnen vgl. die folgenden Anmerkungen.

7) Nach zehnjähriger Dienstzeit Anspruch auf Ruhegehalt nach Erreichung d. h. noch Vollendung des 65. Lebensjahres oder im Falle der Dienstunfähigkeit, sowie Anspruch auf Hinterbliebenenversorgung. Mangels besonderer Vereinbarung zählt die zehnjährige Dienstzeit erst vom Tag des Diensteintritts in den Dienst des betr. Bezirks.

8) Das Dienstverhältnis ist zwar widerruflich, doch kann durch Beschlußfassung des Bezirkstags unwiderrufliche Anstellung gewährt werden. Geschieht dies, so kann das Dienstverhältnis, solange der Beamte dienstfähig ist, gegen seinen Willen nur im Wege strafrechtlicher oder disziplinärer Entlassung gelöst werden. Ob der Beamte dienstfähig ist, entscheidet im Streitfall unter Ausschluß des Rechtswegs die Aufsichtsbehörde.

9) Die Besoldungen oder sonstigen Bezüge einschließlich der Ruhegehalte und Hinterbliebenenbezüge müssen angemessen sein. Wegen der Nachprüfung dieser Voraussetzung durch die Aufsichtsbehörde vgl. oben Anm. 1.

Hinsichtlich der versicherungsrechtlichen Verhältnisse vgl. Art. 77 a Abs. III—V GO und Anm. 11 im Exkurs zu Art. 20.

10) Während der Widerruflichkeit des Dienstverhältnisses (vgl. Anm. 8) kann dieses jederzeit durch Beschluß des Bezirkstags gelöst werden; jedoch ist, wenn nicht eine grobe Pflichtverletzung vorliegt, eine Kündigungsfrist von drei Monaten einzuhalten. Nach Ablauf dreier Dienstjahre im Dienst des betr. Bezirks darf auch bei einem widerruflichen Beamten die Lösung des Dienstverhältnisses nur erfolgen, wenn ein wichtiger Grund vorliegt; liegt dieser nicht in der Person des Beamten, so ist ihm eine angemessene Abfindung zu gewähren. Vgl. im übrigen Helmreich-Rock, GO. 3. Aufl. Anm. 4—13 zu Art. 77 b.

11) Die reichs- und landesrechtlichen Bestimmungen über die Anstellung von Militäranwärtern und Inhabern des Anstellungsscheins (vgl. Helmreich-Rock, GO, 3. Aufl. Anm. 11 zu Art. 85) sowie § 2 der Min.-Bekm. vom 25. Juli 1916 (Anhang IV 2) über die Anrechnung der Militärdienstzeit gelten auch hier.

12) Zuständig zur Ausübung der Disziplinargewalt ist der der Bezirksausschuß (Anm. 9 im Exkurs zu Art. 20 und Frank I S. 105, 106), soweit nicht die Zuständigkeit der Disziplinargerichte oder des Verwaltungsgerichtshofs gegeben ist.

Wenn die vollbeschäftigten berufsmäßigen Bezirkskassiere und Bezirksbaumeister die Rechte der Unwiderruflichkeit erlangt haben, gelten für sie die materiellen und formellen Disziplinarbestimmungen des BG (Art. 105—175); vgl. hiezu Helmreich-Rock, GO, 3. Aufl. Anm. 3 zu I Art. 167. Solange sie widerruflich sind, gilt hinsichtlich des materiellen Disziplinarrechts Art. 167 Abs. III GO (Verweis, Geldbuße bis zu 90 M, Suspension vom Dienst und Gehalt auf bestimmte Zeit und Dienstentlassung); für das Verfahren gilt Art. 168 GO mit Min.Bekm. vom 25. Juli 1916 (Anhang IV 3).

13) Die vollbeschäftigten Bezirksbeamten mit Ausnahme des Bezirkskassiers und Bezirksbaumeisters sind den Gemeindebeamten in Gemeinden mit (vormals) Landgemeindeverfassung gleichgestellt, es findet auf sie somit Art. 132 mit Art. 77a und 77b GO entsprechende Anwendung. Der Unterschied besteht gegenüber den Rechtsverhältnissen des Bezirkskassiers und Bezirksbaumeisters, wie sie oben in Anm. 7—12 dargestellt sind, nur nach zwei Richtungen: die Verleihung der Unwiderruflichkeit ist ausgeschlossen und zur Verhängung von Geldstrafen bis zu 9 M. und die Disziplinargewalt überhaupt über das im polizeilichen Dienst verwendete Personal steht dem Vorsitzenden des Bezirksausschusses allein zu (Art. 166 Abs. III und IV GO).

14) In der Pfalz besteht der vorstehend dargelegte Unterschied zwischen den einzelnen Kategorien der Bezirksbeamten nicht. Das Dienstverhältnis aller Bezirksbeamten ist widerruflich, Unwiderruflichkeit kann nicht verliehen werden (Art. 64 Abs. I Satz 2 pfälz. GO in der Fassung des Art. 14 GBG). Bezirksbeamte, die dauernde Stellung (durch Abschluß eines Dienstvertrags) erlangt haben, werden disziplinär nach den Vorschriften des Beamtengesetzes behandelt (Art. 97 Abs. I pfälz. GO in der Fassung des Art. 19 GBG). Im übrigen gelten in der Pfalz hinsichtlich der Disziplin dieselben Bestimmungen wie im rechtsrheinischen Bayern (vgl. oben Anm. 12).

Bezirkslasten.

Art. 27.

I In Bezug auf die Bestreitung der Distriktslasten[1]) kommen insbesondere[2]) folgende Vorschriften zur Anwendung;

a) jede Distriktsgemeinde ist verbunden[3]), alle Leistungen zu bestreiten, welche ihr nach Gesetz[4]), besonderen Rechtstiteln[5]) oder infolge der Beschlüsse des Distriktsrates[6]) obliegen;

b) als gesetzliche Distriktslasten sollen insbesondere[7]) angesehen und behandelt werden:

1. die Verzinsung und Tilgung der Distriktsgemeinde-Schulden[8]);
2. dir Ergänzung des Grundstockvermögens der Distriktsgemeinde[9]);
3. die Unterhaltung bestehender oder künftig neu entstehender Distriktsanstalten[10]);
4. die Anlegung und Unterhaltung von Distriktsstraßen[11]);
5. die Beischaffung und Erhaltung der zum gemeinsamen Gebrauche bestimmten Feuerlöschmaschinen[12]);
6. die Kosten des Unterrichts der Schülerinnen der Entbindungskunst[13]);
7. die Unterhaltungsbeiträge für die nach Maßgabe der jeweiligen Gesetze oder Verordnungen angestellten Tierärzte[14]).

II Über die Art und Weise der Erfüllung der unter Ziff. 1 bis 7 aufgezählten Verbindlichkeiten beschließt nach Maßgabe des Artikels 23 der Distriktsrat[15]).

1) Der Begriff der Bezirkslasten ist in lit. a definiert.

2) D. h. für die Bestreitung der Bezirkslasten kommen noch weitere Bestimmungen in Betracht, insbesondere Art. 30, 32, 34, ferner Art. 38 bis 41 des UmlG.

3) Über die Erzwingung dieser Leistungen s. Art. 13 Abs. III—V SG oben bei Art. 13.

4) Hier ist Reichs- und Landesgesetz zu verstehen. Durch Verordnungen können den Bezirken jedenfalls nicht direkt Leistungen auferlegt werden. Bestimmt jedoch ein Gesetz, daß die nähere Regelung der Frage, wer die Kosten einer durch Gesetz begründeten Einrichtung zu tragen habe, einer Verordnung vorbehalten bleibe, so können sie auch durch Verordnung den Bezirken zur Bestreitung zugewiesen werden (vgl. VGH **31**, 125 zu Art. 156 [88 der pfälz.] Abs. V GO).

5) Die zweite Art der Bezirkslasten, solche auf Grund besonderer Rechtstitel, umfaßt diejenigen Verpflichtungen der Bezirke, die durch Verträge, Vergleiche (im Prozeß oder außerhalb desselben) oder Anerkenntnisse, mögen diese Rechtstitel auf dem Gebiet des öffentlichen oder des privaten Rechts liegen, entstanden sind. Auch Gemeinschaftsverhältnisse z. B. solche nach Art. 34, sind geeignet, Verpflichtungen der Bezirke zu erzeugen. Keine geeigneten Rechtstitel auf dem Gebiet des öffentlichen Rechts sind dagegen Verjährung und Herkommen, da diese auf dem Gebiet des öffentlichen Rechts nur da Rechtswirkungen erzeugen, wo dies durch das Gesetz ausdrücklich anerkannt ist (vgl. VGH **3**, 33, 637; **4**, 235; **5**, 209; **10**, 338; **12**, 205).

6) Hieher gehören besonders Beschlüsse, durch die Bezirksanstalten errichtet wurden (s. hierüber unten Anm. 10). Bezüglich der Beschlüsse über freiwillige Leistungen s. Anm. 3 zu Art. 29.

7) Schon der Wortlaut, aber auch die Kammerverhandlungen (Mot. S. 565) ergeben, daß unter lit. b nur eine beispielsweise Anführung der ersten Kategorie von Bezirkslasten, d. i. der gesetzlichen Bezirkslasten, erfolgen sollte.

Weitere gesetzliche Bezirkslasten sind:

a) Die in Art. 65 Abs. I Ziff. 1—3 und 66 ArmG genannten Aufgaben (Art. 67 ArmG und Anm. 5—10 zu Art. 36).

b) Uferschutz bei Bezirksstraßen (Art. 84 des Wassergesetzes vom 23. März 1907 [GVBl. S. 157]).

c) Deckung der Aufwandsentschädigung nebst Verdienstentgang für die Mitglieder des Bezirkstags und Bezirksausschusses (s. Anm. 1 zu Art. 26).

d) Deckung der Kosten für die vom Bezirkstag zu wählenden Mitglieder der Körausschüsse (Art. 14 Abs. II des Körgesetzes vom 14. August 1910 [GVBl. S. 609] und § 32 der Bekm. vom 12. November 1911 [GVBl. S. 1087]); s. Anm. 12 im Exkurs zu Art. 11.

e) Deckung der Kosten eines von dem Bezirk errichteten (s. Anm. 15 im Exkurs zu Art. 11) Gewerbegerichts (§ 9 Abs. I des Gewerbegerichtsgesetzes in der Fassung vom 29. Sept. 1901 [RGBl. S. 353]).

f) Deckung der Kosten für die bürgerlichen Mitglieder der verstärkten Ersatzkommission und der Oberersatzkommission (s. die Anführungen bei Anm. 17 im Exkurs zu Art. 11).

g) Verpflichtung zur Leistung der sog. Landlieferungen (§§ 16, 17 des Reichsgesetzes über die Kriegsleistungen vom 13. Juni 1873 [Weber 10 S. 34], ME vom 25. November 1873 [Weber 10 S. 158]; s. Anm. 8 im Exkurs zu Art. 16).

h) Verpflichtung zur Unterstützung von Familien der in den Dienst bei Mobilmachungen eingetretenen Mannschaften (§§ 3, 4, 7 des Gesetzes vom 28 Februar 1888 betr. die Unterstützung usw. [Weber 18 S. 751]; s. Anm. 8 im Exkurs zu Art. 16).

i) Verpflichtung zur Unterstützung von Familien der zu Friedensübungen einberufenen Mannschaften (§ 1 Abs. IV des Gesetzes vom 10. Mai 1892 betr. die Unterstützung usw. [Weber 21 S. 355] und ME vom 29. Juni 1892 hiezu [Weber 21 S. 520]; s. Anm. 8 im Exkurs zu Art. 16).

8) S. Anm. 8 zu Art. 21 SO oben bei Art. 11.

9) Grundstockvermögen ist der Inbegriff aller eine dauernde Nutzung ermöglichenden (beweglichen und unbeweglichen) Gegenstände, die im Eigentum des Bezirks stehen (s. Helmreich-Rock, GO, 3. Aufl. Anm. 1 und 2 zu Art. 26; ebenda über den Unterschied zwischen Verwaltungsvermögen und Finanzvermögen).

Da das Grundstockvermögen zu ergänzen ist, so folgt daraus, daß Teile desselben nur gegen sofortigen Ersatz durch gleichwertige Gegenstände veräußert werden dürfen; s. Art. 30 Abs. I lit. a und Helmreich-Rock, GO, 3. Aufl. Anm. 3—6 zu Art. 26.

10) Der Begriff der Bezirksanstalten wird in Anlehnung an den Begriff der Gemeindeanstalten (vgl. Helmreich-Rock, GO, 3. Aufl. Anm. 3 zu Art. 40) zu entwickeln sein. Hienach sind Bezirksanstalten die von dem Bezirkstag ins Leben gerufenen Einrichtungen, die dazu bestimmt sind, eine dem Bezirk durch Gesetz obliegende oder auch von ihm freiwillig übernommene Aufgabe dauernd zu ermöglichen. Hieher gehören vor allem die Bezirksstraßen (über diese s. Art. 28 mit Anm.), ferner die in Art. 65 ArmG genannten Bezirksarmenhäuser, Beschäftigungsanstalten, Armenkolonien, Krankenhäuser, Rettungshäuser, Sparkassen, (VGH **14**, 26, Sörgel 5 S. 267 und Anm. 8 ff. zu Art. 36); auch bezirkliche Verkehrsanstalten, Wasserleitungen u. dgl. sind denkbar. Bezirksanstalten im weiteren Sinn sind nicht nur die mit Vermögen ausgestatteten Einrichtungen, sondern auch (vgl. Art. 21 Abs. I lit. f SG oben bei Art. 11 „Einrichtungen") andere Einrichtungen dauernder Natur (VGH **15**, 16; **23**, 119), z. B. ein Gemeindekrankenversicherungsverband, auch wenn er nicht alle Gemeinden des Bezirks umfaßt (VGH **15**, 14) und ein Bezirksbaumeister (VGH **15**, 213); näheres über jenen Verband s. Anm. 7 zu Art. 36.

Es sind auch Bezirksanstalten denkbar, die nur für eine bestimmte Zeit errichtet sind (Lermann S. 124); vgl. aber Anm. 11 a. E. zu Art. 21 SG oben bei Art 11.

Der Begriff der Bezirksanstalten ist vor allem auch deshalb wichtig, weil Ansprüche der Gemeinden an Bezirksanstalten und Ansprüche der Bezirke an die Gemeinden in bezug auf die Bedarf oder Unterhalt solcher Anstalten Verwaltungsrechtssachen nach Art. 8 Ziff. 23 VGG sind; und zwar kommen hiebei nicht sowohl die allgemeinen rechtlichen Beziehungen zwischen dem Bezirk und den einzelnen Gemeinden des Bezirks (wie z. B. die Verpflichtung der Gemeinden zur Entrichtung von Bezirksumlagen), als vielmehr die besonderen Rechtsverhältnisse in Betracht, wie sie sich z. B. aus Art. 30 Abs. I lit. b des BTG, soweit nicht Zivilrechte in Mitte liegen, ergeben können (Mot. zum VGG). Demnach gehören Ansprüche, die auf zivilrechtlichen Rechtstiteln beruhen, nicht hieher, sondern sind von den Zivilgerichten zu entscheiden. Jedoch ist hiebei zu beachten, daß der Rechtstitel des Vertrags auch öffentlich-rechtlicher Natur ist und daß Verträge zwischen Bezirken und Gemeinden über die Errichtung und Benützung von Bezirksanstalten wohl regelmäßig öffentlich-rechtlicher Natur sind (vgl. VGH **23**, 116).

Unter Art. 8 Ziff. 23 VGG fallen auch Ersatzansprüche der Gemeinden gegen den Bezirk, wenn erstere eine Leistung übernommen haben, die den Verband belasten würde (VGH **15**, 246).

Streitbeteiligt in den vorliegenden Streitigkeiten sind nur der Bezirk einerseits und die einen Anspruch gegen ihn erhebende oder von ihm in Anspruch genommene Gemeinde andererseits. Keine Parteirolle kommt Dritten zu; vgl. aber die Entscheidung des obersten Gerichtshofs in Strafsachen Bd. 8 S. 42 (Wahrung berechtigter Interessen). Zuständig zur Entscheidung des Streits ist in erster Instanz die Bezirksverwaltungsbehörde, in zweiter Instanz die Kreisregierung, in dritter Instanz der Verwaltungsgerichtshof.

Nicht zu verwechseln sind die hier besprochenen Bezirksanstalten, die vom Bezirkstag errichtet sind und daher eine Angelegenheit des Bezirks darstellen, mit den nach Art. 37 von Gemeinden errichteten Zweckverbänden, selbst wenn es sich auch hier um eine Anstalt handeln sollte. Auch wenn sämtliche Gemeinden eines Bezirks einen derartigen Zweckverband bilden, sind die Anstalten desselben keine Bezirksanstalten, da sie vom Zweckverband, nicht von dem Bezirk errichtet sind.

Über die Errichtung von Bezirksanstalten s. Anm. 11 zu Art. 21 SG oben bei Art. 11.

Die Unterhaltung der Bezirksanstalten obliegt dem Bezirk, vorbehaltlich der Verpflichtungen Dritter; auf letztere kann sich jedoch der Bezirk in einem gegen ihn gerichteten Zwangsverfahren nach Art. 13 SG nicht berufen, da er primär zur Unterhaltung der Bezirksanstalten verpflichtet ist.

Zur Unterhaltung von Bezirksstraßen gehört die Aufbringung nicht nur des Sachbedarfs, sondern auch des persönlichen Bedarfs, d. h. die Anstellung der zur Verwaltung der Anstalten erforderlichen, geeigneten Personen. Über die Aufsicht über die Bezirksanstalten s. Art. 22 Abs. II lit. b SG oben bei Art. 16.

Keine Unterhaltung von Bezirksanstalten stellt die Gewährung eines Zuschusses an die im Eigentum dritter Personen stehenden Anstalten dar, an deren Erhaltung jedoch der Bezirk ein Interesse hat (vgl. Seydel II S. 703 N. 8). Solche Anstalten werden durch den Beitrag des Bezirks nicht zu Bezirksanstalten.

Was die Aufhebung von Bezirksanstalten anlangt, so ist zu dieser ein Beschluß des Bezirkstags erforderlich. Zustimmung der Aufsichtsbehörde ist nicht erforderlich. Wo jedoch eine Pflicht zur Errichtung einer Bezirksanstalt besteht (vgl. Anm. 11 zu Art. 21 SG oben bei Art. 11), ist deren Aufhebung unzulässig.

11) Vgl. hierüber Art. 28 mit Anm.

12) Diese Ziffer ist im Hinblick auf die bestehenden gemeindlichen freiwilligen Feuerwehren von geringer Bedeutung. Soweit jedoch solche nicht vorhanden sind oder nicht ausreichen, bleiben die Verpflichtungen der Bezirke nach wie vor bestehen.

13) Vgl. § 30 Abs. II der Gewerbeordnung, ferner die beiden Verordnungen vom 23. April 1874 (Weber 10 S. 265 und 267), die V. vom 26. Juli 1890 (Weber 20 S. 299), ME vom 5. Dezember 1902 (Weber 32 S. 199) und Bl. f. adm. Pr. 24 S. 233 ff. Die Verpflichtung des Bezirks ist auch durch die Reichsgewerbeordnung nicht berührt worden (vgl. die Entscheidung des VGH in Bl. f. adm. Pr. 37 S. 222).

14) Eine Verpflichtung, Bezirkstierärzte anzustellen, besteht für die Bezirke nicht. Die Bezirkstierärzte sind Beamte der Bezirke (Seydel II S. 142; a. A. Lermann S. 125); s. den Exkurs zu Art. 20, ferner § 10 der V. vom 21. Dezember 1908, die Tierärzte betr. (Weber 36 S. 599), Ziff. 4 der MBekm. vom 22. Dezember 1908 (Weber 36 S. 639) und Bl. f. adm. Pr. 28 S. 204.

15) Zunächst hat der Bezirkstag darüber zu beschließen, ob die in Frage stehende Angelegenheit eine dem Bezirk nach Gesetz, besonderen Rechtstiteln oder infolge der Beschlüsse des Bezirkstags obliegende Leistung darstellt (s. oben lit. a). Hat er sie als solche gesetzliche Distriktslast anerkannt, so beschließt er über die Art und Weise der Ausführung der Beschlüsse, sowie über die Aufbringung der erforderlichen Mittel (vgl. Art. 30).

Eine Tätigkeit der Aufsichtsbehörde kommt nur insoweit in Frage, als diese berechtigt und verpflichtet ist zu prüfen, ob der Bezirk die ihm obliegenden Verpflichtungen erfüllt. Die Art und Weise, wie die Verpflichtungen erfüllt werden, ist auf Grund des dem Bezirk zustehenden Selbstverwaltungsrechts den Bezirksvertretungen überlassen; hierin hat sich die Aufsichtsbehörde nicht einzumischen.

Bezirksstraßen.

Art. 28.

I Als Distriktsstraßen sollen nur jene Straßen erklärt werden, welche einen über die nachbarliche Verbindung einzelner Gemeinden erheblich hinausgehenden Verkehr zu vermitteln bestimmt oder geeignet sind [1] [2] [3] [4] [5] [6].

II Bei eingelegtem Widerspruche des Distriktsrates entscheidet in erster Instanz in kollegialer Beratung die Kreisregierung, Kammer des Innern, in zweiter und letzter Instanz das zuständige Staatsministerium, vorbehaltlich des Art. 10 Ziff. 1 des Gesetzes vom 8. August 1878, betreffend die Errichtung eines Verwaltungsgerichtshofes und das Verfahren in Verwaltungsrechtssachen [7].

1) Begriff.

Die Bezirksstraßen gehören zu den öffentlichen Wegen, d. h. den Wegen, deren Benützung, vorbehaltlich polizeilicher Beschränkungen, jedermann freisteht (vgl. Bl. f. adm. Pr. 43 S. 321). Streitigkeiten über die öffentliche Eigenschaft eines Weges sind Verwaltungsrechtssachen (Art. 8 Ziff. 34 VGG; s. Dyroff, VGG, ebenda).

Bezirksstraßen sind aber solche öffentliche Wege, die durch Beschluß der zuständigen Organe zu Bezirksstraßen erklärt worden sind (vgl. Anm. 2). Übrigens entsteht die öffentliche Eigenschaft einer neu errichteten Bezirksstraße mit ihrer Eröffnung für den allgemeinen Verkehr, während ein schon bestehender Weg in dem Augenblick Bezirksstraße wird, in dem der Bezirkstag den Übernahmebeschluß gefaßt hat bzw. der Überweisungsbeschluß der Aufsichtsbehörde rechtskräftig wird.

Beschränkungen des Gemeingebrauchs an Bezirksstraßen können durch bezirkspolizeiliche Vorschriften festgesetzt werden (Art. 90 PolStGB); näheres hierüber s. Reger-Dames und Riedel-Sutner, PolStGB, bei Art. 90.

Dem gleichen rechtlichen Schicksal wie die Bezirksstraßen unterliegen die dazu gehörigen Brücken, Böschungen, Viadukte, Durchlässe und Abzugsgräben, da sie als partes viae anzusehen sind (VGH **2**, 517, 710; **3**, 282; **6**, 73; **7**, 227). Ein von einem Bezirk zur Erleichterung und Sicherung des Verkehrs auf einer Bezirksstraßenstrecke neben dieser angelegter Fußweg ist als ein Teil der Bezirksstraße zu erachten, obwohl zur Schaffung eines solchen Fußweges keine Verpflichtung besteht (VGH **27**, 141).

2) Begründung eines Weges als Bezirksstraße. Die Begründung kann auf zwei Arten erfolgen (s. unter a und b); ohne diese Rechtsakte entsteht keine Bezirksstraße; weder kraft Gesetzes durch Eintritt der Voraussetzungen, unter denen eine Straße zur Bezirksstraße erklärt werden kann (VGH **12**, 225; **23**, 19), noch durch die bloße Benützung seitens der Bezirksangehörigen, noch durch die Auflassung einer Staatsstraße. Auch die Straßen, die auf Grund des Gesetzes über die Distriktsumlagen vom 11. September 1825 von den Konkurrenzverbänden unterhalten wurden, wurden bei Inkrafttreten des DRG nicht ohne weiteres Bezirksstraßen, sondern nur durch Beschlußfassung des Distriktsrats (bzw. durch Verfügung der Aufsichtsbehörde [s. unten b]); derartige Distriktsratsbeschlüsse bezogen sich übrigens auf die übernommenen Straßen nur in demjenigen Bestande, den dieselben im Zeitpunkte der Beschlußfassung innehatten, und erstreckten sich insbesondere nicht auf Objekte, welche nicht schon bis dahin als Bestandteil oder Zubehör der betreffenden Straßen anerkannt waren; wurde also z. B. eine Brücke von einem Konkurrenzverbande nicht unterhalten, so ging deren Unterhaltungspflicht trotz Übernahme der Konkurrenzstraße durch den Bezirk nicht auf ihn über (VGH **12**, 225).

a) Die normale Art der Begründung einer Bezirksstraße ist ein Mehrheitsbeschluß des Bezirkstags; eine Zustimmung der Aufsichtsbehörde ist nicht erforderlich. Der Bezirkstag hat zu prüfen, ob die Voraussetzungen der Erhebung eines (bereits vorhandenen oder zu bauenden) öffentlichen Weges zur Bezirksstraße gegeben sind.

Der beschlußmäßigen Übernahme steht die stillschweigende Anerkennung, z. B. durch fortgesetzte Unterhaltung gleich, wenn die Arbeiten mit Wissen und Willen der gesetzlichen Vertretung des Bezirks erfolgen (Helmreich-Rock, GO, 3. Aufl. Anm. 16 zu Art. 38).

b) Weigert sich der Bezirkstag, einen öffentlichen Weg als Bezirksstraße zu übernehmen, obwohl die erforderlichen Voraussetzungen gegeben sind, so kann ein öffentlicher Weg durch Verfügung der Kreisregierung, Kammer des Innern, zur Bezirksstraße erklärt werden (Art. 13 Abs. II SG).

Voraussetzung der Erklärung eines Weges zur Bezirksstraße ist:

α) Daß dem Bezirk entweder kraft Eigentums oder kraft einer ihm eingeräumten öffentlich-rechtlichen Dienstbarkeit die Verfügungsgewalt über die Wegfläche zusteht (VGH **4**, 565). Der Erwerb des Eigentums ist nicht erforderlich; es genügt, wenn dem Bezirk von den Grundeigentümern die Verfügung über den Grund und Boden eingeräumt wird (VGH **12**, 289). Unter dieser Voraussetzung steht der Erklärung einer Straße als Bezirksstraße der Umstand nicht entgegen, daß die Straße innerhalb des Bahnhofgeländes und auf dem Eigentum des Bahnärars liegt (VGH im „Recht" 1916 S. 230), ebensowenig der Umstand, daß der Weg von der Eisenbahnverwaltung ursprünglich angelegt und seither unterhalten worden ist (VGH im „Recht" 1916 S. 261). Bevor nicht feststeht, daß dem Bezirk an dem fraglichen Weg das Eigentum oder eine öffentliche Wegegerechtigkeit zusteht, vielmehr eines dieser Rechte von irgend einem Interessenten bestritten wird, kann der Weg zur Bezirksstraße nicht erklärt werden (VGH **4**, 565; **5**, 170; **15**, 7). Streitigkeiten darüber, ob dem Bezirk das Eigentum oder die Verfügungsgewalt über den Weg zusteht, sind von den Zivilgerichten zu entscheiden (**3**, 521; **4**, 565; **5**, 170, 236; **26**, 246; **32**, 164). Dagegen sind die Verwaltungsbehörden berechtigt, bei Inanspruchnahme einer Bezirksstraße seitens eines ein besonderes Recht an derselben beanspruchenden Dritten, bis das Zivilgericht ein Urteil oder eine einstweilige Verfügung erläßt, vorsorgliche Maßnahmen zu treffen (VGH **1**, 405; **4**, 569; **5**, 175, 236; **15**, 8; Dyroff, Anm. 4 zu Art. 8 Ziff. 34 VGG; Lermann S. 137; ME vom 22. April 1835 [Weber 3 S. 22]).

Es ist auch denkbar, daß Straßen im Eigentum des Bezirks stehen, die nicht Bezirksstraßen sind, weil sie nicht dem öffentlichen Verkehr gewidmet sind. Denn der Bezirk kann wie jede andere physische oder juristische Person private Wege besitzen.

β) Daß der Weg einen über die nachbarliche Verbindung einzelner Gemeinden erheblich hinausgehenden Verkehr zu vermitteln bestimmt oder geeignet ist.

Dies ist dann der Fall, wenn der Weg im Augenblick der Übernahme oder voraussichtlich in Zukunft („geeignet") einen erheblichen Verkehr zwischen entfernteren Punkten, gleichviel ob der eine Punkt in einem anderen Bezirk gelegen ist oder nicht, aufweist. Dies kann auch bei einem zu einer Eisenbahnstation führenden Weg oder einer Bahnhofzufuhrstraße (VGH im „Recht" 1914 S. 404) zutreffen (VGH **15**, 220).

Die unter β) besprochene Bestimmung hat die Bedeutung, daß nur unter den genannten Voraussetzungen ein Weg auch gegen den Widerspruch des Bezirkstags zur Bezirksstraße erklärt werden kann, nicht aber die Bedeutung, daß bei Fehlen dieser Voraussetzungen der Bezirkstag nicht berechtigt wäre, freiwillig einen öffentlichen Weg zur Bezirksstraße zu erklären. Es handelt sich dann um eine freiwillige Leistung im Sinne der Art. 29 Abs. I, 30 Abs. II (VGH **6**, 219; a. A. Lermann S. 126); die fernere Unterhaltung ist dann obligatorisch (Brater S. 60).

Die Erklärung eines Weges zur Bezirksstraße ist ein im öffentlichen Interesse ergehender Verwaltungsakt; dieser ist daher von Anträgen Dritter, seien es solche positiver (Aufforderungen) oder negativer Natur (Widersprüche), unabhängig (VGH **3**, 704; **12**, 87, 141; Bl. f. adm. Pr. 26 S. 157); bezüglich der Widersprüche vgl. jedoch oben unter α. Auch Gemeinden haben keinen verwaltungsrechtlich verfolgbaren Anspruch darauf, daß Gemeindeverbindungswege, welche einen über die nachbarliche Verbindung einzelner Gemeinden erheblich hinausgehenden Verkehr zu vermitteln bestimmt oder geeignet sind, zu Bezirksstraßen erhoben werden (VGH **8**, 226 und VGH im „Recht" 1919 S. 193). Dritte können stets nur eine Anregung, sei es an den Bezirkstag, sei es an die Aufsichtsbehörde, geben.

3) Zwangsenteignung.

Dem Bezirk steht zum Zweck der Anlegung neuer und Änderung bestehender Bezirksstraßen ein Zwangsenteignungsrecht nach Art. I **A** Ziff. 5 des Zwangsabtretungsgesetzes vom 17. November 1837 in der Fassung vom 13. August 1910 (GVBl. S. 621) zu. Wegen der Einzelheiten muß auf die Kommentare zu obigem Gesetz verwiesen werden; vgl. Laforet S. 55 ff., Henle, 2. Aufl. S. 66, 75 ff.

4) Umfang der Verpflichtungen des Bezirks (vgl. Art. 27 Abs. I lit. b Ziff. 4):

Der Bezirk ist nicht nur zur Unterhaltung bestehender, sondern auch zur Anlegung und Unterhaltung neuer Bezirksstraßen verpflichtet, wenn bei der neu projektierten Straße, bzw. bei dem zur Bezirksstraße zu erhebenden bereits vorhandenen Weg die in Anm. 2 besprochenen Voraussetzungen zutreffen.

Territorial sind die Verpflichtungen des Bezirks auf sein Gebiet, aber mit Einschluß der ausmärkischen Besitzungen (Bl. f. adm. Pr. 23 S. 376), beschränkt (VGH **2**, 676; **10**, 196; **14**, 102). Es ist jedoch nicht ausgeschlossen, daß ein Bezirk freiwillig einem andern einen Zuschuß zu einer von diesem zu erbauenden oder zu unterhaltenden Straße gibt. Das Obwalten solcher Verhältnisse wird jedoch in der Regel zur Anwendung des Art. 34 führen.

Die sich auf besonderen Rechtsgrund stützenden Verpflichtungen Dritter zur Unterhaltung von Bezirksstraßen bleiben durch die primäre gesetzliche Verpflichtung des Bezirks unberührt. Herkommen und Verjährung sind jedoch keine die Unterhaltspflicht Dritter begründenden Rechtstitel (vgl. VGH **2**, 676); ebensowenig geht die Unterhaltspflicht des Bezirks dadurch unter, daß er längere Zeit seiner Verpflichtung nicht nachgekommen ist (vgl. VGH **2**, 667). Über die Verpflichtung der Bahnverwaltung hinsichtlich der von der Bahn gekreuzten Bezirksstraßen vgl. VGH **7**, 218.

Die Verpflichtung des Bezirks begreift persönliche und sachliche Aufwendungen in sich. Erstere bestehen in der Anstellung des zur sachgemäßen Anlegung und Unterhaltung von Bezirksstraßen erforderlichen Personals; vgl. hierüber Anm. 3 im Exkurs zu Art. 20.

Die sachlichen Aufwendungen werden durch das Maß des Bedürfnisses bestimmt. Hierüber beschließt der Bezirkstag, vorbehaltlich des Aufsichtsrechts der Kreisregierung. Die Würdigung der Frage, ob und in welchem Maße die von der Aufsichtsbehörde geforderte Leistung zur Straßenunterhaltung im Interesse des Verkehrs notwendig ist, ist als Ermessensfrage der Nachprüfung des Verwaltungsgerichtshofs entzogen (VGH bei Sörgel 1 S. 449). Zur Reinigung, Pflasterung und Beleuchtung von Bezirksstraßen besteht keine Verpflichtung, auch nicht zum Streuen von Sand bei Glatteis, wohl aber zum Schneeräumen (VGH **3**, 637). Ferner ist der Bezirk verpflichtet, die eine gefahrlose Benützung des Weges gewährleistenden Sicherheitsmaßregeln zu treffen, so das Anbringen von Geländern (vgl. VGH **17**, 312; **32**, 33), das Aufstellen von Schneezeichen, Wegweisern und Warnungstafeln. Dagegen besteht keine Verpflichtung zu Sicherungsmaßnahmen gegen Gefahren, die durch Dritte herbeigeführt werden (Eisenbahnen); vgl. Helmreich-Rock, GO, 3. Aufl. Anm. 17 zu Art. 38.

Die Verpflichtung zur Unterhaltung umfaßt auch die Verpflichtung, bestehende Bezirksstraßen entsprechend abzuändern, wenn dies im Interesse des öffentlichen Verkehrs geboten erscheint (VGH **2**, 633; **4**, 496).

Der Zustand der Straßen und der Grad der Unterhaltung hat sich den Verkehrsverhältnissen, unter Umständen auch dem Motorpostverkehr anzupassen, wenn die Verkehrsverwaltung die Einführung dieses Verkehrs als notwendig erachtet (VGH im „Recht" 1913 S. 108, 379).

Für die ordnungsgemäße Unterhaltung der Bezirksstraßen durch ihre Beamten ist der Bezirk nach § 823 Abs. I und II BGB (Ztschr. f. Rpfl. 14 S. 327) haftbar (vgl. Anm. 10 im Exkurs zu Art. 20 und die Entsch. des VGH vom 18. Februar 1914 [Bayer. Staatsanzeiger 1914 Nr. 124]). Über die Zuständigkeit der Zivilgerichte bei der Klage auf Schadensersatz für die durch den Bau einer Bezirksstraße herbeigeführte Beschädigung eines Hauses vgl. die Entscheidung des Gerichtshofs für Kompetenzkonflikte in Bl. f. adm. Pr. 34 S. 289.

Die Unterhaltung derjenigen Teile der Bezirksstraßen, die sich innerhalb einer zusammenhängend gebauten Ortschaft befinden (sog. Ortstraversen), nebst den dazu gehörigen Brücken usw. obliegt ebenfalls dem Bezirk, sofern nicht die betreffenden Teile bei der Erhebung zur Bezirksstraße ausdrücklich ausgeschlossen wurden; letzterenfalls sind sie Ortsstraßen und nach Art. 38 (29 der pfälz.) GO von den Gemeinden zu unterhalten (VGH **2**, 667; **3**, 157). Die Übernahme solcher Ortstraversen kann dem Bezirk gegen seinen Willen nicht schon deshalb aufgebürdet werden, weil sie mit Bezirksstraßen zusammenhängen und Fortsetzungen derselben bilden, sondern nur dann, wenn sie die in Art. 28 geforderte Bedeutung haben (VGH **13**, 40).

Durch ortspolizeiliche Vorschriften können die Anwesensbesitzer zur Reinigung der Ortstraversen angehalten werden (ObLG in Zivilsachen 4 S. 178).

Die Herstellung der Zufahrten und Zugänge zu den Bezirksstraßen ist kein Bestandteil der Unterhaltungspflicht (Bl. f. adm. Pr. 20 S. 338).

Über Wegeverbände s. Art. 37.

5) Verwaltungsrechtliche Streitigkeiten und staatsaufsichtliche Beschwerden.

Streitigkeiten zwischen dem Bezirk und einem Dritten (Gemeinde, Ortschaft, Staat), ob ein Weg von dem Bezirk (weil der Weg Bezirksstraße ist), oder von dem Dritten (weil er Gemeindeweg, Ortsstraße, Staatsstraße ist) zu unterhalten sei, sind Verwaltungsrechtssachen nach Art. 8 Ziff. 34 VGG; siehe Dyroff, VGG daselbst. Hieher gehören auch Streitigkeiten über den Inhalt des Rechts, eine Bezirksstraße zu benützen (VGH **7**, 238; **11**, 325), sowie Streitigkeiten über den Rückersatz von Straßenunterhaltungskosten, die von einem Bezirk in der irrtümlichen Annahme seiner Unterhaltungspflicht an Stelle der wirklich unterhaltspflichtigen Gemeinde geleistet worden sind (VGH **31**, 57). Die Frage der Klassenzugehörigkeit eines Weges ist Inzidentpunkt (VGH **12**, 344). Zuständig zur Entscheidung dieser Streitigkeiten ist in erster Instanz die Bezirksverwaltungsbehörde (Dyroff, VGG, Anm. 1 zu Art. 8 Ziff. 34).

Scharf zu scheiden von diesen Parteistreitigkeiten sind die staatsaufsichtlichen Beschwerden eines Bezirks gegen die Verfügungen der Aufsichtsbehörde mit der Behauptung, daß diese einen Weg, dem die in Art. 28 geforderten Eigenschaften nicht zukomme, zur Bezirksstraße erhebe (Art. 13 Abs. II SG), und staatsaufsichtliche Beschwerden gegen das Maß der von der Aufsichtsbehörde hinsichtlich der Unterhaltung einer Bezirksstraße getroffenen Anordnungen. Macht jedoch der Bezirk im letzteren Falle des staatsaufsichtlichen Verfahrens (Maß der Unterhaltspflicht) geltend, daß die fragliche Straße gar nicht Bezirksstraße sei, sondern ihre Unterhaltung kraft öffentlichen Rechts — privatrechtliche Verpflichtungen Dritter bleiben unberücksichtigt — einem Dritten obliege, so ist auf diesen Einwand hin zunächst — unbeschadet vorsorglicher Maßnahmen — der verwaltungsrechtliche Streit nach Art. 8 Ziff. 34 VGG zwischen den Parteien auszutragen; erst wenn hiedurch die Verpflichtung des Bezirks rechtskräftig festgestellt ist, kann gegen ihn staatsaufsichtlich vorgegangen werden (vgl. u. a. VGH **2**, 111, 667; **32**, 153).

a) Staatsaufsichtliche Beschwerden bezüglich der Erklärung eines Weges zur Bezirksstraße.

Weigert sich der Bezirkstag, eine zu bauende oder bereits vorhandene Straße, der die gesetzlichen Eigenschaften einer Bezirksstraße zukommen, als Bezirksstraße zu übernehmen, so ist die Aufsichtsbehörde berechtigt, sie als Bezirksstraße zu erklären. Eine Verpflichtung der Aufsichtsbehörde, zu dieser Zwangsmaßregel zu greifen, besteht auch bei Vorhandensein der gesetzlichen Voraussetzungen nicht (s. auch den drittnächsten Absatz). Andererseits ist das Staatsministerium des Innern auf eine Beschwerde gegen den Beschluß der Aufsichtsbehörde berechtigt, diesen aus besonderen Gründen aufzuheben, auch wenn die fragliche Straße die erforderlichen Eigenschaften besitzt.

Gegen den Beschluß der Aufsichtsbehörde, durch den eine Straße zur Bezirksstraße erklärt wird, ist Beschwerde zulässig; über die Beschwerdelegitimation s. Anm. 12 zu Art. 13 SG oben bei

Art. 23, über die Beschwerdefrist s. Anm. 15 zu Art. 13 SG oben bei Art. 23.

Beschwerdeinstanz ist das Staatsministerium des Innern als Oberaufsichtsbehörde oder der Verwaltungsgerichtshof (Anm. 7 und 13 zu Art. 13 SG oben bei Art. 23). Über Doppelbeschwerden s. Art. 49 VGG.

Die Frage, ob bei einer Straße die in Art. 28 geforderten Voraussetzungen der Erklärung zur Bezirksstraße zutreffen, ist nicht etwa eine der Prüfung des Verwaltungsgerichtshofs entzogene Ermessensfrage (Art. 13 Abs. I Ziff. 3 VGG), sondern eine seiner Beurteilung unterworfene Rechtsfrage. Jedoch ist der Verwaltungsgerichtshof nur zuständig zur Entscheidung, ob eine Straße zur Bezirksstraße gegenüber dem Widerspruch des Bezirks erklärt werden kann, während die Staatsaufsichtsbehörden darüber zu befinden haben, ob eine solche Erklärung erfolgen soll (VGH **1**, 389; **3**, 704; **8**, 226).

β) **Staatsaufsichtliche Beschwerden bezüglich des Maßes der Unterhaltung von Bezirksstraßen.**

Auch wenn eine Straße als Bezirksstraße bereits rechtskräftig übernommen wurde, kann sich eine Zuständigkeit des Verwaltungsgerichtshofes gemäß Art. 10 Ziff. 1 VGG dann ergeben, wenn hinsichtlich der Unterhaltung einer Bezirksstraße dem Bezirk von der Aufsichtsbehörde Leistungen zugemutet werden, zu denen er gesetzlich nicht verpflichtet ist, z. B. die Beleuchtung einer Bezirksstraße. Dagegen ist die Nachprüfung aller Ermessensfragen dem Verwaltungsgerichtshof nach Art. 13 Abs. I Ziff. 3 VGG entzogen. Er ist daher unzuständig bezüglich der Frage, auf welche Art und Weise eine Bezirksstraße anzulegen und zu unterhalten sei, ob eine hiefür angeordnete Leistung notwendig oder angemessen sei und der Leistungsfähigkeit des Bezirks entspreche (VGH **2**, 633; **7**, 244; Sörgel 1 S. 449), ob die im Interesse des Verkehrs angeordnete Abänderung einer Bezirksstraße zweckmäßig sei und zur finanziellen Lage des Bezirks in richtigem Verhältnis stehe (VGH **4**, 496). Die Rechtskraft der Übernahme einer Distriktsstraße kann auch nicht deshalb bestritten werden, weil aus Zweckmäßigkeitsgründen infolge einer Regierungsanordnung die Straßenrichtung unerheblich geändert wird (VGH **7**, 244). Soll jedoch an Stelle der übernommenen Bezirksstraße eine von dem ursprünglich beschlossenen Plan erheblich abweichende Bezirksstraße gebaut werden, so ist neuerliche Beschlußfassung des Bezirkstags bzw. ein Zwangsbeschluß der Aufsichtsbehörde erforderlich.

Über die Bestreitung der Kosten für die Bezirksstraßen s. Art. 30, über Vorausleistungen s. Art. 32.

6) Aufhebung von Bezirksstraßen.

Zur Aufhebung einer Bezirksstraße ist ein Beschluß des Bezirkstags erforderlich, der der Genehmigung der Aufsichtsbehörde nicht bedarf. Jedoch ist die Aufsichtsbehörde berechtigt, nach Art. 13 Abs. II SG einzuschreiten, wenn der durch Beschluß des Bezirkstags aufzulassenden Straße die Eigenschaften einer Bezirksstraße im Sinn unseres Artikels zukommen. Der Beschluß des Bezirkstags kann in diesem Fall von der Aufsichtsbehörde für unwirksam erklärt werden.

Wie eine Bezirksstraße nicht mit dem Eintritt der hiefür erforderlichen Voraussetzungen, sondern erst mit der Erklärung zur Bezirksstraße diese Eigenschaft erlangt (Anm. 2), so erlischt die Eigenschaft einer Bezirksstraße erst mit ihrer Aufhebung durch die zuständigen Organe.

Gegen die vom Bezirkstag beschlossene Aufhebung einer Bezirksstraße steht — abgesehen von der Aufsichtsbehörde — niemand ein Einspruchsrecht zu, auch einer Gemeinde nicht, selbst wenn diese zu erwarten hat, daß der Weg nach seiner Aufhebung als Bezirksstraße zum Gemeindeweg erklärt werden und die Unterhaltung desselben ihr zur Last fallen wird (VGH **3**, 704). Übrigens wird eine aufgelassene Bezirksstraße nicht ohne weiteres zum Gemeindeweg (VGH **29**, 86).

7) Abs. II ist insofern bedeutungslos, als der Bezirkstag kraft des dem Bezirk zustehenden Selbstverwaltungsrechts über die Erhebung eines Wegs zur Bezirksstraße (oder die Aufhebung einer Bezirksstraße) entscheidet, ohne daß sein Beschluß der Genehmigung der Aufsichtsbehörde bedarf. Das Recht der Aufsichtsbehörde jedoch einzuschreiten, wenn der Bezirk die ihm gesetzlich obliegenden Verpflichtungen nicht erfüllt, bleibt unberührt (Art. 13 Abs. II SG und oben Anm. 2b, 5 und 6). Gegen den staatsaufsichtlichen Bescheid der Regierung kann der Bezirk nach Maßgabe des Art. 10 Ziff. 1 VGG in der Fassung des Art. 30 SG Beschwerde zum Verwaltungsgerichtshof einlegen, nämlich mit der Behauptung, die Verfügung belaste ihn mit einer gesetzlich nicht begründeten Leistung.

Freiwillige Leistungen.

Art. 29.

I Andere als die in Art. 25, 27 [1]) und 28 bezeichneten [2]) Distriktslasten [3]) erfordern die Zustimmung des Distriktsrates [3]).

II Die Deckung der gesetzlich begründeten Distriktsgemeindebedürfnisse darf dagegen von dem Distriktsrate nicht verweigert werden und muß im Falle entgegengesetzten Verfahrens des Distriktsrates von der vorgesetzten Kreisregierung durch Anordnung der nötigen Distriktsumlage, vorbehaltlich der Berufung an das betreffende Staatsministerium bewirkt werden [4]).

1) Zu beachten ist, daß nicht nur die in Art. 27 Abs. **I** lit. b aufgezählten gesetzlichen Bezirkslasten gesetzliche Leistungen darstellen, sondern auch die anderswo genannten (s. Anm. 7 zu Art. 27) oder auf besonderen Rechtstiteln (Anm. 5 zu Art. 27) oder Beschlüssen des Bezirkstags (Anm. 6 zu Art. 27) beruhenden Obliegenheiten.

2) Über den Umfang der gesetzlichen Leistungen s. die Anm. zu den genannten Artikeln.

3) Sog. freiwillige Leistungen. Hierüber ist folgendes zu bemerken:

Was die formelle Seite anlangt, so bedürfen freiwillige Leistungen der Beschlußfassung des Bezirkstags. Wird diese verweigert, so hat es hiebei sein Bewenden und eine Tätigkeit der Aufsichtsbehörde kommt nicht in Frage.

Nach der materiellen Seite hin besteht — abgesehen von der Vorschrift des Art. 30 Abs. II — für die Bewilligung freiwilliger Leistungen keinerlei Einschränkung. Es ist daher nicht unzulässig, wenn der Bezirkstag auch für solche Zwecke Mittel bewilligt, die gänzlich außerhalb des Wirkungskreises liegen, z. B. für patriotische Zwecke. Absolut unzulässig dürften nur solche Bewilligungen sein, die die einseitige Begünstigung von Privatpersonen oder die Förderung parteipolitischer Ziele im Auge haben.

Freiwillige Leistungen können unter Umständen zu gesetzlichen Leistungen werden. Dies ist dann der Fall, wenn sich der Bezirk einem Dritten gegenüber ausdrücklich verpflichtet hat, eine an sich freiwillige Leistung dauernd zu machen, z. B. einen Zuschuß zu einer Wohltätigkeitsanstalt; die Eingehung einer solchen Verpflichtung ist für den Bezirk wie für jedes andere Rechtssubjekt als zulässig zu erachten und widerspricht auch nicht dem Grundsatz der einjährigen Finanzperiode des Bezirks.

Ferner sind solche Leistungen als obligatorisch anzusehen, die zur Unterhaltung einer freiwillig gegründeten Anstalt oder Unternehmung des Bezirks erforderlich sind, einschließlich der Zinsbeträge und Tilgungsquoten für eine zur Gründung solcher Anstalten aufgenommene Anleihe. Unberührt bleibt freilich das Recht des Bezirkstags, die Bezirksanstalt aufzuheben. Dasselbe gilt von freiwillig übernommenen Bezirksstraßen (vgl. Bl. f. adm. Pr. 6 S. 107).

Auch wenn freiwillige Leistungen hienach den Charakter von gesetzlichen Leistungen angenommen haben, unterliegen sie doch noch der Beschränkung des Art. 30 Abs. II (s. Anm. 6 zu Art. 30); dies bringt die Natur des Zweckes mit sich, der bei der Übernahme der freiwilligen Leistung verfolgt wurde (Bl. f. adm. Pr. 36 S. 277).

Von den oben genannten beiden Fällen abgesehen können Leistungen für fakultative Zwecke alljährlich bei der Beratung des Voranschlags gestrichen werden.

4) Abs. II ist durch Art. 13 Abs. III—V SG gegenstandslos geworden (a. M. § 33 Ziff. 3 der VA zum SG), da sich dort die Vorschriften finden, die anzuwenden sind, wenn ein Bezirk die Erfüllung der ihm obliegenden Verpflichtungen verweigert. Im einzelnen vgl. Anm. 10—20 zu Art. 13 SG oben bei Art. 23.

Mittel zur Bestreitung der Bezirkslasten. Beschränkung bei freiwilligen Leistungen.

Art. 30.

I Die Mittel zur Bestreitung der Distriktsbedürfnisse sind vor allem[1]):

a) aus den Nutzungen des Distriktsgemeindevermögens, welches jedoch im Grundstocke ungeschmälert erhalten werden soll[2]);

b) aus den auf Gesetz oder besonderen Rechtstiteln beruhenden Leistungen des Staates, der Stiftungen, der Gemeinden oder anderer juristischer oder physischer Personen[3]);

c) aus den freiwilligen Zuschüssen von Staats- oder Kreisfonds oder von den aus der Unternehmung zunächst Vorteil ziehenden Gemeinden und Privaten[4]) zu schöpfen, und in Ermangelung[1]) oder bei Unzureichenheit[1]) dieser Quellen durch Distriktsumlagen[5]) zu decken.

II Für solche Zwecke, welche nach Artikel 29 Absatz 1 von der Zustimmung des Distriktsrates abhängig sind[6]), wird hiemit ein

Maximum, und zwar auf fünf vom Hundert der jährlichen Steuersumme[7]), festgesetzt, über welche sich in keinem Jahre der Betrag der hiefür bestimmten Distriktsumlagen erhöhen darf[8]).

1) Die in lit. a—c aufgezählten Deckungsmittel sind die primären, die Bezirksumlagen (im weiteren Sinn) die subsidiären Einnahmequellen des Bezirks. Alle zusammen kann man als ordentliche Deckungsmittel bezeichnen; über die außerordentlichen s. unten Anm. 5.

Die Einteilung in primäre und subsidiäre Einnahmequellen hat die Bedeutung, daß auf letztere nur dann und soweit zurückgegriffen werden darf, als die primären Einnahmen nicht ausreichen. Auf die Beobachtung dieser gesetzlichen Bestimmungen hat die Aufsichtsbehörde zu sehen und dagegen verstoßende Beschlüsse des Bezirkstags zu beanstanden (s. Art. 31 Anm. 14).

2) Vgl. § 21 des Finanzgesetzes vom 26. Mai 1892 (Weber 21 S. 371), wodurch den unmittelbaren Städten und Bezirken der Betrag von 8 Millionen Mark als unangreifbares, kapitalrentensteuerfreies Kapital überwiesen wurde, dessen Zinsen zu gemeinnützigen und wohltätigen Zwecken zu verwenden sind. Vgl. ferner hierzu die ME vom 19. Juli 1892 Ziff. 4 (Weber 21 S. 679).

Über die Erhaltung des Grundstocksvermögens der Bezirke vgl. Anm. 9 zu Art. 27; ferner Helmreich-Rock, GO, 3. Aufl. Anm. 3—6 zu Art. 26, Seydel II S. 695 Anm. 7, S. 696 Anm. 20—22, Brater S. 85.

Die Ergänzung des Grundstocksvermögens des Bezirks ist gesetzliche Bezirkslast (Art. 27 Abs. I lit. b Ziff. 2).

3) Die unter lit. b genannten Posten können nur dann als Einnahmequellen in den Etat eingesetzt werden, wenn sie liquid sind, d. h. wenn die betr. Leistung rechtskräftig festgestellt ist.

Vgl. auch Art. 65 Abs. II ArmG bei Art. 36.

4) Hieher gehören vor allem die Zuschüsse des Staats und der Kreise zur Herstellung und Unterhaltung der Bezirksstraßen (ME vom 10. Oktober 1872 [Weber 9 S. 549] und vom 29. Mai 1878 [Weber 12 S. 291]).

Ferner ist hier zu nennen Art. I Ziff. 8 des Kreislastenausscheidungsgesetzes (unten Abschnitt III), obwohl es sich hier eigentlich nicht um Zuschüsse zu Bezirksausgaben, sondern um Übernahme derselben auf den Kreis handelt.

5) Über die Bezirksumlagen s. Art. 31 mit Anm.

Neben diesem subsidiären Deckungsmittel kommen als außerordentliche Deckungsmittel (s. oben Anm. 1) die Aufnahme von Anleihen und das Angreifen des Grundstocksvermögens in Betracht.

Über die Anlehensaufnahme s. Art. 21 Abs. I lit. d SG mit Anm. (oben bei Art. 11), über die Ersetzung des Grundstocksvermögens s. Art. 27 Abs. I lit. b Ziff. 2. Beide Maßregeln dürfen nur im Falle außerordentlicher Bedürfnisse angewendet werden; die Anlehensaufnahme unterliegt u. U. der Zustimmung der Aufsichtsbehörde (s. Anm. 22—27 zu Art. 14 SG oben bei Art. 23).

6) D. h. freiwillige Ausgaben. Über freiwillige Leistungen, die zu obligatorischen geworden sind, s. Anm. 3 zu Art. 29 a. E.

7) Steuersumme ist der Betrag, der nach Art. 39 Abs. I Ziff. 3 UmlG der Berechnung der Bezirksumlagen zugrunde zu legen ist; er setzt sich zusammen aus den Steuersummen der Gemeinden, die sich nach Art. 24,

25 UmlG ergeben und aus den entsprechend berechneten Steuersummen der Eigentümer ausmärkischer Grundstücke. Bei der Prüfung der Frage, ob die fünfprozentige Grenze überschritten wurde, hat nicht der Gesamtbetrag des zu fraglichem Zweck aufzunehmenden Passivkapitals, sondern nur der jährliche Aufwand zur Abtragung und Verzinsung desselben in Betracht zu kommen (VGH 4, 441). Der Steuersumme ist der Wert der Naturaldienste (Art. 31 Abs. III) zuzurechnen (Bl. f. adm. Pr. 36 S. 279).

Der Betrag, der nach § 21 des Finanzgesetzes vom 26. Mai 1892 (s. oben Anm. 2) den Bezirken überlassen wurde, steht zur freien Verfügung derselben; Aufwendungen für fakultative Zwecke, die nach den Beschlüssen des Bezirkstags aus diesem Fonds bestritten werden sollen, unterliegen der fünfprozentigen Beschränkung nicht.

Über die Bedeutung dieser Vorschrift im Umlagenstreit s. Anm. 14 zu Art. 31.

8) Verfahren.

Falls der Bezirkstag bei seinen Beschlüssen gegen die vorliegende Vorschrift verstößt, hat die Aufsichtsbehörde von Amts wegen einzuschreiten und den bewilligten Betrag, soweit er die fünfprozentige Grenze überschreitet, zu streichen. Handelt es sich um mehrere fakultative Leistungen und geht aus den Beschlüssen des Bezirkstags nicht hervor, in welchem Rang die fakultativen Leistungen stehen sollen, so bleibt nichts anderes übrig, als den Bezirkstag hierüber entscheiden zu lassen. Leistungen für fakultative Zwecke, die obligatorisch geworden sind (oben Anm. 6 und Anm. 3 zu Art. 29), rangieren jedoch unter den fakultativen Leistungen an erster Stelle (vgl. Bl. f. adm. Pr. 36 S. 277).

Die Weitergeltung des Abs. II (auch nach dem Inkrafttreten des SG) wird von §§ 33 Ziff. 3 der VA zum SG zu Unrecht bestritten.

Bezirksumlagen.
Naturaldienste.

Art. 31.

I Die Verteilung der Distriktsumlagen geschieht vorbehaltlich der Bestimmungen des Art. 32 nach dem Gesamtbetrage der in dem Distrikte zur Erhebung kommenden direkten Steuern, wozu jedoch die Witwen- und Waisenfondsbeiträge und die Einkommensteuer, letztere mit Ausnahme der Fälle des Art. 36, nicht zu zählen sind.

II Bezüglich des Staatsärars macht es keinen Unterschied, ob die Steuern wirklich erhoben oder nur in Vormerkung geführt werden.

III Die Naturaldienste werden nach dem Geldanschlage umgelegt mit der Rücksicht, daß sie, wo tunlich, den nächstgelegenen Gemeinden gegen Abrechnung der sie treffenden Geldleistungen zugewiesen werden[15]).

Abs. I und II sind durch Art. 49 Abs. I Ziff. 4 des Umlagengesetzes aufgehoben und inhaltlich ersetzt durch Art. 38—41 des Umlagengesetzes. Diese lauten:

Art. 38*).

Distriktsumlagen (Distriktsratsgesetz Art. 30) sind steuerliche Beiträge der Gemeinden und der Eigentümer ausmärkischer Grundstücke zur Bestreitung der Distriktsbedürfnisse[2])[3]).

Art. 39.

I Die Berechnung und Verteilung der Distriktsumlagen geschieht in folgender Weise[4]):

1. Für die Gemeinden kommen die Steuersummen in Ansatz, die sich nach Art. 24, 25 ergeben[5]).
2. Für die ausmärkischen Grundstücke werden in entsprechender Anwendung der Art. 2 bis 25 ebensolche Steuersummen festgestellt[5]).
3. Aus der Gesamtheit dieser Steuersummen (Ziff. 1, 2) werden die Distriktsumlagen — vorbehaltlich des Art. 32 des Distriktsratsgesetzes — nach einem einheitlichen Hundertsatze berechnet. Mit diesem Hundertsatze werden sie auf die einzelnen Pflichtigen (Art. 38) entsprechend ihren Steuersummen ausgeschlagen[5]).

II Der maßgebende Zeitpunkt für die Berechnung und Verteilung der Distriktsumlagen ist der 1. Januar. Spätere Änderungen sind für das Kalenderjahr nicht zu berücksichtigen[6]).

Art. 40.

Die Distriktsumlagen werden am 1. Januar, bei späterer Entstehung des Schuldverhältnisses am Tage der Entstehung fällig. Den Zeitpunkt der Entrichtung bestimmt der Distriktsratsausschuß[7])[8])[9])[10])[11])[12])[13])[14]).

Art. 41.

Von den Gemeinden werden die Distriktsumlagen in gleicher Weise wie ihr sonstiger Bedarf aufgebracht[2]).

1) Bezirksumlagen im weiteren Sinn sind die den Pflichtigen kraft Gesetzes obliegenden öffentlich-rechtlichen Leistungen zur Deckung der Bedürfnisse der Bezirke; hiezu gehören auch die Vorausleistungen (Art. 32).

Bezirksumlagen im engern Sinn sind die in Geld bestehenden Leistungen.

---

*) Art. 38—41 des Umlagengesetzes und damit das ganze Umlagenrecht der Bezirke werden mit dem Inkrafttreten des Landessteuergesetzes vom 30. März 1920 (RGBl. S. 402) und des hiezu ergehenden bayer. Ausführungsgesetzes gegenstandslos werden. Jedoch konnten diese Neuerungen nicht mehr berücksichtigt werden.

Im folgenden (Anm. 1—14) ist unter Bezirksumlagen der engere Begriff zu verstehen; über Naturalleistungen vgl. unten Anm. 15.

Voraussetzung für die Erhebung von Bezirksumlagen ist, daß die primären Einnahmequellen der Bezirke zur Deckung ihrer Bedürfnisse nicht ausreichen (s. Anm. 1 zu Art. 30).

2) Umlagenpflichtig sind die Gemeinden und die Eigentümer ausmärkischer Grundstücke. Die vor Inkrafttreten des Umlagengesetzes vorhandene Kontroverse, ob die Gemeinden oder die einzelnen Gemeindeangehörigen bezirksumlagenpflichtig seien (Lermann S. 155 mit Zitaten), ist durch Art. 38 UmlG gegenstandslos geworden.

Die Bezirksumlagenpflicht obliegt den (politischen) Gemeinden, nicht den Ortschaften. Die jeder einzelnen Gemeinde zur Last fallende Umlagenschuld ist von ihr wie jeder andere Gemeindebedarf nach den Vorschriften der Gemeindeordnung (s. insbesondere Art. 39 [30 der pfälz.] GO) aufzubringen (Art. 41 UmlG). Sie erscheint daher im Gemeindevoranschlag als Ausgabeposten. Über die Bemessung dieses Postens bei Anfertigung des Voranschlags s. § 140 Abs. III der VV zum UmlG (Anhang V 4).

Hinsichtlich der ausmärkischen Grundstücke ist der Eigentümer umlagenpflichtig, nicht der Pächter. Für ausmärkisches Gebiet, das im geteilten Eigentum verschiedener Personen ist, ist jeder Eigentümer für seinen Anteil umlagenpflichtig. Befinden sich aber Grundstücke im ungeteilten Eigentum mehrerer Personen (allgemeine Gütergemeinschaft, Erbengemeinschaft), so haftet jeder Miteigentümer für den ganzen Umlagenbetrag.

3) Entstehung des Schuldverhältnisses.

Die Umlagenpflicht hat einen formell einwandfreien Umlagenbeschluß des Bezirkstags zur Voraussetzung. Jeder Umlagenpflichtige kann seine Umlagenschuld damit bestreiten, daß der Umlagenbeschluß einen wesentlichen formellen Fehler aufweise, bei Nachholungen aber nicht damit, daß der Bedarf bereits gedeckt sei (Breunig-Henle III S. 92). Siehe auch unten Anm. 14.

4) Die Verteilung der Bezirksumlagen erfolgt durch den Bezirksausschuß (Art. 22 Abs. II SG).

Für das hier einzuschlagende Verfahren enthält § 137 der VV (Anhang V 4) eingehende Direktiven. Vgl. insbesondere die praktische und auch unbedenkliche Bestimmung in Ziff. 2 daselbst, wonach der Bezirkstag sich darauf beschränken soll, den Umlagenbetrag festzusetzen, zur Festsetzung des Hundertsatzes aber den Bezirksausschuß ermächtigen soll.

Etwaige Vorausleistungen (Art. 32) sind bei Festsetzung des Umlagenbedarfs in der Weise zu berücksichtigen, daß der Betrag der Vorausleistungen von dem durch andere Einnahmen nicht gedeckten Bedarf abzuziehen ist; der verbleibende Rest stellt dann den Umlagenbedarf des Bezirks dar.

5) Umlagenmaßstab.

Das System der Bezirksumlagen ist auf dem der Gemeindeumlagen aufgebaut.

Daher kommt bei Gemeinden als Umlagenmaßstab die Steuersumme in Betracht, die nach Art. 24 und 25 UmlG der Berechnung der Gemeindeumlagen zugrunde zu legen ist. Jedoch ist hier zweierlei zu bemerken: es muß der eigene Steueransatz der Gemeinde, der im Etat der Gemeinde keine Rolle spielt (§ 88 Abs. II VV), ebenso wie der Steueransatz des Bezirks zur Berechnung der Steuersumme mit einbezogen werden; ferner ist der von der Gemeinde zwecks Feststellung ihrer Umlagenforderung berechnete (Art. 28 UmlG) Steueransatz nicht bindend für die Umlagenforderung des Bezirks (Breunig-Henle III S. 136).

Für die Berechnung und Verteilung der Bezirksumlagen sind nicht die berechneten und festgestellten Gemeindeumlagen, sondern die Steuerbeträge maßgebend, die in der Gemeinde veranlagt sind (VGH im „Recht" 1914 S. 523).

Für die ausmärkischen Gebiete wird die der Berechnung der Bezirksumlagen zugrunde zu legende Steuersumme in ähnlicher Weise berechnet wie für die Gemeinden d. h., als ob der Besitz eines jeden Eigentümers ausmärkischen Gebiets für sich eine Gemeinde bildete. Die Umlagenpflicht trifft zwar immer, wie bemerkt, den Eigentümer des ausmärkischen Besitzes; in die der Berechnung der Bezirksumlagen zugrunde zu legende Steuersumme sind jedoch auch solche Steueransätze aufzunehmen, die an sich dritte Personen betreffen, z. B. die Gewerbesteuer und die entsprechende Einkommensteuer des Pächters eines ausmärkischen Steinbruchs oder die Kapitalrenten- und die entsprechende Einkommensteuer des außerbayerischen Gläubigers einer Hypothek, die auf ausmärkischen Grundstücken ruht (Breunig-Henle III S. 137).

Die so berechneten Steuersummen bilden den Maßstab, mit dem jeder Umlagenpflichtige gemäß dem festgesetzten Prozentsatz herangezogen wird. Eine anderweitige Verteilung wäre — abgesehen von den ausdrücklich vorbehaltenen Vorausleistungen (Art. 32) — selbst mit Zustimmung der Umlagenpflichtigen, weil gegen zwingende Gesetzesvorschriften verstoßend, unzulässig. Über die Bedeutung der Vorschrift im Umlagenstreit s. oben Anm. 3.

6) Maßgebender Zeitpunkt für die Berechnung und Verteilung der Bezirksumlagen ist der 1. Januar des Etatsjahres ohne Rücksicht auf etwaige während des Etatsjahres eintretende Änderungen der Steueransatzsummen; s. aber Anhang V 1 und 3.

Eine solche Änderung liegt jedoch nicht vor, wenn das Rechtsverhältnis, auf dem der Steueransatz beruht, unverändert bleibt und nur dessen Beurteilung eine Richtigstellung erfährt. Näheres hierüber s. in § 136 Abs. II der VV.

7) Vom 1. Januar ab können also die Bezirksumlagen, und zwar ihrem ganzen Betrage nach, von den Pflichtigen verlangt werden. Nur wenn das Schuldverhältnis später beginnt, tritt die Fälligkeit am Tage der Entstehung ein; dies ist der Fall, wenn der Umlagenbeschluß (s. Anm. 3) erst nach dem 1. Januar gefaßt wurde (z. B. zur Deckung eines später eingetretenen Bedürfnisses) oder wenn die Steuerveranlagung am 1. Januar noch nicht durchgeführt ist.

8) Die Verjährung der Bezirksumlagen bestimmt sich gegenüber den Gemeinden nach Art. 125 AGBGB, sie tritt also ein mit dem Ablauf von 3 Jahren nach Schluß des Kalenderjahres, in dem die Bezirksumlage fällig geworden ist (vgl. VGH **29**, 155). Dagegen gilt für die Verjährung der Bezirksumlagenschuld der Eigentümer ausmärkischer Besitzungen der Art. 124 AGBGB; sie tritt demnach zwar mit der gleichen dreijährigen Frist, aber erst dann ein, wenn die Tatsachen festgestellt sind, auf denen der Umlagenanspruch beruht. Andernfalls gilt die ordentliche 30jährige Verjährungsfrist des § 195 BGB.

Art. 125 AGBGB gilt auch (s. Abs. III daselbst) für die Verjährung der Ansprüche auf Rückerstattung zu Unrecht erhobener Bezirksumlagen.

9) Über den Nachlaß der Bezirksumlagen fehlen gesetzliche Bestimmungen.. Er wird gleichwohl beim Vorliegen besonderer Verhältnisse nicht unzulässig sein und durch den Bezirkstag bewilligt werden können (ebenso VGH **15**, 51 und Breunig-Henle III S. 140). Doch steht die Gewährung des Nachlasses im Ermessen des Bezirks, ein Anspruch auf Gewährung desselben besteht nicht. Nachlaß von Gemeindeumlagen ist für die Bemessung der Bezirksumlagen ohne Bedeutung (VGH im „Recht" 1914 S. 523). Die Min.Bekm. vom 30. Juni 1914 (MABl. S. 327) empfiehlt daher, Nachlässe von Gemeindeumlagen nur dann zu gewähren, wenn die Gemeinde vorher mit dem Bezirk eine entsprechende Berücksichtigung bei den Bezirksumlagen vereinbart hat. Wo eine solche Vereinbarung nicht zustande kommt, ist eine Verfügung der Staatsregierung (Art. 2 des Einführungsgesetzes zu den direkten Steuern und Art. 7 Abs. I UmlG) zu erwirken.

10) Verschieden vom Nachlaß ist die Niederschlagung, d. h. das Absetzen der eingesetzten Umlagenschuld wegen Nichtbestehens derselben. Zur Beschlußfassung hierüber dürfte ebenfalls nur der Bezirkstag zuständig sein.

11) Der Bezirkstag ist nach §§ 284, 288 BGB berechtigt, vier Prozent Verzugszinsen zu fordern, wenn der geschuldete Umlagenbetrag nicht an dem vom Bezirksausschuß festgesetzten Zeitpunkt (Art. 40 Satz 2 UmlG) an den Bezirkskassier entrichtet wird.

12) Die Bezirksumlagen haben im Konkurs (ein solcher ist nur bei bei den Eigentümern ausmärkischer Besitzungen möglich) eine bevorzugte Stellung (§ 61 Ziff. 2 der Konkursordnung).

13) Beitreibung der Bezirksumlagen.

Diese erfolgt gegenüber den Gemeinden nach Art. 157 (89 der pfälz.) Abs. VIII GO, also durch die Aufsichtsbehörde der Gemeinde. Für die Zwangsvollstreckung gegenüber den Eigentümern ausmärkischer Besitzungen gilt Art. 46 VGG, d. h. sie erfolgt durch die Bezirksverwaltungsbehörde.

Voraussetzung der Beitreibung in beiden Fällen ist, daß die Umlagenforderung rechtskräftig festgestellt oder von dem Schuldigen wenigstens nicht bestritten ist. Letzteren Falles muß jedoch mit einer schon begonnenen Zwangsvollstreckung sofort inne gehalten werden, sobald der in Anspruch Genommene seine Verbindlichkeit bestreitet.

14) Streitigkeiten.

Streitigkeiten zwischen dem Bezirk und einem Pflichtigen über dessen Bezirksumlagenpflicht (nach Grund und Höhe — auch Streitigkeiten über die Höhe der der Bezirksumlage zugrunde zu legenden Steuersumme —) sind Verwaltungsrechtssachen nach Art. 8 Ziff. 24 VGG. Hierher sind auch Ansprüche auf Rückforderung der zu Unrecht gezahlten und daher (§ 812 BGB) zurückzuerstattenden Bezirksumlagen sowie Ansprüche auf Verzugszinsen (oben Anm. 11) zu zählen.

Zuständig ist in erster Instanz das Bezirksamt, in zweiter Instanz (Art. 9 VGG) der Verwaltungsgerichtshof. Zu beachten ist, daß die Feststellungen und Berechnungen der Steuerinstanzen hinsichtlich der Steuerveranlagung, der Steuerausscheidung und der Berechnung der Zuschläge nach Art. 25 Abs. II, III UmlG der Nachprüfung des Verwaltungsrichters entzogen sind (Breunig-Henle III S. 135 mit Fußn.).

Nicht nach Art. 8 Ziff. 24 VGG, sondern nach Art. 10 Ziff. 1 VGG zu entscheiden sind Streitigkeiten, die sich auf die Verteilung der Umlagen beziehen, also Streitigkeiten darüber, ob die Vorschriften über die Verteilung der Umlagen entsprechend den Steuersummen (Art. 39 Abs. I Ziff. 3 Satz 2 UmlG), ferner ob die Vorschriften über die Subsidiarität der Bezirksumlagen (Art. 30 Abs. I und Anm. 1 daselbst) und die Vorschriften über die Beschränkung der freiwilligen Ausgaben (Art. 30 Abs. II und VGH **4**, 441) beobachtet worden sind. Im Bestreitensfalle muß also Beschwerde zum Verwaltungsgerichtshof gegen die Entscheidung der Kreisregierung gemäß Art. 10 Ziff. 1 VGG rechtzeitig (s. Art. 13 Abs. III Satz 3 SG) erhoben werden; wurde dies unterlassen, so kann nicht nachträglich im Umlagenstreit die Gesetzmäßigkeit der Umlagenverteilung bestritten werden (vgl. VGH **11**, 455).

Die Unterscheidung der beiden Arten von Streitigkeiten ist auch deshalb von großer Bedeutung, weil in einem Streit nach Art. 10 Ziff. 1 VGG den Eigentümern ausmärkischer Besitzungen kein Beschwerderecht zukommt; vielmehr steht, wenn wegen gesetzwidriger Verteilung der Bezirkslasten Beschwerde geführt wird, ein Beschwerderecht lediglich dem Bezirksausschuß zu.

15) Naturaldienste.

Die Bestimmungen über die Naturaldienste gehören zu den unklarsten und daher umstrittensten (s. Dicknether, Die Naturaldienste [Erlanger Dissertation] S. 119 ff., ferner Bl. f. adm. Pr. 40 S. 388 ff. und 42 S. 249, auch 30 S. 209) des Gesetzes. Auch mit dem Inkrafttreten des UmlG, das den Art. 31 Abs. III BTG bestehen ließ, ist größere Klarheit nicht eingetreten.

a) Die Naturaldienste gehören zu den Bezirksumlagen im weiteren Sinn (s. Anm. 1). Sie setzen einen entsprechenden Beschluß des Bezirkstags voraus und werden rechnerisch in folgender Weise behandelt: sie sind entsprechend ihrem Wert in Geld anzuschlagen, dieser Betrag ist im Voranschlag als Ausgabe in Rechnung zu stellen, die Leistung der Naturaldienste soll nach Tunlichkeit den nächstgelegenen Bezirksumlagepflichtigen übertragen werden, wogegen der dem Wert der Leistung entsprechende Betrag an der Bezirksumlagenschuld angerechnet wird. Werden die Naturaldienste einzelnen Gemeinden ganz auferlegt, so wird um den ihren Anteil übersteigenden Betrag ihre Bezirksumlagenschuld vermindert (Seydel II S. 699 Fußn. 21). Nicht zu verwechseln mit den Naturalleistungen des Art. 31 Abs. III sind **die Vorausleistungen nach Art. 32, wo nicht der Wert der in natura** geleisteten Dienste jedem Pflichtigen auf seine Bezirksumlagenschuld gutgerechnet, sondern wo einzelnen Pflichtigen eine Sonderlast auferlegt wird, die allerdings auch in Naturalleistungen bestehen kann (s. Anm. 1 zu Art. 32).

b) Die Befugnis, an Stelle von Geldleistungen Naturaldienste anzuordnen und deren Wert festzusetzen, steht dem Bezirkstag zu. Dieser ist hierbei an die Grundsätze der Billigkeit („wo tunlich") gebunden; bei Verletzung derselben kann Beschwerde nach Art. 10 Ziff. 1 VGG zum Verwaltungsgerichtshof erhoben werden (VGH **10**, 350).

c) Die Verpflichtung zur Leistung von Naturaldiensten obliegt den Gemeinden und den Eigentümern ausmärkischer Besitzungen; denn obwohl (in dem auch sonst schlecht gefaßten) Gesetz nur von der Verpflichtung der Gemeinden die Rede ist, so ist doch kein Grund vorhanden, die letztere Kategorie, die ja auch zu Bezirksumlagen im engern Sinn verpflichtet ist, von Naturaldiensten zu befreien (ebenso Seydel II S. 699).

d) Gegenstand von Naturaldiensten sind nur Hand- und Spanndienste, nicht aber die Lieferung von Naturalien (VGH **24**, 525); anders bei den Vorausleistungen (s. Anm. 1 zu Art. 32).

e) Die Auferlegung von Naturaldiensten hat nur die Bedeutung, daß der Umlagenpflichtige einen Teil seiner Umlagenschuld nicht in Geld, sondern in natura abtragen soll. Wie er hierbei im einzelnen verfährt, ist seine Sache.

Die Gemeinden können daher die Leistung entweder an einen Unternehmer vergeben und der sich hierbei für sie gegenüber dem Wertanschlag ergebende Gewinn oder Verlust bleibt ihnen. Oder die Gemeinden können zum Zwecke der Leistungen, die ihnen obliegen, Gemeindedienste nach Art. 49 [39 der pfälz.] ff. GO anordnen; dann finden im Verhältnis zwischen der Gemeinde und ihren Angehörigen die sämtlichen einschlägigen Bestimmungen der Gemeindeordnung, auch die über Befreiung von Handdiensten (Art. 50 Abs. II GO.) Anwendung (die anderslautende Entscheidung in VGH **24**, 525 betrifft nur den früheren Rechtszustand, wonach nicht die Gemeinden, sondern die Einzelpersonen als bezirksumlagenflichtig galten).

Auch die Eigentümer ausmärkischer Besitzungen können die sie treffenden Naturaldienste entweder selbst leisten oder an andere Personen vergeben.

f) Im übrigen gelten die oben für die Bezirksumlagen im engern Sinn aufgestellten Grundsätze über Verjährung, Nachlaß, Niederschlagung und Streitigkeiten auch für die Naturaldienste. Die Beitreibung erstreckt sich auf den dem Wert der Naturaldienste entsprechenden Geldbetrag. Ferner ist zu beachten, daß wenn sich ein Gemeindeangehöriger weigert, die ihm obliegenden Gemeindedienste zu leisten, nur zwischen ihm und der Gemeinde, nicht aber zwischen jenem und dem Bezirk ein Streitverhältnis besteht, da dem Bezirk gegenüber nur die Gemeinde in Rechtsbeziehungen steht und für die Leistung der sie treffenden Naturaldienste aufzukommen hat.

Vorausleistungen [1]).

Art. 32.

I Dem Distriktsrate ist vorbehalten [2]) die Beitragsquote für einzelne Gemeinden oder abgesonderte Gemarkungen [3]) je nach der Teilnahme an den Vorteilen [5]) der betreffenden Anstalt [4]) oder Einrichtung [4]) verschieden [6]) abzustufen [7]) [8]) [9]).

II Die desfallsigen Beschlüsse des Distriktsrates unterliegen der Genehmigung der vorgesetzten Kreisregierung [2]).

1) Die Vorausleistungen gehören zu den Bezirksumlagen im weitern Sinn (Anm. 1 zu Art. 31); sie können demnach in Geldleistungen oder Naturaldiensten bestehen, darüber hinaus (Anm. 15 d zu Art. 31) aber auch in der Lieferung von Naturalien (VGH im „Recht" 1913 S. 146; Sörgel 3 S. 411). Letzteres ergibt sich zwar nicht unmittelbar aus dem Gesetz, wird aber aus der Entstehungsgeschichte der Bezirksumlagen gefolgert (Lermann S. 171).

Über die rechnerische Behandlung der Vorausleistungen s. Anm. 4 zu Art. 31.

2) Die Pflicht zur Entrichtung von Vorausleistungen entsteht durch einen entsprechenden Beschluß des Bezirkstags. Hierbei macht dieser von einem Recht Gebrauch, zu dessen Ausübung ihn niemand zwingen kann (VGH **13**, 140), auch die Aufsichtsbehörde nicht; die Nichtauferlegung oder zu niedrige Bemessung von Vorausleistungen begründet daher keine Beschwerde nach Art. 10 Ziff. 1 VGG.

Der Beschluß des Bezirkstags bedarf keiner Genehmigung der Aufsichtsbehörde. Abs. II unseres Artikel ist durch Art. 12 SG gegenstandslos geworden.

3) Schuldner der Vorausleistungen kann nur sein, wer bezirksumlagenpflichtig ist, also die Gemeinden und die Eigentümer ausmärkischer Besitzungen (Anm. 2 zu Art. 31). Dritten, z. B. Ortschaften, können Vorausleistungen nicht auferlegt werden (VGH **2**, 90; **13**, 524; **31**, 4); bei gleichzeitiger Überweisung von Vorausleistungen an Gemeinden und an Ortschaften ist der bezügliche Bezirkstagsbeschluß in seiner Gesamtheit als ungesetzlich zu beanstanden (VGH **31**, 4).

Die Vorausleistungen sind wie die anderen Bezirksumlagen von den Gemeinden wie ihr sonstiger Bedarf aufzubringen (Art. 41 UmlG).

4) Die erste Voraussetzung der Erhebung von Vorausleistungen ist, daß für eine bezirkliche Anstalt oder Einrichtung (Anm. 10 zu Art. 27) überhaupt Umlagen erhoben werden, zu denen eine erhöhte Beitragsquote geleistet werden soll (VGH **4**, 334; **5**, 203). Daher ist die Auferlegung von Vorausleistungen für die Erbauung einer vom Bezirk erst später zu übernehmenden Straße gesetzwidrig (VGH **13**, 298).

5) Ferner ist Voraussetzung, daß die Gemeinden, denen eine solche Vorausleistung auferlegt wird, an den Vorteilen einer distriktiven Einrichtung gegenüber anderen Gemeinden in erhöhtem Maße teilnehmen und zwar sofort oder voraussichtlich in Zukunft. Diese Voraussetzung ist nicht gegeben, wenn die Gemeinde einem Zweckverband (Art. 37) angehört, der denselben Zweck verfolgt (Mot. S. 567). Mit der Behauptung, daß die Gemeinden eines fremden Bezirks aus einer Einrichtung des eigenen Bezirks besonderen Vorteil zögen, kann keine Gemeinde die Auferlegung von Vorausleistungen ablehnen; denn bei Art. 32 handelt es sich lediglich darum, die Interessen der Gemeinden desselben Bezirks gegeneinander abzuwägen. Ebensowenig kann sich eine Gemeinde auf Art. 34 berufen, da hier nur das Verhältnis mehrerer Bezirke zu einander in Betracht kommt (VGH **10**, 194).

Am häufigsten wird die Auferlegung von Vorausleistungen bei Bezirksstraßen in Frage kommen. Bei diesen ist das gesetzliche Erfordernis der erhöhten Vorteile für eine Gemeinde regelmäßig schon dann gegeben, wenn die Bezirksstraße den Gemeindebezirk durchzieht, namentlich, wenn von der Straße Ortschaften der betr. Gemeinde berührt werden (VGH **4**, 333 und bei Sörgel 1 S. 449; 2 S. 64; 3 S. 411; 5 S. 268), und namentlich wenn die Bezirksstraße als eine Ortstraverse sich darstellt, so daß sie dem örtlichen Verkehr dient und dadurch die Gemeinde in ihren eigenen Verpflichtungen hinsichtlich der Ortsstraßen und Gemeindewege entlastet (VGH im „Recht" 1913 S. 146; Ztschr. f. Rpfl. 1913 S. 403). Bei Prüfung der gesetzlichen Voraussetzungen für die Auflage von Vorausleistungen sind keineswegs unter allen Umständen nur die Verhältnisse bei der betreffenden Bezirksstraßenstrecke, auf welche sich die beanstandete Vorausleistung bezieht, oder bei dem Bezirksstraßenzuge, zu welchem diese Strecke gehört, in Betracht zu ziehen. Es ist vielmehr, so oft hierzu nach Lage des einzelnen Falles und insbesondere nach dem Vorbringen der Beschwerde Anlaß besteht, über diesen engeren Gesichtskreis hinaus auch das Ganze, d. i. das Verhältnis der einzelnen Gemeinden zum gesamten Bezirksstraßennetze -- als bezirkliche Einrichtung betrachtet — im Auge zu behalten, allerdings mit der Einschränkung, daß nur Gleichartiges, nicht aber der Gattung nach Verschiedenes, wie z. B. der Aufwand für Neubauten mit jenem für regelmäßige Unterhaltung der Straße in Vergleich gezogen werden darf (VGH **13**, 80). Ferner kann ein durch außergewöhnlichen Lokalverkehr verursachter besonderer Unterhaltungsaufwand für eine Bezirksstraßenstrecke die Auferlegung von Vorausleistungen für die von der Straße berührte Gemeinde rechtfertigen gegenüber anderen Gemeinden, bei welchen derartige außergewöhnliche Verhältnisse nicht bestehen (VGH **30**, 10). Unzulässig sind Vorausleistungen, wenn nicht die Aufbringung der Mittel für den Baubedarf einer zu bauenden Bezirksstraße in die Wege geleitet und die Ausführung des Baues bis zu einem bestimmten, nicht zu fernen Zeitpunkt sichergestellt ist; denn bei der Ansammlung eines Baufonds ist von erhöhten Vorteilen einer Gemeinde noch nicht die Rede (VGH **27**, 138).

Die Frage, ob eine mit Vorausleistungen in Anspruch genommene Gemeinde erhöhte Vorteile von einer bezirklichen Einrichtung hat, ist eine der Beurteilung des Verwaltungsgerichtshofes unterliegende Rechtsfrage (VGH **3**, 637; Sörgel 1 S. 450).

6) Die Abstufung besteht in der Erhöhung der Beitragsleistung einzelner Gemeinden; eine Abstufung nach unten, d. h. die Ermäßigung der Bezirksumlagen für einzelne Gemeinden, ist, weil gegen Art. 39 Abs. I Ziff. 3 UmlG verstoßend, unzulässig (a. A. Lermann S. 167). Eine Abstufung liegt dann nicht vor, wenn einer oder einigen Gemeinden des Bezirks sämtliche Kosten (eines Straßenbaus) auferlegt werden, während sich der Bezirk an der Kostendeckung überhaupt nicht beteiligt (VGH **12**, 342).

Die Lastenverteilung muß den Vorteilen, die eine Gemeinde aus einer bezirklichen Einrichtung in erhöhtem Maß zieht, entsprechend abgestuft sein. Unzulässig ist es daher, hinsichtlich einer Bezirksstraße den von ihr berührten Gemeinden Vorausleistungen aufzuerlegen, während die übrigen Bezirksstraßen ausschließlich aus Mitteln des Bezirks unterhalten werden (VGH **13**, 243). Eine Abstufung der Vorausleistungen in der Art, daß diejenigen Gemeinden, deren Bezirk von Bezirksstraßen durchzogen werden, für jeden Kilometer der treffenden Bezirksstraßenstrecke gewisse Prozente des Steuersolls (Grund-, Haus-, Gewerbe- und Kapitalrentensteuer) als Vorausleistung zu entrichten haben, kann nicht ohne weiteres und allgemein als dem Art. 32 entsprechend erachtet werden (VGH **4**, 333). Keine Vorausleistungen sind gegeben, wenn die Lieferung des für die Bezirksstraßen erforderlichen Beschotterungsmaterials auf sämtliche Gemeinden des Bezirks nach dem Steuerfuß verteilt wird, weil hier die Leistung nicht einzelnen Gemeinden, sondern allen auferlegt, und weil die Leistung nicht abgestuft, sondern gleichmäßig nach der Steuer verteilt wird (VGH **24**, 525). Bei Prüfung der Frage, ob eine Vorausleistung, die bezüglich der Unterhaltung eines neben einer Bezirksstraße angelegten Fußwegs einer Gemeinde auferlegt wurde, sich in den gesetzlichen Grenzen bewegt, darf die ganze Straßenanlage und der hierfür dem Bezirk erwachsende Aufwand mit in Betracht gezogen werden; denn ein solcher Fußweg bildet einen Bestandteil der Bezirksstraße (VGH **27**, 141).

Die gesetzmäßige Abstufung der Vorausleistungen unterliegt als Rechtsfrage der Nachprüfung des Verwaltungsgerichtshofs (VGH **4**, 245), der übrigens nicht eine Neuverteilung der Vorausleistungen vorzunehmen (VGH **4**, 333), sondern gegebenen Falles die die Verteilung bestätigende Regierungsentschließung, und zwar im ganzen ohne Einschränkung, nicht etwa bloß bezüglich der betreffenden Gemeinde, außer Wirksamkeit zu setzen hat (VGH **10**, 350); ob dagegen die im Rahmen der bezirklichen Aufgaben sich haltenden, die Vorausleistungen verursachenden Arbeiten notwendig, vordringlich oder zweckmäßig sind, ist eine Ermessensfrage, die seiner Nachprüfung entzogen ist (Art. 13 Abs. I Ziff. 3 VGG).

7) Die Auferlegung von Vorausleistungen ist im Hinblick auf die einjährige Finanzperiode der Bezirke (Anm. 3 zu Art. 21 SG oben bei 11) nicht ein für allemal, sondern nur für das betreffende Jahr, für das der Bezirksetat hergestellt wird, zulässig (VGH **8**, 326).

8) Die in Anm. 7—13 zu Art. 31 gemachten Bemerkungen über Fälligkeit, Verjährung usw. der Bezirksumlagen gelten auch für die Vorausleistungen, die ja nur eine Unterart der Bezirksumlagen darstellen (s. oben Anm. 1).

Dasselbe gilt für Streitigkeiten über Vorausleistungen; hierfür gelten die in Anm. 14 zu Art. 31 aufgeführten Grundsätze (VGH **3**, 1); s. ebenda und oben in Anm. 5 und 6 über die Zuständigkeit des Verwaltungsgerichtshofs und über die Beschwerdeberechtigung.

9) Mit der Auferlegung von Vorausleistungen (z. B. des Schneeräumens) auf den Bezirksstraßen an die Gemeinden gehen nicht auch die bezirkspolizeilichen Befugnisse hinsichtlich dieser Straßen auf die Gemeindebehörden über; die Vorausleistungen haben vielmehr nur finanzielle Bedeutung (VGH **31**, 109), jedoch auch in dem Sinn, daß eine Gemeinde, der die Unterhaltung einer Ortstraverse als Vorausleistung übertragen ist, für Unfälle auf derselben gegebenenfalles haftbar ist (Ztschr. f. Rpfl. 9 S. 403).

Beitreibung der Bezirksumlagen.

Art. 33.

Bezüglich der Beitreibung der Distriktsumlagen finden die Vorschriften über die Beitreibung der Gemeindeumlagen Anwendung [1]).

1) Aufgehoben durch Art. 49 Abs. I Ziff. 4 des UmlG. Über die Beitreibung der Bezirksumlagen s. Anm. 13 zu Art. 31.

Gemeinsame Lasten mehrerer Bezirke.

Art. 34.

I Wenn eine Distriktslast [1]) das Interesse mehrerer Distriktsgemeinden [2]), berührt [3], so haben diese nach dem Verhältnisse ihrer Beteiligung beizutragen [4]) [5]).

II Ist eine Übereinstimmung in den Beschlüssen der einzelnen Distriktsräte [6]) nicht erzielt worden [7]), so sind die betreffenden

Distriktsausschüsse[8]) in einer gemeinschaftlichen Versammlung zu vernehmen, welche unter der Leitung eines von der Kreisregierung bestimmten Verwaltungsbeamten abgehalten, und wobei die Abstimmung[9]) für jeden einzelnen Ausschuß besonders vorgenommen wird[10]).

III Die Verhandlungen werden von der vorgesetzten Kreisregierung vorbehaltlich der Berufung beschieden (Artikel 23)[11]).

IV Gehören die beteiligten Distrikte verschiedenen Regierungsbezirken an, so hat das zuständige Staatsministerium diejenige Kreisregierung zu bezeichnen, welche die Abordnung des Beamten zu der Versammlung und die Beschlußfassung über die Verhandlungen zu übernehmen hat.

1) Nur Bezirkslasten im Sinne des Art. 27 können Gegenstand des in Art. 34 vorgezeichneten Verfahrens sein. Daher kann auch kein Bezirk dazu gezwungen werden, einen Beitrag zum Bau einer zu einer Bezirksstraße gehörigen Brücke zu leisten, sofern die Brücke sich nicht im Gebiet des Bezirks befindet (vgl. Anm. 4 zu Art. 28 und VGH **14**,101).

Nicht anwendbar ist Art. 34 dagegen für die schon bestehenden Anstalten eines Bezirks. Denn Art. 34 bezweckt nur die Erleichterung der Durchführung neuer, das Interesse mehrerer Bezirke berührender Unternehmungen, hat aber nicht eine Änderung hinsichtlich schon bestehender bezirklicher Anstalten im Auge, deren Bestreitung einem Bezirk ohnehin schon obliegt. Daher kann aus Art. 34 ein Bezirk das Recht, sich einer von ihm übernommenen Bezirkslast in der Folge wieder teilweise zu entledigen und dieselbe auf andere Bezirke abzuwälzen, nicht ableiten (VGH **10**, 194).

Vgl. die analoge Bestimmung in Art. 26 GG über die Bildung gemeindlicher Zweckverbände; Art. 26 GG gilt aber nicht für Bezirke.

2) Dasselbe gilt auch im Verhältnis eines Bezirks zu einer unmittelbaren Stadt (Art. 35 Abs. II).

3) Ob eine das Interesse mehrerer Bezirke berührende Bezirkslast gegeben ist, ist, nachdem seitens eines derselben oder seitens der Aufsichtsbehörde hiezu die Anregung gegeben wurde, zunächst der übereinstimmenden Beschlußfassung der Bezirkstage, dann der Bezirksausschüsse überlassen (Abs. II).

4) Was in Anm. 3 von der Feststellung des Interesses gesagt ist, gilt auch von der diesem Interesse entsprechenden Verteilung des Bedarfs. Als Verteilungsmaßstab gelten die einem jeden Bezirk aus der Einrichtung erwachsenden Vorteile (vgl. Anm. 5 und 6 zu Art. 32).

5) Seinem Wesen nach kommt ein gemäß Art. 34 gebildeter Verband den in Art. 37 besprochenen Zweckverbänden nahe (s. Anm. 1 zu Art. 37).

Die Auseinandersetzung der Verbandsmitglieder wird, wenn diese sich nicht einigen, mangels anderweitiger Zuständigkeitsvorschriften von den Verwaltungsbehörden vorzunehmen sein (Lermann S. 183).

6) Die Beschlußfassung der Bezirkstage hat sich außer auf die in Anm. 3 und 4 erwähnten Punkte auch auf die Art der Ausführung zu erstrecken. Die Beschlüsse der Bezirkstage bedürfen keiner aufsichtlichen Genehmigung.

7) Dasselbe gilt auch, wenn nur teilweise Vereinbarungen zustande kamen.

8) Wegen der Vertretung etwa beteiligter unmittelbarer Städte s. Art. 35 Abs. II.

9) Vgl. Art. 17. Bei Stimmengleichheit ist der Antrag abgelehnt. Der Verwaltungsbeamte hat kein Stimmrecht.

10) Auch in diesem Verfahren entscheiden zunächst die übereinstimmenden Beschlüsse der Bezirksausschüsse. Diese haben materiell dieselbe Wirkung, als ob sie von den Bezirkstagen gefaßt worden wären.

11) Abs. III ist durch Art. 12 SG als aufgehoben anzusehen. Die zwangsweise Bildung eines aus mehreren Bezirken bestehenden Verbands ist, da auch Art. 26 SG nicht einschlägig ist, ausgeschlossen. Wenn also weder unter den Bezirkstagen noch unter den Bezirksausschüssen eine Einigung zu erzielen ist, hat die Bildung des Zweckverbandes zu unterbleiben.

Unmittelbare Städte.

Art. 35.

I Auf die einer Kreisregierung unmittelbar untergeordneten Städte findet die Bildung von Distriktsräten keine Anwendung [1]).

II Im Falle des Artikels 34 sind je zwei Mitglieder des Magistrates und der Gemeindebevollmächtigten [2]) in die Versammlung der vereinigten Distriktsausschüsse abzuordnen [3]).

1) Dies ergibt sich aus dem Wesen des Bezirks, der eben einen Verband von nicht kreisunmittelbaren Städten, Märkten und Landgemeinden darstellt; vgl. aber Abs. II und Art. 34. Eine bedeutsame Ausnahme ist ferner in Art. 17 Abs. II SG enthalten, wonach eine zur kreisunmittelbaren Stadt erhobene Gemeinde im Bezirksverband bleiben kann (vgl. § 17 der VA zum SG und [für die pfälz. Städte] die Min.Bekm. vom 18. Dezember 1919 [Anhang II 5]).

2) Da Magistrat und Gemeindebevollmächtigte nicht mehr bestehen und durch den Stadtrat ersetzt sind, hat dieser vier Vertreter abzuordnen.

3) Die vier städtischen Vertreter vertreten die Stadtgemeinde bei den gemeinschaftlichen Beratungen nach Art. 34 Abs. II; ihre Stellung ist analog der der Bezirksausschüsse und daher (Anm. 10 zu Art. 34) sind die von ihnen hiebei abgegebenen Erklärungen für die Stadtgemeinde ohne weiteres bindend (Brater S. 92, Seydel II S. 156; a. A. Lermann S. 181).

Bezirksarmenpflege.

Art. 36.

I Die Distriktsarmenpflege richtet sich nach den dieselbe diesseits regelnden gesetzlichen Normen [1]).

II Distriktsumlagen zum Behufe derselben fallen dem Wirkungskreise des Distriktsrates nach Maßgabe des Artikels 27 lit. a gegenwärtigen Gesetzes anheim [2]).

III Die Anregung derselben kommt dem Distriktsarmenpflegschaftsrate zu, welcher berechtigt ist, seine Anregungen und Vorschläge in dem Distriktsrate durch Abgeordnete zu vertreten [2]).

IV Bezüglich der Behandlung der Kriegs- und Einquartierungslasten[3]), dann der Uferschutz- und sonstigen Bauten[4]) verfügen die besonderen Gesetze.

Hieher gehören ferner Art. 65—68 des Armengesetzes vom 21. August 1914. Diese lauten:

Art. 65.

I Aufgabe der Distriktsgemeinden[5]) ist

1. die Unterhaltung[6]) der bestehenden[7]) distriktsgemeindlichen Krankenhäuser, Armenhäuser, Beschäftigungsanstalten, Erziehungsanstalten für verwahrloste Kinder und sonstigen Wohltätigkeitsanstalten[8]),
2. die Unterhaltung[6]) der bestehenden Distriktssparkassen, Distriktshilfskassen und ähnlicher Distriktsanstalten[9]),
3. die Errichtung neuer Distriktskrankenhäuser, soweit nicht für die erforderliche Krankenhauspflege (Art. 3 Abs. II Ziff. 2) auf andere Weise gesorgt ist oder gesorgt werden kann[10]),
4. für mittellose Personen, die arbeitsuchend umherziehen, durch Arbeitsvermittlung oder durch vorübergehende Gewährung von Obdach und Beköstigung gegen Arbeitsleistung Fürsorge zu treffen[11]).

II Im Falle der Ziffer 4 werden den Distriktsgemeinden vier Fünftel der Kosten dieser Fürsorge aus Kreismitteln ersetzt. Der Staat ersetzt den Kreisgemeinden die Hälfte ihres Aufwandes.

Art. 66.

Das distriktsgemeindliche Vermögen für Armenzwecke (Distriktsarmenvermögen) ist zu erhalten und wenn möglich zu vermehren. Seine Erträgnisse können zu Zwecken der Vorbeugung (Art. 1 Ziff. 2) verwendet werden[12]).

Art. 67.

I Die Aufgaben der Distriktsgemeinden nach Art. 65 Ziff. 1 bis 3[13]) und die Verpflichtung nach Art. 66[13]) sind gesetzliche Distriktslasten (Distriktsratsgesetz Art. 27, 29 Abs. II)[14]).

II Der Aufwand hierfür ist, soweit nötig, durch Erhebung von Distriktsumlagen zu decken[15]).

Art. 68.

I Die Behandlung der Angelegenheiten in Art. 65 bis 67 gehört zum Wirkungskreise des Distriktsrates und des Distriktsausschusses[16]).

[17]) II An der Beratung und Beschlußfassung [18]) haben als stimmberechtigte Mitglieder [18]) die Bezirksärzte und zwei Pfarrer des Distrikts [19]) teilzunehmen. Die Pfarrer wählt der neu gebildete Distriktsratsausschuß zu Beginn einer jeden Wahlzeit auf deren Dauer. Bei der Wahl entscheidet einfache Stimmenmehrheit [20]), bei Stimmengleichheit, soweit nötig, das Los. Bei Bedarf können [21]) Ersatzmänner zugezogen werden.

1) Die gesetzlichen Normen sind in den unten besprochenen Art. 65—68 ArmG enthalten. S. zum folgenden auch Pöll, Unterstützungswohnsitzgesetz und bayer. Armengesetz zu Art. 65—68 und §§ 52—54 der Vollzugsanweisung zum Armengesetz vom 8. August 1915 (GVBl. S. 614).

2) Abs. II und III sind durch Art. 67 und 68 ArmG ersetzt.

3) Vgl. Anm. 7 g—i zu Art. 27.

4) Unter sonstigen Bauten sind Wasserbauten zu verstehen, wie sich aus der Entstehungsgeschichte dieser Bestimmung ergibt (Brater S. 94). Vgl. hieher Anm. 7 b zu Art. 27.

5) An der eigentlichen Armenpflege nehmen die Bezirke nur insofern Teil, als sie Beiträge zur Erfüllung der Aufgaben der Ortsarmenverbände leisten und zwar in der in Abs. I Ziff. 1—3 unseres Artikels bezeichneten Weise. Armenunterstützungen an Einzelpersonen aus Bezirks- oder Kreismitteln kennt das Gesetz nicht (VGH **20**, 132; **21**, 71).

6) Nur zur Erhaltung — und auch zu dieser nur vorbehaltlich des Rechts der Aufhebung (Anm. 10 zu Art. 27) — bestehender Krankenhäuser, Armenhäuser u. s. w. ist der Bezirk verpflichtet, nicht zur Neuerrichtung; zu letzterer nur hinsichtlich der Krankenhäuser unter den Voraussetzungen der Ziff. 3 (s. unten). A. A. teilweise Pöll, Anm. 5 zu Art. 65, eine Ansicht, die für das neue Recht der Selbstverwaltung der Bezirke nicht mehr haltbar ist.

7) Eine große Bedeutung kam unter der Herrschaft des Krankenversicherungsgesetzes vom 15. Juni 1883 und des Ausführungsgesetzes hiezu vom 26. Mai 1892 den distriktiven Krankenversicherungsverbänden zu. Durch Verträge zwischen den Gemeinden eines Distrikts und der Distriktsgemeinde konnte die den Gemeinden — sei es auf Grund des KrVG (§§ 6, 7), sei es auf Grund des früheren ArmG (Art. 11 Abs. II Ziff. 2, Art. 12, 21) — obliegende Verpflichtung zur Krankenhilfe einem von der Distriktsgemeinde errichteten oder zu errichtenden Krankenhause übertragen werden (MBekm. vom 15. Oktober 1892 Ziff. 9 Abs. III und IV [Weber 21 S. 709]). Solche Verbände hatten öffentlich-rechtlichen Charakter (VGH **15**, 245; **24**, 482) und galten als distriktive Anstalten im Sinne des Art. 8 Ziff. 23 VGG (VGH **15**, 14). Streitigkeiten über die gegenseitigen Ansprüche zwischen Distrikt und Gemeinden waren daher Verwaltungsrechtssachen; hierunter fielen auch Streitigkeiten über die Lösbarkeit eines gemäß Art. 5 der Allerhöchsten Verordnung vom 17. November 1816 über das Armenwesen gegründeten, nach Art. 18 Abs. II des ArmG fortbestehenden Krankenhausverbands (VGH **23**, 116) und Ansprüche einer aus einem solchen Verband ausgetretenen Gemeinde auf Ausbezahlung eines verhältnismäßigen Anteils aus dem Reservefonds des Verbands (VGH **15**, 14). Ferner war die verwaltungsgerichtliche Zuständigkeit gegeben, wenn eine Gemeinde auf Grund eines öffentlich-rechtlichen Verhältnisses ihr lokales Krankenhaus dem Distrikte zur Einrichtung einer distriktiven Krankenanstalt, wenn auch unter Vorbehalt, überlassen hatte und Streit entstand, ob die Gemeinde zur Kündigung der dem Distrikte eingeräumten Benützung berechtigt sei (VGH **21**, 111; Entscheidung des Gerichtshofs f. Komp.-Konflikte vom 20. Oktober 1903 [GVBl. 1903 Beil. IV]). Über die Beitragspflicht der Gemeinden vgl. VGH **13**, 294; **26**, 353 und Bl. f. adm. Pr. 45 S. 188); über die Unzulässigkeit von direkten Ansprüchen von Einzelpersonen gegen den distriktiven Krankenkassenverband s. Bl. f. adm. Pr. 47 S. 74.

Der Verband als solcher war berechtigt, selbständig die sich auf § 50 KrVG und Art. 14 Abs. I ArmG stützenden Ersatzansprüche geltend zu machen (VGH **14**, 70; **3**, 615).

Diese Verhältnisse erlitten mit dem Inkrafttreten des 2. Buches der Reichsversicherungsordnung (Krankenversicherung) am 1. Januar 1914 eine nicht unwesentliche Veränderung. Das KrVG und das Ausführungsgesetz hiezu vom Jahre 1892, sowie Art. 12 und 21 ArmG traten außer Kraft (Art. 70 Ziff. 1, 71 des AG RVO vom 2. November 1912) und die Gemeindekrankenversicherungen werden geschlossen. Die zwischen der Distriktsgemeinde und den Gemeinden des Distrikts geschlossenen Verträge werden insoweit gegenstandslos, als es sich um die Übernahme der den Gemeinden auf Grund des KrVG, des Ausführungsgesetzes hiezu und der Art. 12 und 21 ArmG obliegenden Krankenhilfe auf den Distrikt handelt. Nur so weit es sich um eine rein armenrechtliche Krankenhilfe (Art. 3 Abs. II Ziff. 2 ArmG) handelt, sind jene Verträge jetzt noch von Bedeutung.

Sollen Bezirksanstalten den nach der RVO errichteten Trägern der Krankenversicherung (insbesondere den allgemeinen Ortskrankenkassen und den Landkrankenkassen) dienstbar gemacht werden, so ist der Abschluß entsprechender Verträge zwischen den Kassen und dem Bezirk erforderlich.

8) Wegen der Visitationen der bezirklichen Wohltätigkeitsanstalten vgl. die auch heute noch im wesentlichen geltenden ME vom 1. Februar 1878 (Weber 12 S. 220) und vom 4. Februar 1879 (Weber 12 S. 221 Fußn. 2); wegen der Tarife der Bezirkskrankenhäuser vgl. die ME vom 17. Februar 1888 Ziff. 6—8 (Weber 18 S. 743).

Alle in Ziff. 1—4 genannten Anstalten und Einrichtungen sind solche des Art. 27 Abs. I lit. b Ziff. 3 (Anm. 10 zu Art. 27).

9) Vgl. die Grundbestimmungen für die Sparkassen der Gemeinden und Distrikte (ME vom 1. Juni 1911 [Weber 39 S. 586], abgeändert durch Min.Bekm. vom 1. Dezember 1919 [Bayer. Staatsanz. Nr. 292]), ferner die Min.Bekm. vom 31. Oktober 1912 [Weber 41 S. 153] und Bl. f. adm. Pr. 61 S. 209.

Die Satzungen der Sparkassen bedürfen nicht mehr der Genehmigung der Aufsichtsbehörde (Art. 2 ff. SG).

10) Vgl. zunächst oben Anm. 6.

Nach § 52 der VA zum ArmG vom 4. August 1915 (GVBl. S. 614) ist das Erfordernis der anderweitigen Sorge für Krankenhauspflege beispielsweise dann erfüllt, wenn Anschluß an ein Krankenhaus eines anderen Bezirks, einer Gemeinde, einer Kasseneinrichtung, oder wenn eine Vereinbarung der beteiligten Gemeinden nach Art. 34 Abs. II ArmG oder ein Anschluß an das Krankenhaus eines Landarmenverbands oder an die Krankenabteilung einer Landarmenanstalt gegeben ist. Das Regelmäßige wird der Besitz eines eigenen Krankenhauses für jeden Bezirk und, soweit nötig, die Erweiterung vorhandener Krankenhäuser sein.

Im staatsaufsichtlichen Verfahren gegen einen Bezirk nach Art. 10 Ziff. 1 VGG hat der Verwaltungsgerichtshof nachzuprüfen, ob für die erforderliche Krankenhauspflege auf andere Weise gesorgt ist oder gesorgt werden kann.

11) Ziff. 4 handelt von der sog. Wandererfürsorge. Vgl. im einzelnen Pöll, Anm. 8 zu Art. 65.

Die Wandererfürsorge ist keine gesetzliche Bezirkslast, sondern eine freiwillige Leistung des Bezirks (vgl. unten Art. 67 Abs. I ArmG). Art. 30 Abs. II BTG ist anwendbar.

12) Nur die Erhaltung des bezirklichen Vermögens für Armenzwecke ist eine Bezirkslast (vgl. unten Art. 67 Abs. I ArmG); die Vermehrung dieses Vermögens ist eine freiwillige Leistung im Sinn des Art. 30 Abs. II BTG (ebenso VGH **37**, 211; Reger 36 S. 432; a. A. Pöll zu Art. 66).

13) Vgl. Anm. 11 und 12.

14) Vgl. Anm. 4—7 zu Art. 27 und Anm. 1 zu Art. 29.

15) D. h. der Aufwand für die armenrechtlichen Aufgaben der Bezirke sind in derselben Weise wie der sonstige Aufwand des Bezirks zu decken (vgl. Art. 30 Abs. I). Hienach kommt die Erhebung von Umlagen erst subsidiär in Frage; primäre Einnahmequellen sind (vgl. Art. 39 Abs. II des früheren Armengesetzes vom 29. April 1869) die Nutzungen des Bezirksarmenfonds, die auf Gesetz oder besonderen Rechtstiteln beruhenden Leistungen des Staates, des Kreises, einzelner Stiftungen, Genossenschaften, Gemeinden oder anderer juristischer oder physischer Personen, die freiwilligen Zuschüsse des Staates oder des Kreises, Beiträge von Gemeinden oder Privaten, denen eine bezirkliche Einrichtung besondere Vorteile gewährt, endlich sonstige außerordentliche Einnahmen. Auch auf dem Gebiet der Bezirksarmenpflege können unter den in Art. 32 bezeichneten Voraussetzungen einzelnen Gemeinden Vorausleistungen auferlegt werden.

16) Für die Besorgung der Bezirksarmenpflege gelten dieselben materiellen und formellen Vorschriften wie für die Besorgung der sonstigen bezirklichen Angelegenheiten.

Wegen der Behandlung der Einnahmen und Ausgaben der Bezirksarmenpflege in den Voranschlägen und Rechnungen des Bezirks vgl. die ME vom 11. Januar 1870 (Weber 8 S. 483).

17) Diese Bestimmung ist durch Art. 9 Abs. II SG ausdrücklich aufrecht erhalten und gilt daher auch unter der Herrschaft des Selbstverwaltungsgesetzes (vgl. Anm. 5 zu Art. 9 SG oben bei Art. 2).

18) Nur bei der Beratung und Beschlußfassung in Bezirksarmensachen sind die Bezirksärzte und die zwei Pfarrer stimmberechtigte ordentliche Mitglieder des Bezirkstags und des Bezirksausschusses. Mit dieser Einschränkung haben sie alle Rechte der Mitglieder des Bezirkstags und Bezirksausschusses.

Es finden daher insbesondere auf sie Anwendung: Art. 13 (über Beschlußfassung des Bezirkstags und Abstimmungen in demselben), Art. 14 und 18 Satz 2 (über Erscheinungspflicht und Folgen des Nichterscheinens), Art. 17 Abs. I (über Beschlußfassung des Bezirksausschusses); ferner gilt Art. 8 (Verpflichtung zur Annahme des Amtes), Art. 10 (Wahlprüfungen) und Art. 13 Abs. II SG (Hinderungsgründe des Eintritts) auch für die beiden gewählten Pfarrer. Dagegen sind die Bezirksärzte kraft ihres Amtes zur Teilnahme, ohne die Zulässigkeit einer Ablehnung, verpflichtet. Über die Gewährung von Vergütungen an die in Abs. II genannten Mitglieder s. Bl. f. adm. Pr. 58 S. 243.

19) Es genügt wohl, wenn ein Teil des Pfarrsprengels mit dem Bezirk zusammenfällt.

20) Auch diese Bestimmung ist durch das WG nicht berührt. Verhältniswahl findet also nicht statt.

21) Nach dem Ermessen des Bezirksausschusses (Lermann S. 190).

Zweckverbände.

Art. 37.

Einzelnen Gemeinden bleibt vorbehalten, für Unternehmungen und Einrichtungen, die ihren ausschließenden Gemeindenutzen betreffen, oder bezüglich welcher ihnen ausschließliche Verpflichtungen obliegen, unbeschadet der Bestimmungen des gegenwärtigen Gesetzes in besondere Verbindung zu treten oder in solcher zu verbleiben.

Art. 37 ist nunmehr gegenstandslos und ersetzt durch Art. 26 SG. Dieser lautet:

Art. 26.

[1]) Eine Gemeinde kann sich durch Gemeindebeschluß mit anderen Gemeinden und öffentlich-rechtlichen Körperschaften [2]) zur gemeinsamen Erfüllung einzelner Aufgaben [3]) mit ministerieller Zustimmung [4]) zu einem Zweckverbande vereinigen. Das gleiche gilt für die Vereinigung von Zweckverbänden untereinander und mit anderen Gemeinden. Die Verhältnisse regeln sie durch eine Satzung [5]), die der aufsichtlichen Genehmigung bedarf [6]). Sie muß auch Bestimmungen über die Auflösung enthalten [7]). Die Bestimmungen über Staatsaufsicht finden entsprechende Anwendung [8]). Für Streitigkeiten der Mitglieder des Zweckverbandes unter sich infolge der Eingehung, der Auflösung oder des Bestehens des Verbandes gilt Art. 11 des Verwaltungsgerichtsgesetzes [9]).

Erfordert das öffentliche Interesse die Bildung eines Zweckverbandes, so kann die mangelnde Zustimmung der Beteiligten durch einen mit Gründen versehenen Beschluß des Bezirksausschusses [10]) ersetzt werden. Das gleiche gilt für die Veränderung und für die Auflösung eines solchen Verbandes. Gehören die Gemeinden verschiedenen Bezirken desselben Kreises an oder ist eine unmittelbare Stadt beteiligt, so tritt an Stelle des Bezirksausschusses der Kreisausschuß [10]), gehören die Gemeinden verschiedenen Kreisen an, so bestimmt das Staatsministerium des Innern den zuständigen Kreisausschuß [10]).

1) Die durch Art. 37 DRG und Art. 26 SG geregelten Zweckverbände sollen das Institut der früheren Konkurrenzverbände, aus denen die Bezirke hervorgegangen sind, fortführen, wenn auch unter gewissen Modifikationen. Über das Verhältnis der älteren Konkurrenzverbände zum jetzigen Bezirk s. Anm. 1 zu Art. 12 SG (oben bei Art. 1).

Ihrem Wesen nach sind die hier besprochenen Zweckverbände Vereinigungen von Gemeinden zur Erreichung gemeinsamer Zwecke. Das Institut gehört eigentlich in die Gemeindeordnung, wo sich denn auch gleichgeartete Zweckverbände finden (Art. 129 Abs. II und III, 141 Abs. V [75 Abs. VII der pfälz.] GO). Juristische Personen waren die Verbände des Art. 37 DRG niemals, die des Art. 26 SG können durch einen Verleihungsakt der Staatsregierung die Rechtsfähigkeit erlangen, ohne weiteres sind sie nicht rechtsfähig.

Die nach Art. 37 DRG entstandenen Verbände bleiben durch das Inkrafttreten des Art. 26 SG unberührt und gehen nicht etwa eo ipso in die durch Art. 26 SG geregelten Verbände über.

2) Z. B. Bezirken, Kreisen, Wassergenossenschaften, nicht privatrechtlichen Körperschaften.

3) Die Aufgaben können öffentlich-rechtliche Verpflichtungen sein, die an sich jeder einzelnen Gemeinde obliegen, oder freiwillige Einrichtungen, die dem allgemeinen Nutzen der Gemeindeangehörigen dienen, z. B. auf dem Gebiet des Wohnungswesens, des Verkehrswesens u. dgl. Über Wegeverbände des bisherigen Rechts vgl. VGH **1**, 322; **3**, 619; über Wasserleitungsverbände vgl. VGH **27**, 34.

Durch die Zugehörigkeit zu einem Zweckverband werden die Verpflichtungen einer Gemeinde gegenüber dem Bezirk in keiner Weise berührt; erstere kann daher ihre Weigerung, zu einer bezirklichen Einrichtung beizutragen, nicht damit begründen, daß sie einem Zweckverbande angehöre, der den gleichen Zweck wie jene bezirkliche Einrichtung verfolgt (VGH **13**, 294). Nur bei der Auferlegung von Vorausleistungen ist dieser Umstand zu berücksichtigen (Anm. 5 zu Art. 32).

Der Aufsichtsbehörde dagegen steht der Zweckverband des Art. 26 SG in allen Fällen als geschlossene Einheit gegenüber (Rösch S. 84), der Verband haftet der Aufsichtsbehörde gegenüber für die Erfüllung der an sich den Gemeinden obliegenden Verpflichtungen (anders bei den Verbänden nach Art. 37 DRG, bei denen sich die Gemeinde gegenüber der Aufsichtsbehörde nicht auf die Zugehörigkeit zu einem Zweckverbande berufen konnte). Dies ergibt sich aus Satz 5 des Abs. I.

4) Zuständig ist das Ministerium des Innern. Erst mit dessen Zustimmung tritt der Verband ins Leben. S. auch unten Anm. 10.

In der Erteilung oder Versorgung der Zustimmung ist das Ministerium völlig frei.

5) Über den notwendigen Inhalt der Satzung vgl. § 26 Abs. I Satz 2 der VA zum SG.

6) Über die Zuständigkeit zur Genehmigung der Satzung vgl. § 26 Abs. I Satz 3 der VA zum SG.

7) Bei den Verbänden nach Art. 37 DRG war der Austritt, sofern er nicht vertragsmäßig beschränkt war, jedem Mitglied jederzeit freigestanden (VGH **1**, 322; **2**, 517; **3**, 619; **6**, 73; Bl. f. adm. Pr. 6 S. 102; 23 S. 203; 24 S. 377, 385; 26 S. 350). Dasselbe gilt von den Verbänden des Art. 26 SG, wenn die Satzung nichts anderes bestimmt.

8) Art. 13—15 SG. Staatsaufsichtliche Verfügungen sind zu richten an den Vorstand des Verbands.

9) Während Streitigkeiten über die Rechte und Verbindlichkeiten der Gemeinden aus Zweckverbänden des Art. 37 DRG Verwaltungsrechtssachen nach Art. 8 Ziff. 22 VGG waren (s. VGH **3**, 619; Lermann S. 186), fallen nunmehr derartige Streitigkeiten der Mitglieder von Zweckverbänden des Art. 26 SG unter Art. 11 VGG. Für die Entscheidung solcher Streitigkeiten sind in erster Linie die Satzungen oder die zwischen den Verbandsmitgliedern abgeschlossenen Verträge maßgebend (VGH **27**, 34).

10) Die Beschlüsse der Bezirks- und Kreisausschüsse sind unanfechtbar. Jedoch kann das Staatsministerium des Innern seine Zustimmung zur Bildung des Zweckverbandes auch dann versagen, wenn Bezirks- oder Kreisausschuß einen die Zustimmung der Gemeinde ersetzenden Beschluß gefaßt haben.

Fristen.

Art. 38.

I Alle Berufungen in Distriktsgemeindeangelegenheiten sind an die Notfrist von vierzehn Tagen[1]), von dem der Eröffnung der beschwerenden Verfügung folgenden Tage an gerechnet, gebunden und bei der betreffenden Distriktsverwaltungsbehörde einzureichen oder zu Protokoll zu erklären[2]).

II Das zuständige Staatsministerium bildet in solchen Angelegenheiten die letzte Instanz[2]).

1) Art. 38 Abs. I ist im wesentlichen gegenstandslos geworden, da bei allen staatsaufsichtlichen Bescheiden, gleichviel ob es sich um solche des Art. 13 Abs. II—V oder solche des Art. 14 und 15 SG handelt, nach Art. 13 Abs. III Satz 3 SG die Beschwerdefrist nunmehr vier Wochen beträgt. Dies wird auch für Beschwerden zum Staatsministerium des Innern gelten. Die Frist ist unerstrecklich.

2) Beschwerden zum Verwaltungsgerichtshof auf Grund des Art. 10 Ziff. 1 VGG sind gemäß Art. 45 Abs. II VGG innerhalb der gesetzlichen Frist bei derjenigen Kreisregierung, Kammer des Innern, einzureichen, die die beschwerende Verfügung getroffen hat. In Bezug auf solche Beschwerden ist also Art. 38 Abs. I als aufgehoben anzusehen (VGH **3**, 299), während Beschwerden gegen aufsichtliche Bescheide zum Staatsministerium des Innern nach wie vor bei der Bezirksverwaltungsbehörde einzubringen sind. Über Doppelbeschwerden s. Art. 49 VGG und Dyroff, VGG, daselbst.

Die Vorschrift, daß die erstgenannten Beschwerden bei der betreffenden Kreisregierung einzureichen sind, hat zwar durch die Kgl. Deklaration vom 15. Juni 1898 (GVBl. S. 294) insofern eine Änderung erfahren, als die Beschwerdefrist auch dann als gewahrt anzusehen ist, wenn die Beschwerde innerhalb der gesetzlichen Frist bei einer unrichtigen Instanz angebracht wurde. Immerhin muß sie bei einer Instanz, d. h. bei einer Stelle, die im gegenwärtigen Streitfall, wenn auch nicht an erster Stelle, überhaupt zur Entscheidung berufen ist, eingelegt werden; da die Bezirksverwaltungsbehörden bei Beschwerden nach Art. 10 Ziff. 1 VGG keine Instanz darstellen, so wird durch die Einreichung einer Beschwerde bei denselben die Beschwerdefrist nicht gewahrt (VGH im „Recht" 1915 S. 24).

Selbstverständlich ist, daß Art. 38 nicht auch für andere Angelegenheiten gilt, die ebenfalls nach dem Verwaltungsgerichtsgesetz zu entscheiden sind und bei denen ein Bezirk beteiligt ist; hier gelten lediglich die Vorschriften des Verwaltungsgerichtsgesetzes.

3) Vorbehaltlich der Zuständigkeit des Verwaltungsgerichtshofs in Angelegenheiten des Art. 10 Ziff. 1 VGG. Zuständiges Staatsministerium ist wohl immer das des Innern.

Inkrafttreten des Gesetzes.

Art. 39.

I Vorstehendes Gesetz tritt mit dem Tage der Verkündigung durch das Gesetzblatt und das Amtsblatt der Pfalz in Wirksamkeit.

II Von diesem Zeitpunkte an sind alle entgegenstehenden Bestimmungen, namentlich das Gesetz vom 11. September 1825 über die Behandlung der Distriktsumlagen, und die einschlägigen Vorschriften des Gesetzes vom 22. Juli 1819, die Umlagen für Gemeindebedürfnisse betreffend, aufgehoben.

Gegeben München, den 28. Mai 1852.

Max.

von der Pfordten. v. Kleinschrod. Dr. von Aschenbrenner. Dr. von Ringelmann. von Lüder. v. Zwehl.

Nach den Befehlen Seiner Majestät des Königs: der Generalsekretär des Staatsrates,

Seb. v. Kobell.

II. Erläuterungen zum Kreistagsgesetz.

Vorbemerkung:

Seit seinem Erlaß hat das Gesetz bis zum Jahre 1919 nur zwei Veränderungen erlitten: Art. 14 wurde abgeändert durch § 40 des Landtagsabschieds vom 19. Mai 1881 und Art. 16 wurde durch Art. 49 Abs. I Ziff. 5 des UmlG aufgehoben. Dagegen wurde durch die Gesetzgebung des Jahres 1919 das Gesetz so stark beeinflußt, daß nur noch wenige Artikel unverändert weiter gelten. Vgl. die Erläuterungen zu den einzelnen Artikeln.

Da das KrTG nach Aufbau und Inhalt große Übereinstimmung mit dem BTG aufweist, war der Kürze halber in den Erläuterungen zu diesem Gesetz häufig auf die zum BTG zu verweisen.

Gleichwohl darf nicht unterlassen werden, auf die nicht unerheblichen Verschiedenheiten, die zwischen den Bezirken und den Kreisen bestehen, hinzuweisen. Die Kreise und ihre Verwaltung sind den Staatsbehörden und der Staatsverwaltung weit enger angegliedert als es bei den Bezirken der Fall ist. Wegen der Einzelheiten siehe die Bemerkungen zu den einzelnen Artikeln. Vgl. auch Bl. f. adm. Pr. 5 S. 126.

Nach Art. 1 Abs. II SG treten an Stelle der Bezeichnungen Kreisgemeinde, Landrat, Landratsausschuß, Landratsmitglied die Bezeichnungen Kreis, Kreistag, Kreisausschuß, Kreisvertreter.

Begriff des Kreises[1]).

Art. 1.

Jeder Regierungsbezirk[2]) bildet eine Kreisgemeinde[3])[4]) und in jedem derselben besteht als Vertreter dieser Korporation[5]) ein Landrat[6]).

1) Vgl. Art. 1 BTG.

2) Das Gesetz gilt für das ganze rechts- und linksrheinische Bayern.

3) Mitglieder der Kreise sind die Bezirke und die unmittelbaren Städte des Regierungsbezirkes.

4) Der Bestand des Kreises ist abhängig von dem des Regierungsbezirkes. Die Einvernahme der Kreisvertretung bei Veränderungen im Umfang eines Regierungsbezirkes ist zweckmäßig, aber nicht gesetzlich notwendig, da Art. 15 lit. k und Art. 33 lit. a*) nicht mehr gelten; im übri-

*) Wo im folgenden Artikel ohne weiteren Zusatz angeführt sind, sind Artikel des Kreistagsgesetzes zu verstehen.

gen ist die Einteilung der Regierungsbezirke Sache der Staatsregierung. Wie der Bezirk, so ist der Kreis gleichzeitig Selbstverwaltungskörper und staatlicher Verwaltungsbezirk. Die Erhebung des Kreises zum Selbstverwaltungskörper mit dem Recht der Selbstverwaltung ist von außerordentlicher Tragweite. Vgl. im einzelnen die Anm. 1—4 a zu Art. 12 SG oben bei Art. 1 BTG. Ergänzend ist zu bemerken:

In noch weit größerem Umfang als der Bezirk (vgl. Anm. 1 zu Art. 12 oben bei Art. 1 BTG) wird der Kreis sich hinsichtlich seiner Vermögens- und Finanzverwaltung des Beamtenapparats der Kreisregierung zu bedienen haben (ME vom 1. September 1919; Anhang II 6 a. E.). Wegen der Stellung der Beamten der Kreisanstalten vgl. Anm. 3 zu Art. 15. Wegen der Zahlungsanweisungen für den Kreis vgl. Art. 22 Abs. III Satz 1 SG.

Wegen der Beschränkungen des Selbstverwaltungsrechts vgl. Anm. 4 zu Art. 12 SG oben bei Art. 1 BTG.

Wegen der Staatsaufsicht über den Kreis und den verwaltungsrechtlichen Schutz des Selbstverwaltungsrechts vgl. Anm. 1 zu Art. 28.

Veränderungen im Bestand von Kreisen können Vermögensauseinandersetzungen zur Folge haben; vgl. hierüber Anm. 7 bei Art. 1 BTG.

5) Der Kreis ist gleich dem Bezirk (s. Anm. 2 zu Art. 12 SG oben bei Art. 1 BTG) juristische Person. Über die Vertretung der juristischen Person s. Anm. 1 zu Art. 21 SG unten bei Art. 15. Zustellungen an den Kreis haben an den Kreisausschuß „zu Händen des Vorsitzenden desselben Herrn N." zu erfolgen (§ 171 Abs. II ZPO, § 22 Abs. V der VA zum SG). Eine Zustellung an die Kreisregierung ersetzt nicht die Zustellung an den Vorsitzenden des Kreisausschusses.

6) Nunmehr Kreistag (Art. 1 Abs. II SG). Wegen der Zuständigkeit des Kreistags s Anm. 1 zu Art. 15.

Art. 2.

Derselbe wird gebildet:

a) aus den Vertretern der Distriktsgemeinden des Regierungsbezirkes;

b) aus den Vertretern derjenigen Städte des Regierungsbezirkes, welche der Kreisregierung unmittelbar untergeordnet sind;

c) aus den Vertretern derjenigen Grundbesitzer, welche nach dem Steuerdefinitivum mindestens 25 fl. als Grundsteuersimplum, oder, wo das Definitivum nicht eingeführt ist, eine jenem Betrage entsprechende Grundsteuergröße entrichten);

d) aus drei Vertretern der wirklichen selbständigen Pfarrer;

e) in jenen Regierungsbezirken, in welchen sich eine Universität befindet, aus einem Vertreter dieser.

Art. 3.

I Die Wahl der Vertreter der Distriktsgemeinden (Art. 2 lit. a) findet in der Art statt, daß je zwei der Distriktsräte des Regierungsbezirkes in einen Wahlkörper vereinigt werden, und unter der Leitung eines von der Kreisregierung hiezu berufenen Verwaltungsbeamten mit absoluter Stimmenmehrheit durch Stimmzettel einen Abgeordneten zum Landrate und einen Ersatzmann in zwei getrennten Wahlhandlungen wählen.

II Kann ein Distriktsrat mit einem zweiten deshalb nicht vereinigt werden, weil die Gesamtzahl der Distriktsräte eine ungerade ist, so hat derselbe dennoch einen Abgeordneten und einen Ersatzmann zu wählen.

Art. 4.

I Die Vertreter der einer Kreisregierung unmittelbar untergeordneten **Städte** (Art. 2 lit. b) **werden in der Art bestellt, daß für jede dieser Gemeinden ein, in Städten von mehr als 30 000 bis zu 60 000 Seelen zwei, in den Städten von mehr als 60 000 Seelen für je 20 000 Seelen mehr** ein weiterer Vertreter und ebenso viele Ersatzmänner durch die in einen Wahlkörper vereinigten Magistrate und Gemeindebevollmächtigten unter Leitung des Bürgermeisters mittelst Wahlzettel nach absoluter Stimmenmehrheit in zwei getrennten Wahlhandlungen gewählt werden.

II In Städten von mehr als 60 000 Seelen wird ein Restbetrag von mehr als 10 000 Seelen der vollen Anzahl von 20 000 Seelen gleichgeachtet.

Art. 5.

I Die Vertreter des großen Grundbesitzes (Art. 2 lit. c) sind mit ein Viertel der Zahl der Vertreter der Distriktsgemeinden (Art. 3) zu wählen.

II Zu diesem Behufe werden die im Artikel 2 lit. c bezeichneten Grundbesitzer des Regierungsbezirkes höchstens in vier Wahlbezirke verteilt, und haben unter Leitung eines von der Kreisregierung hiezu bestimmten Verwaltungsbeamten die zugewiesene Zahl von Abgeordneten zum Landrate und die Ersatzmänner in getrennten Wahlhandlungen mittelst Wahlzettel und nach absoluter Stimmenmehrheit aus ihrer Mitte zu wählen.

III Ergeben sich bei Berechnung des Vierteiles Bruchteile, so werden dieselben, wenn sie die Hälfte oder darüber betragen, der vollen Zahl gleichgeachtet.

Art. 6.

I Die Anteile der katholischen und protestantischen Kirche an der Vertretung im Landrate (Art. 2 lit. d) werden nach dem Zahlenverhältnisse der betreffenden Pfarreien durch die Kreisregierung festgesetzt.

II Zum Behufe der Wahl wird der Regierungsbezirk in so viele Wahlbezirke eingeteilt, als Landratsmitglieder von einer Konfession zu wählen sind.

III An einem geeigneten Orte des Dekanates versammeln sich die Pfarrer desselben, um unter Vorsitz eines durch das Los Gewählten durch absolute Stimmenmehrheit mittelst Wahlzettel aus ihrer Mitte einen Wahlmann zu wählen.

IV Die Funktion eines Sekretärs versieht das jüngste Mitglied der Versammlung.

V Diese Wahlmänner wählen ebenfalls durch absolute Stimmenmehrheit und mittelst Wahlzettel das Mitglied zum Landrat und einen Ersatzmann aus der Zahl aller in dem Wahlbezirke wohnenden wirklichen Pfarrer.

VI Vorsitzender und Sekretär bei dieser Wahlhandlung werden vorher durch Wahl oder durch das Los bestimmt.

Art. 7.

Der Vertreter einer Universität (Art. 2 lit. e) wird unter Leitung des Rektors von den ordentlichen Professoren aus ihrer Mitte nach absoluter Stimmenmehrheit mittelst Wahlzettel gewählt.

Art. 8.

I Wählbar sind als Vertreter der Distriktsgemeinden und der einer Kreisregierung **unmittelbar untergeordneten Städte (Art. 2 lit. a und b) die für** die Stelle eines Distriktsrates wählbaren Gemeindemitglieder des Wahlbezirkes, für welchen die Abordnung zu geschehen hat.

II Wahlstimmberechtigt und wählbar bei der Wahl der Grundbesitzer (Art. 2 lit. c sind diejenigen derselben, welche bayerische Staatsbürger sind, und keinem der Ausschließungsgründe unterliegen, die von der Wahl der Gemeindevertretungen ausschließen.

III Sämtliche Mitglieder des Landrates müssen das 30. Lebensjahr zurückgelegt haben.

IV Die Gültigkeit jeder Wahl ist durch die Abstimmung von zwei Dritteilen der Wähler bedingt.

Art. 9.

I Die Mitglieder der beiden Kammern des Landtages können, so lange diese ihre Eigenschaft verfassungsmäßig dauert, nicht zugleich Mitglieder des Landrates sein.

II Wird ein Mitglied des Landrates in eine der beiden Kammern des Landtages berufen, so hört dasselbe mit der Annahme der Stelle im Landtage auf, Mitglied des Landrates zu sein [1]).

1) Art. 2 mit 9 sind aufgehoben (zu Art. 9 vgl. Art. 10 WG) und ersetzt durch Art. 2, 3, 4, 5, 6, 9, 11, 12 WG, abgedruckt oben bei Art. 3—7 BTG. Vgl. ebenda die Erläuterungen hiezu. Ergänzend ist zu bemerken:

a) Auch bei den Kreiswahlen ist das bisherige ständische Wahlrecht ersetzt durch das allgemeine, geheime, gleiche, unmittelbare Wahlrecht nach den Grundsätzen des Verhältniswahlrechts.

b) Einsprüche gegen die Wählerlisten entscheidet die Regierung, Kammer des Innern.

c) Die Zahl der bei den Kreiswahlen zu wählenden Personen ist durch Art. 10 SG bestimmt; sie ist unabhängig von der Einwohnerzahl. Hienach sind in Oberbayern 45, in den übrigen Kreisen 30 Kreisvertreter zu wählen.

Ablehnung und Niederlegung der Wahl. Notwendiger Austritt.

Art. 10.

I Außer dem im Artikel 9 Absatz I bezeichneten Falle [1]) kann eine Ablehnung oder freiwillige Niederlegung der Wahl nur aus denselben Gründen stattfinden, aus welchen die Wahl zum Distriktsrate abgelehnt oder niedergelegt werden kann [2]) [3]).

II Die desfallsigen Gesuche sind bei dem Landrate anzubringen und werden von diesem ohne Zulassung einer Berufung beschieden [3]).

III Der Verlust der die Wählbarkeit bedingenden Eigenschaften hat den Austritt zur notwendigen Folge [4]).

1) Der Fall des Art. 9 Abs. I ist jetzt gegenstandslos.
2) S. Art. 8 BTG mit Anm.
3) Wegen des Fehlens von Zwangsmitteln gegen ein Mitglied, das den Beratungen fern bleibt, obwohl sein Austrittsgesuch nicht genehmigt wurde, s. Anm. 1 zu Art. 20.
4) Vgl. Anm. 7—9 zu Art. 8 BTG. Ob diese Voraussetzung gegeben ist, entscheidet der Kreistag (vgl. Abs. II).
Art. 10 ist durch Art. 3 Abs. I SG ausdrücklich aufrecht erhalten worden.

Ersatzmänner.
Außerordentliche Wahlen.

Art. 11.

I Bei eintretender Erledigung der Stelle eines Landrates[1]) tritt für den Ausgeschiedenen dessen Ersatzmann[4]) auf die Dienstesdauer ein, welche jener noch zu erfüllen gehabt hätte[3]).

II Ist kein Ersatzmann mehr vorhanden[2]), so findet eine außerordentliche Wahl statt[5]).

1) Im Falle des Todes, Austritts (Art. 10 Abs. I), Wegfalls der erforderlichen Voraussetzungen (Art. 10 Abs. III). Falls eine Wahl allgemein als ungültig erklärt wird (Art. 13), tritt nicht ein Ersatzmann ein, sondern es ist eine Nachwahl vorzunehmen (Seydel II S. 177 Fußn. 67); vgl. auch Anm. 2 zu Art. 9 und Anm. 2 zu Art. 10 BTG.
2) Wegen der Reihenfolge des Eintritts vgl. § 78 WO.

Wiederwahl.

Art. 12.

I Die Landräte werden auf die Dauer von 6 Jahren gewählt[1]).

II Die Erneuerung der Wahl findet nach vollendeten Wahlen der Distriktsräte statt[1]).

III Die Austretenden sind wieder wählbar, sofern sie die zur Wählbarkeit erforderlichen Eigenschaften nicht verloren haben[2]).

1) Abs. I ist gegenstandslos durch Art. 5 SG, wonach die Wahlzeit für alle Selbstverwaltungsvertretungen fünf Jahre dauert; Abs. II ist gegenstandslos durch § 40 WO, wonach die Gemeinde-, Bezirks- und Kreiswahlen gleichzeitig erfolgen.
2) Vgl. Art. 9 Abs. IV mit Anm.

Wahlprüfungen.

Art. 13.

Die Wahlakten mit den Nachweisen über die Wählbarkeit der Gewählten werden der vorgesetzten Kreisregierung vorgelegt, welche die Wahlergebnisse in dem Kreisamtsblatte bekannt macht, und die Wahlakten selbst dem Landrate bei seinem Zusammentritte mitteilt[1]). Diesem steht es zu, über die Gültigkeit der Wahl selbst und ohne Zulassung einer Berufung zu beschließen[2]).

1) Satz 1 ist durch §§ 75, 76 WO aufgehoben. Hienach hat der Kreiswahlkommissär mit dem Kreiswahlausschuß die Wahlergebnisse festzustellen und in mindestens zwei Tageszeitungen bekannt zu geben. Die Wahlverhandlungen sind dem Kreistag bei seinem ersten Zusammentritt vorzulegen. Das Wahlergebnis ist dem Staatsministerium des Innern als der Aufsichtsbehörde anzuzeigen (Art. 4 Abs. I Satz 1 SG und Ziff. 66 der VBekm zum WG).

2) Wahlbeanstandungen können sowohl aus der Mitte des Kreistags oder von Dritten ausgehen. Vgl. im übrigen Anm. 1—4 zu Art. 10 BTG und Seydel II S. 176 Fußn. 60.

Art. 14.

Den Mitgliedern des Landrates, welche nicht am Sitze desselben wohnen, wird eine Reisekostenentschädigung von 25 Pfg. für jeden Kilometer der Hin- und Rückreise und für die Dauer der jeweiligen Versammlung unter Einrechnung des vorausgehenden und nächstfolgenden Tages eine Tagegebühr von fünf Mark aus Kreisfonds bewilligt [1]).

1) Art. 14 ist ersetzt durch Art. 4 Abs. II und III SG. Vgl. hiezu Anm. 1 zu Art. 26 BTG und Art. 19 Abs. II SG.

Art. 15.

Zum Wirkungskreise des Landrates gehört:

a) Die Prüfung des jährlichen Voranschlages aller nach Maßgabe der bestehenden Gesetze von den Kreisgemeinden zu tragenden Ausgaben und der Antrag auf Feststellung der zur Deckung derselben erforderlichen Kreisumlagen. Hinsichtlich der Ausgleichung der Kriegslasten kommen die desfallsigen besonderen Gesetze zur Anwendung.

b) Die Prüfung der von den zuständigen Behörden nach den bestehenden Bestimmungen über das Rechnungsverfahren beschiedenen Rechnungen über die Erhebung und Verwendung der Umlagen und über die Verwaltung anderer besonderer Fonds und Anstalten der Gesamtheit des Regierungsbezirkes, dann die Beschwerdeführung bei den einschlägigen Staatsministerien gegen die hiefür, sowie für Einhaltung der Etats verantwortlichen Verwaltungsstellen.

c) Die Befugnis, von den Rechnungen aller der Verwaltung einer Religionsgesellschaft nicht unterliegenden, für den ganzen Regierungsbezirk oder für mehr als eine Distriktsgemeinde in demselben bestimmten Stiftungen Einsicht zu nehmen, und die das Interesse der Kreisgemeinde wahrenden Anträge zu stellen.

d) Die Befugnis, die aus Kreismitteln zu bestreitenden Leistungen oder Ausgaben für Kreiseinrichtungen und Anstalten, soweit sie nicht schon gesetzlich von der Kreisgemeinde getragen werden müssen — lit. a — zu beantragen, und mit Zustimmung der Landesbehörden oder auf den Antrag der letzteren zu bewilligen.

Wo nicht die Gesetze oder besonderen Rechtstitel die Kreisgemeinden zu bestimmten Leistungen verpflichten, kann überhaupt die Verwendung der Kreisfonds nur mit Zustimmung des Landrates geschehen.

e) Der Entwurf oder die Prüfung der für die Kreisanstalten zu erteilenden Instruktionen und Ordnungen.

f) Die Beschlußfassung über Aufnahme von Passivkapitalien zur Bestreitung außerordentlicher Bedürfnisse der Kreisgemeinde.

Die Genehmigung zu solchen Schuldaufnahmen kann jedoch nur durch ein Gesetz erfolgen.

g) Die Beschlußfassung über Erwerbung und Veräußerung oder Verpfändung von Realitäten oder Rechten auf Rechnung der Kreisgemeinde.

h) Die Beschlußfassung über Rechtsstreite der Kreisgemeinden und Vergleiche.

i) Die Einsicht und Prüfung der Pläne über die auf Kosten der Kreisgemeinde auszuführenden Gebäude, Straßen und sonstigen Bauwerke.

k) Die Begutachtung in allen Fällen, wo nach erfolgter Durchführung der bevorstehenden Ämterorganisation eine Veränderung in dem Umfange eines Verwaltungsdistrikts oder eines Regierungsbezirkes vorgenommen werden soll.

l) Die Äußerung über den Zustand des Regierungsbezirkes und über die etwa wahrgenommenen Gebrechen der Verwaltung, sowie die Stellung hierauf bezüglicher Anträge zur Abhilfe und Verbesserung.

Beschwerden, welche von dem Landrate gegen bestimmte Staatsdiener geführt werden, müssen auch mit den sie begründenden bestimmten Tatsachen belegt sein.

m) Die Abgabe von Gutachten auf Veranlassung der Kreisregierung in allen die Verwaltung des Regierungsbezirkes berührenden Angelegenheiten, insbesondere über Gegenstände der Landeskultur, Einrichtung gemeinnütziger Anstalten und dergleichen, dann in allen Fällen, wo der Landrat auf Königlichen Befehl zum Gutachten aufgefordert wird.

n) Endlich alle Gegenstände, bezüglich deren nach besonderen Gesetzen die Mitwirkung des Landrates erfordert wird.

Art. 15 ist ersetzt durch Art. 21 SG, abgedruckt und erläutert oben bei Art. 11 BTG. Ergänzend sei bemerkt:

1) Was in Anm. 2 zu Art. 11 BTG über die Abgrenzung des Wirkungskreises des Bezirkstags von jenem des Bezirksausschusses gesagt ist, gilt auch für die Abgrenzung des Wirkungskreises des Kreistags von jenem des Kreisausschusses.

Wegen sonstiger Aufgaben des Kreistags vgl. unten Anm. 5.

2) Wegen der Finanzgebarung, Rechnungslegung, Anleihewirtschaft des Kreises vgl. Anm. 3, 4, 6 und 8 zu Art. 11 BTG.

Wegen der formellen Behandlung der Aufstellung des Voranschlags vgl. die ME vom 6. März 1873 (Weber 9 S. 710). Wegen der Prüfung der Rechnungen des Kreises vgl. Art. 16 Abs. I SG, ME vom 6. Dezember 1872 (Weber 9 S. 609), § 21 Abs. V Satz 2 der VA zum SG und GemZtg. 1920 S. 103.

Zu den notwendigen Ausgaben des Kreises zählen die sog. Kreislasten, d. h. die dem Kreis kraft Gesetzes oder infolge der Beschlüsse des Kreistags obliegenden Verbindlichkeiten. Gesetzliche Kreislasten sind insbesondere:

a) die in Art. I Ziff. 1, 2, 7 und in Art. IV des Kreislastenausscheidungsgesetzes genannten Fälle (vgl. Anm. 1 zu Art. I dieses Gesetzes in Abschnitt III dieses Buches).

b) Art. 27, 38, 63—66, 74 des Schulbedarfsgesetzes vom 14. August 1919.

c) Art. 58—63 des Armengesetzes (vgl. Anhang VII 1).

d) Art. 90, 92, 93, 98, 101 des Wassergesetzes vom 23. März 1907.

e) §§ 1402, 1408 RVO mit § 5 Abs. III und IV der Min.Bekm. vom 29. Dezember 1911 (GVBl. S. 1368).

f) Art. 18 Abs. III des Flurbereinigungsgesetzes vom 29. Mai 1886 in der Fassung der Bekm. vom 30. Juli 1899 (Weber 27 S. 677).

Wegen der Bedeutung der gesetzlichen Kreislasten vgl. Anm. 4 zu Art. 18.

3) **über Kreisanstalten, ihre Begründung, Unterhaltung und Aufhebung vgl. Art. IV KrAG, ferner Anm. 11 zu Art. 11 und Anm. 10 zu Art. 27 BTG.**

Allerdings unterscheiden sich die Kreisanstalten von den Bezirksanstalten dadurch, daß zwar die Kreise den Bedarf für die Kreisanstalten aufzubringen haben, daß den Kreisvertretungen auch das Recht der Aufsicht über die Kreisanstalten zusteht, daß aber — auch nach dem Inkrafttreten des SG — die Kreisanstalten insofern verwaltungsrechtlich Staatsanstalten sind, als für die an den Kreisanstalten angestellten Beamten die für die Staatsbeamten geltenden Vorschriften gelten (Art. 188, 189 BG; vgl. auch VGH **18**, 52). Die Ernennung, Versetzung, Pensionierung dieser Beamten erfolgt durch den Staat (§ 12 Abs. IV der VA zum SG und VGH **40**, 105). Für Verschulden der Beamten und Angestellten haftet gegebenen Falles nicht der Kreis, sondern der Staat; da ersterer gar nicht in der Lage ist, etwaige Mängel in der Verwaltung zu beseitigen, ist er für Mängel auch nicht verantwortlich (Entscheidung des Obersten Landesgerichts in Zivilsachen in der Sammlung Band 17 S. 461 und in den Bl. f. Rechtsanwendung 65 S. 52).

4) Wegen der Übertragung von Zuständigkeiten des Kreistags auf den Kreisausschuß und wegen der Beschlußfassung des letzteren an Stelle des Kreistags in außerordentlich dringlichen Fällen vgl. Art. 21 Abs. II und III SG und Anm. 13—16 hiezu oben bei Art. 11 BTG.

5) Die Mitwirkung des Kreistags ist weiter erforderlich u. a. in folgenden Fällen:

a) Art. 48 Abs. II des Armengesetzes (vgl. Anhang VII 1).

b) Art. 72 AGStPO (Weber 14 S. 194) mit ME vom 1. August 1880 Ziff. XVIII (Weber 14 S. 542).

c) Art. 2 Abs. I der Körordnung vom 26. März 1881 (Weber 15 S. 2).

d) Art. 20 Abs. I des Hagelversicherungsgesetzes vom 13. Februar 1884 in der Fassung der Bekm. vom 23. April 1910 (Weber 38 S. 320).

e) Art. 18 Abs. III des Flurbereinigungsgesetzes vom 29. Mai 1886 in der Fassung der Bekm. vom 30. Juli 1899 (Weber 27 S. 677).

f) **Art. 55 Abs. II und III, 61 Abs. II und III des EStG, §§ 70, 75 der VV hiezu.**

g) §§ 1402, 1408 RVO mit § 5 Abs. III und IV der Min.Bekm. vom 29. Dezember 1911 (GVBl. S. 1368).

Kreisumlagen.

Art. 16.

I Der alle direkten Steuerarten in sich begreifende Steuerfuß ist der Maßstab für die Beiträge zu den Kreisumlagen mit Ausnahme der Witwen- und Waisenfondsbeiträge.

II Von der Beitragspflicht findet keine Ausnahme, also auch nicht zugunsten des Staates, einzelner Stände, Stiftungen und Körperschaften statt.

III Ein anderer als obiger Maßstab kann auf Antrag des Landrates nur im Wege des Gesetzes eingeführt werden.

Art. 16 ist aufgehoben durch Art. 49 Abs. I Ziff. 5 des UmlG. An seine Stelle traten*) die nachstehenden Artikel des Umlagengesetzes vom 14. August 1910[1]):

Art. 42.

Kreisumlagen (Landratsgesetz Art. 15 Buchst. a, Art. 18)[2]) sind Zuschläge der Kreisgemeinden zu den direkten Staatssteuern[3]).

Art. 43.

I Kreisumlagenpflichtig ist, wer mit einer direkten Staatssteuer veranlagt ist[4]).

II Die Vorschriften des Art. 2 Abs. II, III[5]) finden entsprechende Anwendung[4]).

III Steuerniederschlagungen und Steuernachlässe bewirken die entsprechende Minderung oder Aufhebung der Kreisumlagenpflicht[4]).

Art. 44.

I Kreisumlagenfrei sind:

1. die im Art. 4 bezeichneten Erträge,
2. die im Art. 11 Abs. II des Gewerbesteuergesetzes bezeichneten Personen[6])[7]).

II Im Falle des Abs. I Ziff. 1 findet der Art. 5 entsprechende Anwendung[8]).

Art. 45.

Die Staatsregierung kann in bezug auf Kreisumlagenpflichtige, die auch außerhalb Bayerns zur Bestreitung kreislastenähnlicher Ausgaben beizutragen haben, Vereinbarungen und Verfügungen treffen, die von den Vorschriften dieses Gesetzes abweichen[9]).

---

*) Art. 42—48 des Umlagengesetzes und damit das ganze Umlagenrecht der Kreise werden mit dem Inkrafttreten des Landessteuergesetzes und des hiezu ergehenden bayer. Ausführungsgesetzes gegenstandslos werden. Jedoch konnten diese Neuerungen nicht mehr berücksichtigt werden.

Art. 46.

I Kreisumlagenberechtigt ist
1. in bezug auf die Erträge aus Grundbesitz, Hausbesitz und Gewerbebetrieb im Umherziehen die Kreisgemeinde des Ortes der Steuerveranlagung,
2. im übrigen die Kreisgemeinde, zu der die nach Art. 9 bis 23 umlagenberechtigten Gemeinden gehören, und zwar nach Maßgabe der Steuerbeträge, die auf diese Gemeinden treffen.

II An die Stelle der nach Abs. I Ziff. 2 berechtigten Kreisgemeinde tritt die Kreisgemeinde des Ortes der Steuerveranlagung, wenn die Steuern des Pflichtigen, die hiernach auf jene Kreisgemeinde treffen, weniger als 20 ℳ betragen[10]).

Art. 47.

Aus der Steuersumme[11]), die sich nach Art. 43 bis 46 ergibt, werden die Kreisumlagen nach einem einheitlichen Hundertsatze berechnet. Mit diesem Hundertsatze werden sie auf die einzelnen Pflichtigen entsprechend ihren Steuern ausgeschlagen[12]).

Art. 48.

I Die Kreisumlagen werden mit den Staatssteuern fällig[13]), denen sie zugeschlagen werden. Bei späterer Entstehung des Schuldverhältnisses tritt die Fälligkeit am Tage der Entstehung ein.

II Die Kreisumlagen werden von den staatlichen Finanzbehörden zugleich mit den Staatssteuern erhoben und in derselben Weise wie diese beigetrieben[14]).

1) Vgl. die VV hiezu im Anhang VII 1.

2) Art. 18 (s. die Anm. das.) enthält die Voraussetzungen der Entstehung der Kreisumlagenpflicht.

3) Direkte Staatssteuern sind die Einkommensteuer, Grund-, Haus-, Gewerbesteuer, Steuer vom Gewerbebetrieb im Umherziehen und die Kapitalrentensteuer.

4) S. § 142 der VV.

5) D. h. Art. 2 Abs. II, III des UmlG.

6) Die Umlagenfreiheit erstreckt sich jedoch nur auf die nach Art. 11 Abs. II des Gewerbesteuergesetzes vormerkungsweise vorzunehmende Veranlagung mit Gewerbesteuern; bezüglich anderer Steuern sind diese Personen nicht kreisumlagenfrei (§§ 143 und 144 VV).

7) Keine Kreisumlagenfreiheit besteht für die in Art. 3 des UmlG genannten Personen, die mit Steuer veranlagt sind, in Bayern aber weder Wohnsitz noch Aufenthalt haben (vgl. hiezu Breunig-Henle III S. 142 ff.)

8) D. h. die Kreisumlagenfreiheit der in Art. 4 UmlG aufgezählten Erträge beginnt und endet mit dem Anfang des Kalendervierteljahres nach dem Zeitpunkt, in dem ihre Voraussetzungen eingetreten oder weggefallen sind (§ 145 VV).

9) Vgl. § 146 VV.

10) Art. 46 ist in § 147 VV erläutert.

11) Die Kreisumlagen werden also nicht wie die Bezirksumlagen (Art. 39 Abs. I UmlG) nach den für die Berechnung der Gemeindeumlagen anzusetzenden Beträgen (Art. 24, 25 UmlG) berechnet, sondern direkt den Staatssteuern unter Berücksichtigung der Besonderheiten der Art. 43—46 zugeschlagen.

12) Vgl. §§ 148, 149 VV.

13) Über die Fälligkeit der Staatssteuern vgl. Art. 89 EStG, § 118 des Grundsteuergesetzes, § 36 des Haussteuergesetzes, Art. 29 des Gewerbesteuergesetzes, Art. 6, 14, 15 Ziff. 4, 6, 8 des Gesetzes $\frac{\text{vom 10. März 1879}}{\text{20. Dezember 1897}}$, Art. 22 des Kapitalrentensteuergesetzes.

14) Wegen der Berechnung, Erhebung und Beitreibung der Kreisumlagen s. §§ 151—154 VV.

Zuständig zur Entscheidung der hiebei vorkommenden Streitigkeiten sind die Finanzbehörden (§ 152 Abs. III VV). Der Verwaltungsrechtsweg ist hiefür nicht geöffnet.

Wegen der Haftung des Staats für seine Beamten bei der Verwaltung der Kreisumlagen s. Breunig-Henle III S. 149.

Art. 17.

Wenn es sich um Ausgaben handelt, welche mehrere Kreisgemeinden berühren, und hierüber bei den betreffenden Landräten Anstände sich ergeben, so erfolgt die Entscheidung hierüber nach den Bestimmungen des Art. 28 [1]).

1) Art. 17, der die zwangsweise Bildung von aus Kreisen bestehenden Zweckverbänden ermöglicht, ist als aufgehoben anzusehen, da er sich mit dem Selbstverwaltungsrecht des Kreises (Art. 12 Abs. I SG) nicht verträgt und eine dem Art. 26 Abs. II SG entsprechende Bestimmung fehlt.

Art. 18.

I Die Erhebung der Kreisumlagen [1]) ist von dem Antrage des Landrates und der Königlichen Genehmigung abhängig [2]).

II Der Landrat kann jedoch niemals die zu den gesetzlichen Kreisbedürfnissen [3]) erforderlichen Umlagen verweigern [4]).

1) S. die Anmerkungen zu Art. 16.

2) Die Festsetzung der Umlagen ist nach Art. 21 Abs. I lit. b SG (vgl. oben bei Art. 11 BTG) ausschließlich Sache des Kreistages. Eine staatsaufsichtliche oder sonstige Genehmigung hiezu kommt nicht mehr in Frage.

3) Vgl. oben Anm. 2 zu Art. 15.

4) Im Falle der Verweigerung ist staatsaufsichtliches Einschreiten zulässig. Vgl. hierüber Anm. 1 zu Art. 28.

Wegen anderer Deckungsmittel vgl. Art. VI KrAG (Abschnitt III dieses Buches).

Art. 19.

I Der Landrat versammelt sich jährlich einmal.

II Die Dauer jeder Versammlung soll sich nicht über vierzehn Tage erstrecken.

III Dem Könige steht jedoch das Recht zu, die Landräte zu außerordentlichen Sitzungen zu berufen, ihre Sitzungen zu verlängern und zu vertagen, und sie in ihrer Gesamtheit oder nach Umständen in einzelnen Regierungsbezirken aufzulösen.

IV In letzterem Falle soll binnen zwei Monaten eine neue Wahl stattfinden.

V Die Neugewählten versehen ihre Stelle nur bis zur Wiederkehr der ordentlichen Wahlperiode [1]).

1) Art. 19 ist gegenstandslos; über den Zusammentritt des Kreistags vgl. Art. 20 mit Anm.

Art. 20.

I Der Landrat kann sich nicht anders, als nach Anordnung des Königs auf Einberufung der Verwaltungsstelle des Regierungsbezirkes und nur zu der Zeit und an dem Orte versammeln, welche die Einberufung bestimmt.

II Er darf ohne ausdrückliche Bewilligung des Königs nicht über die gesetzliche Dauer versammelt bleiben [1]).

1) Art. 20 ist ersetzt durch Art. 18 Abs. II und III SG, abgedruckt und erläutert oben bei Art. 12 BTG.

Ein Mittel, das Erscheinen der Kreisvertreter zu erzwingen (wie nach Art. 14 BTG) gibt es nicht; ebensowenig läßt sich ein unzulässiger Austritt (Art. 10) verhindern (Brater S. 134 und Bl. f. adm. Pr. 5 S. 142).

Art. 21.

I Die Versammlung wird eröffnet und geschlossen durch den Regierungspräsidenten oder einen andern vom Könige hiezu ernannten Kommissär.

II Derselbe empfängt in seine Hände den nachstehenden von allen Mitgliedern des Landrates zu leistenden Eid:

„Ich schwöre Treue dem Könige, Gehorsam dem Gesetze, Beobach-
„tung der Staatsverfassung und gewissenhafte Erfüllung der dem
„Landrate obliegenden Pflichten, so wahr mir Gott helfe und sein
„heiliges Evangelium."

III Von Nichtchristen ist der Eid mit Hinweglassung des Beisatzes: „und sein heiliges Evangelium" zu leisten.

IV In den folgenden Versammlungen wird dieser Eid nur von den neu Eintretenden geleistet [1]).

1) Art. 21 ist gegenstandslos. Über den Zusammentritt des Kreistags vgl. Art. 20 mit Anm. Eine Vereidigung oder Verpflichtung der Kreisvertreter findet nicht statt.

Geschäftsgang des Kreistags.

Art. 22.

I Der Königliche Kommissär übergibt dem Landrate bei Eröffnung der Versammlung die Kreisfondsrechnungen und Etats zur Prüfung, sodann jene Gegenstände, welche auf die Anträge der betreffenden Ministerien von dem Könige unmittelbar ausgehen, und jene das Interesse des Regierungsbezirkes berührenden Gegenstände, welche dem Landrate zur gutachtlichen Äußerung überwiesen sind.

II Diese dem Landrate nötigen Erörterungen und Aufschlüsse werden durch Mitglieder der Kreisregierung erteilt.

III Die Kommissäre haben das Recht, den Sitzungen beizuwohnen, um jederzeit das Wort ergreifen zu können, und die Pflicht, auf Verlangen des Landrates den Sitzungen desselben anzuwohnen und die erforderlichen Aufschlüsse zu erteilen[1]).

1) Abs. I ist gegenstandslos, zu Abs. II und III vgl. die entsprechende Bestimmung in Art. 18 Abs. III Satz 2 SG, abgedruckt und erläutert bei Art. 12 BTG. Der Kreistag regelt seinen Geschäftsgang durch eine Geschäftsordnung (Art. 19 Abs. II SG). Wegen des Rechts, die Rechnungen des Kreises zu prüfen vgl. Art. 21 Abs. I lit. a SG (oben bei Art. 15).

Öffentlichkeit der Sitzungen.

Art. 23.

I Die Verhandlungen des Landrates sind öffentlich.

II Demselben steht frei, ausnahmsweise in geheimer Sitzung zu beraten und zu beschließen.

III Dies muß geschehen, wenn wenigstens ein Drittel der anwesenden Mitglieder es verlangt[1]).

1) Vgl. die abweichenden Bestimmungen in Art. 22 BTG.

Wahl und Befugnisse des Präsidenten. Sitzungspolizei. Ausschüsse.

Art. 24.

I Nach jedesmaliger Eröffnung der Versammlung wird unter der Leitung des an Lebensjahren ältesten Mitgliedes die Wahl eines Präsidenten und Sekretärs für die Dauer der Jahressitzung durch absolute Stimmenmehrheit vorgenommen[1]).

II Der Präsident leitet die Verhandlungen, eröffnet und schließt die Sitzungen, und handhabt die Ordnung in der Versammlung[2]). Er kann jeden Zuhörer aus dem Sitzungszimmer entfernen lassen, welcher öffentliche Zeichen des Beifalls oder des Mißfallens gibt, oder Unruhe in irgend einer Art verursacht[3]).

III Zur Beschleunigung des Geschäftsbetriebes können Ausschüsse[4]) durch Wahl[5]) aus der Mitte des Landrates gebildet werden.

1) Abs. I ist ersetzt durch Art. 18 Abs. I SG, abgedruckt und erläutert oben bei Art. 12 BTG. Hienach wählt der Kreistag in getrennten Wahlgängen mit einfacher Stimmenmehrheit einen Vorsitzenden und einen Schriftführer und für beide einen Stellvertreter.

2) Der Kreistag ist berechtigt, sich eine Geschäftsordnung zu schaffen (vgl. Art. 22). Deren Handhabung kommt dem Vorsitzenden zu, jedoch unter Aufsicht des Kreistags.

3) Vgl. Art. 7 AGStPO.

4) Auch für diese kann der Kreistag eine Geschäftsordnung schaffen. Die Ausschüsse wählen aus ihrer Mitte mit einfacher Stimmenmehrheit einen Vorsitzenden.

5) Brater (S. 133) will es dem Ermessen des Kreistags anheimstellen, ob er relative oder absolute Mehrheit bei der Wahl verlangen will. Für das Bestehen einer solchen ungewöhnlichen Freiheit bietet das Gesetz keinen Anhaltspunkt. Man wird also im Anschluß an die Motive zu Art. 9 des Entwurfs zum DRG (S. 565: „wo übrigens der Entwurf von Stimmenmehrheit ohne Bezeichnung der absoluten oder relativen spricht, hat derselbe stets nur die relative Stimmenmehrheit in Absicht") nur relative (einfache) Mehrheit bei dieser Wahl fordern.

Übrigens ist die Weitergeltung des Abs. III nach Inkrafttreten des SG und damit die Möglichkeit, neben dem Kreisausschuß noch andere Ausschüsse zu bilden, immerhin zweifelhaft, da eine dem Art. 20 SG (Sonderausschüsse) entsprechende Bestimmung für die Kreise fehlt.

Beschlußfassung des Kreistags.

Art. 25.

I Zu einem gültigen Beschlusse des Landrates ist die Anwesenheit von wenigstens zwei Dritteilen der Mitglieder erforderlich [1])[2]).

II Die Beschlüsse werden nach Stimmenmehrheit [3]) gefaßt. Der Präsident hat nur bei Stimmengleichheit seine Stimme abzugeben, wo sie sodann entscheidet [4]).

III Die Übertragung des Stimmrechts ist nicht gestattet [5]).

1) Vgl. Art. 13 Abs. I BTG mit Anm.

2) Wegen der Unmöglichkeit der Ausübung eines Zwangs zum Erscheinen s. Anm. 1 zu Art. 20.

4) Satz 2 des Abs. II ist gegenstandslos. Der Vorsitzende hat stets mitabzustimmen, bei Stimmengleichheit gibt seine Stimme den Ausschlag (Anm. 8 zu Art. 13 BTG).

5) D. h. es kann nur in Person ausgeübt werden.

Kanzlei- und Regiekosten.

Art. 26.

I Zur Besorgung der Dienst- und Kanzleigeschäfte wird von dem Präsidenten und Sekretär für die Dauer der Versammlung die erforderliche Anzahl verpflichteter Schreiber aufgenommen [1]). Ein Bote wird dem Landrate aus der Zahl der Regierungsboten zur Verfügung gestellt [2]).

II Die Regiekosten [3]) werden innerhalb des Etats aus Kreismitteln bestritten.

1) Die hiefür entstehenden Kosten sind Regiekosten (s. Abs. II). Übrigens werden die Dienst- und Kanzleigeschäfte des Kreises durch Beamte der Regierung besorgt (vgl. oben Anm. 4 zu Art. 1).

2) Und zwar unentgeltlich.

3) Die Regiekosten sind in den Voranschlag aufzunehmen.

Protokoll.

Art. 27.

I Der Landrat hat über seine Versammlungen ein nach den Sitzungstagen abgeteiltes, von dem Präsidenten und Sekretär zu unterzeichnendes Protokoll [1]) zu führen, welches der Kreisregierung übergeben und nach erfolgter Bescheidung in deren Archiv niedergelegt wird.

II Dieses Protokoll nebst einer von dem Landrate herzustellenden Übersicht der Rechnungsergebnisse der Kreisfondsrechnungen und des Etats ist sogleich nach geschlossener Versammlung durch das Kreisamtsblatt zu veröffentlichen [2]).

III Dem Landrate werden die Verhandlungen der sämtlichen Landräte mitgeteilt [2]).

1) Eine Beilage des Protokolls soll in der Regel die in Abs. II genannte Übersicht der Rechnungsergebnisse bilden (Mot. S. 568).

Weitere Vorschriften über den Inhalt der Protokolle enthalten die ME vom 22. und 24. November 1852 (Weber 4 S. 552 mit Fußn. c).

2) Abs. II und III haben als mit dem Geist des SG in Widerspruch stehend für aufgehoben zu gelten.

Staatsaufsicht über Kreise.

Art. 28.

I Von der Kreisregierung werden alsbald nach geschlossener Versammlung des Landrates dessen Verhandlungen an das Staatsministerium des Innern eingesendet [1]).

II Die Königlichen Entschließungen hierauf werden in einem Abschiede zusammengefaßt, welcher durch das Regierungs- und Kreisamtsblatt öffentlich bekannt gemacht wird [1]).

1) Art. 28 gilt nicht mehr, weil im Widerspruch mit den Grundsätzen des SG stehend.

Die Staatsaufsicht über die Kreise bemißt sich — abgesehen davon, daß die Staatsaufsicht über die Kreise vom Staatsministerium des Innern ausgeübt wird — nach denselben Bestimmungen wie die über die Bezirke; vgl. Art. 13—15 SG, abgedruckt und erläutert bei Art. 23 BTG. Ergänzend ist zu bemerken:

a) Beschwerdeberechtigt gegen staatsaufsichtliche Verfügungen ist der Kreisausschuß (Art. 22 Abs. I SG).

b) Gegen staatsaufsichtliche Verfügungen des Ministeriums des Innern kann nach Art. 10 Ziff. 1 VGG der Verwaltungsgerichtshof angerufen werden, während bisher eine solche Beschwerde nur gegen Verfügungen der Kreisregierungen (vgl. die Eingangsworte des Art. 10 VGG) zulässig war (VGH **40**, 105).

Vollzug der Beschlüsse.

Art. 29.

I Der Landrat eines Regierungsbezirkes darf weder mit dem Landrate eines anderen Regierungsbezirkes, noch mit anderen Behörden als der Kreisregierung, noch endlich mit einzelnen Körperschaften oder Privaten in Geschäftsberührung treten, wohl aber ist ihm die Einvernehmung von Sachverständigen, soweit diese ohne Verzögerung geschehen kann, gestattet.

II Beschließt der Landrat durch Majorität von zwei Dritteln seiner Mitglieder die Einvernehmung von Sachverständigen, welche mit Kosten verbunden ist, so werden diese Kosten aus den Regiemitteln des Landrates gedeckt.

III Beschwerden im Sinne des Artikels 15 lit. l können von dem Landrate sogleich unmittelbar an das Staatsministerium des Innern eingesendet werden [1]).

IV Durch die Kreisregierung allein werden die Beschlüsse der Landräte zum Vollzuge gebracht, und durch sie alle nötigen Erhebungen veranlaßt [2]).

1) Abs. I—III stehen mit dem Selbstverwaltungsrecht des Kreises im Widerspruch und sind daher aufgehoben.

2) Wie bereits in Anm. 4 zu Art. 1 ausgeführt, bedient sich der Kreis bei der Verwaltung seiner Angelegenheiten des Beamtenkörpers der Kreisregierung.

Wegen der Zustellungen an den Kreis vgl. Anm. 5 zu Art. 1.

Art. 30.

I Der Landrat darf keine Instruktionen einholen oder annehmen, keine öffentlichen Bekanntmachungen erlassen oder Deputationen abordnen noch empfangen.

II Jedes Mitglied desselben ist verpflichtet, das Interesse der ganzen Kreisgemeinde und nicht bloß seines Wahldistriktes zu vertreten [1]).

1) Art. 30 steht im Widerspruch mit dem Selbstverwaltungsrecht des Kreises und ist daher aufgehoben.

Art. 31.

I Der Landrat wählt aus seiner Mitte einen Ausschuß mit absoluter Stimmenmehrheit.

II Derselbe besteht aus sechs Mitgliedern, für welche gleichzeitig ebensoviele Ersatzmänner zu wählen sind, und wird alle drei Jahre erneuert.

III Bezüglich dieser Wahlen finden die Bestimmungen des Artikels 15 Absatz II des Gesetzes über die Distriktsräte gleichmäßige Anwendung.

IV Der Ausschuß wählt aus seiner Mitte einen Vorstand und Sekretär und zeigt diese Wahl der Kreisregierung an [1]).

1) Art. 31 ist ersetzt durch Art. 19 Abs. I SG, abgedruckt und erläutert bei Art. 16 BTG. Hienach wählt der Kreistag aus seiner Mitte nach den Grundsätzen des Verhältniswahlrechts einen Ausschuß, Kreisausschuß genannt, bestehend aus 5—7 Mitgliedern und ebensoviele Ersatzmänner. Innerhalb dieses Rahmens regelt die Geschäftsordnung die Stärke des Ausschusses (Art. 19 Abs. II SG). Die Vorsitzenden des Ausschusses, den Schriftführer und für beide einen Stellvertreter wählt der Ausschuß selbst. Wegen der Zuständigkeit des Ausschusses vgl. Art. 33 mit Anm.

Art. 32.

Dem Landrate steht es zu, den gewählten Mitgliedern des Ausschusses eine angemessene Entschädigung aus Kreismitteln zu bestimmen [1]).

1) Art. 32 ist ersetzt durch Art. 4 Abs. II und III und Art. 19 Abs. II SG; vgl. Anm. 1 zu Art. 26 und Anm. 7 zu Art. 16 BTG.

Art. 33.

Der Landratsausschuß hat

a) den Landrat, wenn derselbe nicht versammelt ist, in den in Art. 15 lit. h, i und k bezeichneten Angelegenheiten zu vertreten, soferne sie nicht bis zur nächsten Sitzung verschoben werden können;

b) sein Gutachten in allen Fällen abzugeben, welche ihm zu diesem Zwecke durch das Gesetz oder die Staatsregierung zugewiesen werden;

c) in Bezug auf die Verwaltung des Vermögens der Kreisgemeinde und auf die Verwaltung der Kreisanstalten und Kreisstiftungen die ihm sachdienlich scheinenden Anträge zu stellen; zu diesem Zwecke ist der Ausschuß befugt, von den aus Mitteln der Kreisgemeinde entstehenden oder vorhandenen Einrichtungen und Anstalten persönlich Einsicht zu nehmen;

d) dem Landrate bei seiner Jahressitzung über seine Geschäftsführung Bericht zu erstatten.

Art. 33 ist ersetzt durch Art. 22 und Art. 21 Abs. II und III SG, abgedruckt und erläutert bei Art. 10 und 11 BTG. Ergänzend ist zu bemerken:

a) Wegen der Abgrenzung der Zuständigkeit des Kreistages und des Kreisausschusses vgl. oben Anm. 1 zu Art. 15.

b) Der Kreisausschuß wird entweder kraft Gesetzes (Art. 22 und Art. 21 Abs. III SG) oder kraft Auftrags (Art. 21 Abs. II SG tätig. Sonstige Fälle seiner Zuständigkeit finden sich in Art. 26 Abs. II SG, Art. 55 Abs. II und III, 69 Abs. II und III EStG und §§ 70, 75 der VB hiezu.

Zusammentritt des Kreisausschusses.

Art. 34.

I Der Ausschuß versammelt sich in der Regel am Sitze der Kreisregierung und nur auf Einberufung derselben [1]).

II Die Einberufung hat jedoch zu erfolgen, wenn wenigstens drei Ausschußmitglieder darauf antragen [1]).

III Er kann nur mit der Kreisregierung in Geschäftsberührung treten und nur an diese Anträge stellen und Gutachten abgeben. Derselbe ist befugt, wenn seine Anträge von der Kreisregierung nicht beachtet werden, unmittelbar bei dem betreffenden Staatsministerium Beschwerde einzureichen [1]).

1) Abs. I ist durch Art. 22 Abs. I Satz 1 SG ersetzt (s. die Erläuterungen hiezu in Anm. 1 zu Art. 16 BTG), dagegen gilt Abs. II ebenso wie die analoge Bestimmung in Art. 18 Satz 2 BTG unverändert fort. Abs. III ist aufgehoben, weil mit dem Selbstverwaltungsrecht des Kreises in Widerspruch stehend.

Geschäftsgang des Kreisausschusses.

Art. 35.

I Der Ausschuß kann nur beraten und beschließen, wenn zwei Dritteile seiner Mitglieder anwesend sind [1]).

II Er faßt seine Beschlüsse nach absoluter Stimmenmehrheit [2]).

III Bei Gleichheit der Stimmen entscheidet jene des Vorstandes [3]).

IV Kann wegen Nichterscheinens der erforderlichen Mitgliederzahl die Sitzung nicht stattfinden, so kommen die Vorschriften im Artikel 14 des Gesetzes über die Distriktsräte zur Anwendung[4]).

1) Abs. I ist ersetzt durch Art. 22 Abs. I Satz 2 SG. Vgl. Anm. 3 zu Art. 22 SG oben bei Art. 16 BTG.

2) Ausnahme von dem in Anm. 5 zu Art. 24 erwähnten Grundsatz!

3) Der Vorsitzende hat (übereinstimmend mit Art. 102 Abs. V, 145, Abs. III [78 der pfälz.] GO) stets mitabzustimmen. Ergibt sich hienach Stimmengleichheit, so ist diejenige Ansicht durchgedrungen, für die der Vorsitzende seine Stimme abgegeben hat (RRK IV S. 194).

4) Vgl. Anm. 5—8 zu Art. 14 BTG, wobei jedoch zu beachten ist, daß die zu leistende Entschädigung von der Kreisregierung festzusetzen ist.

Ein Zwangsmittel gegen den unberechtigten Austritt eines Ausschußmitglieds aus dem Ausschuß besteht nicht (vgl. Anm. 1 zu Art. 20).

Art. 36.

Im Falle der Auflösung eines Landrates hat der Ausschuß seine Verrichtungen fortzusetzen, bis der Landrat neu gewählt, und der Ausschuß aus seiner Mitte neu bestellt sein wird[1]).

1) Art. 36 ist gegenstandslos. Denn eine Auflösung des Kreistags (Art. 19 Abs. III—V) kommt nicht mehr in Frage.

Inkrafttreten des Gesetzes.

Art. 37.

I Das gegenwärtige Gesetz ist durch das Gesetzblatt und das Amtsblatt der Pfalz zu verkünden und tritt zugleich mit dem Gesetze über die Distriktsräte in Wirksamkeit.

II Von diesem Zeitpunkte an erlöschen das Gesetz vom 15. August 1828 über Einführung der Landräte, der § 16 des Landtagsabschiedes vom 29. Dezember 1831 und das Gesetz vom 17. November 1837, einige Abänderungen des Gesetzes über die Einführung der Landräte betreffend, sodann die Bestimmungen im Artikel VI Nr. 5 des Gesetzes vom 23. Mai 1846, die Ausscheidung der Kreislasten von den Staatslasten und die Bildung der Kreisfonds betreffend[1]), und alle sonstigen entgegenstehenden Vorschriften.

1) S. unten Abschn. III dieses Buches.

Gegeben München, den 28. Mai 1852.

Max.

von der Pfordten. v. Kleinschrod. Dr. v. Aschenbrenner.
Dr. v. Ringelmann. v. Lüder. v. Zwehl.

Nach dem Befehle Seiner Majestät des Königs:

Der Generalsekretär des Staatsrates,

Seb. v. Kobell.

III. Erläuterungen zum Kreislastenausscheidungsgesetz.

Gesetz vom 23. Mai 1846, die Ausscheidung der Kreislasten von den Staatslasten und die Bildung des Kreisfonds betr. (Ges.Bl. 1846 S. 45.)

Art. I.

Als Kreislasten[1]) werden erklärt, und auf die dafür zu bildenden Fonds der einzelnen Regierungsbezirke überwiesen:

1. der Aufwand für Erhebung und Verwaltung der Kreisfonds;
2. der Bedarf des Landrates[2]);
3. Kreislandwirtschafts- und Gewerbsschulen, dann sonstige Kreisanstalten[3]) für Industrie und Kultur;
4. allgemeine Sanitäts-Anstalten des Regierungsbezirkes, namentlich Kranken-, Gebär- und Irrenhäuser[4]);
5. Kreis-Armen- und Findelhäuser[4]);
6. Kreis-Beschäftigungsanstalten[4]);
7. alle Ausgaben, welche etwa künftig noch durch besondere Gesetze den Kreisfonds werden überwiesen werden[5]);
8. alle Ausgaben, welche auf den Antrag des Landrates wegen ihres Nutzens für das Gesamtinteresse des Regierungsbezirks, oder zur Erleichterung von Distrikts- und Gemeindelasten, mit Genehmigung des Königs auf die Kreisfonds innerhalb des durch das Budget festgesetzten Maximums des Kreisaufwandes[6]) übernommen werden[7]).

1) Gesetzliche (obligatorische) Kreislasten (Anm. 2 zu Art. 21 SG oben bei Art. 15 KrTG) sind nicht alle in Art. I dieses Gesetzes aufgezählten Gegenstände, vielmehr nur die in Ziff. 1, 2 und 7, ferner die in Art. IV bezeichneten Aufgaben; über weitere gesetzliche Kreislasten s. Anm. 2 zu Art. 21 SG oben bei Art. 15 KrTG. Die anderen in Ziff. 3—6 und 8 erwähnten Gegenstände sind Kreislasten in dem Sinn, daß sie, wenn Ausgaben hiefür gemacht werden, diese nicht dem Staat, sondern dem Kreis zur Last fallen (Brater S. 117, 118).

Sowohl die als obligatorische wie die als fakultative Kreislasten bezeichneten Aufgaben fallen dem Kreis nur dann zur Last, wenn nicht in erster Linie Stiftungen, Gemeinden oder Bezirke zur Deckung des Bedarfs verpflichtet sind (Art. III dieses Gesetzes).

2) Vgl. auch Art. 26 Abs. II KrTG.

3) S. Anm. 3 zu Art. 21 SG oben bei Art. 15 KrTG.

4) S. Art. 58—63 ArmG (s. hinten Anhang VII).

5) S. Anm. 1.

6) Die Worte „innerhalb des durch das Budget festgesetzten Maximums des Kreisaufwandes" sind nunmehr gegenstandslos, da Art. VI Abs. I Ziff. 5 dieses Gesetzes, wonach der Kreisaufwand jeweils von dem Landtag festzusetzen war, durch Art. 37 Abs. II LRG aufgehoben wurde.

7) Vgl. Anm. 2 zu Art. 21 SG oben bei Art. 15 KrTG.

Art. II.

In dem pfälzischen Kreise sollen noch insbesondere in Rücksicht auf die eigentümlichen Institutionen und Anstalten desselben den Kreislasten beigezählt und den Kreisfonds überwiesen bleiben[1]):

1. die bestehenden Kreisstipendien für Studierende an Universitäten;
3. die Unterstützungen, welche an Arme außerhalb der Armenanstalt zu Frankenthal verabreicht werden;
4. die Belohnungen für erlegte Raubtiere;
8. die Beiträge zum Unterhalte der Bezirkswege[2]).

1) Ziff. 2 ist nunmehr gegenstandslos geworden (Weber 3 S. 334 Fußn. 7 und S. 625 Fußn. 6);

Ziff. 5 und 6 ist aufgehoben durch Gesetz vom 10. März 1890 (Weber 20 S. 98);

Ziff. 7 ist aufgehoben durch den Landratsabschied für die Pfalz vom 24. September 1854 Abschn. IV Ziff. 11 (Weber 3 S. 625 Fußn. 7);

Bezüglich der Ziff. 9 (Aufwand auf die Rheindamm-Bauten) vgl. Art. 94 Abs. III des Wassergesetzes (Harster-Cassimir, Wassergesetz, Anm. 4 zu Art. 94);

Ziff. 10 ist aufgehoben durch die Reichs-Naturalleistungs- und -Quartierleistungsgesetze;

Ziff. 11 ist aufgehoben durch den Landtagsabschied vom 1. Juli 1856, III. Abschn. § 5 (Weber 4 S. 743) sowie durch die neuere Steuergesetzgebung.

S. auch den folgenden Art. III.

2) D. i. Bezirksstraßen; vgl. Seydel III S. 311.

Art. III.

Der Bedarf für die in den Artikeln I und II ausgesprochenen Kreislasten ist nur insoweit aus Kreisfonds zu bestreiten, als derselbe nicht in den Mitteln zunächst verpflichteter Stiftungen, Gemeinden oder Distrikte seine Deckung findet [1]).

1) S. Anm. 1 zu Art. I.

Art. IV.

Bestehende [1]) Kreisanstalten [2]) sind aus den Kreisfonds so lange zu erhalten [3]), als ihre Aufhebung nicht mit Zustimmung des Landrates vom Könige [4]) beschlossen wird.

1) Vgl. Seydel II S. 711 Fußn. 20.

2) S. Anm. 3 zu Art. 21 SG oben bei Art. 15 KrTG. Dies gilt auch von den freiwillig errichteten Anstalten.

3) Die Unterhaltung der Anstalten, und zwar in dem z. Z. der Errichtung bestehenden Umfang, ist Kreislast.

4) Über die Aufhebung von Kreisanstalten entscheidet allein der Kreistag; er ist hiezu in dem durch Anm. 10 zu Art. 27 BTG bezeichneten Umfang berechtigt.

Art. V.

Wo nicht der im Artikel IV vorgesehene Fall eintritt, und wo nicht besondere Gesetze oder Rechtstitel die Kreisfonds zu bestimmten Leistungen verpflichten, da kann die Verwendung der Kreisfonds überhaupt, und namentlich die Errichtung neuer Kreisanstalten auf Kosten dieser Fonds, nur mit Zustimmung des Landrates geschehen.

Art. VI.

I Die zur Deckung sämtlicher Kreisausgaben zu bildenden Kreisfonds werden gebildet:

1. durch die auf bestehenden speziellen Rechtstiteln und Bewilligungen beruhenden Fundations- und Dotationsbeiträge des Staates oder der Gemeinden;
2. durch die aus der Staatskasse nach den Budgets zu entrichtende Kreisschuldotation [1]);
3. durch den budgetmäßigen Zuschuß der Staatskasse für Industrie und Kultur, oder für andere Kreiszwecke;
4. durch die Zuschüsse aus sonstigen Einnahmsquellen.

II Der Betrag der zu erhebenden Kreisumlagen wird alljährlich mit Zustimmung des Landrates von dem Könige durch den Landratsabschied bestimmt [2]).

III Die Verhandlungen der Landräte sind jeder Stände-Versammlung vorzulegen [3]).

1) Ziff. 2 ist aufgehoben durch Art. 75 Abs. I des Schulbedarfsgesetzes vom 14. August 1919 (GVBl. S. 489), Ziff. 5 durch Art. 37 Abs. II LRG.

2) Vgl. Art. 18 KrTG mit Anm.
3) Abs. III ist gegenstandslos (vgl. Anm. 2 zu Art. 27 KrTG).

Art. VII.

Die budgetmäßig oder aus einem sonstigen Rechtsgrunde für einen gewissen Zweck bestimmten Zuflüsse dürfen ausschließlich nur hiefür verwendet werden.

Art. VIII.

Die ganze ordentliche Kreisschuldotation, wie solche durch das Budget von 1843 festgesetzt ist, und die allenfalls künftig noch durch das Budget zu gewährende Erhöhung der Dotation wird nach Abzug der auf den Etats der Lyzeen, Gymnasien und der damit verbundenen Lateinschulen, dann der die Schullehrerseminarien nach dem Etat von 1844/45 treffenden Summen, den deutschen und isolierten lateinischen Schulen überwiesen, und die Verteilung unter die einzelnen Anstalten dieser Art mit Zustimmung der Landräte vorgenommen [1]).

1) Art. VIII ist durch Art. 75 Abs. I des Schulbedarfsgesetzes vom 14. August 1919 (GVBl. S. 489) aufgehoben.

Art. IX.

I Wenn entbehrliche Staatsgebäude zur unentgeltlichen Benützung für Kreisanstalten überlassen werden, so gehen die Adaptierungs- und Unterhaltungskosten auf die Kreisfonds für die Dauer dieser Benützung über.

II Werden dergleichen Gebäude durch eine Regierungsverfügung zur Erfüllung eines allgemeinen Staatszweckes wieder zurückgenommen und dem Regierungsbezirk entzogen, so hat die Staatskasse nicht nur die Meliorationen, sondern auch die auf die Herrichtung für den besonderen Kreiszweck erlaufenen Ausgaben dem Kreisfonds zu ersetzen.

Art. X.

I Das gegenwärtige Gesetz tritt mit dem 1. Oktober 1849 in Wirksamkeit.

II Von eben diesem Zeitpunkte an werden alle entgegenstehenden gesetzlichen Bestimmungen, insbesondere

a) das Gesetz vom 17. November 1837, die Ausscheidung der Kreislasten von den Staatslasten betreffend;

b) die Bestimmung des § 2 Ziff. 2 des Landratsgesetzes vom 15. August 1828 über die dreijährige Festsetzung des Maximums der Kreisumlagen mit Ausscheidung der notwendigen und fakultativen Zwecke;

c) die Bestimmung des Art. VI des Gesetzes vom 17. November 1837, einige Abänderungen des Landratsgesetzes vom 15. August 1828 betreffend;
d) die Bestimmung des Heimatsgesetzes vom 11. September 1825 § 5 Ziff. 1

außer Wirksamkeit gesetzt.

Art. XI—XIII enthalten Übergangsbestimmungen.

Art. XIV.

Unser Ministerium des Innern und Unser Finanzministerium sind mit der Bekanntmachung und dem Vollzuge des vorstehenden Gesetzes beauftragt.

Gegeben München, den 23. Mai 1846.

Anhang I.

1.

Gesetz über die Ermächtigung der Regierung zu gesetzgeberischen Maßnahmen vom 28. März 1919 (GVBl. S. 112.)

Der Landtag des Freistaates Bayern hat folgendes Gesetz beschlossen:

§ 1.

Der innere Ausbau des Volksstaates Bayern erheischt die beschleunigte Durchführung der folgenden sozialen Maßnahmen:

1. Die Verfassung und Verwaltung der Gemeinden, Bezirke (Distrikte) und Kreise ist auf der Grundlage eines umfassenden Selbstverwaltungsrechts und des allgemeinen, gleichen, geheimen und unmittelbaren Verhältniswahlrechts alsbald neuzuordnen.

. . . .

. . . .

§ 2.

Soweit zur Durchführung der im § 1 bezeichneten Aufgaben Gesetze und Verordnungen erforderlich sind, gibt der Landtag dem von ihm eingesetzten Ministerium die Ermächtigung, Gesetze und Verordnungen zu erlassen.

2.

Gesetz die Aufhebung des Gesetzes über die Ermächtigung der Regierung zu gesetzgeberischen Maßnahmen betreffend vom 24. Juni 1919 (GVBl. S. 325).

Der Landtag des Freistaates Bayern hat folgendes Gesetz beschlossen:

Das Gesetz vom 28. März 1919 über die Ermächtigung der Regierung zu gesetzgeberischen Maßnahmen (GVBl. S. 112) wird mit sofortiger Wirksamkeit aufgehoben.

Anhang II.

1.

Gesetz über die Selbstverwaltung vom 22. Mai 1919 (GVBl. S. 239).

Das Ministerium des Freistaates Bayern hat auf Grund des § 1 Ziff. 1 und des § 2 des Gesetzes vom 28. März 1919 über die Ermächtigung der Regierung zu gesetzgeberischen Maßnahmen im Nachgange zum Wahlgesetze vom 15. April 1919 („Freistaat" Nr. 8 vom 16. April 1919) und in teilweiser Abänderung des Gesetzes vom 22. April 1919 („Freistaat" Nr. 13 vom 24. April 1919) folgendes Gesetz beschlossen:

Art. 1.

Zu Art. 1. Die beiden Gemeindeordnungen, das Gesetz über die Distriktsräte und das Gesetz über die Landräte bestehen nur noch insoweit, als sich mit diesem Gesetze verträgt. Dies gilt auch, soferne in anderen Vorschriften auf die genannten Gesetze Bezug genommen ist.

An Stelle der Bezeichnungen Distriktsgemeinde, Distriktsrat, Distriktsausschuß, Distriktsratsmitglied treten die Bezeichnungen Bezirk, Bezirkstag, Bezirksausschuß, Bezirksvertreter; an Stelle der Bezeichnungen Kreisgemeinde, Landrat, Landratsausschuß, Landratsmitglied treten die Bezeichnungen Kreis, Kreistag, Kreisausschuß, Kreisvertreter.

Art. 2.

Zu Art. 2. Art. 173/103 der beiden Gemeindeordnungen werden aufgehoben.

Art. 3.

Zu Art. 3. Hinsichtlich der Ablehnung der Wahl zu den Ämtern der Gemeinde, der Ortschaft, des Bezirkes, des Kreises gelten die Art. 174/118 der beiden Gemeindeordnungen, Art. 8 des Distriktsrats-, Art. 10 des Landratsgesetzes.

Im Stadtrat, im Gemeinderat, im Ortsausschuß, im Bezirkstag, in dessen Sonderausschüssen dürfen Eltern und Kinder, ferner Geschwister nicht zugleich Mitglieder sein.

In solchen Fällen ist die spätere Wahl ungültig. Bei gleichzeitiger Wahl schließen die Bürgermeister in ihrer Reihenfolge einander aus, die Bürgermeister schließen die Stadt- und Gemeinderäte aus, die Stadt- und Gemeinderäte schließen einander nach der Reihenfolge auf dem Wahlvorschlag, auf verschiedenen Wahlvorschlägen nach dem Lebensalter aus. Das berufsmäßige Mitglied schließt das nichtberufsmäßige aus. Unter mehreren berufsmäßigen entscheidet das Los.

Art. 4.

Zu Art. 4. Das Ergebnis der Wahl ist der Aufsichtsbehörde anzuzeigen. Bei Gemeinden und Ortschaften sind die Wahlverhandlungen der Aufsichtsbehörde zur Prüfung vorzulegen. Die Gewählten bedürfen keiner Bestätigung. Die Verpflichtung und Einweisung der ersten Bürgermeister wird von der Aufsichtsbehörde angeordnet.

Alle Gewählten versehen ihren Dienst ehrenamtlich. Die ehrenamtlichen Bürgermeister haben für die Dauer ihrer Amtsführung einen angemessenen Funktionsbezug zu beanspruchen. Die übrigen Gewählten haben Anspruch auf angemessene Aufwandsentschädigung, Angestellte und Lohnarbeiter außerdem auch auf Ersatz für entgangenen Verdienst.

Den Beamten und Arbeitern des Staates, der Gemeinden und sonstiger öffentlicher Körperschaften muß die zur Ausübung eines Wahlamtes der Gemeinde, der Ortschaft, des Bezirks, des Kreises erforderliche Dienstbefreiung gewährt werden. Bei Angestellten und Arbeitern ist die Übernahme eines solchen Amtes kein Kündigungsgrund.

Art. 5.

Die Wahlzeit dauert für alle Vertretungen fünf Jahre. Die nächste Wahlzeit wird vom 1. Januar 1920 gerechnet. Es scheiden auch die Magistratsräte und die Armenratsmitglieder der jüngeren Wahlzeit aus. Die neugewählten Verwaltungen treten sofort in Tätigkeit. Zu Art. 5.

Den Zeitpunkt der regelmäßigen Wahlen bestimmt das Staatsministerium des Innern.

Art. 6.

Die Verwaltung der Stadt besorgt der Stadtrat, die der übrigen Gemeinden der Gemeinderat. Zu Art. 6.

Die Bestimmungen über das Gemeindekollegium in den rechtsrheinischen Landesteilen treten außer Geltung.

Der Stadtrat oder der Gemeinderat besteht:

1. aus einem ersten Bürgermeister,
2. aus höchstens 3 weiteren Bürgermeistern.

   Von sämtlichen Bürgermeistern (Ziff. 1 und 2) dürfen nicht mehr als die Hälfte, bei dreien höchstens zwei berufsmäßig sein.
3. In Gemeinden bis zu 10 000 Einwohnern aus höchstens 20 Stadt- oder Gemeinderäten,
   in Gemeinden mit 10 000 aber weniger als 50 000 Einwohnern aus höchstens 30 Stadt- oder Gemeinderäten,
   in Gemeinden mit 50 000 aber weniger als 100 000 Einwohnern aus höchstens 40 Stadt- oder Gemeinderäten,
   in Gemeinden mit 100 000 und mehr Einwohnern aus höchstens 50 Stadt- oder Gemeinderäten,
4. Im Falle des Bedürfnisses aus einem oder mehreren berufsmäßigen Stadt- oder Gemeinderäten mit oder ohne fachmännische Vorbildung.

Die Anstellung der berufsmäßigen Bürgermeister, der berufsmäßigen Stadt- oder Gemeinderäte geschieht durch Dienstvertrag auf höchstens 10 Jahre. Es kann eine Probezeit bis zu einem Jahre vereinbart werden. Nach Ablauf des Dienstvertrages muß eine Neuwahl stattfinden, nach Ablauf der Probezeit kann der Stadt- oder Gemeinderat eine solche beschließen.

Die berufsmäßigen Stadt- oder Gemeinderäte haben Stimmrecht nur in Gegenständen ihrer Geschäftsaufgabe.

Der Dienstvertrag muß einen angemessenen Gehalt, für den Fall der Nichtwiederwahl eine angemessene Versorgung und für den Todesfall auch eine solche der Hinterbliebenen vorsehen. Die Wiederwahl nach Ablauf des Dienstvertrages muß angenommen werden.

Die der Regierung unmittelbar unterstellten Städte sind verpflichtet, mindestens ein rechtskundiges, berufsmäßiges Stadtratsmitglied anzustellen.

Die mittelbaren Städte rechts des Rheins und die übrigen Gemeinden mit mehr als 1500 Einwohnern müssen einen Gemeindesekretär aufstellen, der die Prüfung für den mittleren Staats- und Gemeindeverwaltungsdienst mit Erfolg abgelegt hat, wenn nicht einer der Bürgermeister diese Prüfung bestanden hat.

Das gleiche gilt, wenn sich mehrere Gemeinden, die zusammen mehr als 1500 Einwohner zählen, zur gemeinschaftlichen Bestellung eines vollbeschäftigten Gemeindesekretärs vereinigen.

Art. 7.

Zu Art. 7. Die Mitglieder der Stadt- und Gemeinderäte werden folgendermaßen gewählt:

1. Die ersten Bürgermeister überall mit absoluter Stimmenmehrheit von sämtlichen Wahlberechtigten;
2. die weiteren Bürgermeister, wenn mehr Vertreter der gleichen Art, berufsmäßige oder ehrenamtliche auf einmal zu wählen sind, nach den Grundsätzen des Verhältniswahlrechts, sonst mit absoluter Stimmenmehrheit von den Stadt- oder Gemeinderäten;
3. die berufsmäßigen Stadt- oder Gemeinderäte, wenn mehrere solche auf einmal zu wählen sind, nach den Grundsätzen des Verhältniswahlrechts, sonst mit absoluter Stimmenmehrheit von den Stadt- oder Gemeinderäten. Die nach Art. 32 erforderlichen Wahlen geschehen in einzelnen Wahlgängen mit absoluter Stimmenmehrheit;
4. die übrigen Stadt- und Gemeinderäte nach den Grundsätzen des Verhältniswahlrechts von sämtlichen Wahlberechtigten.

Wird im Falle der Ziff. 1 die absolute Stimmenmehrheit nicht erreicht, so trifft der Stadt- oder Gemeinderat unter den 5 Bewerbern mit der höchsten Stimmenzahl die Auswahl mit absoluter Stimmenmehrheit. Wird diese auch hierbei nicht erreicht, so tritt Stichwahl ein. Ebenso entscheidet die Stichwahl, wenn im Falle der Ziff. 2 und 3 die absolute Stimmenmehrheit nicht erreicht wird.

Bei Stimmengleichheit in der Stichwahl entscheidet das Los.

Art. 8.

Zu Art. 8. Den ersten Bürgermeister vertreten zunächst die weiteren Bürgermeister nach ihrer Reihenfolge, danach die nichtberufsmäßigen Stadt- oder Gemeinderäte nach der Reihenfolge ihres Lebensalters.

Art. 9.

Zu Art. 9. Die Anzahl der Bezirksvertreter wird auf ein Drittel der bisherigen Zahl der Vertreter der Gemeinden festgesetzt. Bruchteile unter der Hälfte bleiben bei der Berechnung außer Betracht.

Der Art. 68 des Armengesetzes bleibt unberührt.

Art. 10.

Zu Art. 10. Die Anzahl der Kreisvertreter wird für Oberbayern auf 45 festgesetzt, für alle übrigen Kreise auf 30

Art. 11.

Zu Art. 11. Mit Wirkung vom 1. Januar 1920 werden die zu einem Bezirksamte gehörigen mehreren Distrikte zu einem einzigen Bezirke vereinigt.

Streitigkeiten über die Auseinandersetzung des Vermögens werden nach Art. 11 des Verwaltungsgerichtsgesetzes entschieden. Jeder bisherige Distrikt wird in diesem Verfahren noch vom bisherigen Distriktsausschusse vertreten. Dieser ergänzt eintretende Lücken durch Zuwahl aus den nach dem älteren Recht wählbaren Angehörigen des bisherigen Distrikts.

Die Verwaltung des vereinigten Bezirkes wird nach Beendigung der Wahl von der für den vereinigten Bezirk gewählten Vertretung übernommen. Der Haushalt für das laufende Jahr wird nach Maßgabe des aufgestellten Voranschlags noch getrennt für die beiden bisherigen Distrikte geführt.

Für die Berechnung der Zahl der Mitglieder des Bezirkstages ist die Summe der Vertreter der Gemeinden der bisherigen Distrikte maßgebend.

Art. 12.

Die Gemeinden, die Bezirke, die Kreise sind Körperschaften des öffent- Zu
lichen Rechts mit dem Rechte der Selbstverwaltung nach Maßgabe der Art. 12.
Gesetze. Sie können Rechte erwerben und Verbindlichkeiten eingehen.

Aufgabe der Gemeinden, Bezirke und Kreise ist die Pflege des geistigen, sittlichen und wirtschaftlichen Wohles der Einwohner und deren Erziehung zur Gemeinschaft des ganzen Volkes.

Art. 13.

Die Staatsaufsicht wird unter der obersten Leitung des Staatsmini- Zu
steriums des Innern Art. 13.

a) über die unmittelbaren Städte von der Regierung, Kammer des Innern, über alle übrigen Gemeinden vom Bezirksamte,
b) über die Bezirke von der Regierung, Kammer des Innern,
c) über die Kreise vom Staatsministerium des Innern ausgeübt.

Die Aufsichtsbehörde kann gesetzwidrige Beschlüsse aufheben und die Erfüllung der gesetzlichen oder übernommenen Verpflichtungen erzwingen.

Wird die Verpflichtung bestritten, so hat die Aufsichtsbehörde Beschluß zu fassen. Gegen die Beschlüsse der Bezirksämter ist Beschwerde zur Regierung, gegen die Beschlüsse der Regierung Beschwerde zum Verwaltungsgerichtshofe nach Art. 10 Ziff. 1, 2 des VGG zulässig. Alle Beschwerden sind innerhalb einer unerstrecklichen Frist von vier Wochen einzulegen.

Wird auch die endgültig festgestellte Verpflichtung nicht erfüllt, so hat die Aufsichtsbehörde das Recht des Zwangsvollzugs und der Einsetzung der Kosten in den Voranschlag. Sie kann in solchen Fällen rechtserhebliche Erklärungen an Stelle der Gemeinde, des Bezirkes, des Kreises schriftlich abgeben oder zur Abgabe solcher Erklärungen einen Bevollmächtigten für die Gemeinde, den Bezirk, den Kreis aufstellen.

In dringenden Fällen steht der Aufsichtsbehörde die Befugnis des vorigen Absatzes selbst dann zu, wenn die bestrittene Verpflichtung noch nicht endgültig festgestellt ist; die Aufsichtsbehörde kann auch vorläufige Anordnungen treffen.

Art. 14.

Die Beschlüsse der Gemeinde, des Bezirkes, des Kreises bedürfen im Zu
Falle der Schuldaufnahme der Genehmigung der Aufsichtsbehörde, wenn der Art. 14
Betrag der aufzunehmenden Schuld in demselben Rechnungsjahre

1. in Gemeinden mit weniger als 5 000 Einwohnern	20 000 ℳ
in Gemeinden mit 5 000 aber weniger als 20 000 Einwohnern	100 000 ℳ
in Gemeinden mit 20 000 aber weniger als 50 000 Einwohnern	500 000 ℳ
in Gemeinden mit 50 000 aber weniger als 100 000 Einwohnern	1 Million
in allen übrigen Gemeinden	2 Millionen
2. in den Bezirken	1 Million
3. in den Kreisen	2 Millionen

übersteigt.

Anlehen sollen nur zu werbenden Zwecken und im übrigen nur zu Ausgaben von dauerndem Nutzen aufgenommen werden, soweit zu deren sofortiger Deckung die Leistungsfähigkeit der Gemeinden, Bezirke, Kreise nicht zureicht. Nur ausnahmsweise in Zeiten der Not sind auch Anlehen für die

Deckung laufender Bedürfnisse zulässig. Bei wiederkehrenden Aufwendungen muß der Anlehensbetrag bis zur Wiederkehr des Bedürfnisses getilgt sein; Ausnahmen sind nur aus wichtigen Gründen zulässig. Es sind stets Tilgungspläne aufzustellen und der Aufsichtsbehörde vorzulegen.

Art. 15.

Zu Art. 15. Die Gemeinden, Bezirke und Kreise bedürfen der Genehmigung der Aufsichtsbehörde

1. bei Ausleihung von Geldern unter Abweichung von den bestehenden Vorschriften oder an Mitglieder der Verwaltung der Gemeinde, des Bezirkes, des Kreises,
2. zur Veräußerung oder wesentlichen Veränderung von Gebäuden oder sonstigen unbeweglichen oder beweglichen Gegenständen von künstlerischem oder geschichtlichem Werte.

Wenn bei gemeindlich verwalteten Stiftungen des öffentlichen Rechtes im Laufe der Zeit durch die Entwicklung der Verhältnisse oder die Entwertung des Geldes die Erfüllung des Stiftungszweckes unzeitgemäß geworden ist, so kann eine zeitgemäße Regelung unter möglichster Anlehnung an den Stiftungszweck durch den Stadt- oder Gemeinderat beschlossen werden.

Gemeinden unter 3000 Einwohnern mit vorwiegend landwirtschaftlicher Bevölkerung und einem eigenen geschlossenen, für wirtschaftliche Zwecke dienenden oder geeigneten Grundbesitze von mindestens 20 Hektar bedürfen zur Veräußerung von Grund und Boden der aufsichtlichen Genehmigung, wenn der Wert der einzelnen Veräußerung oder der Gesamtwert aller Veräußerungen desselben Rechnungsjahres 1000 Mk. übersteigt.

Art. 16.

Zu Art. 16. Bei den Gemeinden, Ortschaften, Armenverbänden, Bezirken, Kreisen kann die Aufsichtsbehörde in einzelnen Jahren von der rechnerischen Prüfung der Rechnungen, wo sie nach den jetzigen Vorschriften geboten ist, absehen; sie kann auch die Vorlage der Rechnungen in einzelnen Jahren überhaupt erlassen.

Die Staatsregierung wird ermächtigt, Vorschriften zu erlassen über die Gründung eines Verbandes zur Prüfung des gemeindlichen Rechnungs- und Kassenwesens. Die Gemeinden unter 10 000 Einwohnern und die Bezirke können zum Beitritt verpflichtet werden.

Die Staatsregierung kann auch einen bestehenden Verband oder mehrere solche anerkennen und mit den Rechten des Abs. II Satz 2 ausstatten.

Art. 17.

Zu Art. 17. Durch Ministerialentschließung können Gemeinden mit wenigstens 10 000 Einwohnern ohne weiteres, Gemeinden mit mehr als 5000 aber weniger als 10 000 Einwohnern nur mit Zustimmung des Stadt- oder Gemeinderats vom Verwaltungsbezirk des Bezirksamts abgetrennt und der Regierung, Kammer des Innern, unmittelbar untergeordnet werden. Die Verwaltungen dieser Gemeinden erhalten dadurch die Befugnis der Bezirkspolizeibehörde. Alle unmittelbaren Gemeinden führen die Bezeichnung „Stadt".

Das Ministerium kann auch bestimmen, ob diese Gemeinden gleichzeitig aus dem Bezirksverband auszuscheiden haben und welche Entschädigung für den entstehenden Umlagenentgang dem Bezirke zu leisten ist.

Art. 18.

Der Bezirkstag, der Kreistag wählt in getrennten Wahlgängen den Vorsitzenden, den Schriftführer und für beide einen Stellvertreter. Zu Art. 18.

Der Bezirkstag, der Kreistag wird vom Vorsitzenden im Einvernehmen mit dem Bezirksamte, mit der Regierung, Kammer des Innern, einberufen. Auf Verlangen eines Drittels der Bezirks-, der Kreisvertreter muß die Berufung innerhalb 4 Wochen geschehen.

Die Sitzungen werden dem Bezirksamte, der Regierung mindestens 24 Stunden vorher angezeigt. Das Bezirksamt, die Regierung kann Vertreter zur Sitzung abordnen, die auf ihr Verlangen jederzeit gehört werden müssen.

Art. 19.

Der Bezirkstag, der Kreistag wählt aus seiner Mitte nach den Grundsätzen des Verhältniswahlrechts einen Ausschuß von 5 bis 7 Mitgliedern und ebenso viele Ersatzmänner. Diese können auch als Stellvertreter bei Verhinderung von Mitgliedern vorübergehend einberufen werden. Den Vorsitzenden des Ausschusses, den Schriftführer und für beide einen Stellvertreter wählt der Ausschuß selbst. Die Sätze 1, 2 gelten entsprechend für die Wahl der weiteren Mitglieder und der Ersatzmänner des Landarmenrates. Zu Art. 19.

Der Bezirkstag, der Kreistag regelt den Geschäftsgang durch eine Geschäftsordnung; diese setzt auch die Stärke des Ausschusses und die Entschädigung für die Mitglieder des Bezirkstages, des Kreistages und der Ausschüsse fest.

Art. 20.

Zur Verwaltung von Anstalten, Einrichtungen und Stiftungen des Bezirkes, ferner zur endgültigen Erledigung eines bestimmten Aufgabenkreises oder bestimmter einzelner Aufgaben oder Geschäfte kann der Bezirkstag teils aus Mitgliedern des Bezirkstages, teils aus wählbaren Bezirksangehörigen Sonderausschüsse bilden und nach den Grundsätzen des Verhältniswahlrechtes wählen. Die Sonderausschüsse wählen ihren Vorsitzenden und Schriftführer sowie deren Stellvertreter. Die Vorsitzenden und ihre Stellvertreter müssen Mitglieder des Bezirkstages sein. Zu Art. 20.

Die Beschlüsse der Sonderausschüsse müssen sich in den vom Bezirkstag allgemein oder für den besonderen Fall gezogenen Grenzen und innerhalb des Voranschlages halten. Sie werden vom Bezirksamte vollzogen.

Art. 21.

Zum Wirkungskreise des Bezirkes, Kreises gehören alle Angelegenheiten, die Rechte und Verbindlichkeiten des Bezirkes, des Kreises betreffen, insbesondere Zu Art. 21

a) die Prüfung und Feststellung des jährlichen Voranschlags aller Einnahmen und Ausgaben,
b) die Festsetzung des Umlagenbedarfs,
c) die Prüfung und Anerkennung oder Beanstandung der Rechnungen der Bezirks-, Kreiskasse, der Bezirks-, Kreisanstalten und der vom Bezirke, Kreise verwalteten Stiftungen,
c) die Aufnahme von Anlehen zur Bestreitung außerordentlicher Bedürfnisse und die Festsetzung des Tilgungsplanes,
d) die Erwerbung und Veräußerung von Grundstücken oder Rechten an einem Grundstücke des Bezirkes, Kreises sowie die Belastung eines Grundstückes des Bezirkes, Kreises mit einem solchen Recht,

e) die Errichtung, Veränderung und Aufhebung der Anstalten und Einrichtungen des Bezirkes, Kreises, sowie die Erlassung von Satzungen für die Verwaltung dieser Anstalten und Einrichtungen.

Der Bezirkstag, Kreistag kann Angelegenheiten seiner Zuständigkeit auf Grund besonderer Beschlüsse nach näheren Weisungen dem Ausschusse zur Erledigung übertragen. Beschlüsse, die der aufsichtlichen Genehmigung bedürfen, hat der Bezirks-, Kreistag zu fassen.

In außerordentlichen dringlichen Fällen kann, wenn sonst die Berufung des Bezirks-, Kreistages nötig wäre, der Ausschuß die erforderlichen Beschlüsse fassen. Diese müssen dem Bezirks-, dem Kreistage beim nächsten Zusammentritt vorgelegt werden.

Art. 22.

Zu Art. 22. **Der Bezirksausschuß, der Kreisausschuß wird vom Vorsitzenden einberufen und vertritt den Bezirk, den Kreis nach außen. Zur Beschlußfähigkeit ist die Anwesenheit von mehr als der Hälfte der ordentlichen Vollzahl der Mitglieder erforderlich.**

Der Ausschuß hat

a) die Verwaltung des Vermögens zu leiten,
b) die Aufsicht auf die Anstalten des Bezirkes, des Kreises zu führen,
c) alle an den Bezirkstag, Kreistag zu bringenden Gegenstände vorzubereiten und vorzuberaten,
d) die Rechnungen des Bezirkes, des Kreises vor der Vorlage an den Bezirkstag, Kreistag zu prüfen,
e) den jährlichen Voranschlag herzustellen, den zur Erhebung bestimmten Hundertsatz der Bezirks-, Kreisumlage zu berechnen.

Der Bezirksausschuß hat ferner die Umlagen auf die einzelnen Gemeinden und Eigentümer ausmärkischer Grundstücke zu verteilen.

Die Zahlungsanweisungen für den Bezirk erläßt innerhalb des Voranschlags das Bezirksamt, für den Kreis die Regierung, Kammer des Innern. Die Sitzungen der Ausschüsse sind dem Bezirksamte, der Regierung mindestens 24 Stunden vorher bekanntzugeben. Das Bezirksamt, die Regierung, Kammer des Innern, kann Vertreter abordnen, die auf ihr Verlangen jederzeit gehört werden müssen.

Art. 23.

Zu Art. 23. Der Bezirksausschuß tritt für folgende Verwaltungsangelegenheiten, welche vom Bezirksamte vorzubehandeln und sodann dem Ausschusse zur Entscheidung vorzulegen sind, an die Stelle der Bezirks- (bisherigen Distrikts-) polizeibehörde:

a) Erlaß bezirkspolizeilicher Vorschriften und zwar auch in den Fällen des Art. 5 PStGB.
b) Polizeiliche Eingriffe in die persönliche Freiheit, nämlich korrektionelle Nachhaft (Besserungsnachhaft), Polizeiaufsicht, Verwahrung gemeingefährlicher Geisteskranker.
c) Festsetzung von Baulinien.
d) Heimatschutz und Denkmalpflege.
e) Bildung und Änderung der Kehr- und Wasenmeisterbezirke, Festsetzung der Impforte, Begutachtung hinsichtlich der Standesamtsbezirke.
f) Verleihung von Kaminkehrbezirken.
g) Beschlußfassung bei Dienststrafentsetzung der Bürgermeister, der

Stadt- oder Gemeinderatsmitglieder, der Ortspfleger und Ortsausschußmitglieder.

h) Allgemeine Richtlinien über die Verleihung von Wirtschaftskonzessionen und die polizeiliche Bewilligung von Tanzmusiken und zur Veranstaltung sonstiger Lustbarkeiten und Schaustellungen, soweit nicht Verordnungen und ministerielle Vorschriften vorliegen.

i) Aufsicht über die Innungen gemäß §§ 96 und 100 h der Reichsgewerbeordnung.

k) Regelung der Sonntagsruhe gemäß §§ 100 b II, 105 c IV und 105 f der Reichsgewerbeordnung.

l) Arbeiterschutz gemäß § 120 d der Reichsgewerbeordnung.

m) Verweigerung der Ausstellung von Führerscheinen, Zurücknahme der Fahrerlaubnis gemäß Reichsgesetz vom 3. Mai 1909 über den Verkehr mit Kraftfahrzeugen.

Das zuständige Staatsministerium kann weitere Angelegenheiten dieser Art dem Ausschusse zur Beratung und Beschlußfassung überweisen.

Diese Beschlüsse des Bezirksausschusses sind vom Bezirksamte zu vollziehen.

Der Bezirksausschuß soll die freiwillige Bildung von Zweckverbänden fördern (Gemeinschaftliche Gemeindeschreiber, Rechner, Einnehmer, gemeinschaftliche Wegunterhaltung, gemeinschaftliche Einrichtungen für Schulwesen, Volksbildung, Wohnungswesen, Feuerlöschwesen und dergleichen).

Der Bezirksausschuß kann auch in anderen, den Bezirk berührenden, in den Geschäftsbereich des Bezirksamtes gehörigen Angelegenheiten Anregungen geben und Anträge stellen, die vom Bezirksamte zu verbescheiden sind.

Das Bezirksamt kann in allen wichtigeren, das Gesamtinteresse des Bezirkes berührenden Angelegenheiten das Gutachten des Ausschusses erholen, welcher hiezu beschlußmäßig Stellung zu nehmen hat.

Art. 24 [1]) [2]).

Bei Erledigung einer Bezirksamtmannsstelle steht dem Bezirksausschusse das Recht zu, an der Wiederbesetzung mitzuwirken. Das Staatsministerium des Innern überweist dem Bezirksausschusse eine unter tunlichster Berücksichtigung etwa schon vorgebrachter Wünsche zusammengestellte Liste der in Frage kommenden Beamten. Zu Art. 24.

Der Bezirksausschuß wählt drei der dort angeführten Anwärter. Das Staatsministerium des Innern ernennt einen der Gewählten zum Bezirksamtmann.

Art. 25 [2]).

Der Bezirkstag kann die Abberufung eines wenigstens ein Jahr im Amte befindlichen Bezirksamtmanns beantragen. Zu Art. 25.

Ein solcher Antrag muß von mindestens einem Drittel der Bezirksvertreter beim Vorsitzenden des Bezirkstages eingereicht werden, darf erst frühestens vier Wochen nach Antragstellung auf dem Bezirkstage beraten werden und ist zu berücksichtigen, wenn zwei Drittel der Bezirksvertreter dem Antrage beistimmen. Das Staatsministerium des Innern wird in diesem Fall alsbald den Bezirksamtmann abberufen.

---

[1]) Art. 24 in der Fassung der Min.Bekm. vom 30. Mai 1919 (Bayer. Staatsanz. Nr. 138), deren Gültigkeit bestritten werden muß.

[2]) Über die Außerkraftsetzung des Art. 24 und 25 s. Anhang II 3.

Art. 26.

Zu Art. 26. Eine Gemeinde kann sich durch Gemeindebeschluß mit anderen Gemeinden und öffentlich rechtlichen Körperschaften zur gemeinsamen Erfüllung einzelner Aufgaben mit ministerieller Zustimmung zu einem Zweckverbande vereinigen. Das gleiche gilt für die Vereinigung von Zweckverbänden untereinander und mit anderen Gemeinden. Die Verhältnisse regeln sie durch eine Satzung, die der aufsichtlichen Genehmigung bedarf. Sie muß auch Bestimmungen über die Auflösung enthalten. Die Bestimmungen über Staatsaufsicht finden entsprechende Anwendung. Für Streitigkeiten der Mitglieder des Zweckverbandes unter sich infolge der Eingehung, der Auflösung oder des Bestehens des Verbandes gilt Art. 11 des Verwaltungsgerichtsgesetzes.

Erfordert das öffentliche Interesse die Bildung eines Zweckverbandes, so kann die mangelnde Zustimmung der Beteiligten durch einen mit Gründen versehenen Beschluß des Bezirksausschusses ersetzt werden. Das gleiche gilt für die Veränderung und für die Auflösung eines solchen Verbandes. Gehören die Gemeinden verschiedenen Bezirken desselben Kreises an oder ist eine unmittelbare Stadt beteiligt, so tritt an Stelle des Bezirksausschusses der Kreisausschuß, gehören die Gemeinden verschiedenen Kreisen an, so bestimmt das Staatsministerium des Innern den zuständigen Kreisausschuß.

Art. 27.

Zu Art. 27. 1. Die Art. 4 der rechtsrheinischen und der pfälzischen Gemeindeordnung erhalten die nachstehende Fassung:

Änderungen im Bestande der Gemeinden, Ortschaften oder abgesonderten Markungen bedürfen der Genehmigung des Staatsministeriums des Innern. Sie setzen in der Regel die Zustimmung der beteiligten Gemeinderäte voraus.

Auch ohne diese Zustimmung ist die Genehmigung zulässig, wenn ein dringendes öffentliches Bedürfnis festgestellt ist. Auf die Zuständigkeit und das Verfahren zur Feststellung des Bedürfnisses findet der Art. 11 des Verwaltungsgerichtsgesetzes entsprechend Anwendung. Das Verfahren über die Teilung oder Auseinandersetzung des Vermögens ist, wenn möglich, damit zu verbinden. Die Kosten trägt der Staat, mit Ausnahme der Parteivertretungskosten.

Wird bei einer Änderung im Bestand einer Gemeinde, Ortschaft oder abgesonderten Markung vereinbart, daß ein Grundstück von einer Gemeinde, Ortschaft oder abgesonderten Markung auf eine andere Gemeinde, Ortschaft oder abgesonderte Markung übergehen soll, so tritt die Eigentumsänderung auf Grund der Genehmigung der Vereinbarung durch das Staatsministerium des Innern in dem Zeitpunkt ein, in dem die Änderung im Bestande der Gemeinde, Ortschaft oder abgesonderten Markung wirksam wird.

In der Vereinbarung kann ein anderer Zeitpunkt bestimmt werden.

Die Aufsichtsbehörde kann die Neuwahl des Stadt- oder Gemeinderates anordnen, sie kann für den Rest der laufenden Wahlzeit die Anzahl der Mitglieder des Stadt- oder Gemeinderates vermehren und die Wahl für die neuen Stellen auf Teile des Gemeindebezirkes beschränken. Die Gewählten versehen ihr Amt nur für den Rest der laufenden Wahlzeit.

Das Staatsministerium des Innern kann die Zuständigkeit zur Genehmigung von Änderungen im Bestande von Gemeinden, Ortschaften oder abgesonderten Markungen auf die Regierungen, Kammern des Innern, übertragen.

2. Im Art. 5 der rechtsrheinischen Gemeindeordnung wird der Absatz III, im Art. 5 der pfälzischen Gemeindeordnung wird der Absatz II gestrichen.

Art. 28.

1. Der Art. 153 der rechtsrheinischen Gemeindeordnung erhält folgende Fassung: Zu Art. 28.

Wenn in einer Gemeinde eine oder mehrere Ortschaften bestehen, obliegen die Leistungen des Art. 38 Abs. I der Gemeinde.

Die Ortschaft hat das Recht der Verwaltung ihres Ortschafts- und Stiftungsvermögens und die Sorge für dessen Unterhaltung. Zu diesem Zwecke genießt sie die Rechte einer öffentlichen Körperschaft und kann Umlagen erheben. Bestehende Verpflichtungen der Ortschaften zu Leistungen des Art. 38 Abs. I werden aufgehoben, ohne Unterschied, ob sie auf Herkommen, Vereinbarung oder Gesetz beruhen, neue dürfen nicht mehr begründet werden. Die freiwillige Weitererfüllung solcher Verpflichtungen ist nur zu Lasten des Ortsvermögens zulässig; Ortsumlagen dürfen für diesen Zweck nicht erhoben werden.

Die Wege, Straßen, Brücken, Fähren und Stege, die Gebäude, die öffentlichen Uhren und Begräbnisplätze, die öffentlichen Brunnen, Wasserleitungen und Abzugskanäle der Ortschaft, soweit sie künftig von der Gemeinde zu unterhalten sind, gehen mit dem Inkrafttreten des Gesetzes auf die Gemeinde über. Die Gemeinde ist verpflichtet, den Teil der ungetilgten Ortschaftsschulden zu übernehmen, der nachweisbar auf die Herstellung oder den Erwerb dieser Gegenstände erwachsen ist. Streitigkeiten sind nach Art. 11 des Verwaltungsgerichtshofes auszutragen. Die völlige oder teilweise Vereinigung des übrigen Ortschaftsvermögens mit dem Vermögen der Gemeinde bedarf der Zustimmung der Ortsversammlung und der Genehmigung der Aufsichtsbehörde.

Jede Ortschaft, der die besondere Verwaltung ihres Vermögens zusteht, hat für diese Verwaltung aus den wählbaren Ortseinwohnern einen aus einem Pfleger und höchstens drei weiteren Mitgliedern bestehenden Ausschuß auf fünf Jahre, den Pfleger mit absoluter Mehrheit, den Ausschuß nach den Grundsätzen des Verhältniswahlrechts zu wählen.

Der Pfleger ist Vorstand des Ortsausschusses und führt den Vorsitz in der Ortsversammlung. Im Verhinderungsfalle wird er durch das an Lebensjahren älteste Ausschußmitglied vertreten. Die Bestimmungen der Gemeindeordnungen über das Gemeinde- und Stiftungsvermögen gelten entsprechend. Die den Gemeindeausschüssen zukommenden Befugnisse werden durch den Ortsausschuß ausgeübt. Dieser vertritt die Ortschaft nach außen und verwaltet das Ortschaftsvermögen durch die aus seiner Mitte aufgestellten oder die besonderen Verwalter. Weder der Pfleger noch sein Stellvertreter dürfen eine Kassenverwaltung selbst führen.

Sind nicht wenigstens drei wählbare Ortseinwohner vorhanden oder kommt keine Wahl zustande, so kann die vorgesetzte Behörde die Anordnungen für die Verwaltung und Vertretung der Ortschaft treffen und diese auch dem Ausschusse der Gemeinde übertragen.

Befindet sich ein gesondertes Gemeinde- oder Stiftungsvermögen im Eigentum einer Ortschaft, die einer Stadtgemeinde zugeteilt ist, oder im Eigentum eines Bezirkes der Gemeinde, so sind die nötigen Anordnungen über die

2.

Vollzugsanweisung zum Gesetz über die Selbstverwaltung vom 14. Juni 1919 (GVBl. S. 303).

Das Staatsministerium des Innern gibt zum Vollzuge des Gesetzes über die Selbstverwaltung folgende Weisungen und Erläuterungen:

§ 1.

Das Selbstverwaltungsgesetz (SG) bezieht sich zunächst auf die beiden Gemeindeordnungen, das Distriktsrats- und das Landratsgesetz, es ergreift aber auch alle Bestimmungen in anderen Gesetzen, welche auf diesen Gesetzen fußen oder mit ihnen zusammenhängen, so sind auch die Art. 29—31 des Umlagengesetzes aufgehoben, weil das Gesetz in Art. 6 Abs. II die Gemeindekollegien und in Art. 29 Abs. I die Gemeindeversammlungen beseitigt. Aufgehoben sind auch solche Bestimmungen, die sich mit den Grundsätzen des Gesetzes nicht vertragen, z. B. die in Art. 6 II des Distriktsratsgesetzes enthaltene Beschränkung der Wählbarkeit der Beamten einer bestimmten Distriktsverwaltungsbehörde, oder die in Art. 14 des nämlichen Gesetzes angedrohte Verurteilung unentschuldigt ausgebliebener Mitglieder in die Kosten der vereitelten Sitzung. Endlich liegt auch die sinngemäße Abänderung noch mit dem Gesetze verträglicher Bestimmungen in seiner Absicht, z. B. folgt aus Art. 3 im Zusammenhalte mit Art. 5 SG, daß in Art. 174 Abs. I Ziff. 3 der rrh. GO statt 6 Jahre zu lesen ist 5 Jahre.

§ 2.

Alle Beschränkungen der Wählbarkeit von Staats-, Gemeindebeamten und Beamten öffentlicher Körperschaften sind beseitigt, also auch Art. 6 Abs. II des DRG. Der Bezirksamtmann, wie der Assessor und alle übrigen Beamten des Bezirksamtes können zu Mitgliedern des Bezirkstages, ebenso auch der Regierungspräsident und die Beamten der Regierung zu Mitgliedern des Kreistages gewählt werden, wenn sonst die Voraussetzungen der Wählbarkeit vorliegen. Diese Mitgliedschaft hindert auch nicht, daß der Gewählte zugleich die Tätigkeit des Regierungskommissärs ausübt, in gleicher Weise wie ein bayer. Minister zugleich Mitglied des Landtages und ein Reichsminister zugleich Mitglied der Nationalversammlung sein kann.

§ 3.

In Art. 174 Abs. I Ziff. 3 und Art. 8 Abs. I des DRG ist statt 6 Jahre zu lesen 5 Jahre. Die Ablehnung kann gegenüber dem Wahlkommissär, gegenüber der Gemeindeverwaltung, dem Bezirkstage, dem Kreistage, dem Bezirksamte, der Regierung erklärt werden. Schweigen innerhalb der in § 77 der Wahlordnung vorgesehenen Frist gilt als Annahme. Eheleute schließen sich in den Verwaltungskörpern nicht aus. Für den Kreistag gibt es überhaupt keine Ausschließungsgründe.

§ 4.

Die Aufsichtsbehörde bestimmt sich nach Art. 13 SG. Für die Gemeinde- und Ortschaftswahlen gilt Art. 96/122 der beiden Gemeindeordnungen mit Ausnahme des Art. 196 Abs. II weiter. Die ersten Bürgermeister haben sich unterschriftlich zu verpflichten, daß sie ihre Obliegenheiten gewissenhaft erfüllen und ihr Amt nach den gesetzlichen Vorschriften verwalren. Diese Verpflichtung besorgt die Aufsichtsbehörde entweder unmittelbar oder durch Beauftragte. Die übrigen Gewählten werden nicht verpflichtet. Gegen die Festsetzung oder Unterlassung der Festsetzung des angemessenen Funktionsbezuges, der Aufwandsentschädigung, des Ersatzes für entgangenen Verdienst kann die Beschwerde zur Aufsichtsbehörde ergriffen werden. Der Funktionsbezug der ehrenamtlichen Bürgermeister kann für versorgungsfähig erklärt werden.

§ 5.

Mit dem Ende der laufenden Wahlzeit endet auch die Berufung aller jener Mitglieder von Kommissionen, Ausschüssen usw., die von den bisherigen Vertretungen auf die Dauer ihrer eigenen Wahlzeit, also nicht auf eine bestimmte Anzahl von Jahren gewählt sind. Hierunter fallen:

a) der Landarmenrat, der Armenrat,
b) der Waisenrat,
c) die nach Art. 106/67 der beiden Gemeindeordnungen gebildeten Ausschüsse,
d) die vom Bezirkstage zu wählenden Sachverständigen zur Bildung des Ausschusses für die Entschädigung bei Viehverlusten (Art. 4 des AG zum Reichsviehseuchengesetze vom 13. August 1910, GVBl. S. 615),
e) die vom Bezirkstage zu wählenden Mitglieder der Einquartierungskommission (ME vom 27. August 1875, Weber Ges.-Samml. Bd. 11 S. 134),
f) die vom Bezirkstage zu wählenden 2 landwirtschaftlichen Unternehmer, aus denen die Mitglieder der Genossenschaftsversammlung für die land- und forstwirtschaftliche Berufsgenossenschaft entnommen werden.

Es wird stets die ganze Gemeindevertretung erneuert, teilweise Erneuerungen, wie sie die bisherige rechtsrheinische Stadtverfassung für den Magistrat (2 Wahlzeiten zu je 3 Jahren) und für das Gemeindekollegium (3 Wahlzeiten zu je 3 Jahren) kannte, gibt es für die Folge nicht mehr.

§ 6.

Der Stadt- oder Gemeinderat ist künftig das einzige Verwaltungsorgan der Gemeinde. Er hat auch alle Befugnisse, die bisher das Gemeindekollegium oder die Gemeindeversammlung hatte. Die Bestimmungen über das Gemeindekollegium sind aufgehoben, die Bestimmungen über den Magistrat sind sinngemäß auf den Stadtrat, die Bestimmungen über den Gemeindeausschuß auf den Gemeinderat anzuwenden, in der pfälzischen Gemeindeordnung decken sich diese Bestimmungen.

Wer als erster Bürgermeister vom Volke gewählt ist, gilt im Zweifel zunächst als nicht berufsmäßiger Bürgermeister, er muß die Wahl annehmen, wenn die Voraussetzungen der Wählbarkeit vorliegen und kein Ablehnungsgrund geltend gemacht werden kann. Fehlt beim Gewählten die Voraussetzung des Art. 2 Ziff. 3 des Wahlges. vom 15. April 1919, so ist wegen Art. 4 Abs. II des Wahlgesetzes die Anstellung als berufsmäßiger Bürgermeister möglich. Solche Stimmen sind also gültig. Sonst bestimmt sich nach den Beschlüssen des Stadt- oder Gemeinderates und nach den Vereinbarungen mit dem Gewählten, ob er als berufsmäßiger oder als ehrenamtlicher Bürgermeister zu betrachten ist. Im ersteren Falle muß ein Dienstvertrag abgeschlossen werden. Der Dienstvertrag muß Bestimmungen enthalten über Zeitdauer, Gehalt, Ruhegehalt, Witwen- und Waisengeld, über Anrechnung von Dienstjahren, von Nebenbezügen, über das Verbot der Übernahme von Nebenbeschäftigungen, über Urlaub.

Der freiwillige Rücktritt vom Amte soll nur unter Verzicht auf alle Ansprüche aus dem Dienstvertrage möglich sein, ebenso die Nichtannahme der Wiederwahl. Über die Ansprüche aus dem Dienstvertrag entscheiden die ordentlichen Gerichte.

Die Anzahl der weiteren Bürgermeister, der Stadt- oder Gemeinderäte, der berufsmäßigen Stadt- oder Gemeinderäte bestimmt der Stadt- oder Gemeinderat. Es kann jede Gemeinde, auch die kleinste 2 oder 3 weitere Bürgermeister wählen, einen weiteren Bürgermeister muß jede Gemeinde haben. Dies gilt insbesondere für die Gemeinden, welche bisher die rechtsrheinische Stadtverfassung hatten. Jede Gemeinde kann auch berufsmäßige Stadt- oder Gemeinderäte anstellen.

Führte eine Gemeinde bisher schon die Bezeichnung Stadt, so heißt die Gemeindeverwaltung Stadtrat, außerdem Gemeinderat; die Märkte mit städtischer Verfassung haben Gemeinderäte.

Die Höchstzahlen der Stadt- oder Gemeinderäte nach Ziff. 3 dürfen nicht überschritten werden, maßgebend ist die letzte amtliche und amtlich bekannt gegebene Volkszählung. Eine Vermehrung der Stadt- oder Gemeinderäte ist auch während der laufenden Wahlzeit zulässig, die Aufsichtsbehörde ist hievon in Kenntnis zu setzen, sie hat den Wahltermin anzuberaumen. Die Vermehrung soll immer in der Weise erfolgen, daß die Nachwahl im Wege der Verhältniswahl möglich ist; die Gewählten versehen ihr Amt nur auf die Dauer der noch laufenden Wahlzeit.

Die berufsmäßigen Stadt- oder Gemeinderäte haben Sitz im Stadt- oder Gemeinderate, dagegen Stimmrecht nur in Gegenständen ihrer Geschäftsaufgabe. Die Gemeindesekretäre haben nur beratende Stimme, die Vorschriften des Art. 72 III/62 I der beiden Gemeindeordnungen sind unberührt geblieben.

§ 7.

Die Bestimmung entspricht dem Art. 7 des Wahlgesetzes vom 15. April 1919.

a) **Die ersten Bürgermeister und die nichtberufsmäßigen Stadt- oder Gemeinderäte** werden von sämtlichen Wahlberechtigten unmittelbar, die einen mit absoluter Stimmenmehrheit (1 Stimme mehr als die Hälfte der abgegebenen Stimmen), die anderen nach den Grundsätzen des Verhältniswahlrechtes gewählt.

b) Die weiteren Bürgermeister und die berufsmäßigen Stadt- oder Gemeinderäte werden von den Stadt- oder Gemeinderäten gewählt, die das *volle* Stimmrecht besitzen. In diesem Sinne gehören zu den Stadt- oder Gemeinderäten auch die sämtlichen Bürgermeister, aber nicht die berufsmäßigen Stadt- oder Gemeinderäte. Hier entscheidet entweder die absolute Mehrheit der abgegebenen Stimmen, wenn nur für eine einzelne Stelle gewählt wird, sonst sind die Grundsätze des Verhältniswahlrechts maßgebend. Dabei sind berufsmäßige und nicht berufsmäßige Stellen je in gesonderten Wahlgängen zu besetzen. Für diese Wahlen ist die Wahlordnung, insbesondere § 81, nebst Vollzugsvorschriften entsprechend anwendbar.

Wird bei der Wahl des ersten Bürgermeisters durch das Volk die ab-

solute Stimmenmehrheit nicht erreicht, so trifft der Stadt- oder Gemeinderat unter den 5 nötigenfalls durch das Los zu bestimmenden Bewerbern mit der höchsten Stimmenzahl und wenn weniger als 5 Bewerber aufgetreten sind, unter diesen die Auswahl mit absoluter Stimmenmehrheit. Wird diese auch hierbei nicht erreicht, so tritt hier, ebenso wie bei Ziff. 2 und 3 des Art. 7 Abs. I Stichwahl ein, d. h. es wird nur noch zwischen den 2 Bewerbern mit den höchsten Stimmenzahlen gewählt, so daß Stimmen, die auf andere Namen fallen, ungültig sind. Haben mehrere Personen gleichviel Stimmen erhalten, so daß bei ihrer Berücksichtigung die Zahl 2 überschritten würde, so entscheidet wie oben das Los, wer von ihnen in die Stichwahl zu bringen ist.

Die Bezirks- und Kreisvertreter werden zufolge der allgemeinen Vorschrift des Art. 6 des Wahlgesetzes vom 15. April 1919 im Wege der Verhältniswahl gewählt.

§ 8.

Der 1. Bürgermeister wird durch den 2., der 2. durch den 3. usw. vertreten, danach kommen die nichtberufsmäßigen Stadt- oder Gemeinderäte an die Reihe, die berufsmäßigen sind, weil sie auch nicht das volle Stimmrecht besitzen, von der Vertretung des Bürgermeisters überhaupt ausgeschlossen.

Der Art. 101 Abs. III und Art. 145 Abs. VII der rrh. GO. wird durch das SG nicht berührt. Die Bildung von Geschäftsabteilungen ist für das rechtsrheinische Bayern dadurch möglich, daß die weiteren Bürgermeister als deren Vorstände bestimmt werden, für die Pfalz gibt Art. 78 die Möglichkeit, die Sache durch die Geschäftsordnung zu regeln.

Die Erlassung einer Geschäftsordnung ist übrigens auch für das rechtsrheinische Gebiet zulässig.

Von einer Ordnung der Rangverhältnisse wurde abgesehen; wenn ein Bedürfnis danach gefühlt wird, kann sie vom Stadt- oder Gemeinderat getroffen werden.

§ 9.

Bei der Berechnung der Anzahl der Bezirksvertreter werden nur diejenigen Mitglieder des bisherigen Distriktsrates gezählt, die unter Art. 2 Abs. I lit. a des DRG fallen, besteht z. B. ein Distrikt aus 36 Gemeinden, von denen 34 je einen Vertreter, 2 aber, weil sie 3000 und 5000 Einwohner zählen, 2 und 3 Vertreter haben, so ist die maßgebende Anzahl 39, die Anzahl der Bezirksvertreter also 13. Bei der Teilung durch 3 ergibt erst der Rest 2 einen Vertreter mehr. $^1/_3$ von 40 ist also 13, $^1/_3$ von 41 aber 14. In einigen Bezirken wird die Zahl der Vertreter kleiner als 10 sein (z. B. Garmisch, Viechtach). Der Bezirkstag soll keine Versammlung (Parlament), sondern ein Verwaltungsorgan sein, vergleichbar dem Gemeinderat, aber noch kleiner als dieser, um hier, wo die Mitglieder nicht an einem und demselben Orte wohnen, den Zusammentritt möglichst zu erleichtern.

Die Vorschriften über die Verwaltung der Bezirksarmenpflege, Art. 65 bis 69 des Armengesetzes vom 21. August 1914 werden überhaupt nicht vom Gesetze getroffen. Die Bestimmungen des Art. 68 über die Zusammensetzung des Bezirkstages für die Behandlung der Armenangelegenheiten waren aber ausdrücklich aufrechtzuerhalten.

Für die Bildung des Armenrates und des Waisenrates ist die gemeinschaftliche Bekanntmachung der Staatsministerien der Justiz und des Innern vom 12. Juni 1919 Nr. 5704 a und des Innern vom 20. Juni 1919 Nr. 5704 a 4 (StA. Nr. 148 vom 14. Juni 1919 und Nr. 154 vom 22. Juni 1919) maßgebend.

§ 10.

Die Anzahl der Kreisvertreter ist gesetzlich festgelegt; sie ist unabhängig von der Einwohnerzahl. Die Vertretungen der einzelnen Distrikte, der unmittelbaren Städte, ferner die Sondervertretungen des Grundbesitzes, der Geistlichkeit und der Universitäten sind beseitigt.

§ 11.

Bei der Vereinigung der Distrikte zu einem einzigen Bezirke soll grundsätzlich eine Vereinigung des Verwaltungs-, des Finanzvermögens und der Schulden eintreten. Der Übergang der Vermögensrechte ist als Gesamtrechtsnachfolge zu betrachten. Der Eigentumsübergang an eingetragenen Grundstücken oder grundstücksgleichen Rechten, vollzieht sich außerhalb des Grundbuches, so daß das Grundbuch berichtigt werden muß. Zu diesem Zweck ist das Grundbuchamt zu verständigen.

Die Vereinigung soll ausgleichend wirken. Es ist zu vermeiden, irgendwelche Sonderrechte oder Vorrechte für den einen oder anderen Distrikt zu begründen, nur wo subjektive öffentliche oder private Rechte es verlangen, z. B. das Recht der Angehörigen eines Distrikts eine bestimmte Anstalt zu benützen oder an einer Stiftung teilzunehmen, soll an den früheren Grenzen der beiden Distrikte festgehalten werden.

Die Bezirksamtsvorstände werden mit den Verhältnissen der einzelnen Distrikte so bekannt sein, daß sie die gütliche Regelung der vermögensrechtlichen Seite in den meisten Fällen erreichen werden.

Es empfiehlt sich ferner eine gewisse Rücksichtnahme in der Weise, daß sich der Bezirkstag abwechselnd auch in den anderen oder in den beiden anderen Distrikten versammelt, daß dort Einhebe- und Auszahlungsstellen bestehen bleiben, daß unter Umständen der Name des neuen Bezirkes die Namen der vereinigten Distrikte enthält, wie das bei Memmingen-Ottobeuern seiner Zeit bereits geschehen ist.

In der Pfalz gehören die unmittelbaren Städte noch dem Bezirksverband an, sie können jetzt nach Art. 17 dieses Gesetzes auch gegen den Willen der Stadt wie des Bezirkes abgetrennt werden. Dies wird sich auch empfehlen wegen der besonderen bezirkspolizeilichen Zuständigkeit des Bezirksausschusses nach Art. 23 dieses Gesetzes, die mit der gleichen Zuständigkeit der unmittelbaren Städte sich nicht vertragen würde.

Die Berechnung der einzelnen Vertreter des vereinigten Bezirkes zeigt folgendes Beispiel: Wenn das Bezirksamt aus 3 Distrikten besteht mit 22, 19 und 18 Gemeindevertretern, so hat der vereinigte Bezirk 20 Vertreter.

§ 12.

Die Staatsaufsicht ist in den Art. 12, 13 und 14 einheitlich für Gemeinden, Bezirke und Kreise geregelt. Art. 1/1 der beiden Gemeindeordnungen ist durch Art. 12 ersetzt.

Der Abs. II soll nur die Berechtigung der Gemeinden, Bezirke und Kreise aussprechen, ihre Tätigkeit auf diese Gebiete zu erstrecken. Eine Handhabe für die Staatsaufsicht soll er nicht bieten.

Die Obliegenheiten der Gemeinden, Bezirke und Kreise läßt das Gesetz unberührt. Es gelten für die Gemeinden insbesondere Art. 38/29 der beiden Gemeindeordnungen weiter, ebenso Art. 27 und 28 des Distriktsratsgesetzes für die Bezirke und das Kreislastenausscheidungsgesetz vom 23. Mai 1846 (GVBl 1846 S. 45) für die Kreise.

Ebenso bleiben bis zu einer anderweitigen Regelung die Vorschriften aufrechterhalten, welche die Ernennung der Bezirks- und Kreisbeamten und die Aufbringung ihrer Bezüge betreffen.

Für den Bezirkskassier gelten die Art. 20 und 21 des DRG weiter.

Ebenso bleiben die bisherigen Bestimmungen in Kraft, welche den Vollzug des Kreishaushaltes betreffen (Führung der Kreiskassarechnung, Erhebung der Einnahmen usw.).

Vor der Besetzung der Stelle eines Bezirkstechnikers soll in der Regel ein öffentliches Ausschreiben zur Bewerbung ergehen. Vor der endgültigen Wahl ist der Landesverband der Bezirksbaumeister Bayerns zu hören.

Als Mindestvorbildung soll das erfolgreiche Bestehen der Schlußprüfung einer staatlich anerkannten Baugewerkschule und der Nachweis einer mehrjährigen Tätigkeit im öffentlichen oder privaten Baudienste verlangt werden.

§ 13.

Die Bestimmungen treten für die Gemeinden anstelle der Art. 157/89 der beiden Gemeindeordnungen, für die Bezirke und Kreise sind sie neu.

Das Recht der Kenntnisnahme von der Tätigkeit der Gemeindebehörde, insbesondere das Recht der Amts- und Kassenvisitation (bisher Art. 157/89 II der beiden Gemeindeordnungen) ist ein selbstverständlicher Teil der Staatsaufsicht und nicht mehr ausdrücklich im Gesetz erwähnt.

Die Leistungsfähigkeit der Gemeinde, des Bezirkes, des Kreises hinsichtlich der aufzuerlegenden Verpflichtung ist eine selbstverständliche Voraussetzung des staatsaufsichtlichen Einschreitens. Sie ist auch für die Folge sorgsam zu prüfen und im etwa ergehenden Beschlusse festzustellen.

Das Gesetz sieht von besonderen Förmlichkeiten ab, die die Gemeinde, den Bezirk, den Kreis in Bezug auf die Leistung in Verzug setzen. Es ist auch für die Folge notwendig, daß die Gemeinde, der Bezirk, der Kreis zunächst auf ihre Verpflichtung aufmerksam gemacht und über die einschlägigen gesetzlichen Bestimmungen belehrt werden; erst wenn diese Schritte erfolglos geblieben sind, kann der staatsaufsichtliche Zwang ausgeübt werden.

§ 14.

Die Bestimmungen in Art. 14 und 15 ersetzen für die Gemeinde die Art. 159/91 der beiden Gemeindeordnungen. Für Bezirk und Kreis war bisher zu jedem Beschluß eine Genehmigung erforderlich. Die Regelung soll erschöpfend sein, in allen anderen Fällen bedürfen die Beschlüsse der Gemeinden, Bezirke und Kreise nicht mehr der Mitwirkung der Staatsbehörden zur Gültigkeit.

Die für die Anleihewirtschaft erlassenen sonstigen allgemeinen Weisungen gelten weiter, soweit sie sich mit dem Gesetze vertragen. Insbesondere wird für die Gemeinden noch die ME vom 11. Oktober 1907, MBl. S. 482, ausdrücklich aufrechterhalten.

§ 15.

Für die Gemeinden waren ähnliche Vorschriften wie in Abs. I bereits in Art. 159/91 Ziff. 4, 4a und 9/10 der beiden Gemeindeordnungen enthalten, für die Bezirke und Kreise sind die Vorschriften neu.

Als Beispiel für die Fälle des Abs. II kann eine Stipendienstiftung dienen, deren Stipendien zu gering sind, um einen nennenswerten Beitrag für den Bedachten zu den Kosten des Studiums zu liefern; hier kann etwa das Stipendium auf das doppelte oder dreifache erhöht, dafür aber die Anzahl der Stipendien entsprechend vermindert werden.

In den Fällen des Abs. III sollen die Notare bei der Beurkundung von Liegenschaftsverträgen durch Gemeinden mit weniger als 3000 Einwohnern jeweils beim zuständigen Bezirksamte sich erkundigen, ob die Voraussetzungen für die Einholung der Genehmigung vorliegen und die Beurkundung entweder erst nach Erteilung oder nur vorbehaltlich der Erteilung vornehmen.

§ 16.

Die Erleichterungen in der Überwachung des Rechnungswesens dürfen nicht zu einer Verschlechterung führen. Es ist nur dann davon Gebrauch zu machen, wenn in dieser Beziehung kein Zweifel besteht. Die Erleichterungen sollen auch nur zeitenweise, nicht dauernd genehmigt werden. Dabei ist darauf zu achten, ob ein Wechsel in der Person des Rechners oder auch des Rechnungsfertigers eingetreten ist. Den Aufsichtsbehörden sollen diese Verhältnisse bekannt sein.

§ 17.

Das Gesetz dehnt das im rechtsrheinischen Bayern bisher ausgeübte Verfahren bei der Verleihung der Unmittelbarkeit auf das ganze Land aus und ändert den Art. 3 des pfälzischen Städteverfassungsgesetzes insoweit ab, als künftig die Zustimmung der beteiligten Stadt und des Bezirkes zur Auflösung des Bezirksverbandes nicht mehr notwendig ist. Auf eine Entschädigung für den Entgang an Umlagen, der durch die Abtrennung der Stadt vom Bezirk eintritt, besteht kein Rechtsanspruch. Er wird auch für die Folge nach den Regeln der Billigkeit vom Ministerium festgesetzt werden, wenn nicht die Beteiligten sich selbst darüber in Güte einigen. Die Stellungnahme des Ministeriums kann auch in der Weise herbeigeführt werden, daß die Aufsichtsbehörde die Verhandlungen mit gutachtlicher Äußerung vorlegt. Gegen die vom Ministerium festgesetzte Entschädigung ist keine Beschwerde im Verwaltungsrechtswege möglich.

§ 18.

Die Wahl des Vorsitzenden, des Schriftführers und der Stellvertreter soll jährlich und in der Regel schriftlich stattfinden, die Geschäftsordnung kann auch eine andere Form bestimmen. Es entscheidet einfache Stimmenmehrheit, bei Stimmengleichheit das Los.

Eine Verpflichtung oder Vereidigung der Mitglieder des Bezirks-, des Kreistages oder der Ausschüsse ist nicht mehr vorgeschrieben. Art. 15 III DRG, Art. 21 LRG sind mit dem Gesetze nicht mehr verträglich.

Die Einladung zum ersten Zusammentritte geht vom Bezirksamte, von der Regierung aus, die späteren Einladungen werden entweder vom Bezirksamte, von der Regierung, Kammer des Innern, im Namen des Vorsitzenden auf dessen Ansuchen, oder von diesem selbst erlassen. Im letzteren Falle sind die Sitzungen in der vorgeschriebenen Weise dem Bezirksamte, der Regierung, Kammer des Innern, vorher anzuzeigen.

Der Vorstand des Bezirksamtes, der mit der Sache befaßte Regierungsbeamte sollen in der Regel den Sitzungen beiwohnen; wenn ein technischer Beamter beteiligt ist, ist auch dieser zur Sitzung als Vertreter abzuordnen.

Der Vorsitzende des Bezirks-, des Kreistages stimmt mit, bei Stimmengleichheit gilt der Antrag als abgelehnt. Die Geschäftsordnung kann abweichende Bestimmungen treffen.

Art. 13 III DRG, Art. 25 II LRG vertragen sich nicht mehr mit dem Gesetze.

§ 19.

Es ist nicht unbedingt notwendig, den Ausschuß förmlich zu wählen. Es soll nach dem Sinn des Gesetzes genügen, wenn er mit allseitiger Zustimmung unter Berücksichtigung des Stärkeverhältnisses der Parteien zusammengesetzt wird. Wenn nur eine einzige Stimme Widerspruch erhebt, ist die förmliche Wahl in sinngemäßer Anwendung des Gemeindewahlgesetzes und der Wahlordnung geboten. Die Ersatzmänner für die Ausschußmitglieder werden sofort bestimmt, nämlich ebensoviel als bei der Wahl der Ausschußmitglieder auf den Wahlvorschlag Sitze fallen und zwar kommen als Ersatzmänner die auf dem Wahlvorschlag nächstfolgenden Namen an die Reihe. Bei gemeinsamen Wahlvorschlägen ist die Min.Bekm. vom 14. Mai 1919 (Staatsanzeiger Nr. 125 vom 16. Mai 1919) zu beachten. Bei der Verteilung der Sitze ohne Wahl ist die Regelung entsprechend zu treffen. Die Ersatzmänner treten nicht bloß ein, wenn die Stelle eines Mitgliedes endgültig, z. B. durch Tod oder Wegzug erledigt ist, sondern auch bei vorübergehender Verhinderung, z. B. Krankheit, vorübergehender Abwesenheit.

In Bezirken, die weniger als 10 Bezirksvertreter haben, ist es zulässig, für die Wahl der Ersatzmänner des Ausschusses auf Ersatzmänner bei der Wahl der Bezirksvertretung zurückzugreifen und z. B. wenn der Bezirkstag nur 8 Mitglieder zählt, noch 2 Ersatzmänner aus den Vorschlagslisten für die Wahl der Bezirksvertreter zu nehmen. Auf diese Weise wird auch das Stärkeverhältnis der Parteien im Ausschusse berücksichtigt werden können.

Der Vorsitzende, der Schriftführer des Ausschusses, die Stellvertreter für beide können auch mündlich durch Zuruf gewählt werden, wenn niemand widerspricht. Es entscheidet einfache Stimmenmehrheit, bei Stimmengleichheit das Los. Der Vorsitzende des Bezirks-, Kreisausschusses braucht nicht dieselbe Persönlichkeit zu sein, wie der Vorsitzende des Bezirkstages, des Kreistages; es erleichtert aber die Geschäfte, wenn es der Fall ist. Die Wahlen sollen jährlich erneuert werden.

Der Vorsitzende des Bezirks, des Kreisausschusses, ebenso die Vorsitzenden der Sonderausschüsse stimmen überall mit. Im Kreisausschuß entscheidet bei Stimmengleichheit die Stimme des Vorsitzenden (Art. 35 III LRG), für die übrigen Ausschüsse soll die Geschäftsordnung die Frage ordnen.

Die Geschäftsordnung soll ferner Vorschriften über die Form der Niederschrift der Sitzungen enthalten; die Niederschrift muß mindestens den Tag der Sitzung ersehen lassen, die Namen der Anwesenden, den Inhalt der Beschlüsse und die Anzahl derjenigen, die dafür gestimmt haben. Die Geschäftsordnung soll die Sitzungstage und die Sitzungszeit bestimmen, es können feste Tage für das ganze Jahr gewählt werden. Es liegt in der Absicht des Gesetzes, daß die Bezirks- und Kreistage häufiger, am besten in gewissen regelmäßigen Zwischenräumen zusammentreten. Die Geschäftsordnung soll endlich auch die näheren Bestimmungen enthalten über die Erledigung der Schreibgeschäfte für den Bezirkstag, über die Aufbewahrung der Verhandlungen, über die Anstellung von Personal, über die Vornahme der Rechnungsprüfung, wo sie dem Ausschusse zukommt.

Wenn es sich um Angelegenheiten handelt, die von allgemeiner Bedeutung für die Gemeinde sind oder eine größere Anzahl von Gemeinden zugleich betreffen, z. B. Maßnahmen in Bezug auf das Rechnungs- und Kassenwesen, auf Einnehmereien, die Gemeindeschreibereien, Zweckverbände, so sind die Verbände der mittelbaren Gemeinden zur Abordnung eines Vertreters einzuladen. Das gleiche hat gegenüber der Gemeindebeamtenkammer zu geschehen, wenn es sich um Beschlüsse über die Dienst-, Gehalts- und Versorgungsverhältnisse von Beamten handelt, deren Interessen von der Gemeindebeamtenkammer vertreten werden.

§ 20.

Es sollen in der Regel mehrere Sonderausschüsse gebildet und jährlich neu gewählt werden, z. B. für Schulwesen, für Land- und Forstwirtschaft, für soziale Fürsorge. Dabei sollen aus den wählbaren Bezirksangehörigen hauptsächlich Persönlichkeiten gewonnen werden, die durch ihre bisherige Tätigkeit besondere Erfahrung und Sachkunde auf dem einschlägigen Gebiete, oder die durch ihre Stellung einen besonderen Einfluß auf die einschlägigen beteiligten Personenkreise haben. Auf diesem Wege können sich auch die schwächeren Bezirkstage, insbesondere die mit weniger als 10 Mitgliedern helfen. Es wird nahegelegt, vor solchen Zuwahlen die einschlägigen Organisationen oder Körperschaften mit ihren Vorschlägen zu hören.

Die Beschlüsse der Sonderausschüsse sind endgültig und sofort vollziehbar, nur ausnahmsweise bloß gutachtlich. Der Sonderausschuß schließt innerhalb seines Aufgabenkreises den Bezirksausschuß aus. Hält der Vorsitzende des Sonderausschusses oder sein Stellvertreter einen Beschluß des Sonderausschusses für bedenklich, so kann er die Vollziehung aufschieben und den Beschluß des Bezirkstages innerhalb 8 Tagen herbeiführen. Hiezu hat er die Pflicht, wenn der Beschluß die vom Bezirkstage gezogenen Grenzen oder den Voranschlag nicht einhält.

§ 21.

Die Behörden der inneren und der Finanzverwaltung sind gehalten, hinsichtlich aller Angelegenheiten. die zum Wirkungskreise des Bezirkes, des Kreises gehören, die erforderlichen Aufschlüsse zu geben.

Das Bezirksamt, die Regierung stellt die notwendigen Ausgaben und die voraussichtlichen Einnahmen des Bezirkes, des Kreises im Benehmen mit der Finanzverwaltung fest und liefert insoweit dem Bezirks-, dem Kreistage die Unterlagen für die Aufstellung und Beratung des Bezirks-, des Kreishaushaltes.

Andererseits obliegt dem Bezirksamt, der Regierung, Kammer des Innern, die Verpflichtung zur Anzeige an die Aufsichtsbehörde des Bezirkes, des Kreises, wenn notwendige Ausgaben nicht in den Voranschlag eingesetzt werden.

Das Bezirksamt, die Regierung sorgt auch für die rechtzeitige Bereitstellung aller Rechnungen des Bezirkes, Kreises, der Bezirks-, der Kreisanstalten und der vom Bezirke, vom Kreise verwalteten Stiftungen.

Über die Prüfung der Rechnungen des Bezirkes hat der Bezirkstag Anordnung zu treffen (Geschäftsordnung), entstehende Kosten hat der Bezirk zu tragen. Hinsichtlich der Prüfung der Rechnungen des Kreises bleibt es vorläufig beim bisherigen Verfahren.

Die Bezeichnung der Angelegenheiten, die der Bezirkstag, der Kreistag dem Ausschusse zur Erledigung überträgt, kann auch in der Geschäftsordnung geschehen.

Als außerordentlich dringliche Fälle, in denen der Ausschuß auch ohne Ermächtigung für den Bezirkstag, den Kreistag handeln kann, gelten beispielsweise Maßnahmen bei Elementarereignissen, Verwesung unerwartet erledigter Stellen u. dgl. Die Fälle werden selten sein, da die Einberufung des Bezirkstags, des Kreistages jetzt viel leichter möglich ist als früher.

§ 22.

Die Einberufung der Mitglieder des Ausschusses kann der Vorsitzende selbst besorgen, er kann auch das Bezirksamt, die Regierung darum ersuchen. Es empfiehlt sich auch hier, bestimmte Tage, z. B. den ersten und dritten Mittwoch eines jeden Monats festzusetzen.

Über den Vollzug der Beschlüsse des Bezirks-, des Kreisausschusses trifft das Gesetz keine ausdrückliche Bestimmung. Die Beschlüsse des Bezirksausschusses auf Grund des Art. 28 a—m werden auch vom Bezirksamte vollzogen. Im übrigen wird zwar in der Regel das Bezirksamt die Beschlüsse des Bezirksausschusses, die Regierung, Kammer des Innern, die Beschlüsse des Kreisausschusses vollziehen, hinsichtlich des Voranschlages ist es im Gesetz ausdrücklich ausgesprochen, es kann aber auch in einzelnen Fällen und nach dem Willen der Ausschüsse eine andere Regelung platzgreifen. Art. 29 IV LRG verträgt sich nicht mehr mit dem Gesetze.

Zum Vollzuge genügt eine Ausfertigung des Ausschußbeschlusses, sei es in der Urschrift oder in einer behördlich beglaubigten Abschrift. Für Rechtsgeschäfte mit Dritten sind solche Beschlüsse der Ausschüsse die genügende Grundlage, z. B. bei der Aufnahme von Anlehen, nur ist hier soweit der Betrag in Art. 14 des Gesetzes überschritten wird, auch die aufsichtliche Genehmigung zur Aufnahme nachzuweisen. Zustellungen an den Bezirk, den Kreis ergehen rechtswirksam an den Vorsitzenden des Ausschusses als solchen.

§ 23.

In den im Abs. I a—m bezeichneten Angelegenheiten bildet der Bezirksausschuß die Beschlußbehörde und tritt in dieser Beziehung an die Stelle des Bezirksamtes. Alle diese Angelegenheiten hat das Bezirksamt bis zur Spruchreife vorzubehandeln. Der Bezirksausschuß kann weitere Erhebungen anordnen, die das Bezirksamt zu vollziehen hat.

Die abgeschlossenen Verhandlungen werden dem Bezirksausschusse zugeleitet, in der Sitzung hat der mit der Angelegenheit befaßte Bezirksbeamte anwesend zu sein und die erforderlichen rechtlichen und tatsächlichen Aufschlüsse auf Verlangen zu geben. Für diese Beratungen ist dem Schriftführer des Ausschusses eine Hilfskraft aus dem bezirksamtlichen Kanzleipersonal zur Verfügung zu stellen. In die Niederschrift über die Sitzung sind die Beschlüsse und kurz auch die Gründe für die Beschlüsse aufzunehmen.

Auf Grund der Niederschrift werden die Beschlüsse vom Bezirksamt ausgefertigt und den Beteiligten zugestellt. Die Weiterbehandlung obliegt ebenfalls dem Bezirksamte.

§ 24 [1]).

Das Ministerium des Innern verständigt den Ausschuß von der Erledigung der Stelle eines Bezirksamtmannes. Der Bezirksausschuß kann

[1]) Art. 24 und 25 SG sind durch Gesetz vom 28. Oktober 1919 (GVBl. S. 699) vorläufig außer Wirksamkeit gesetzt.

auf einen Vorschlag verzichten, er kann aber auch auf die Mitteilung von der Erledigung hin bereits Wünsche äußern und um die Liste der in Frage kommenden Beamten ersuchen. Das Ministerium kann für die Abgabe der Erklärung des Bezirksausschusses eine Frist vorsetzen, nach deren fruchtlosem Ablaufe der Verzicht auf den Vorschlag angenommen wird.

§ 25 [1]).

Der Bestimmung ist keine rückwirkende Kraft eingeräumt, vor Ablauf eines Jahres seit Inkrafttreten des Gesetzes, also vor dem 27. Mai 1920 können Anträge auf Abberufung von Bezirksamtmännern nicht gestellt werden. Im übrigen wird das Jahr vom Tage der Amtseinweisung an gerechnet, Unterbrechungen der Tätigkeit von mehr als 3 Monaten werden in das Jahr nicht eingerechnet. Dem Bezirksausschuß ist es aber unbenommen auch in diesen Fällen, wenn beispielsweise bei Krankheit die Verhältnisse des Amtes eine längere Verwesung nicht angezeigt erscheinen lassen, entsprechende Anregungen zu geben. Läuft beim Vorsitzenden des Bezirksausschusses ein Antrag auf Abberufung ein, so hat er alsbald den Bezirksamtmann davon zu verständigen. Dieser hat das Recht eine Gegenerklärung abzugeben und den Verhandlungen über den Antrag im Bezirkstag anzuwohnen. Es muß ihm das Schlußwort gegeben werden.

Der Bezirksamtmann hat von dem Antrage die Regierung, Kammer des Innern, sofort in Kenntnis zu setzen. Diese hat das Recht, Vertreter zur Verhandlung des Antrages abzuordnen, die auf Verlangen gehört werden müssen.

Wird der Antrag auf Abberufung mit der erforderlichen Mehrheit angenommen, so hat der Vorsitzende des Bezirksausschusses eine Ausfertigung des Beschlusses alsbald dem Ministerium des Innern vorzulegen.

Die Rechte des abberufenen Bezirksamtmanns bestimmen sich nach dem Staatsbeamtengesetze. Die Abberufung ist keine Ruhestandsversetzung.

§ 26.

Die Genehmigung erteilt das Ministerium des Innern; es anerkennt gleichzeitig den Zweckverband als einen Verein des öffentlichen Rechtes und verleiht ihm dadurch die Rechtsfähigkeit. Die Satzung muß Bestimmungen enthalten über

1. den Namen und Sitz des Zweckverbandes,
2. die Aufgaben, denen der Zweckverband dienen soll,
3. die Rechte und Pflichten der Teilnehmer, namentlich hinsichtlich des Maßstabes der Teilnahme an den Vorteilen und Lasten des Verbandes und an der Verwaltung der Verbandsangelegenheiten,
4. die Zusammensetzung, Wahl und den Wirkungskreis des Vorstandes und seines Vorsitzenden, sowie über die Anstellung der übrigen Verbandsorgane,
5. die Berufung, Zusammensetzung und Zuständigkeit der Verbandsversammlung, die Form, Gültigkeit und Bekanntgabe ihrer Beschlüsse,
6. das Rechnungswesen des Verbandes (Aufstellung der Voranschläge, Rechnungsstellung, Rechnungsprüfung),
7. die Voraussetzungen für die Änderung der Satzung,
8. die Auseinandersetzung bei Auflösung des Verbandes.

[1]) Art. 24 und 25 SG sind durch Gesetz vom 28. Oktober 1919 (GVBl. S. 699) vorläufig außer Wirksamkeit gesetzt.

Zur Genehmigung der Satzung ist das Bezirksamt zuständig, wenn bloß mittelbare Gemeinden des gleichen Amtsbezirkes beteiligt sind, außerdem die Regierung, Kammer des Innern; gehören die Gemeinden verschiedenen Regierungsbezirken an, so bestimmt das Staatsministerium die zuständige Regierung.

Ausreichende Einrichtungen zur Förderung des Wohnungswesens, besonders auf dem platten Lande, werden am ehesten durch eine Vereinigung mehrerer Gemeinden geschaffen werden können. Die erforderlichen Anregungen soll die Aufsichtsbehörde geben und nötigenfalls die Anwendung des in Abs. II des Gesetzes vorgesehenen Verfahrens herbeiführen. Bevor indes der Bezirks- oder Kreisausschuß zur Beschlußfassung veranlaßt wird, sind die Verhandlungen mit gutachtlicher Äußerung dem Ministerium des Innern vorzulegen.

§ 27.

Zu Änderungen im Bestande der Gemeinden und Ortschaften ist künftig nur die Einvernahme der beteiligten Stadt- oder Gemeinderäte oder der Ortsausschüsse erforderlich, nicht mehr die Einvernahme der Grundbesitzer, der Hypothekengläubiger und sonstiger Einzelpersonen. Nur die abgesonderten Markungen werden von ihren Eigentümern vertreten.

Die Zusammenlegung von Gemeinden ist nach dem Gesetze für die Folge auch ohne die Zustimmung der beteiligten Gemeinden, Ortschaften, Markungsbesitzer zulässig, wenn ein dringendes öffentliches Bedürfnis festgestellt ist. In der Regel sollen es wirtschaftliche Gründe sein; die Zusammenlegung soll wenigstens für eine der beteiligten Gemeinden eine wesentliche Erleichterung in der Erfüllung ihrer öffentlichen Aufgaben mit sich bringen. Die Aufgaben brauchen aber nicht notwendig in den engeren Kreis der gesetzlichen Verpflichtungen im Sinne der Art. 38/29 der beiden Gemeindeordnungen zu fallen, vielmehr sollen hier Berücksichtigung finden auch an sich freiwillige Wohlfahrtseinrichtungen und Unternehmungen, wie z. B. die Beförderung des Wohnungswesens, Beschaffung von Kleinwohnungen und dergleichen bedeutende Aufgaben, die die nächste Zeit an die Gemeinde stellen wird.

Die Bestimmungen des Gesetzes sollen nicht nur zur Bekämpfung der Zwerggemeinden dienen, sondern auch die Handhabe bieten, Gemeinden von jeder Größe zu vereinigen, wenn diese Vereinigung im öffentlichen Interesse liegt. Das Verfahren zur Feststellung des Bedürfnisses im Wege des Art. 11 des Verwaltungsgerichtsgesetzes wird von den Aufsichtsbehörden betrieben. Die Gemeinden, um deren Zusammenlegung es sich handelt, sind die Beteiligten und werden durch ihre Verwaltungen vertreten. Sie können zur Feststellung des Sachverhaltes beitragen unbeschadet der Bestimmungen des Art. 20 Abs. I des Verwaltungsgerichtsgesetzes (Offizial-Grundsatz). Eine Beschwerdeführung wird nur eintreten, wenn das Bedürfnis bejaht wird. Die Aufsichtsbehörden sollen das Verfahren nur dann einleiten, wenn die Umstände von vornherein überwiegend für die Annahme des Bedürfnisses sprechen. Deshalb wird sich auch in vielen Fällen gleichzeitig mit dem Verfahren über die Feststellung des Bedürfnisses auch das Verfahren über die Auseinandersetzung verbinden lassen, die Verbindung wird oft sogar sehr zweckmäßig sein, sie kürzt nicht nur den Weg ab, sondern zeigt auch gleich, welche äußeren Folgen aus der Vereinigung der Gemeinden, Ortschaften usw. entspringen werden. Es ist denkbar, daß gerade dadurch in manchen Fällen die Beschwerdeführung erspart wird, insbesondere wenn es möglich sein wird, einzelne Wünsche und Besonderheiten frühzeitig zu berücksichtigen.

Die Vermögensauseinandersetzung soll regelmäßig eine Vermögensvereinigung sein. Das gilt in erster Linie vom öffentlichen Eigentum; darunter sind alle Sachen und Rechte zu verstehen, welche zum Verwaltungs- wie zum Finanzvermögen der beteiligten Gemeinden, Ortschaften usw. gehören. Es soll grundsätzlich vermieden werden, Sonderrechte nach der Vereinigung zu bilden. Ausgenommen sind die besonderen Nutzungsrechte der einzelnen Gemeinden (an Wald- oder Feldgrundstücken, an Kommunbräuhäusern u. dgl.). Die Vereinigung des Vermögens begreift auch die Vereinigung der Schulden in sich, eine Ausscheidung wird hier dann notwendig sein, wenn eine solche auch für den Gegenstand stattgefunden hat, für den die Schuld nachweislich aufgenommen wurde.

Die freiwillige Vereinigung soll möglichst unterstützt werden. Die Vereinigung wirkt in der Regel in dem Zeitpunkt, in dem auch die Veränderung im Bestande der Gemeinden, Ortschaften und abgesonderten Markungen wirksam werden. Es kann auch ein anderer Zeitpunkt ausdrücklich bestimmt werden. Das Eigentum geht bei der Vereinigung auf Grund der Genehmigung über (vgl. Art. 27/20 Abs. IV der beiden Gemeindeordnungen). Der Eigentumsübergang an eingetragenen Grundstücken vollzieht sich außerhalb des Grundbuches, so daß das Grundbuch berichtigt werden muß.

§ 28.

Die Ortschaften hören für die Folge auf, gesetzliche Träger öffentlichrechtlicher Pflichten der Gemeinde zu sein (Art. 38/29 der beiden Gemeindeordnungen). Mit dem Inkrafttreten des Gesetzes sind diese Pflichten auf die Gemeinden übergegangen, gleichzeitig ist auch das öffentliche Eigentum, soweit es den Ortschaften zusteht und den Zwecken des Art. 38/29 der beiden Gemeindeordnungen dient, auf die betreffende Gemeinde übergegangen. Hier gelten die gleichen Gesichtspunkte, wie sie hinsichtlich der Auseinandersetzung in § 27 vorher gegeben worden sind. Der nachweisbar auf den Erwerb oder die Herstellung des öffentlichen Eigentums erwachsene Teil der Ortsschulden muß von der Gemeinde übernommen werden, hingegen können Schulden, die nur auf Unterhaltung des öffentlichen Eigentums erwachsen sind, lediglich im Wege freiwilliger Übernahme oder aus besonderen Gründen im Schiedsspruche nach Art. 11 des Verwaltungsgerichtsgesetzes auf die Gemeinde übergehen.

Bisher stand es den Ortschaften frei, ob sie eine eigene Verwaltung und Vertretung bestellen oder diese Befugnis dem Ausschusse der Gesamtgemeinde übertragen wollten. Jetzt müssen diejenigen Ortschaften, welche Grund- oder Kapitalvermögen haben, vorbehaltlich Abs. VI eine eigene Vertretung aufstellen.

§ 29.

Die Aufhebung der Bestimmungen über die Gemeindeversammlungen in den beiden Gemeindeordnungen entspricht dem gleichmäßigen Schritte hinsichtlich des Gemeindekollegiums. Die Aufhebung wirkt erst vom Zeitpunkte des Zusammentritts der neuen Verwaltungen (Art. 33).

Der Berechnung nach Abs. II über die Zulässigkeit des Antrages auf Neuwahl der Gemeindeverwaltung wird die Wählerliste der letzten regelmäßigen Gemeindewahl zugrunde gelegt. Wenn die Wählerlisten erneuert wurden (§ 80 Abs. II der Wahlordnung für die Gemeinde-, Bezirks- und

Kreiswahlen vom 15. April 1919, GVBl. S. 173), so sind die erneuerten zugrundezulegen.

Von jedem Antrage hat die Gemeindeverwaltung die Aufsichtsbehörde zu verständigen. Diese prüft, ob die Voraussetzungen für die Abstimmung und später für die Neuwahl vorliegen und trifft die hiernach gebotenen Anordnungen.

Die Abstimmungslisten sollen so angelegt werden, daß sie zugleich als Wählerlisten für die Neuwahl dienen können.

§ 30.

Im Falle des Art. 11 Abs. IV des Verwaltungsgerichtsgesetzes ist festzustellen, ob das Grundstück eingetragen ist; in diesem Fall ist dem Grundbuchamt eine Ausfertigung des Schiedsspruches mit dem Ersuchen zuzustellen, das Grundbuch zu berichtigen.

§ 31.

Sobald ein Dienststrafverfahren gegen einen nicht berufsmäßigen Gemeindebeamten bei der Disziplinarkammer oder dem Disziplinarhof anhängig ist, hat die Regierung, Kammer des Innern, beim Ministerium des Innern Antrag auf Ernennung von nichtberufsmäßigen Gemeindebeamten als Beisitzer zu stellen [1]).

Für die berufsmäßigen Gemeindebeamten ist eine Dienstentsetzung im Wege der Art. 167/97 Abs. II der beiden Gemeindeordnungen für die Folge nicht mehr möglich. Sie können nur im Wege des ordentlichen Dienststrafverfahrens entlassen werden.

§ 32.

Die Bestimmungen beziehen sich auch auf die berufsmäßigen besoldeten Mitglieder des Gemeinderates in der Pfalz (vgl. den Wortlaut des Art. 10 des Gesetzes in der Fassung vom 22. April 1919).

Für die Wahl der ersten Bürgermeister gelten die Wählerlisten der Hauptwahl noch bis zum 1. Oktober 1919. Wer bis dahin das Wahlrecht erst erwirbt, nimmt nach § 17 der Wahlordnung an der Wahl teil.

Im Falle der Wiederwahl ist es mit beiderseitigem Einverständnisse möglich, einen neuen Dienstvertrag auf höchstens 10 Jahre abzuschließen.

Für solche Beamte, die im Zeitpunkte des Inkrafttretens des Gesetzes Anspruch auf Witwen- und Waisengeld haben, ist im Falle des Rücktrittes die Sache so anzusehen, als ob sie im Zeitpunkt ihres Rücktrittes in den Ruhestand versetzt worden wären. Soferne das Witwen- und Waisengeld sich nach bestimmten Bruchteilen des Ruhegehaltes bemißt, ist der Ruhegehalt zugrunde zu legen, wie er sich nach Art. 32 dieses Gesetzes berechnet [2]).

Für die vermögensrechtlichen Ansprüche aus dem freiwilligen Verzicht nach Art. 32 sind die Gerichte zuständig.

§ 33.

Durch das Gesetz werden aufgehoben oder gegenstandslos:

1. von der rechtsrheinischen Gemeindeordnung: Art. 1, 5 Abs. III, 8 mit 21, 23 Abs. II, III, 24 Abs. II, 32 Abs. II Ziff. 2, 61 mit 63, 70, 71, 72 Abs. II, 74 Abs. II, III, 75, 76, 78, 79, 88 Abs. IV, V Satz 2, 88 Abs. VI

[1]) Abs. I ist zu streichen (Min.Bekm. vom 22. November 1919; Bayer. Staatsanz. Nr. 286).

[2]) Abs. IV in der Fassung der Min.Bekm. vom 22. November 1919; Bayer. Staatsanz. Nr. 286).

89 Abs. III—VI, 101 Abs. II, 103 Abs. II Satz 1, 106 Abs. V, 108 mit 119, 124 mit 126, 146 mit 149, 154, 157, 159, 160, 170 mit 173, 176 mit 180, 182 mit 185, 187 mit 195, 196 Abs. II, 197, 198 Abs. II, III, VII, 200 Abs. II, 204;

2. von der pfälzischen Gemeindeordnung: Art. 5 Abs. II, 10, 14, 16, 16a, 16b, 45 mit 47, 54 mit 56, 79 mit 81, 89, 91, 101 mit 103, 105, 106 mit 108, 110 mit 112, 114 mit 121a, 123 Abs. II, III, IV, VI, 124;
3. vom Distriktsratsgesetze: Art. 2 mit 7, 9 Abs. I, 10 Abs. II, 11, 12, 13 Abs. III V, 14 mit 16, 17 Abs. I Satz 3 u. ff., 17 Abs. II, 18 Abs. I, Satz 1, 19 23 mit 25, 26 Abs. I, 28, Abs. II, 30, Abs. I, 32, Abs. II, 34, Abs. III, 37.
4. vom Landratsgesetze: Art. 2 mit 9, 12, 13 Satz 1, 14 mit 22, 24 Abs. I, 25 Abs. II Satz 2, 27 mit 34, 35 Abs. IV, 36;
5. vom Umlagengesetze: Art. 29 mit 31;
6. vom pfälzischen Städteverfassungsgesetze: Art. 1, 2, 3 Abs. I, 4, 5.

3.

Gesetz zur teilweisen Abänderung des Selbstverwaltungsgesetzes vom 22. Mai 1919 vom 28. Oktober 1919 (GVBl. S. 699).

Der Landtag des Freistaates Bayern hat folgendes Gesetz beschlossen:

Die Artikel 24 und 25 des Gesetzes vom 22. Mai 1919 über die Selbstverwaltung werden vorläufig außer Wirksamkeit gesetzt.

Dieses Gesetz wird als dringend im Sinne des § 77 Abs. I Ziff. 6 der Verfassungsurkunde des Freistaates Bayern bezeichnet und tritt mit seiner Verkündigung im Gesetz- und Verordnungsblatt in Kraft.

4.

Bekanntmachung des Staatsministeriums des Innern vom 3. Dezember 1919 (Bayr. Staatsanzeiger Nr. 297).

Betreff: Vollzug des Art. 23 des Selbstverwaltungsgesetzes.

In dem Verfahren nach Art. 23 des Selbstverwaltungsgesetzes gehören die durch den Zusammentritt des Bezirksausschusses erwachsenden Kosten nicht zu den Kosten des Verfahrens.

Die Gebühren fließen in die Staatskasse. Art. 175 des Kostengesetzes bezieht sich nur auf die Gemeinden im Sinne der beiden Gemeindeordnungen.

5.

Bekanntmachung des Staatsministeriums des Innern vom 18. Dezember 1919 über die Kreisunmittelbarkeit der größeren pfälzischen Städte (GVBl. S. 838).

Auf Grund des Art. 17 des Gesetzes über die Selbstverwaltung vom 22. Mai 1919 (GVBl. S. 239) werden mit Wirkung vom 1. März 1920 die Städte Ludwigshafen, Kaiserslautern, Pirmasens, Speyer, Neustadt a. H., Frankenthal, St. Ingbert und Zweibrücken vom Verwaltungsbezirke des Bezirksamts abgetrennt und der pfälzischen Regierung, Kammer des Innern, unmittelbar untergeordnet. Diese Städte bleiben bis auf weiteres im Bezirksverbande.

6.

A. Ministerialentschließung vom 1. September 1919 Nr. 3002d 156 an die Bezirksämter rechts des Rheins (im Staatsanz. und im GVBl. nicht abgedruckt).

Betreff: Vollzug des Selbstverwaltungsgesetzes.

1. Der Haushaltsvoranschlag der Bezirke auf das Jahr 1920 soll möglichst bis Ende Oktober ds. Jrs. aufgestellt sein und durch die Bezirksämter den Regierungen, Kammern des Innern, in einer von den Bezirksämtern zu fertigenden Abschrift vorgelegt werden. Bei der Vorlage ist § 21 Abs. III der VA zum SG zu beachten. Die Regierungen können noch weitere Vorlagen anordnen.

2. Die Rechnungen der Bezirke auf das Jahr 1918 sollen bis zu dem gleichen Zeitpunkt ebenfalls durch die Bezirksämter den Regierungen vorgelegt werden, soweit nicht die Regierungen die Vorlage etwa erlassen.

Zurzeit schweben noch Verhandlungen über Bildung eines Prüfungsverbandes nach Art. 16 des SG. Sie werden voraussichtlich noch in diesem Jahre zum Abschlusse gelangen. Es wird aber kaum möglich sein, die Prüfung der Bezirksrechnungen bereits in diesem Jahre durchzuführen; in diesem Falle hat § 21 Abs. V der VA zum SG maßzugeben.

3. Bis auf weiteres haben die Bezirke bei allen Neu- oder Umbauten an Bezirksstraßen oder Brücken (Durchlässen) die Entwürfe vor der Ausführung der Regierung vorzulegen, wenn sie auf einen Zuschuß aus öffentlichen Mitteln zu den Kosten der Ausführung rechnen wollen. Es wird aber auch sonst den Bezirken nahegelegt, alle Entwürfe für Hoch- und Tiefbauten von größerer Bedeutung vorher der Regierung zur technischen Überprüfung einzusenden.

4. Das Wesen der Selbstverwaltung liegt in der Befreiung von der alten Staatskuratel und in der breiten Heranziehung des Volkes zur Entscheidung über die Bezirksangelegenheiten. Dabei soll in der Hauptsache keine Verschiebung und auch keine Vermehrung der Arbeit gegen früher eintreten. Es soll der Bezirk nicht etwa gezwungen werden, sich eine eigene Kanzlei oder eigene Beamte zu halten; vielmehr hat das Bezirksamt mit den bezirksamtlichen Beamten auch fernerhin die Arbeit zu leisten. Es soll insbesondere nicht zu einem förmlichen Schriftwechsel zwischen dem Bezirksausschuß und dem Bezirksamte kommen. Die Behandlung aller Angelegenheiten, auch der eigentlichen Bezirksangelegenheiten (Art. 22 SG) bis zur Beschlußreife, deren Vortrag im Bezirksausschuß oder Bezirkstag und der weitere Vollzug des Beschlusses soll Sache des Bezirksamts bleiben, solange nicht der Bezirkstag ausdrücklich eine andere Regelung haben will (§ 22 Abs. II VA z. SG). Von diesem Standpunkt aus werden sich eine Reihe von Zweifelsfragen lösen (z. B. Erledigung der Schreibgeschäfte, Unterstützung des Schriftführers bei Abfassung der Niederschriften und der Sitzungsbeschlüsse, Bereitstellung von Sitzungsräumen usw.). Es soll in Bezug auf Vorbereitung und Vollzug der Beschlüsse und auch sonst am bisherigen Verfahren möglichst wenig geändert werden; jedenfalls soll der Anstoß dazu niemals vom Bezirksamte ausgehen.

5. Wenn der Bezirk Unternehmungen bisher betrieben hat oder künftig betreiben will, die einen gewissen selbständigen Geschäftscharakter

tragen, z. B. eine Jungviehweide, eine Fischanstalt, einen Obstgarten und ähnliches, so empfiehlt es sich, eigene kleinere Sonderausschüsse aufzustellen und zur Vertretung nach außen einen Geschäftsführer zu bevollmächtigen; als solcher kann auch der Bezirksamtmann selbst in Betracht kommen, wenn er bisher solche Unternehmen als Distriktsvorstand geleitet hat und Wert darauf legt, die Leitung zu behalten.

6. Die Aufsicht über Bezirksanstalten führt das Bezirksamt jetzt nur noch als Staatsverwaltungsbehörde und als Werkzeug der mit der Staatsaufsicht betrauten Stelle (Kreisregierung). In dieser Eigenschaft steht dem Bezirksamt auch fernerhin nicht nur das Recht, sondern auch die Pflicht zu, sich über den Zustand der Bezirksanstalten fortwährend auf dem Laufenden zu halten, also die Beaufsichtigung des Straßenwesens (Bezirkstechniker, Straßenwärterpersonal), ferner der Bezirkskranken- und Erziehungsanstalten usw. Wahrnehmungen wird das Bezirksamt in der Regel erst dann der Regierung unterbreiten, wenn das unmittelbare Benehmen mit der Bezirksverwaltung (Stellung geeigneter Anträge) zu keinem Erfolge geführt hat.

7. In der Staatsaufsicht der Regierung (Art. 13 Abs. I SG) liegt auch das Recht, auf Beschwerde jeden Beschluß der Bezirksverwaltung auf förmliche und sachliche Gesetzmäßigkeit zu prüfen und bei Gesetzesverletzungen einzugreifen (Art. 13 Abs. II SG). So hat z. B. der Bezirkstag die (förmliche) gesetzliche Pflicht, bei Vorausleistungen die Gemeinden vorerst zu hören, die (sachliche) gesetzliche Pflicht, die Vorausleistungen gerecht zu verteilen. Verletzt er diese Pflicht, so kann von der benachteiligten Gemeinde die Regierung mittels Beschwerde angerufen werden; im Gegensatze zu Art. 163 der Gem.O. ist diese Beschwerde an keine Frist gebunden.

8. Der Vorsitzende des Bezirkstages und der Schriftführer müssen aus der Mitte des Bezirkstages gewählt werden. Das ist im Gesetze zwar nicht ausdrücklich gesagt, ergibt sich aber schon aus der in Art.. 9 des Gesetzes unabänderlich festgelegten Anzahl der Mitglieder des Bezirkstages. Es ist das übrigens die Regel bei den Hauptverwaltungskörpern im Gegensatze zu den Ausschüssen, bei denen bisweilen auch Zuwahlen zulässig sind (vgl. z. B. Art. 106 Abs. I Gem.O. oder Art. 20 SG). Nur aus diesem Grunde mußte in Art. 19, der von der Bildung des Kreis- und Bezirksausschusses handelt, die Vornahme der Wahl aus der Mitte des Verwaltungskörpers besonders zum Ausdrucke gebracht werden.

Der Bezirksamtmann kann also nur, wenn er Mitglied des Bezirkstages ist, zum Vorsitzenden gewählt werden. Das gleiche gilt auch hinsichtlich der Wahl des Schriftführers. Daneben kann allerdings ein Beamter aus der Bezirksamtskanzlei dem gewählten Schriftführer zur Erleichterung beigegeben werden; das wird sich in vielen Fällen sogar empfehlen und auch ermöglichen lassen.

Wo gegen diese Grundsätze bisher verstoßen wurde, hat die Richtigstellung alsbald zu geschehen.

9. Die Termine in Ziff. 1 und 2 oben gelten entsprechend bis auf weiteres auch für die folgenden Jahre.

B.

Durch eine gleichzeitig ergangene Entschließung vom 1. September 1919 Nr. 3002 d 156 an die Regierungen, Kammern des Innern (mit Ausnahme der Pfalz) wurde bestimmt,

a) daß die Haushaltsvoranschläge der Kreise jährlich

bis Ende November aufgestellt und noch vor Jahresschluß dem Staatsministerium des Innern mit gutachtlicher Äußerung (§ 21 Abs. 3 der VA z. SG) vorgelegt sein müssen,

b) daß die Ziffer 4—6 der vorhergehend unter Ziff. 1 abgedruckten Min.Entschl. vom 1. Sept. 1919 sinngemäß auch für das Verhältnis der Regierung zur Kreisverwaltung gelten solle.

Anhang III.

1.

Wahlgesetz für die Gemeinde-, Bezirks- und Kreiswahlen vom 15. April 1919 (GVBl. S. 171) in der Fassung des Gesetzes vom 14. Mai 1919 (GVBl. 281).

Das Ministerium des Freistaates Bayern hat auf Grund des § 1 Ziffer 1 und des § 2 des Gesetzes vom 28. März 1919 über die Ermächtigung der Regierung zu gesetzgeberischen Maßnahmen folgendes Gesetz beschlossen:

Art. 1.

Im Laufe des Jahres 1919 sind in ganz Bayern die Mitglieder der Gemeindeverwaltungen, sowie die Vertreter der Bezirke (Distrikte) und Kreise neu zu wählen.

Zunächst werden, vorbehaltlich der Bestimmung in Absatz 4, die ersten und einzigen Bürgermeister und die nichtberufsmäßigen Stadt- und Gemeinderäte, die an Stelle der Mitglieder der bisherigen Magistrate, Gemeindeausschüsse und Gemeinderäte treten, ferner die Vertreter der Bezirke und Kreise neu gewählt.

Die Beigeordneten (frühere zweite und weitere Bürgermeister, Beigeordnete und Adjunkten) werden vorbehaltlich der Bestimmung im Absatz 4 binnen 14 Tagen nach der allgemeinen Wahl (Absatz 2) neu gewählt.

Die Wahl aller noch im Dienst befindlichen berufsmäßigen Bürgermeister und berufsmäßigen Stadt- und Gemeinderäte findet später, aber noch im Laufe des Jahres 1919 statt.

Art. 2.

Wahlberechtigt sind alle männlichen und weiblichen Personen, die am Tage der Wahl

1. das 20. Lebensjahr vollendet haben,
2. die bayerische Staatsangehörigkeit besitzen,
3. sich seit 6 Monaten, vom Tage der Anmeldung in der Gemeinde an gerechnet, in der Gemeinde, im Bezirk, im Kreis aufhalten. Heeresdienst oder Hilfsdienst ersetzt den Aufenthalt. Das mit dem Bürgerrecht verbundene Wahlrecht wird aufgehoben.

Art. 3.

Von der Wahl ist ausgeschlossen:

1. wer entmündigt ist oder unter vorläufiger Vormundschaft steht,
2. wer infolge eines rechtskräftigen Urteils die bürgerlichen Ehrenrechte nicht besitzt.

Art. 4.

Wählbar sind die im Artikel 2 bezeichneten Personen, wenn sie das 25. Lebensjahr zurückgelegt haben, und keiner der Ausschlußgründe des Artikel 3 vorliegt.

Für berufsmäßige Stadt- und Gemeinderatsmitglieder entfällt die Voraussetzung des Artikel 2 Ziffer 3.

Art. 5.

Für die Wahl bildet jede Gemeinde, jeder Bezirk, jeder Kreis je einen Wahlkreis.

Art. 6.

Sämtliche Wahlen erfolgen als allgemeine, geheime, gleiche, unmittelbare Wahlen nach den Grundsätzen des Verhältniswahlrechtes, wenn es sich nicht nur um die Wahl einer Person handelt.

Art. 7.

Hiernach werden gewählt:

1. die Bürgermeister (die früheren ersten und die einzigen Bürgermeister) überall mit absoluter Stimmenmehrheit von sämtlichen Wahlberechtigten,
2. die Beigeordneten (die bisherigen zweiten und weiteren Bürgermeister, Beigeordneten und Adjunkten), wenn mehrere Vertreter dieser Art auf einmal zu wählen sind, nach den Grundsätzen des Verhältniswahlrechts, sonst mit absoluter Stimmenmehrheit von den Stadt- und Gemeinderäten,
3. die berufsmäßigen Stadt- und Gemeinderäte mit absoluter Stimmenmehrheit von den Stadt- oder Gemeinderäten,
4. die übrigen Stadt- und Gemeinderäte nach den Grundsätzen des Verhältniswahlrechts von sämtlichen Wahlberechtigten.

Art. 8.

Wird in den Fällen, in denen absolute Stimmenmehrheit vorgeschrieben ist, diese nicht erreicht, so trifft der Stadt- oder Gemeinderat unter den fünf Bewerbern mit den höchsten Stimmenzahlen die Auswahl mit absoluter Stimmenmehrheit, im zweiten Wahlgange durch Stichwahl.

Art. 9.

Für die Durchführung der Verhältniswahl gelten folgende Bestimmungen:

1. Die Wählerlisten sind vom 21. bis 14. Tag vor dem Wahltag zu jedermanns Einsicht öffentlich auszulegen. Einsprüche dagegen sind in der gleichen Frist zu erheben;
2. die Wahl erfolgt auf Grund von Wahlvorschlägen, die spätestens am 15. Tage vor dem Wahltag bei dem Wahlkommissär einzureichen sind;
3. die Wahlvorschläge dürfen für die Gemeindewahlen in Gemeinden mit weniger als 30000 Einwohnern höchstens zweimal, in größeren Gemeinden und für die Bezirks- und Kreiswahlen höchstens $1^1/_2$mal soviel Namen enthalten, als Personen zu wählen sind;
4. mehrere Wahlvorschläge können verbunden werden;
5. wird für eine Wahl kein Wahlvorschlag eingereicht, so erfolgt die Wahl als Mehrheitswahl;
6. die Wahl dauert von 9 Uhr vormittags bis 6 Uhr nachmittags. Die Wahl kann schon vorher geschlossen werden, sobald sämtliche in

der Wählerliste eingetragenen Personen ihre Stimmen abgegeben haben. Erscheint für eine Gemeinde die Wahldauer von 9 bis 6 Uhr nach den örtlichen Verhältnissen und der Zahl der Wähler als zu lang, so kann der Gemeindewahlausschuß eine kürzere Wahldauer, jedoch nicht unter 6 Stunden, festsetzen;

7. die Wähler sind an die Wahlvorschläge gebunden. Die Stimmzettel haben nicht die Namen der zu Wählenden, sondern nur das Kennwort des Wahlvorschlags (Parteibezeichnung oder ein sonstiges einzelnes Kennwort) zu enthalten;
8. die zu besetzenden Stellen werden auf die einzelnen Wahlvorschläge nach dem Verhältnis der hierauf entfallenen Stimmen und innerhalb der Wahlvorschläge nach der Reihenfolge der Benennungen auf den Wahlvorschlägen verteilt;
9. wenn ein Wahlvorschlag weniger als $1^1/_2$ mal so viel Namen enthält, als ihm bei der Wahl Sitze zugefallen sind, kann der Wahlvorschlag nach der Feststellung des Wahlergebnisses bis auf diese Zahl ergänzt werden.
10. die nichtgewählten Bewerber gelten nach der Reihenfolge ihrer Benennung auf dem Wahlvorschlag als Ersatzmänner für die auf dem gleichen Wahlvorschlag gewählten Bewerber. Bei gemeinsamen Wahlvorschlägen mehrerer Gruppen kann die Reihenfolge der Ersatzmänner anders geregelt werden.

Art. 10.

Artikel 9 des Landratsgesetzes wird aufgehoben.

Art. 11.

Die Kosten der Wahl treffen bei den Gemeindewahlen die Gemeinden, bei den Bezirks- und Kreiswahlen für die Bereitstellung des Wahlraumes und der für die Wahl sonst noch nötigen Gegenstände, sowie für die Wählerlisten die Gemeinden, sonst die Bezirke und Kreise.

Die zum Vollzuge der Wahl vorgesehenen Ämter sind Ehrenämter, wofür keine Vergütung beansprucht werden kann.

Art. 12.

Die näheren Bestimmungen über den Vollzug der Wahl erläßt das Staatsministerium des Innern.

Die Bestimmungen für die Wahl der Ortschaftsvertretungen bleiben vorbehalten.

2.

Wahlordnung für die Gemeinde-, Bezirks- und Kreiswahlen vom 15. April 1919 (GVBl. S. 174) in der Fassung der Bekm. vom 14. Mai 1919 (GVBl. S. 282).

I. Wahlkommissär.

§ 1.

Die Leitung der Gemeindewahlen obliegt in unmittelbaren Städten dem Bürgermeister als Gemeindewahlkommissär. Sonst bestellt das Bezirksamt für jede Gemeinde einen Gemeindewahlkommissär, im allgemeinen den Bürgermeister.

Die Leitung der Bezirkswahlen obliegt den Bezirksamtmännern, die Leitung der Kreiswahlen den Regierungspräsidenten.

Bei Verhinderung treten die allgemeinen Vertreter ein.

II. Wahlausschuß.

§ 2.

Für jede Wahl wird ein Wahlausschuß aus dem Wahlkommissär und den Vertrauensmännern gebildet, die auf den sämtlichen für die Wahl bei dem Wahlkommissär eingereichten Wahlvorschlägen verzeichnet sind.

Wenn ein Wahlausschuß hiernach weniger als 5 Mitglieder zählen würde, ergänzt ihn der Wahlkommissär auf diese Zahl durch Bestimmung weiterer Beisitzer aus den Wahlberechtigten seines Wahlkreises.

Zu den Arbeiten der Wahlausschüsse, wie auch der Wahlvorstände (§ 31 ff.) können Hilfsarbeiter beigezogen werden. Sie werden dadurch aber nicht Mitglieder der Wahlausschüsse oder Wahlvorstände. Sie können eine Vergütung erhalten.

§ 3.

Der Wahlausschuß entscheidet mit Stimmenmehrheit. Bei Stimmengleichheit gibt der Wahlkommissär den Stichentscheid. Ist er im Wahlkreis nicht wahlberechtigt, so hat er sonst im Wahlausschuß kein Stimmrecht.

§ 4.

Die Sitzungen der Wahlausschüsse sind öffentlich. Der Wahlkommissär ist befugt, Personen, welche die Ruhe und Ordnung stören, aus dem Sitzungsraume zu verweisen.

§ 5.

Über die Verhandlungen des Wahlausschusses ist durch ein vom Wahlausschuß bestimmtes Mitglied eine Niederschrift aufzunehmen.

III. Stimmbezirke.

§ 6.

Kein Stimmbezirk soll mehr als 2500 Einwohner zählen. Gemeinden, die mehr als 2500 Einwohner zählen, teilt der Bürgermeister in mehrere Stimmbezirke ein. Die Einteilung ist die gleiche für alle drei Wahlen.

IV. Wählerlisten[1]).

§ 7.

Die Gemeinden haben die Wählerlisten, nach Stimmbezirken getrennt, doppelt anzulegen. Die gleiche Wählerliste gilt für alle drei Wahlen. Darin sind unter fortlaufender Nummer alle Wahlberechtigten, die in dem Stimmbezirk sich aufhalten, nach Vor- und Zunamen, Geburtsjahr, Beruf oder Stand, Wohnort oder Wohnung nebst einem Vermerk über die Dauer des Aufenthaltes in der Gemeinde, im Bezirk und im Kreis, ferner über etwaige Wahlausschlußgründe, einzutragen.

Die Listen dürfen auch nach Bezirken, Distrikten, Buchstaben, Straßen oder Hausnummern angelegt werden. Dann genügt es, wenn die Wahlberechtigten für einen Bezirk, Distrikt, Buchstaben, eine Straße oder Hausnummer fortlaufend numeriert werden.

---

[1]) Das Muster für die Wählerliste findet sich in der Min.Bek. vom 21. März 1919 (Staatsanzeiger Nr. 77 vom 23. März 1919).

Bei Gemeinden, die in mehrere Stimmbezirke geteilt sind, ist die Wohnung des Wählers genau zu bezeichnen.

Personen, bei denen Wahlausschlußgründe bestehen, sind in die Liste nur dann aufzunehmen, wenn der Wahlausschlußgrund zur Zeit der Wahl weggefallen sein kann oder wird.

§ 8.

Die Wählerlisten können nach Geschlechtern getrennt angelegt werden.

Nr.	Abstimmvermerk			Zu- und Vorname	Alter der Geburt			Stand oder Beruf	Wohnort oder Wohnung	Aufenthalt a) in der Gemeinde b) im Bezirk c) im Kreis	Bemerkungen
	Gemeinde	Bezirk	Kreis		Tag	Monat	Jahr				
1	2			3	4			5	6	7	8
										a) .... b) .... c)	

§ 9.

Mit Genehmigung des Staatsministeriums des Innern kann die Wählerliste auch in Kartei-(Kartothek)form angelegt werden.

Die Kartei muß so beschaffen sein, daß die willkürliche Herausnahme und Einfügung einzelner Karten nach dem Abschluß der Wählerliste unmöglich ist, und daß bei mehreren an einem Tage stattfindenden Wahlen die Zahl der Abstimmvermerke für die einzelnen Wahlen sich leicht feststellen läßt.

Nachträge am Wahltag sind hierbei in ein besonderes Verzeichnis einzutragen.

§ 10.

Die Wählerliste für größere Truppenverbände hat auf Ersuchen der Gemeindebehörde die zuständige militärische Dienststelle herzustellen und der Gemeindebehörde am Tag vor dem Beginn der Auslegungsfrist zuzustellen.

§ 11.

Die Wählerlisten sind vom 21. bis 14. Tag vor dem Wahltag zu jedermanns Einsicht öffentlich auszulegen.

Einsprüche hiergegen sind bei Meidung des Ausschlusses in der gleichen Frist bei der Gemeindebehörde zu erheben.

§ 12.

Die Gemeindebehörde hat Ort und Zeit der Auslegung der Wählerliste vor dem Beginn der Auslegung in ortsüblicher Weise bekanntzumachen und dabei darauf hinzuweisen, daß Einsprüche gegen die Listen spätestens am 14. Tag vor dem Wahltag bei der Gemeindebehörde einzulegen sind.

§ 13.

Wenn die Gemeindebehörde auf Einspruch hin nicht Abhilfe schafft, hat sie den Einspruch sofort der Aufsichtsbehörde vorzulegen. Diese entscheidet hierüber spätestens am 8. Tage vor dem Wahltag. Die Entscheidungen sind den Beteiligten durch die Gemeindebehörde zu eröffnen und in der Wählerliste vorzumerken.

In der Bekanntmachung über die Auslegung der Wählerlisten ist auch darauf hinzuweisen, daß Wahlberechtigte, die vor dem Ablauf der Auslegungsfrist in einen anderen Stimmbezirk innerhalb der Gemeinde, des Bezirks oder Kreises verzogen sind, die Übertragung ihrer Namen in die Liste des neuen Aufenthaltes zu beantragen haben.

§ 14.

Der Bürgermeister schließt am 7. Tag vor dem Wahltag die Liste ab mit der Bestätigung, daß und wie lange sie öffentlich ausgelegt war.

§ 15.

Änderungen in der Wählerliste sind bis zum Ablauf der Auslegungsfrist ohne weiteres, von da an bis zum Abschluß der Listen nur noch auf rechtzeitig erhobenen Einspruch hin zulässig. Am Wahltag sind Änderungen nur dann zulässig, wenn der Wähler bis dahin das Wahlrecht verloren hat, oder Wahlausschlußgründe weggefallen, eingetreten oder bekannt geworden sind, oder wenn ein Wähler von Bestätigungen gemäß §§ 17 und 18 dieser Wahlordnung zur Wahl zugelassen wird.

Alle Änderungen müssen durch eine mit Datum und Unterschrift versehene Bemerkung begründet werden.

§ 16.

Die Urschrift der Liste hat der Bürgermeister zu verwahren, die andere Ausfertigung ist zur Wahl zu verwenden. Auf dieser ist die völlige Übereinstimmung mit der Urschrift zu bestätigen.

§ 17.

Weist ein Wahlberechtigter nach, daß er ohne sein Verschulden die Einspruchfrist versäumt hat, so hat die Gemeindebehörde seines Aufenthaltsorts ihm auf Antrag eine Bestätigung über sein Wahlrecht auszustellen. Hiermit ist er im Stimmbezirke seines Aufenthaltes je nach der Dauer des Aufenthaltes zu allen oder einzelnen der drei Wahlen zuzulassen.

§ 18.

Wahlberechtigte Staatsbeamte und Arbeiter in Staatsbetrieben, die durch eine Bestätigung ihrer vorgesetzten Dienstbehörde nachweisen, daß sie am Wahltage sich dienstlich außerhalb ihres Dienstsitzes befinden werden und nicht vor dem Schluß der Wahlhandlung dorthin zurückkehren können, sind auch nach Ablauf der Einspruchfrist noch berechtigt, ihre Namen in der Wählerliste des Dienstsitzes streichen zu lassen und sind auf Grund der gemeindlichen Bestätigung hierüber zur Bezirks- und Kreiswahl an jedem Orte innerhalb des gleichen Bezirkes oder Kreises zuzulassen.

V. Wahlvorschläge.

§ 19.

Soweit mehrere gleichartige nichtberufsmäßige Vertreter auf einmal zu wählen sind, erfolgt die Wahl auf Grund von Wahlvorschlägen. Sie sind, gesondert für die Gemeinde-, Bezirks- und Kreiswahl, je bei dem zuständigen Wahlkommissär spätestens am 15. Tag vor dem Wahltag einzureichen.

Jeder Bewerber darf für die gleiche Wahl nur in einem Wahlvorschlag enthalten sein.

§ 20.

Jeder Wahlvorschlag darf für die Gemeindewahl in Gemeinden mit weniger als 30 000 Einwohnern höchstens zweimal soviel, in größeren Gemeinden, ferner für die Bezirks- und Kreiswahl höchstens $1^1/_2$mal soviel Namen enthalten, als Personen nach den noch ergehenden einschlägigen Bestimmungen zu wählen sind. Bruchteile werden auf die nächste ganze Zahl aufgerundet.

Der Wahlkommissär gibt die Zahl der zu wählenden Personen spätestens 25 Tage vor dem Wahltag bekannt und fordert dabei zur Einreichung der Wahlvorschläge auf.

§ 21.

Jeder Wahlvorschlag muß enthalten:

1. sein Kennwort durch Angabe der Parteizugehörigkeit der Bewerber oder durch ein sonstiges einzelnes Kennwort. Fehlt das Kennwort, so wird der Wahlvorschlag nach dem ersten Bewerber benannt;
2. die Angabe der Bewerber in erkennbarer Reihenfolge, nach Vor- und Zunamen, Alter, Stand oder Beruf, Wohnort oder Wohnung;
3. mindestens 10 Unterschriften, in Gemeinden über 10 000 Einwohnern mindestens 20 Unterschriften wahlberechtigter Personen mit Angabe von Namen, Stand, Wohnort oder Wohnung;
4. die Bezeichnung eines, wenn möglich, am Sitze des Wahlkommissärs wohnhaften Vertrauensmannes. Fehlt diese Angabe oder ist der Vertrauensmann verhindert, so gelten die Unterzeichner der Reihenfolge nach als Vertrauensmänner. Soll ein Vertrauensmann später durch eine andere Person ersetzt werden, so ist hiezu die Erklärung von mehr als der Hälfte der Unterzeichner erforderlich. Der Vertrauensmann gilt als befugt, die zur Ergänzung oder Berichtigung des Wahlvorschlages nötigen Verfügungen des Wahlkommissärs entgegenzunehmen und alle hiezu erforderlichen Erklärungen abzugeben;
5. bei gemeinsamen Wahlvorschlägen mehrerer Parteien oder Gruppen die Angabe, zu welcher Partei oder Gruppe jeder einzelne Bewerber gehört.

§ 22.

Als Anlage ist dem Wahlvorschlag die gemeindeamtlich beglaubigte Erklärung der Bewerber beizugeben, daß sie der Aufnahme ihrer Namen in den Wahlvorschlag zustimmen. Bei Kriegsgefangenen kann hiervon abgesehen werden.

Für die Bezirks- und Kreiswahl ist außerdem beizulegen:

1. die gemeindeamtliche Bestätigung über das Alter der Bewerber und ihren Eintrag in die Wählerliste,
2. die gemeindeamtliche Bestätigung über den Eintrag der Unterzeichner des Wahlvorschlags in die Wählerliste.

Die Gemeindebehörden sind verpflichtet, die nötigen Bestätigungen kostenfrei auszustellen.

§ 23.

Der Wahlkommissär prüft die bei ihm rechtzeitig eingereichten Wahlvorschläge und fordert die Vertrauensmänner zur Beseitigung der hierbei festgestellten Mängel auf.

§ 24.

Mängel der Wahlvorschläge müssen spätestens am 8. Tage vor dem Wahltag behoben sein. Sonst ist der Wahlvorschlag ungültig, soweit der Mangel besteht.

Bis zum gleichen Tage sind auch Ergänzungen der Wahlvorschläge zulässig, die durch den Wegfall einzelner Bewerber veranlaßt sind.

§ 25.

Ein Bewerber, dessen Name auf mehreren Wahlvorschlägen enthalten ist, muß auf Aufforderung hin dem Wahlkommissär erklären, für welchen Wahlvorschlag er sich entscheidet. Unterläßt er diese Erklärung, so wird sein Name auf allen Wahlvorschlägen gestrichen.

§ 26.

Mehrere Wahlvorschläge können verbunden werden.

Jeder Wahlvorschlag darf nur mit einer Gruppe von Wahlvorschlägen verbunden werden.

Die Verbindung muß spätestens am 8. Tage vor dem Wahltag von den Unterzeichnern der beteiligten Wahlvorschläge oder ihren Vertrauensmännern beim Wahlkommissär schriftlich erklärt werden.

Verbundene Wahlvorschläge können nur gemeinschaftlich abgeändert oder zurückgenommen werden. Die Verbindung kann nur gemeinschaftlich aufgehoben werden.

§ 27.

Am 7. Tage vor dem Wahltag entscheiden die Wahlausschüsse endgültig über die Zulassung und Gültigkeit der bei ihrem Wahlkommissär eingereichten Wahlvorschläge und ihrer Verbindungen.

Die Entscheidungen sind dem Vertrauensmann des Wahlvorschlags unter Angabe ihrer Gründe entweder mündlich in der Sitzung oder schriftlich zu eröffnen.

§ 28.

Wahlvorschläge und Verbindungserklärungen, die verspätet eingereicht werden oder den Anforderungen nicht genügen, sind zurückzuweisen.

Wenn die Anforderungen nur hinsichtlich einzelner Bewerber nicht erfüllt sind, werden ihre Namen auf dem Wahlvorschlag gestrichen, ebenso die Namen der über die zulässige Zahl hinaus vorgeschlagenen Bewerber.

§ 29.

Am 7. Tage vor dem Wahltag haben die Gemeindewahlkommissäre sämtliche bei ihnen rechtzeitig eingereichten, von ihren Wahlausschüssen als gültig anerkannten Wahlvorschläge in der Reihenfolge des Einlaufs bei ihnen mit den Angaben in § 21 Ziffer 1 und 2, ferner die Verbindung von Wahlvorschlägen in ortsüblicher Weise bekanntzumachen.

Die gleiche Bekanntmachung haben am gleichen Tage die Bezirkswahlkommissäre in mindestens einer geeigneten Tageszeitung, die Kreiswahlkommissäre in mindestens zwei geeigneten Tageszeitungen zu veröffentlichen.

Dabei ist die Bedeutung der Wahlvorschläge und ihrer Verbindungen entsprechend zu erläutern.

Nach der Bekanntgabe ist die Zurücknahme der Wahlvorschläge und ihrer Verbindungen unzulässig.

§ 30.

Werden für eine Wahl keine Wahlvorschläge eingereicht, so erfolgt die Wahl wie bisher nach den Grundsätzen der Mehrheitswahl. Die zu besetzenden Stellen fallen dann den wählbaren Einzelbewerbern zu nach Maßgabe der Stimmenzahl, die der von ihnen erhalten hat.

VI. Örtliche Leitung der Wahl.

§ 31.

In Gemeinden, die in mehrere Stimmbezirke eingeteilt sind, bestimmt der Gemeindewahlkommissär, für jeden Stimmbezirk den Wahlraum und je zwei Wahlberechtigte als Wahlvorsteher und Vertreter hierfür und gibt diese Anordnungen samt der Abgrenzung der Stimmbezirke, sowie Tag, Stunde und Dauer der Wahl, zugleich mit der Bekanntmachung gemäß § 29 in ortsüblicher Weise bekannt.

Der Wahlvorsteher übernimmt in dem ihm zugewiesenen Stimmbezirk die örtliche Leitung der drei Wahlen. Er hat hiezu für jeden Stimmbezirk einen Wahlvorstand zu bilden, der außer ihm und seinem Vertreter aus einem Schriftführer und 2 bis 3 Beisitzern besteht. Der Wahlvorsteher bestimmt diese samt zwei Ersatzmännern aus den Wahlberechtigten seines Stimmbezirks und fordert sie 2 Tage vor der Wahl zum rechtzeitigen Erscheinen beim Beginne der Wahl auf. Der Schriftführer braucht nicht in dem Stimmbezirk zu wohnen.

§ 32.

In Gemeinden, die nur einen Stimmbezirk umfassen, übernimmt der Gemeindewahlkommissär mit dem Gemeindewahlausschuß die örtliche Leitung der drei Wahlen als Wahlvorsteher und Wahlvorstand, bestimmt den Wahlraum und gibt ihn samt Tag, Stunde und Dauer der Wahl, zugleich mit der Bekanntmachung gemäß § 29, in ortsüblicher Weise bekannt.

Wo im folgenden vom Wahlvorsteher und Wahlvorstand gesprochen wird, ist also für Gemeinden, die nur einen Stimmbezirk umfassen, hierunter der Gemeindewahlkommissär und der Gemeindewahlausschuß zu verstehen.

§ 33.

Wenn in einer Gemeinde für Männer und Frauen getrennte Wählerlisten angelegt sind, können für beide Geschlechter getrennte Wahlräume bestimmt werden. Dann ist hierfür auch je ein eigener Wahlvorstand zu bilden.

§ 34.

Je ein Nachweis über die Bekanntmachungen gemäß §§ 29, 31 und 32 ist den Verhandlungen über die Gemeinde-, Bezirks- und Kreiswahl beizufügen.

§ 35.

Befinden sich in einem Lazarett oder Krankenhaus eine größere Anzahl transportunfähiger Kranker oder Verwundeter, so können die Bürgermeister die Stimmabgabe für diese in der gleichen Weise regeln, wie dies für die Landtagswahl durch die Min.Bekm. vom 4. Januar 1919 Nr. 3550 I. 18 („Bayer. Staatsanzeiger" vom 5. Januar 1919) zugelassen war. Die Mitglieder des Wahlvorstandes brauchen nicht in dem Lazarett oder Krankenhaus wahlberechtigt zu sein.

§ 36.

Erscheinen beim Beginn der Wahl nicht mindestens 5 Mitglieder des Wahlvorstandes, so ergänzt ihn der Wahlvorsteher aus den Ersatzmännern oder sonstigen anwesenden Wahlberechtigten auf diese Anzahl.

§ 37.

Während der ganzen Dauer der Wahl müssen mindestens 3 Mitglieder des Wahlvorstandes anwesend sein, darunter stets der Wahlvorsteher oder sein Vertreter. Ist der Schriftführer vorübergehend abwesend, so ist ein anderes Mitglied des Wahlvorstandes mit seiner Vertretung zu beauftragen.

§ 38.

Der Wahlvorstand entscheidet mit Stimmenmehrheit. Bei Stimmengleichheit entscheidet die Stimme des Wahlvorstehers.

§ 39.

Über jede der drei Wahlen ist eine gesonderte Niederschrift aufzunehmen und von den sämtlichen Mitwirkenden zu unterzeichnen.

VII. Wahlhandlung.

§ 40.

Alle drei Wahlen erfolgen zugleicher Zeit mit Stimmzetteln, die sich durch die Farbe voneinander unterscheiden (weiß für die Gemeindewahl, hellblau für die Bezirkswahl, hellbraun für die Kreiswahl).

Soweit bei der Gemeindewahl außer den Stadt- oder Gemeinderäten auch der Bürgermeister zu wählen ist, geschieht dies auf ein und demselben weißen Stimmzettel. Dieser ist durch einen Querstrich in zwei Hälften zu teilen, wovon die obere zur Wahl des Bürgermeisters, die untere zur Wahl der Stadt- oder Gemeinderäte dient.

§ 41.

Die Wahl beginnt um 9 Uhr vormittags und dauert bis 6 Uhr nachmittags. Die Wahl kann schon vorher geschlossen werden, sobald sämtliche in der Wählerliste eingetragenen Personen ihre Stimmen abgegeben haben.

Erscheint für eine Gemeinde die Wahldauer von 9 bis 6 Uhr nach den örtlichen Verhältnissen und der Zahl der Wähler als zu lang, so kann der Gemeindewahlausschuß bei der Beschlußfassung nach § 27 eine kürzere Wahldauer, jedoch nicht unter 6 Stunden festsetzen.

Beim Wahlausschuß ist der Wahlraum so lange zu sperren, bis die im Wahlraum anwesenden Personen ihre Stimme abgegeben haben. Andere Personen dürfen dann nicht mehr abstimmen.

§ 42.

Während der ganzen Wahldauer ist den Wahlberechtigten die Anwesenheit im Wahlraum gestattet, soweit sie ohne Störung der Wahlhandlung möglich ist. Der Wahlvorstand ist berechtigt, Personen welche die Ruhe und Ordnung stören, aus dem Wahlraum zu verweisen. Sie dürfen zuvor ihre Stimme abgeben.

Im Wahlraum dürfen, von den Beratungen und Beschlüssen des Wahlvorstandes abgesehen, weder Beratungen stattfinden, noch Ansprachen gehalten, noch Beschlüsse gefaßt werden.

Stimmzettel dürfen im Wahlraum weder aufgelegt noch verteilt werden.

In jedem Wahlraum ist ein Abdruck des Wahlgesetzes, sowie dieser Wahlordnung aufzulegen.

§ 43.

Die Wahl wird in Person durch nicht unterschriebene Stimmzettel ausgeübt, die die Wähler dem Wahlvorsteher eigenhändig, oder wenn sie durch ein körperliches Gebrechen hieran gehindert sind, unter Beihilfe einer Vertrauensperson überreichen.

§ 44.

Die Stimmzettel müssen von mittelstarkem Schreibpapier ohne Kennzeichen und 9 zu 12 Zentimeter groß sein und sind vom Wähler derart doppelt zusammengefaltet abzugeben, daß die darauf verzeichneten Namen verdeckt sind.

§ 45.

Wählen kann jeder Wahlberechtigte, der in der Wählerliste eingetragen ist. In Zweifelsfällen kann der Wahlvorsteher einen Ausweis über die Person des Wählers verlangen.

Wahlberechtigte, welche nach Anlegung der Wählerliste innerhalb des Gemeindebezirks ihres bisherigen Aufenthaltsortes in einen Stimmbezirk verzogen sind, sind in dem Stimmbezirk zur Wahl zuzulassen, in dessen Wählerliste sie eingetragen sind.

Nur in den Fällen der §§ 17 und 18 dürfen auch in der Wählerliste nicht eingetragene, mit entsprechender Bestätigung der Gemeindebehörde versehene Personen zur Wahl zugelassen werden. Sie sind dann in der Wählerliste nachzutragen. Die Bestätigungen sind der Niederschrift über die Wahl beizufügen.

§ 46.

Zur Verwahrung der Stimmzettel dient eine Wahlurne. Sie muß viereckig sein. Im Innern gemessen, muß ihre Höhe mindestens 90 Zentimeter und der Abstand jeder Wand von der gegenüberliegenden Wand mindestens 35 Zentimeter betragen. Im Deckel muß die Wahlurne einen Spalt haben, der nicht breiter als 2 Zentimeter sein darf, durch den die Stimmzettel einzuwerfen sind.

Vor dem Beginn hat sich der Wahlvorsteher davon zu überzeugen, daß die Urne leer ist. Von da an darf sie bis zur Herausnahme der Stimmzettel nach Schluß der Abstimmung nicht mehr geöffnet werden.

§ 47.

Der Wähler tritt zur Abgabe seiner Stimmzettel an den Tisch des Wahlvorstandes, nennt seinen Namen, auf Erfordern auch seine Wohnung und übergibt seine Stimmzettel dem Wahlvorsteher. Dieser prüft die Vorschriftsmäßigkeit der Zettel, ohne sie zu öffnen, und legt sie dann in die Wahlurne, sobald der Name des Wählers in der Wählerliste gefunden und seine Wahlberechtigung für alle drei Wahlen oder einzelne Wahlen festgestellt ist.

Nicht vorschriftsmäßige oder mit einem äußeren Kennzeichen versehene Stimmzettel sind zurückzuweisen.

Der Schriftführer vermerkt die Stimmabgabe in der Wählerliste.

§ 48.

Die Stimmzettel haben bei der Bürgermeisterwahl Namen, Stand und Wohnort des Gewählten, bei der Stadt- und Gemeinderatswahl und bei der Wahl der Bezirks- und Kreisvertreter nicht die Namen der Gewählten, sondern nur das Kennwort des gewählten Wahlvorschlages (Parteibezeichnung oder ein sonstiges einzelnes Kennwort) zu enthalten.

Die Wähler sind an die Wahlvorschläge gebunden. Jede Stimme gilt für den Wahlvorschlag im ganzen.

VIII. Festsetzung der Wahlergebnisse.

1. Gemeindewahlen.

a) Im allgemeinen.

§ 49.

Nach Schluß der Wahl werden zunächst die sämtlichen Stimmzettel der Wahlurne entnommen und im ganzen uneröffnet gezählt, sodann nach ihrer Farbe für die Gemeinde-, Bezirks- und Kreiswahl ausgeschieden und hierauf, für jede drei Wahlen gesondert, nochmals uneröffnet gezählt.

Die sich ergebenden Zahlen werden mit den Zahlen der Abstimmvermerke in der Wählerliste verglichen. Eine auch bei wiederholter Zählung sich ergebende Abweichung der Zahlen ist in der Niederschrift über die betreffende Wahl vorzumerken und möglichst aufzuklären.

§ 50.

Dann öffnet ein Beisitzer zunächst für die Gemeindewahl die weißen Stimmzettel, übergibt sie dem Wahlvorsteher, der die Stimmen für die Wahl des Bürgermeisters und hierauf die Stimmen für die Wahl der Stadt- oder Gemeinderäte vorliest und die Stimmzettel schließlich einem anderen Beisitzer zur Aufbewahrung übergibt. Die Stimmzettel können vor der Vorlesung so gelegt werden, daß jeweils möglichst viele gleiche Stimmzettel aufeinander folgen.

§ 51.

Für die Wahl des Bürgermeisters und der Stadt- oder Gemeinderäte ist dabei je eine gesonderte Stimm- und Gegenliste vom Schriftführer und einem Beisitzer zu führen und mit dem Wahlvorsteher zu unterzeichnen. Darin ist für die Bürgermeisterwahl jede auf die einzelnen Bewerber, für die Stadt- oder Gemeinderatswahl jede auf die einzelnen Wahlvorschläge entfallene gültige Stimme zu vermerken.

§ 52.

Vollständig ungültig sind die Stimmzettel,

1. welche mit einem Zeichen versehen sind, das sie wirklich zu kennzeichnen geeignet ist,
2. welche nicht die vorgeschriebene Beschaffenheit haben,
3. welche außer der Bezeichnung des zum Bürgermeister Gewählten und der Parteibezeichnung oder dem sonstigen Kennwort für die Wahl der Stadt- oder Gemeinderäte noch einen weiteren Inhalt haben, es sei denn, daß es sich nur um einen oder mehrere Namen aus dem durch das Kennwort bezeichneten Wahlvorschlag handelt.

§ 53.

Teilweise ungültig, nämlich für die Wahl des Bürgermeisters sind Stimmzettel,

1. welche für diese Wahl keinen oder keinen lesbaren Namen enthalten,
2. welche hierfür mehr als einen Namen enthalten,
3. aus welchen der Gewählte nicht unzweifelhaft zu erkennen ist,
4. in welchen eine nicht wählbare Person bezeichnet ist.

§ 54.

Teilweise ungültig, nämlich für die Wahl der Stadt- oder Gemeinderäte sind Stimmzettel,

1. welche an Stelle eines Kennwortes (Parteibezeichnung oder sonstigen Kennwortes) einen anderen Inhalt haben, es sei denn, daß es sich nur um einen oder mehrere Namen von Bewerbern aus einem Wahlvorschlag handelt,
2. welche mehrere Kennworte oder ein Kennwort enthalten, das nicht in einem vom Wahlkommissär öffentlich bekanntgegebenen Wahlvorschlag angegeben ist,
3. welche neben oder an Stelle des Kennworts Namen aus verschiedenen Wahlvorschlägen enthalten.

§ 55.

Erfolgt die Stimmabgabe für den Bürgermeister oder die Stadt- oder Gemeinderäte nicht an der richtigen Stelle des Stimmzettels (§ 40 Absatz 2), so wird die Stimmabgabe dadurch nur dann und soweit ungültig, als der Wille des Wählers infolge dessen nicht mit Bestimmtheit zu ermitteln ist. Stimmzettel, in denen an Stelle des Kennworts oder neben demselben ein Name oder mehrere Namen aus einem Wahlvorschlag enthalten sind, sind für diesen Wahlvorschlag zu zählen.

§ 56.

Übergibt ein Wähler mehrere gleichfarbige, gleichlautende Stimmzettel, so gelten sie als eine Stimme. Haben mehrere von einem Wähler übergebene gleichfarbige Stimmzettel voneinander abweichenden Inhalt, so sind sie ungültig.

§ 57.

Über die Gültigkeit der Stimmzettel und über alle bei der Wahl sich ergebenden Anstände beschließt der Wahlvorstand.

Die Gründe, aus denen ein Stimmzettel für ungültig oder in zweifelhaften Fällen für gültig erklärt wird, sind in der Niederschrift anzugeben. Derartige Zettel sind zu numerieren und den Wahlverhandlungen als Beilagen beizufügen.

b) In Gemeinden, die nur einen Stimmbezirk umfassen.

§ 58.

In Gemeinden, die nur einen Stimmbezirk umfassen, stellt der Wahlvorsteher auf Grund der Wahlverhandlungen zunächst fest, wieviel gültige Stimmen im Stimmbezirk bei der Bürgermeisterwahl für jeden einzelnen Bewerber, sowie insgesamt abgegeben worden sind, ermittelt sodann, ob der Bewerber mit der höchsten Stimmenzahl die absolute Stimmenmehrheit erhalten hat, und verkündet in diesem Fall die Person des Gewählten mit der erhaltenen Stimmenzahl, sowie die Namen der übrigen Bewerber mit ihren Stimmenzahlen. Hat kein Bewerber die absolute Stimmenmehrheit erhalten, so verkündet der Wahlvorsteher dies mit den Namen und Stimmenzahlen der sämtlichen Bewerber.

Hierauf schreitet er zur Ermittlung des Ergebnisses der Wahl der Stadt- oder Gemeinderäte, indem er feststellt, wieviel gültige Stimmen für jeden einzelnen Wahlvorschlag und insgesamt bei dieser Wahl abgegeben worden sind.

Wo keine Bürgermeisterwahl stattfindet, erfolgt sofort die Feststellung nach Absatz 2.

§ 59.

Für verbundene Wahlvorschläge wird auch die Gesamtzahl der für die verbundenen Wahlvorschläge insgesamt abgegebenen Stimmen festgestellt.

§ 60.

In Gemeinden, die nur einen Stimmbezirk umfassen, werden nach Abschluß der Feststellung gemäß §§ 58 und 59 die Stimmenzahlen, die bei der Wahl der Stadt- oder Gemeinderäte auf die einzelnen Wahlvorschläge entfallen sind, nacheinander durch 1, 2, 3, 4, usw., so lange geteilt, bis soviel höchste Teilungszahlen ermittelt sind, als Personen zu wählen sind.

Wenn die letzte höchste Teilungszahl auf mehrere Wahlvorschläge entfällt, entscheidet das Los über den Anfall des Sitzes. Jedem Wahlvorschlag wird der Reihe nach so oft ein Sitz zugeteilt, als er jeweils die höchste Teilungszahl aufzuweisen hat.

§ 61.

Sollte sich dabei ergeben, daß auf einen Wahlvorschlag mehr Sitze entfallen, als er Bewerber aufweist, so hat der Wahlkommissär nach Abschluß der Wahl dies dem Vertrauensmann des Wahlvorschlages mit der Anheimgabe zu eröffnen, daß er innerhalb einer Woche den Wahlvorschlag durch Benennung weiterer Bewerber bei dem Wahlkommissär bis zum 1 ½-fachen der dem Wahlvorschlage zugefallenen Sitze ergänzen möge.

§ 62.

Verbundene Wahlvorschläge werden bei der Verteilung nach § 60 zunächst als ein Wahlvorschlag behandelt. Zuerst wird daher der ganzen Gruppe die ihrer gesamten Stimmenzahl entsprechende Zahl von Sitzen zugewiesen. Diese werden dann erst unter die einzelnen verbundenen Wahlvorschläge nach § 60 unterverteilt.

§ 63.

Die auf die einzelnen Wahlvorschläge entfallenen Sitze werden den darin enthaltenen Bewerbern nach der Reihenfolge der Benennung in den Wahlvorschlägen zugewiesen.

§ 64.

Alle nicht gewählten Bewerber gelten in der Reihenfolge ihrer Benennung auf dem Wahlvorschlag als Ersatzmänner für die aus dem gleichen Wahlvorschlag Gewählten. Wenn die Zahl der Ersatzmänner eines Wahlvorschlages bei Feststellung des Wahlergebnisses nicht mindestens halb so groß, als die Zahl der Gewählten ist, ist nach § 61 zu verfahren.

Bei gemeinsamen Wahlvorschlägen mehrerer Parteien oder Gruppen gelten als Ersatzmänner für die gewählten Bewerber einer Partei oder Gruppe nur die nichtgewählten Bewerber der gleichen Partei oder Gruppe in der Reihenfolge ihrer Benennung auf dem Wahlvorschlag. Wenn hierbei die Zahl der Ersatzmänner für eine Partei oder Gruppe nicht mindestens halb so groß ist, als die Zahl der für die Partei oder Gruppe Gewählten, ist nach § 61 der Wahlordnung zu verfahren.

§ 65.

Schließlich verkündet der Gemeindewahlkommissär die auf die einzelnen und verbundenen Wahlvorschläge entfallenen Stimmenzahlen, ferner die Namen und die Reihenfolge der Gewählten und der Ersatzmänner und schließt die Niederschrift über die Wahl ab. Er gibt endlich die sämtlichen verkündeten Wahlergebnisse auch noch in ortsüblicher Weise bekannt. Die Wahlverhandlungen sind versiegelt in der Gemeinderegistratur zu hinterlegen.

§ 66.

c) In Gemeinden, die mehrere Stimmbezirke umfassen.

In Gemeinden, die mehrere Stimmbezirke umfassen, stellt der Wahlvorsteher entsprechend den §§ 50 bis 59 zunächst für die Bürgermeisterwahl die für die einzelnen Bewerber, sowie insgesamt abgegebenen Stimmen, sodann für die Wahl der Stadt- oder Gemeinderäte die für die einzelnen und verbundenen Wahlvorschläge, sowie insgesamt abgegebenen Stimmen fest, gibt diese Zahlen bekannt, schließt dann die Niederschrift über die Wahl ab und übersendet sie mit den Beilagen (Wählerliste, Stimm- und Gegenliste, den je fortlaufend zu nummerierenden beschlußmäßig als gültig erklärten Stimmzetteln und den Bestätigungen nach §§ 17 und 18) an den Gemeindewahlkommissär, der ihn aufgestellt hat. Die gültigen Stimmzetteln hat er in Papier zu versiegeln und beizulegen.

§ 67.

Der Gemeindewahlkommissär beruft den Gemeindewahlausschuß in Gemeinden, die mehrere Stimmbezirke umfassen, sobald als irgend möglich zu einer Sitzung zusammen, stellt mit ihm die Wahlergebnisse der sämtlichen Stimmbezirke der Gemeinde zunächst für die Bürgermeisterwahl sowohl für die einzelnen Bewerber, als auch insgesamt zusammen, ermittelt, ob der Bewerber mit der höchsten Stimmenzahl die absolute Mehrheit erhalten hat, und verkündet in diesem Fall alsbald den Namen des Gewählten mit der erhaltenen Stimmenzahl, sowie auch die Namen der übrigen Bewerber mit ihren Stimmenzahlen. Hat kein Bewerber die absolute Stimmenmehrheit erhalten, so verkündet der Gemeindewahlkommissär dies mit den Namen und Stimmenzahlen der sämtlichen Bewerber.

Hierauf stellt er die Wahlergebnisse der sämtlichen Stimmbezirke der Gemeinde für die Stadt- oder Gemeinderatswahl für die einzelnen und verbundenen Wahlvorschläge, sowie insgesamt zusammen, verteilt die zu besetzenden Sitze nach §§ 60 bis 63, stellt die Namen und die Reihenfolge der Gewählten und der Ersatzmänner fest und verkündet schließlich das gesamte Ergebnis. Endlich schließt er die Niederschrift über die Wahl ab und gibt die sämtlichen verkündeten Wahlergebnisse auch noch in ortsüblicher Weise bekannt.

§ 68.

Die Wahlverhandlungen sind endlich zu versiegeln und in der Gemeinderegistratur zu hinterlegen.

§ 69.

Hat bei der Bürgermeisterwahl keiner der Bewerber die absolute Stimmenmehrheit erhalten, so hat der Stadt- oder Gemeinderat gemäß Art. 8 des Wahlgesetzes die erforderliche Auswahl baldmöglichst zu treffen.

2. Bezirkswahlen.

§ 70.

Nachdem der Wahlvorstand das Ergebnis der Gemeindewahl für seinen Stimmbezirk festgestellt und abgeschlossen hat, hat er — wenn irgend möglich, noch am gleichen Tage — das Ergebnis der Bezirkswahlen zu ermitteln. Wenn dies aus ganz besonderen Gründen etwa erst an dem auf den Wahltag folgenden Tag möglich sein sollte, sind die nach § 49 behandelten blauen und braunen Stimmzettel mit den sonstigen Wahlverhandlungen über die Bezirks- und Kreiswahl zu versiegeln und vom Wahlvorsteher bis zur Fortsetzung der Wahlverhandlung am nächsten Morgen zu verwahren. Die Zeit der Fortsetzung ist zu verkünden.

§ 71.

Die Wahlvorsteher haben die Stimmenzahlen für die einzelnen und verbundenen Wahlvorschläge in gleicher Weise wie für die Stadt- oder Gemeinderatswahl, gemäß § 50 bis 59 einzeln und insgesamt zu ermitteln und bekanntzugeben. Die Wahlverhandlungen sind schließlich auch in Gemeinden, die nur einen Stimmbezirk bilden, nach § 66 zu behandeln und der Gemeindebehörde vorzulegen. Diese prüft sie auf ihre Vollständigkeit, ergänzt sie nötigenfalls und übersendet sie sodann dem Bezirkswahlkommissär. Die gültigen Stimmzettel sind in der Gemeinderegistratur versiegelt zu hinterlegen.

§ 72.

Der Bezirkswahlkommissär hat dafür zu sorgen, daß die Wahlverhandlungen aus seinen sämtlichen Stimmbezirken spätestens am zweiten Tag nach dem Wahltag bei ihm vorliegen. Er beruft den Bezirkswahlausschuß, sobald als möglich zu einer Sitzung zusammen, stellt mit ihm die Wahlergebnisse sämtlicher Stimmbezirke seines Bezirks für die einzelnen und verbundenen Wahlvorschläge, sowie insgesamt zusammen, verteilt die zu besetzenden Sitze nach § 60 bis 63 auf die einzelnen Wahlvorschläge, stellt die Namen und die Reihenfolge der Gewählten und der Ersatzmänner fest, verkündet das Ergebnis und gibt es schließlich auch noch in mindestens einer geeigneten Tageszeitung bekannt. Die Niederschrift über die Wahl ist abzuschließen.

§ 73.

Die Wahlverhandlungen sind dem Bezirkstag bei seinem ersten Zusammentritt vorzulegen.

3. Kreiswahlen.

§ 74.

Das Ergebnis der Kreiswahl ist im unmittelbaren Anschluß an die Feststellung der Bezirkswahl zu ermitteln. Kann dies nicht sofort im Anschluß an diese geschehen, so sind die braunen Stimmzettel mit den sonstigen Verhandlungen über die Kreiswahl zu versiegeln und vom Wahlvorsteher bis zur Fortsetzung der Wahlverhandlung zu verwahren. Die Zeit der Fortsetzung ist bekanntzugeben. Die Wahlvorsteher haben die Wahlergebnisse ihrer Stimmbezirke für die Kreiswahlen in gleicher Weise, wie die Ergebnisse der Bezirkswahlen zu ermitteln und bekanntzugeben. Schließlich haben sie auch die Wahlverhandlungen nach § 66 zu behandeln und den Gemeindebehörden vorzulegen. Die gültigen Stimmzettel sind in der Gemeinderegistratur versiegelt zu hinterlegen. Die unmittelbaren Städte prüfen hierauf die Verhandlungen auf ihre Vollständigkeit, ergänzen sie nötigenfalls, stellen die Ergebnisse vorläufig zusammen und übersenden sie dann alsbald dem Kreiswahlkommissär. Die übrigen Gemeinden legen sie, nachdem sie die Verhandlungen auf ihre Vollständigkeit geprüft haben, zunächst den Bezirksämtern vor. Diese überprüfen und ergänzen die Verhandlungen nötigenfalls, stellen die Ergebnisse vorläufig zusammen und übersenden sie dann nötigenfalls dem Kreiswahlkommissär.

§ 75.

Der Kreiswahlkommissär hat dafür zu sorgen, daß die Wahlverhandlungen spätestens am dritten Tage nach dem Wahltag bei ihm vorliegen.

Er beruft, sobald als möglich, den Kreiswahlausschuß zu einer Sitzung zusammen, stellt mit ihm die Wahlergebnisse der sämtlichen Stimmbezirke seines Kreises für die einzelnen und verbundenen Wahlvorschläge und insgesamt zusammen, verteilt die zu besetzenden Sitze gemäß § 60 bis 63 auf die Wahlvorschläge, stellt die Namen und die Reihenfolge der Gewählten und der Ersatzmänner fest, verkündet das Ergebnis und gibt es schließlich noch in mindestens zwei geeigneten Tageszeitungen bekannt. Die Niederschrift über die Wahl ist abzuschließen.

§ 76.

Die Wahlverhandlungen sind dem Kreistag bei seinem ersten Zusammentritt vorzulegen.

IX. Erklärung über die Annahme der Wahl.

§ 77.

Die Wahlkommissäre haben die Bewerber, die in den von ihnen geleiteten Wahlen gewählt worden sind, sofort von ihrer Wahl zu verständigen, mit der Aufforderung, sich über die Annahme der Wahl bei persönlicher Anwesenheit sofort, sonst spätestens binnen einer Woche zu erklären.

X. Ersatz ablehnender oder ausscheidender Bewerber.

§ 78.

Wenn ein im Verhältniswahlverfahren Gewählter die Wahl ablehnt oder nachträglich aus seiner Stelle ausscheidet, tritt an seine Stelle ohne Ersatzwahl der Bewerber, der in dem gleichen Wahlvorschlag als nächster Ersatzmann festgestellt ist. (§ 64.)

§ 79.

Die Ablehnung der Wahl und das Ausscheiden eines Gewählten ist dem zuständigen Wahlkommissär mitzuteilen. Dieser stellt dann den zum Eintritt berufenen Ersatzmann fest und verständigt ihn von seiner Berufung. (§ 77.)

XI. Nachwahlen.

§ 80.

Wird eine Wahl allgemein als ungültig erklärt, ohne daß jedoch die Ungültigkeitserklärung sich auf die Wählerlisten und Wahlvorschläge erstreckt, so erfolgt die Nachwahl auf Grund der alten Wählerlisten und Wahlvorschläge.

Wird dagegen das ganze Verfahren mit Einschluß der Wählerlisten und der Wahlvorschläge für ungültig erklärt, so ist das ganze Wahlverfahren zu erneuern. Werden mit dem Wahlverfahren zwar die Wahlvorschläge, aber nicht die Wählerlisten als ungültig erklärt, so sind die Wahlvorschläge zu erneuern, die Wählerlisten aber auch dem neuen Verfahren zugrunde zu legen.

XII. Verfahren bei der Wahl der Beigeordneten.

§ 81.

Das Verfahren bei der Wahl der Beigeordneten durch die Stadt- oder Gemeinderäte (Art. 7 Ziff. 2 des Wahlgesetzes) regelt sich, wenn gleichzeitig mehrere Beigeordnete zu wählen sind, nach den Bestimmungen dieser Wahlordnung, mit folgenden Abweichungen:

1. der Gemeindewahlkommissär leitet die Wahl. Er bestimmt die Wahlzeit und Wahldauer und fordert zur Einreichung von Wahlvorschlägen

auf. Er gibt diese Bestimmungen bei der Einladung der Stadt- oder Gemeinderäte zur Wahl bekannt.
2. Der Wahlausschuß besteht mindestens aus drei Personen.
3. An Stelle der Wählerliste tritt das Verzeichnis der Stadt- oder Gemeinderäte.
4. Die Wahlvorschläge müssen mindestens von drei Stadt- oder Gemeinderäten unterzeichnet sein.
5. Die Wahlvorschläge sind spätestens bei Beginn der Wahl von einem der Unterzeichner persönlich zu übergeben. Der Übergeber gilt als Vertrauensmann.
6. Die Prüfung der Wahlvorschläge erfolgt durch den Wahlkommissär sofort nach der Einreichung. Er eröffnet das Ergebnis der Prüfung mündlich dem Übergeber des Wahlvorschlags.
7. Nachträgliche Ergänzungen der Wahlvorschläge sind nur insoweit zulässig, als sie geschehen können, ohne den Fortgang des Wahlgeschäftes erheblich aufzuhalten.
8. Der Wahlkommissär gibt bei Beginn der Wahl die Wahlvorschläge und Verbindungserklärungen, soweit sie gültig sind, den anwesenden Wählern bekannt und legt sie zur Einsicht im Wahlraum auf.

3.

Vollzugsbekanntmachung zum Wahlgesetz und zur Wahlordnung für die Gemeinde-, Bezirks- und Kreiswahlen vom 22. April 1919 (GVBl. S. 189).

A. Allgemeines.

Ziff. 1.

Die Wahlen für die Vertretungen der Gemeinden, Bezirke und Kreise finden im ganzen Lande am 25. Mai[1]) ds. Jahres statt. Alle mit den Wahlen befaßten Personen wollen sich mit den Bestimmungen hierüber sofort gründlichst vertraut machen.

Ziff. 2.

Am 25. Mai[1]) sind zu wählen und zwar von allen Wahlberechtigten:
a) die ersten Bürgermeister, die berufsmäßigen jedoch nur dann, wenn es sich um bereits erledigte Stellen handelt,
b) die nichtberufsmäßigen Stadt- und Gemeinderäte,
c) die Bezirksvertreter,
d) die Kreisvertreter.

Ziff. 3.

Binnen 14 Tagen nach dieser Wahl sind die zweiten und weiteren Bürgermeister (bisher auch Beigeordnete und Adjunkten genannt) und zwar von den Stadt- oder Gemeinderäten zu wählen, die berufsmäßigen jedoch nur dann, wenn ihre Stellen zur Zeit erledigt sind. Die im Wahlgesetz und in der Wahlordnung noch gebrauchte Bezeichnung: „Beigeordneter“, ist durch das Gesetz über die Verfassung und Verwaltung der Gemeinden, Bezirke und Kreise beseitigt worden.

Ziff. 4.

Bis zum 1. Juli 1920 sind endlich alle noch übrigen berufsmäßigen Bürgermeister, Stadt- und Gemeinderäte von den Stadt- und Ge-

[1]) Nunmehr 15. Juni.

meinderäten neu zu wählen, mögen sie unwiderruflich oder widerruflich angestellt sein. Der im Art. 1 des Wahlgesetzes vom 15. April bestimmte Termin ist vom 1. Januar 1920 auf 1. Juli 1920 verschoben worden.

Ziff. 5.

Über das Wahlrecht treffen Art. 2 und 3 des Wahlgesetzes Bestimmung. Hinsichtlich des Einflusses des Heeresdienstes und des Hilfsdienstes auf das Wahlrecht wird auf die Min.Bekm. vom 2. April 1919 („Bayer. Staatsanzeiger" vom 4. April) besonders aufmerksam gemacht. Als Unterbrechungen des Aufenthaltes gelten kürzere Entfernungen vom Aufenthaltsorte dann nicht, wenn aus den Umständen hervorgeht, daß an die Aufgabe des Aufenthalts dabei nicht gedacht war.

Als Aufenthalt im Sinne des Art. 2 Abs. 1 Ziff. 3 des Wahlgesetzes gilt nicht die Verwahrung in Gefängnissen usw., auch nicht die Unterbringung in Heil- und Pflegeanstalten, in Kretinen- und ähnlichen Anstalten, wenn sich die Pfleglinge in einem Zustande befinden, der ihre freie Willensbestimmung ausschließt. Ob ein solcher Zustand vorliegt oder nicht, ist von Fall zu Fall im Benehmen mit der Anstaltsleitung und dem zuständigen Arzte, nötigenfalls dem Amtsarzte, zu entscheiden. Auf durchaus einwandfreie Regelung dieser Fälle muß besonderes Gewicht gelegt werden. Jede Einflußnahme auf die Abstimmung der Pfleglinge muß hintangehalten werden.

Ziff. 6.

Über die Wählbarkeit ist in Art. 4 des Wahlgesetzes Bestimmung getroffen.

Ziff. 7.

Die Wahlen sind Verhältniswahlen, sobald mehrere Vertreter der gleichen Art zu gleicher Zeit zu wählen sind, also für nichtberufsmäßige Stadt- und Gemeinderäte und für nichtberufsmäßige zweite und weitere Bürgermeister, ferner für Bezirks- und Kreisvertreter. Berufsmäßige Bürgermeister und Stadt- und Gemeinderäte werden immer in gesonderten Wahlgängen gewählt.

Ziff. 8.

Wenn einzelne Vertreter zu wählen sind, geschieht dies mit absoluter Stimmenmehrheit. Für den Fall, daß diese nicht erreicht wird, ist nach Art. 8 des Wahlgesetzes und Art. 7 Abs. 2 des Gesetzes über die Verfassung und Verwaltung der Gemeinden, Bezirke und Kreise zu verfahren.

B. Vorbereitungen zur Wahl.

Ziff. 9.

Wie viele Stadt- und Gemeinderäte in jeder Gemeinde zu wählen sind, beschließt noch der Magistrat, der Gemeindeausschuß, der Stadtrat oder Gemeinderat. Diese Beschlüsse sind nunmehr umgehend zu fassen.

Nach dem Gesetz über die Verfassung und Verwaltung der Gemeinden, Bezirke und Kreise können außer dem ersten Bürgermeister höchstens drei **weitere Bürgermeister gewählt werden, und außerdem:**

a) in Gemeinden bis 10 000 Einwohnern höchstens 20,
b) in Gemeinden mit 10 000, aber unter 50 000 Einwohnern höchstens 30,
c) in Gemeinden mit 50 000, aber unter 100 000 Einwohnern höchstens 40,

d) in Gemeinden über 100 000 Einwohnern höchstens 50 Stadt- und Gemeinderäte.

Ziff. 10.

Die Zahl der Bezirksvertreter beträgt ein Drittel der bisherigen Zahl der Vertreter der Gemeinden im Distriktsrate. Es ist zu beachten, daß nur die Vertreter der Gemeinden in Betracht kommen, nicht auch die Vertreter des Grundbesitzes usw., ferner daß die Gemeindevertreter der sämtlichen zu einem Bezirksamt gehörigen Distrikte hierbei zusammenzurechnen sind, weil diese Distrikte nunmehr sämtlich zusammengelegt werden. Bruchteile unter der Hälfte bleiben bei der Berechnung außer Betracht. Haben z. B. die Gemeinden von drei Distrikten, die zu einem Bezirksamt gehören, bisher 22, 23 und 32 Vertreter in ihren Distriktsräten gehabt, so zählt die nun zusammengefaßte Bezirksvertretung, der Bezirkstag, 77 : 3 = 26 Vertreter.

Ziff. 11.

Die Zahl der Kreisvertreter beträgt für Oberbayern 50 [1]), für alle übrigen Kreise 30.

Ziff. 12.

Die ersten jetzt sofort zu treffenden Wahlvorbereitungen bestehen also:

a) in dem Beschluß über die Zahl der zu wählenden Stadt- und Gemeinderäte. (Siehe oben Ziff. 9.) Er ist wegen der Nähe des Wahltages von der gegenwärtigen Gemeindeverwaltung (ohne Gemeindebevollmächtigte) sofort zu fassen;

b) in der Aufstellung der Gemeindewahlkommissäre durch die Bezirksämter. Nach § 1 der Wahlordnung sollen im allgemeinen die Bürgermeister als solche aufgestellt werden. Wenn eine andere Person aufgestellt wird, ist dabei zugleich auch ein Vertreter hierfür zu bestellen. Beide brauchen in der Gemeinde nicht wahlberechtigt zu sein;

c) in der Bekanntgabe der Zahl der zu wählenden Personen und in der Aufforderung zur Einreichung der Wahlvorschläge bei den Wahlkommissären. (Ziff. 13).

Ziff. 13.

Die Bezirksämter haben die Gemeindewahlkommissäre alsbald eingehend über ihre Obliegenheiten zu belehren.

Die Gemeindewahlkommissäre haben, ebenso wie auch die Bezirks- und Kreiswahlkommissäre, wenn möglich, am 25. Tag vor dem Wahltag, spätestens aber am 2. Mai [2]), die Zahl der zu wählenden Personen bekanntzugeben und zur Einreichung von Wahlvorschlägen für die Wahl aufzufordern. Die Gemeinden haben hiezu das Muster Anlage A zu verwenden. Die Bezirks- und Kreiswahlkommissäre haben es für sich entsprechend abzuändern. (§ 20 Abs. 2 der WO.)

Ziff. 14.

(Zu § 2 der WO.) Mitglieder der Wahlausschüsse sind neben dem Wahlkommissär nur die Vertrauensmänner der rechtzeitig, d. h. spätestens am 10. Mai [3]), eingereichten Wahlvorschläge. Vertrauensmänner verspätet eingereichter Wahlvorschläge kommen hierfür nicht in Betracht.

---

[1]) Nunmehr auf 45 festgesetzt.
[2]) Nunmehr 21. Mai.
[3]) Nunmehr 31. Mai.

Ziff. 15.

(Zu § 6 der WO.) Statt der räumlichen **Abgrenzung** ist auch die **Abteilung nach Geschlechtern zulässig. (§ 8 und 33 der WO.). In Gemeinden von 2500 bis 5000 Einwohnern** ist also beispielsweise der Vorschrift **des** § 6 auch dann Genüge geleistet, wenn je ein Stimmbezirk für Männer **und** Frauen geschaffen wird, der sich je über die ganze Gemeinde erstreckt.

Ziff. 16.

(Zu § 5 der WO.) Die Muster für die Niederschriften werden noch bekanntgegeben.

Ziff. 17.

(Zu § 9 der WO.) Für die Anlage der Wählerlisten in Karteiform ist die Min.Bekm. vom 30. März 1919 („Bayer. Staatsanzeiger" vom 1. April 1919) maßgebend.

Ziff. 18.

(Zu § 10 der WO.) Von der Befugnis, die Wählerlisten für größere Truppenverbände durch die militärischen Dienststellen anfertigen zu lassen, soll überall Gebrauch gemacht werden, wo den Gemeinden dadurch eine Erleichterung entsteht. Solche Wählerlisten umfassen weder die in Privatwohnungen wohnenden Militärpersonen, noch die in militärischen Dienstgebäuden wohnenden Zivilpersonen. Nur wenn etwa für stark belegte, größere militärische Dienstgebäude ein eigener Stimmbezirk gebildet wird, sind auch die darin wohnenden Zivilpersonen in die Wählerliste für diese Stimmbezirke, in Form eines Anhanges zu der militärischen Wählerliste aufzunehmen.

Ziff. 19.

(Zu § 12 der WO.) Die ortsübliche Bekanntmachung hat vor dem 4. Mai[1]) zu erfolgen und etwa zu lauten: „Die Wählerliste für die Gemeinde-, Bezirks- und Kreiswahl liegt im . . . . . . hause vom 4. bis 11. Mai[2]) ds. Jrs. zu jedermanns Einsicht öffentlich auf. Einsprüche hiergegen sind bei Meidung des Ausschlusses in der gleichen Zeit bei der Gemeindebehörde einzureichen. Spätere Einsprüche sind wirkungslos.

Wahlberechtigte, die vor dem 11. Mai[3]) in einen anderen Stimmbezirk innerhalb der Gemeinde, des Bezirkes oder Kreises verzogen sind, haben die Übertragung ihrer Namen in die Liste des neuen Aufenthaltes zu beantragen."

Beim dauernden Verlassen der Gemeinde, des Bezirkes oder Kreises erlischt das Wahlrecht zu der betreffenden Wahl.

Ziff. 20.

(Zu § 17 der WO.) Ob ein Wahlberechtigter die Einspruchsfrist wirklich ohne sein Verschulden versäumt hat, haben die Gemeindebehörden gründlichst zu prüfen. Die Bestimmung darf nicht dazu benützt werden, um Wahlberechtigten, die durch eigene Schuld es versäumt haben, sich um den Eintrag in die Wählerliste rechtzeitig zu bemühen, trotzdem zur Ausübung ihres Wahlrechtes zu verhelfen.

---

1) Nunmehr 25. Mai.
2) Nunmehr 25. Mai bis 1. Juni.
3) Nunmehr 1. Juni.

Ziff. 21.

(Zu § 18 der WO.) Die Beschränkung der Wahlrechtsausübung auf den gleichen Bezirk oder Kreis ist auch in solchen Fällen nötig, da die Wähler sonst in Bezirken und Kreisen Stimmen abgeben würden, zu denen ihnen jede Beziehung fehlt, und in denen sie sich bisher überhaupt noch nicht aufgehalten haben, also auch kein Wahlrecht besitzen können.

Ziff. 22.

(Zu § 19 der WO.) Es ist wohl zu beachten, daß die Wahlvorschläge für die drei Wahlen getrennt einzureichen und zu behandeln sind.

Ziff. 23.

(Zu § 20 der WO.) Die Zahl der zu wählenden Stadt- oder Gemeinderäte, Bezirks- und Kreisvertreter ist in dem Gesetz über die Verfassung und Verwaltung der Gemeinden, Bezirke und Kreise bestimmt. (Siehe auch oben Ziff. 9 und 10).

Ziff. 24.

(Zu § 21 Ziff. 1 der WO.) Als Kennwort sollen die Parteibezeichnung oder ein sonstiges einzelnes Wort, nicht etwa mehrere Worte oder ein Satz gewählt werden. Das Kennwort soll möglichst kurz sein.

Ziff. 25.

(Zu § 21 Ziff. 2 der WO.) Die Reihenfolge der Bewerber ist von großer Bedeutung, weil es hiervon abhängt, ob ein Bewerber bei der Zuteilung der dem Wahlvorschlag im ganzen zugefallenen Sitze zum Zuge kommt. Wenn die Reihenfolge daher nicht ganz klar ist, hat der Wahlkommissär nach § 23 der WO für Berichtigung zu sorgen.

Die Zahl der Bewerber auf den einzelnen Wahlvorschlägen ist so zu bemessen, daß damit die Sitze, auf die die Partei hofft, besetzt werden können, und außerdem noch etwa halb soviel Bewerber, als gewählt sind, als Ersatzmänner übrig bleiben.

Ziff. 26.

(Zu § 21 der WO.) Für die Unterschriften wird nur verlangt, daß die Unterzeichner bei der Einreichung des Wahlvorschlages wahlberechtigt sind. Der Wahlvorschlag wird nicht dadurch ungültig, daß ein Unterzeichner nachträglich stirbt, wohl aber, wenn sich ergibt, daß er überhaupt nicht wahlberechtigt war. Der Vertrauensmann hat dann nachträglich für die Ergänzung der Unterschriften zu sorgen, wenn die Zeit hiezu (der achte Tag [1]) vor dem Wahltag) noch nicht verstrichen ist. Der Wahlkommissär muß in Zweifelsfällen durch nachträgliche Einholung weiterer Unterschriften die Mängel zu beheben suchen.

Ziff. 27.

(Zu § 22 der WO.) Die Zustimmungserklärungen müssen eigenhändig unterschrieben sein. Zur Annahme der Wahl ist der Bewerber dadurch noch nicht verpflichtet.

Ziff. 28.

(Zu § 23 der WO.) Der Wahlkommissär hat jeden bei ihm eingereichten Wahlvorschlag sofort daraufhin zu prüfen, ob er allen Anordnungen der §§ 20 bis 22 der WO entspricht. Wenn er Mängel daran entdeckt, wird er sich am besten mündlich mit dem Vertrauensmann ins Be-

1) Jetzt der 9. Tag.

nehmen setzen und die Bereinigung der Mängel anregen. Das Ergebnis seiner Prüfung ist übrigens nur vorläufig und bindet den Wahlausschuß nicht. Diesem allein steht die endgültige Entscheidung über die Zulassung der Wahlvorschläge zu.

Ziff. 29.

(Zu § 24 der WO.) Der Wahlvorschlag ist ungültig, soweit der Mangel besteht. Wenn also ein Mangel hinsichtlich eines Bewerbers besteht und nicht behoben wird, wenn z. B. die Unterschrift eines Bewerbers fehlt, ist der Wahlvorschlag nur für diesen einen Bewerber ungültig, im übrigen aber gültig.

Ergänzungen der Wahlvorschläge durch Nachträge von Bewerbern sind nach dem 10. Mai [2]) nur dann noch zulässig, wenn sie durch den Wegfall einzelner Bewerber veranlaßt sind. Dann können an Stelle der weggefallenen Bewerber bis zum achten [3]) Tage vor dem Wahltag neue Bewerber benannt werden. Die Änderung der Reihenfolge der Bewerber ist nicht zulässig.

Die Zurücknahme der Wahlvorschläge ist bis zu ihrer Bekanntgabe durch den Wahlkommissär zulässig. (§ 29 Abs. 4 der WO.)

Ziff. 30.

(Zu § 26 der WO.) Jeder Wahlvorschlag kann zwar mit mehreren Wahlvorschlägen, aber nicht mit mehreren selbständigen Gruppen von solchen verbunden werden. Wahlvorschlag A kann sich also mit B und C, auch mit einer schon aus B, C und D bestehenden Gruppe verbinden; diese Gruppe kann sich dann auch weiter mit einer aus E und F bestehenden Gruppe zu einer neuen Gesamtgruppe verbinden. Aber es ist nicht zulässig, daß sich A mit B und C zu einer, und mit E und F zu einer weiteren Gruppe verbindet, ohne daß B und C an diesen letzteren sich beteiligen. Kein Wahlvorschlag kann sich also an verschiedenen, miteinander nicht verbundenen Gruppen beteiligen.

Ziff. 31.

(Zu § 27 der WO.) Die Beschlußfassung des Wahlausschusses über die Wahlvorschläge stellt gegenüber dem bisherigen Gemeindewahlverfahren eine Neuerung dar. Hiermit kann zugleich die Beschlußfassung über eine etwaige Abkürzung der Wahldauer (§ 41 Abs. 2 der WO) verbunden werden.

Die Prüfung der Wahlvorschläge durch den Wahlausschuß ist endgültig, d. h. es gibt hiegegen keine Beschwerde; trotzdem braucht der Wahlausschuß seinerzeit bei der Feststellung des Wahlergebnisses (§ 63 der WO) die Wahlvorschläge nicht etwa unbedingt als gültig anzuerkennen, auch wenn sich nachträglich herausstellen sollte, daß die Annahme ihrer Gültigkeit irrig war. Wer nicht wählbar ist, wird dies auch nicht dadurch, daß der Wahlausschuß seinen Namen auf dem Wahlvorschlag zunächst irrigerweise nicht beanstandete.

Ziff. 32.

(Zu § 28 der WO.) Ganz ungültig sind Wahlvorschläge,

a) die nicht rechtzeitig eingereicht sind,
b) die zur Zeit der Beschlußfassung durch den Wahlausschuß nicht die nötige Zahl gehörig belegter Unterschriften wahlberechtigter Personen aufweisen.

---

[2]) Nunmehr 31. Mai.
[3]) Nunmehr 9. Tag.

Teilweise ungültig sind Wahlvorschläge:

a) soweit sie mehr Namen als zulässig enthalten, hinsichtlich der zu viel benannten Personen. Von dem zuletzt benannten Bewerber an gerechnet, werden so viel Namen gestrichen, als überschüssig sind,

b) soweit die Bewerber nicht deutlich bezeichnet oder nicht in erkennbarer Reihenfolge aufgeführt sind,

c) soweit Personen vorgeschlagen sind, die nicht wählbar sind, die dem Wahlvorschlag nicht zugestimmt haben oder deren Zustimmungserklärung nicht gültig ist.

Ein Wahlvorschlag, der weniger Namen, als zulässig sind, enthält, ist gültig.

Ziff. 33.

(Zu § 29 der WO.) Mit der Bekanntmachung nach § 29 sind zugleich die durch §§ 31 und 32 der WO vorgeschriebenen Bekanntmachungen zu verbinden. Als geeignete Tageszeitung gilt eine Zeitung, die im Bezirke oder Kreis besondere Bedeutung hat, auch wenn sie nicht darin erscheint. Die Wirkung der Bekanntmachung ist ebensowenig, wie die der Anerkennung der Wahlvorschläge durch den Wahlausschuß die, daß dadurch etwaige Mängel der Wahlvorschläge beseitigt werden. Gültige Wahlvorschläge oder Teile von solchen und Verbindungserklärungen, die nicht bekannt gemacht werden, verlieren dagegen durch diese Unterlassung ihre Gültigkeit. Bei Herstellung der Bekanntmachung empfiehlt sich daher die größte Sorgfalt, und bei etwaigen Druckversehen die schleunigste Richtigstellung auf dem gleichen Wege, wie die Bekanntmachung.

(Zu Abs. 4.) Zur Bekanntgabe der Wahlvorschläge und zur Erläuterung der Bedeutung der Wahlvorschläge und ihrer Verbindungen ist das Muster Anlage B, für Bezirke und Kreise mit entsprechender Abänderung zu benützen.

Ziff. 34.

(Zu § 30 der WO.) Da keine besondere Mehrheit vorgeschrieben ist, gelten unter den Personen, die überhaupt Stimmen erhalten haben, nach der Reihenfolge der Stimmenzahlen so viele als gewählt, als zu wählen sind. Die Personen, die Stimmen erhalten haben, die aber nicht gewählt worden sind, sind als Ersatzmänner festzustellen, und zwar in der Reihenfolge, in der sie nach ihrer Stimmenzahl an den letzten Gewählten sich anschließen.

C. Die Wahl.

Ziff. 35.

(Zu § 31 der WO.) Der Wahlvorstand besteht je nach der Größe des Stimmbezirks aus 5 bis 7 Personen. Die vom Wahlvorsteher bestimmten beiden Ersatzmänner treten nur dann in Tätigkeit, wenn bei Beginn der Wahl einzelne der als Mitglieder des Wahlvorstandes in Aussicht genommenen Personen nicht erscheinen. Sie werden dann Mitglieder des Wahlvorstandes und bleiben dies, auch wenn etwa nachträglich noch die ursprünglich in Aussicht genommenen Personen noch erscheinen sollten.

Als Mitglieder des Wahlvorstandes können auch Frauen bestimmt werden.

Wahlvorsteher, Vertreter und Beisitzer müssen in ihrem Stimmbezirk wahlberechtigt sein. Nur bei dem Schriftführer ist dies nicht erforderlich. Doch muß er wenigstens überhaupt wahlberechtigt sein.

Die Bezirksämter und unmittelbaren Stadtmagistrate haben die Wahlvorsteher und ihre Vertreter über ihre Obliegenheiten eingehend zu belehren. Bei der Neuheit der Sache und der umfangreichen Arbeit, die den Wahlvorstehern, besonders nach dem Abschluß der eigentlichen Wahl noch bevorsteht, ist diese Belehrung von höchster Bedeutung.

Ziff. 36.

(Zu § 32 der WO.) In Gemeinden unter 2500 Einwohnern fällt der Gemeindewahlkommissär mit dem Wahlvorsteher, der Gemeindewahlausschuß mit dem Wahlvorstand zusammen.

Ziff. 37.

(Zu § 33 der WO.) Die Bestimmung getrennter Wahlräume für Männer und Frauen und besonderer Wahlvorstände hierfür kommt der Errichtung eigener Stimmbezirke gleich. Das weitere Verfahren hinsichtlich der Stimmabgabe und Ergebnisfeststellung hat sich hiernach zu richten. Mit Ausnahme des Schriftführers müssen in den Stimmbezirken für Frauen alle Mitglieder des Wahlvorstandes Frauen sein, da in Wählerlisten für Frauen nur Frauen eingetragen sein können. Die Trennung der Stimmabgabe für die beiden Geschlechter ohne Errichtung eigener Stimmbezirke in der WO nicht vorgesehen.

Ziff. 38.

(Zu § 36 der WO.) An Stelle des Wahlvorstehers tritt in diesem Falle sein Vertreter.

Ziff. 39.

(Zu § 40 der WO.) Auf Wunsch der großen Städte und mit Rücksicht auf die Verhältnisse wurden die Wahlen für einen Tag angeordnet. Damit die Durchführung möglich wird, ist alles geschehen, um die Wahl tunlichst zu vereinfachen. Es wurde nur ein Wahlgang mit verschiedenfarbigen Stimmzetteln angeordnet; das System der gebundenen Listen wurde gewählt und eine ganz einfache Bezeichnung der Abstimmung auf den Stimmzetteln vorgeschrieben. Trotzdem müssen alle Beteiligten ihr Bestes leisten, um die glatte Durchführung der Wahl zu gewährleisten, zumal da in den weitaus meisten Gemeinden gleichzeitig auch noch der erste Bürgermeister von der ganzen Wählerschaft zu wählen ist.

Ziff. 40.

(Zu § 41 der WO.) Es wird ganz besonders darauf aufmerksam gemacht, daß die in der Min.Bekm. vom 4. April 1919 („Bayer. Staatsanzeiger" vom 6. April 1919) vorgeschriebene Mindestwahldauer von 4 Stunden auf 6 Stunden erhöht worden ist.

Ziff. 41.

(Zu § 42 Abs. 3 der WO.) Die Beschaffung der Stimmzettel ist nicht mehr, wie bisher, Sache der Gemeinden, sondern der Wähler.

(Zu § 42 Abs. 4 der WO.) Außer dem Wahlgesetz und der Wahlordnung ist auch die Bekanntmachung des Wahlkommissärs über die Wahlvorschläge (§ 29) im Wahlraum aufzulegen.

Ziff. 42.

(Zu § 44 der WO.) Besondere Wahlumschläge sind nicht vorgesehen. Die Abstempelung der Stimmzettel durch die Gemeinde fällt weg.

Ziff. 43.

(Zu § 46 der WO.) Die Bestimmung über die Wahlurne entspricht wörtlich genau der Bestimmung über die bei der Landtags- und Nationalversammlungswahl vorgeschriebenen Wahlurnen. Gemeinden, die die vorgeschriebenen Urnen noch nicht besitzen, sollen sie sich noch beschaffen.

Ziff. 44.

(Zu § 47 der WO.) Bei der Stimmabgabe ist genauestens zu prüfen, ob der Wähler für alle drei oder nur für einzelne Wahlen wahlberechtigt ist. Denn es ist leicht möglich, daß jemand schon länger im Kreis, aber erst kurz im Bezirke oder in der Gemeinde sich aufhält. Dann ist darauf zu sehen, daß der Wähler nur die richtigen Stimmzettel abgibt.

(Zu Abs. 2.) Als äußeres Kennzeichen wäre es anzusehen, wenn ein Stimmzettel anders, als vorgeschrieben zusammengefaltet übergeben werden sollte. Nicht vorschriftsmäßig wäre ein Stimmzettel, der den Anforderungen der §§ 40 und 44 nicht entspricht. Es ist also bei der Entgegennahme der Zettel darauf zu achten, daß sie nach ihrer Farbe und Größe den Anforderungen entsprechen, auch darauf, daß nicht etwa zwei Zettel zusammengefaltet als einer übergeben werden. (§ 56 der WO.)

Beim Vermerk der Stimmabgabe in der Wählerliste ist darauf zu achten, daß die Abstimmvermerke in der richtigen Spalte und nur für die Wahlen gemacht werden, für die der Wählende auch wirklich wahlberechtigt ist.

Ziff. 45.

(Zu § 48 der WO.) Hier ist der Grundsatz der „gebundenen Liste" aufgestellt. Im Gegensatz zu dem bisherigen Gemeindewahlrecht vom Jahre 1908, das die „freie Liste" eingeführt hat, und dem neuen Landtagswahlrecht vom Jahre 1918, das dem Wähler gleichfalls freie Auswahl unter den Bewerbern gewährte, hat das Gemeindewahlrecht zur Vereinfachung des Wahlverfahrens mit Rücksicht auf die Verhältnisse zunächst für diese Wahl die „gebundene Liste" angenommen, wie sie auch schon für die Wahl zur Deutschen Nationalversammlung eingeführt war. Der Wähler ist an die Wahlvorschläge der Parteien gebunden. Er kann zwar unter den verschiedenen beim Wahlkommissär eingereichten Wahlvorschlägen auswählen, muß aber den gewählten Wahlvorschlag im ganzen annehmen, wie er ist, ohne daran das geringste ändern zu können. Bei der Nationalversammlungswahl wurden meist zwar auch die sämtlichen Namen der Wahlvorschläge auf den Zetteln wiedergegeben. Doch war dies zur Gültigkeit der Abstimmung nicht erforderlich. Es genügte schon, wenn ein Name aus einem Wahlvorschlag auf dem Zettel verzeichnet war. Die jetzige Gemeindewahlordnung geht noch einen Schritt weiter und begnügt sich damit, daß statt der Namen das Kennwort des Wahlvorschlages auf dem Zettel verzeichnet wird (§ 21 Ziff. 1 der WO), weil dadurch die Feststellung des Wahlergebnisses noch bedeutend erleichtert wird.

Für die Wahl des ersten Bürgermeisters dagegen, die auf dem gleichen Stimmzettel, wie die Wahl der Stadt- oder Gemeinderäte erfolgt, muß der Name des Gewählten angegeben werden.

Über den Inhalt der Stimmzettel im einzelnen sind §§ 52 bis 54 zu vergleichen. Die Zettel können sowohl geschrieben, als gedruckt sein.

D. Feststellung der Ergebnisse.

1. Gemeindewahlen.

Ziff. 46.

(Zu § 50 der WO.) Die blauen und braunen Stimmzettel sind zunächst so lange, bis die weißen Zettel vollständig bearbeitet sind, abgesondert zu verwahren.

Um Irrungen zu verhüten, ist vorgeschrieben, daß zuerst alle für die Bürgermeisterwahl abgegebenen Stimmen gezählt, verlesen und in der Stimm- und Gegenliste gebucht werden. Darauf erst folgt in gleicher Weise die Zählung der Stimmen für die Wahl der Stadt- oder Gemeinderäte.

Ziff. 47.

(Zu § 51 der WO.) Das Muster für die Stimm- und Gegenliste ist das gleiche, wie für die Landtagswahl. In den Listen für die Wahl der Stadt- und Gemeinderäte ist in Spalte 1 statt des Gewählten zu setzen: des Kennworts. Die Listen für die Wahl der Stadt- oder Gemeinderäte können im voraus dadurch vorbereitet werden, daß die Kennworte der Wahlvorschläge darin vorher eingetragen werden.

Ziff. 48.

(Zu § 52 der WO.) Oberster Grundsatz bei der Beurteilung der Gültigkeit der Stimmzettel ist, soweit als möglich die Gültigkeit der Stimmzettel zu erhalten, wenn dies mit den Grundbestimmungen des Wahlrechts vereinbar ist.

(Zu Ziff. 1.) Bei der Entscheidung darüber, ob ein die Ungültigkeit verursachendes Kennzeichen eines Stimmzettels vorliegt, soll der Wahlvorsteher nicht zu engherzig sein. Schmutzflecke, Tintenflecke, Fettflecke, kleinere Beschädigungen der Zettel müssen und sollen nicht als Kennzeichen angesehen werden, wenn nicht besondere Verhältnisse es erfordern. Wird ein solcher Mangel schon bei der Übergabe des Stimmzettels an den Wahlvorsteher bemerkt, so soll der Zettel ohnedies zurückgewiesen werden. Wird der Mangel nicht schon bei der Übergabe, sondern erst bei der Bearbeitung der Zettel bemerkt, so wird im allgemeinen daraus wohl nichts mehr entnommen werden können. Eine wohlwollende, alles abwägende Behandlung derartiger Schönheitsfehler der Stimmzettel wird daher den Wahlvorstehern empfohlen.

(Zu Ziff. 2.) Die vorgeschriebene Beschaffenheit der Stimmzettel ist aus §§ 40 und 44 der WO zu entnehmen. Ungültig ist z. B. ein blauer Stimmzettel, der offensichtlich den Namen eines Bürgermeisterbewerbers und weiter ein Kennwort eines Wahlvorschlages enthält. Da er offenbar für die Gemeindewahl bestimmt sein soll, kann er für die Bezirkswahl nicht gelten. Für die Gemeindewahl gilt er aber deshalb nicht, weil er nicht weiß ist. Anders wenn ein weißer Stimmzettel nur ein Kennwort enthält, ohne daß sich darin auch für die Wahl des Bürgermeisters eine Abstimmung vorfindet. Es darf dann angenommen werden, daß auf die Stimmabgabe für die Bürgermeisterwahl verzichtet wird. Kleinere Abweichungen vom Format 9:12 Zentimeter sind bedeutungslos.

(Zu Ziff. 3.) Für die Gemeindewahl darf der Stimmzettel nur den Namen eines Bürgermeisterbewerbers und ein Kennwort für die Stadt- oder Gemeinderatswahl, für die Bezirks- und Kreiswahl nur ein Kennwort enthalten. Enthält er außerdem noch weiteres, etwa den Namen des Wählers, Verse, oder sonstige Zusätze, so macht dies die Stimme ungültig. Eine Ausnahme bildet der Zusatz von Namen aus dem durch das Kennwort bezeichneten Wahlvorschlag zu dem Kennwort. Ist aber ein Name aus einem anderen Wahlvorschlag darin enthalten, so ist der ganze Inhalt ungültig, weil dann nicht mit Bestimmtheit festgestellt werden kann, für welchen Wahlvorschlag der Wähler sich entscheiden wollte, aber auch nicht, welcher von den mehreren Namen etwa für die Bürgermeisterwahl bestimmt ist.

Ziff. 49.

(Zu § 54 der WO.) Die Aufnahme eines oder mehrerer Namen aus einem Wahlvorschlag statt des Kennwortes oder neben ihm macht den Stimmzettel nicht ungültig. (Vgl. auch § 55 Satz 2 der WO.) Steht dagegen an Stelle des Kennwortes irgend ein anderer Inhalt, so macht dies die Stimme ungültig, namentlich auch, wenn Namen aus verschiedenen Wahlvorschlägen an Stelle des Kennwortes stehen. (Ziff. 3.)

Ziff. 50.

(Zu § 55 Satz 1 der WO.) Die Bestimmung verfolgt den Zweck, zu verhindern, daß infolge von Abweichungen von der Vorschrift des § 40 der WO, die den Willen des Wählers aber noch ganz gut ersehen lassen, Stimmen für ungültig erklärt werden.

Ziff. 51.

(Zu § 56 der WO.) Der Wahlvorsteher soll schon bei der Entgegennahme der Stimmzettel sich vergewissern, ob die abgegebenen Stimmzettel vorschriftsmäßig sind. Dazu gehört auch, daß kein Wähler für eine Wahl mehr als einen Stimmzettel abgibt. Kommt dennoch eine solche Doppelabstimmung vor, so trifft § 56 Vorsorge.

Stecken zwei nicht gleichlautende Stimmzettel ineinander, so muß der Wahlvorstand sich darüber schlüssig machen ob anzunehmen ist, daß sie miteinander abgegeben worden sind, oder ob sie nicht erst in der Wahlurne sich ineinander geschoben haben. Im ersteren Falle sind sie ungültig, im letzteren können sie für gültig erklärt werden. Als Anhaltspunkt für die Entscheidung wird dabei dienen, ob die Zahl der vorgefundenen Stimmzettel mit der Zahl der Abstimmvermerke für die betreffende Wahl übereinstimmt. (§ 49 Abs. 2 der WO.) Stimmen diese Zahlen überein, so haben sich die Zettel offenbar erst nachträglich ineinander verschoben.

Ziff. 52.

(Zu Ziff. 57 der WO.) Sobald Zweifel über die Gültigkeit eines Stimmzettels auftauchen, hat der Wahlvorsteher die Verlesung der Stimmzettel zu unterbrechen und dem Wahlvorstand den Fall vorzutragen, worauf dieser entscheidet. (§ 38 der WO.) Die Niederschrift über die Wahl muß alle diese Beschlüsse ersehen lassen.

Ziff. 53.

(Zu Ziff. 58 der WO.) In Gemeinden, die nur einen Stimmbezirk umfassen, hat der Wahlvorsteher außer der Stimmenzählung die Gesamtwahlergebnisse auch endgültig festzusetzen, und zwar zunächst für die Bürgermeisterwahl. Für diese ist nach Art. 7 Ziff. 1 des Wahlgesetzes die absolute Stimmenmehrheit, also mindestens um 1 Stimme mehr als die Hälfte aller abgegebenen Stimmen nötig. Wird diese von keinem Bewerber erreicht, so hat der Wahlkommissär nur diese Tatsache samt den Stimmenzahlen der Bewerber zu verkünden. Die Entscheidung über die Wahl geht dann gemäß Art. 8 des Wahlgesetzes an den Stadt- oder Gemeinderat über, der binnen 14 Tagen die Wahl vorzunehmen hat.

Ziff. 54.

(Zu § 60 der WO.) Das in § 60 der WO vorgeschriebene Verfahren für die Verteilung der Sitze ist anders, als das bisher für die Gemeindewahlen, sowie bei der Landtagswahl vorgeschriebene Verfahren. Es entspricht dem Verfahren bei der Nationalversammlungswahl. Beide Arten führen übrigens unter allen Umständen zum gleichen Endergebnis. Es ist deshalb eine reine Zweckmäßigkeitsfrage, welches Verfahren gewählt wird. Das jetzt vorgeschriebene Verfahren ist einfacher und übersichtlicher, als das bisher bei der Gemeindewahl übliche, solange es sich nicht um eine allzu große Zahl von zu vergebenden Sitzen handelt. Deshalb konnte es bei der Landtagswahl nicht verwendet werden. Für die jetzigen Wahlen kann es wohl noch ganz gut angewendet werden, und namentlich für Wahlen mit kleinen Sitzezahlen ist es entschieden vorzuziehen. Nach seinem Erfinder heißt es das D'Hondtsche Verfahren im Gegensatz zu dem bisher in Bayern üblichen Hagenbach-Bischoffschen Verfahren. Das Verfahren ist in § 60 genau beschrieben. Bei der Teilung durch 1, 2, 3, 4 usw. entstehende Brüche sind auf die nächste ganze Zahl abzurunden.

Beispiel:

In einer Stadt seien 4 Wahlvorschläge für die Gemeinderatswahl eingereicht. Zu wählen seien 8 Gemeinderäte.

Wahlvorschlag	A	B	C	D	
geteilt durch 1	100 (5)	50	130 (3)	300 (1)	Stimmen
" " 2	50	25	75 (7)	150 (2)	"
" " 3	33	16	50	100 (4)	"
" " 4	25	12	37	75 (6)	"
" " 5	20	10	30	60 (8)	"

Die Stimmenzahlen der einzelnen Wahlvorschläge sind zunächst nebeneinander zu schreiben und dann durch 2, 3, 4, 5, 6 usw. zu teilen. Die Ergebnisse sind dabei stets unter die ursprüngliche Stimmenzahl zu schreiben. Wenn genügend große Zahlenreihen hergestellt sind, geht es an die Verteilung der Sitze, indem die jeweils höchste Zahl ausgesucht und durch einen Zusatz, wie (1), (2) oder 1. Sitz, 2. Sitz usw. der Reihe nach gekennzeichnet wird. **Im obigen Beispiel erhält zunächst D mit 300 Stimmen den 1. Sitz, dann die nächsthöhere Zahl 150, also D und C die nächsten Sitze (den 2. und 3. Sitz). Dann folgen die Wahlvorschläge mit der Teilungszahl 100 also D und A. Sie erhalten den 4. und 5. Sitz. Die nächste Zahl ist 75, hiefür erhalten D und C den 6. und 7. Sitz. Die nächsthöchste Zahl ist 60, hiefür erhält D den 8. Sitz. A erhält also 1, B —, C 2 und D 5 Sitze. Nimmt man zur Probe die Zahl, auf die der letzte Sitz zugeteilt wird, und teilt damit in die Stimmenzahlen der einzelnen Wahlvorschläge, so stellt das Teilungsergebnis die Zahl der jedem Wahlvorschlag zugefallenen Sitze dar.** 100 : 60 = 1; 50 : 60 = 0, 150 : 60 = 2; 300 : 60 = 5.

Ziff. 55.

(Zu § 61 der WO.) Es ist möglich, daß auf einen Wahlvorschlag mehr Sitze entfallen, als er Bewerber enthält, wenn etwa Bewerber durch Tod oder Wegzug ausgeschieden sind oder wenn ein Wahlvorschlag wider Erwarten große Erfolge erzielt hat. Dann ist die Zuteilung nach § 63 unmöglich. Für diesen Fall läßt § 61 die nachträgliche Ergänzung des Wahlvorschlags zu. Wird diese beim Wahlkommissär eingereicht, so muß gemäß § 27 der Wahlausschuß nochmals zusammentreten und über die Zulassung und Gültigkeit der Ergänzung beschließen. Die Ergänzung ist schließlich zu verkünden. Die neubenannten Bewerber müssen allen Anforderungen entsprechen, die hiefür bei der Aufstellung der Wahlvorschläge zu stellen sind. (Art. 4 des Wahlgesetzes.) Ihre Zustimmungserklärung ist beizubringen. Die Ergänzung bis zum $1^1/_2$ fachen Betrag der dem Wahlvorschlag zugefallenen Sitze ist notwendig, damit Ersatzmänner für etwaige Ausfälle zu Gebote stehen. Unterbleibt die Ergänzung des Wahlvorschlags binnen einer Woche, so hat es bei der ursprünglichen Zahl sein Bewenden.

Ziff. 56.

(Zu § 62 der WO.) Die Behandlung der verbundenen Wahlvorschläge ergibt sich aus §§ 26 und 62.

Beispiel:

5 Wahlvorschläge, davon sind zunächst C und D unter sich und dann noch mit E verbunden. 10 Sitze sind zu vergeben.

Wahlvorschlag	A	B	C	D	E
			50	70	
			120		80
geteilt durch 1	300 (1)	180 (3)	200 (2)		
„ „ 2	150 (4)	90 (7)	100 (6)		
„ „ 3	100 (5)	60	66 (9)		
„ „ 4	75 (8)	45	50		
„ „ 5	60 (10)	36	40		

Es wird angenommen, daß das Los, das zwischen A und B zu entscheiden hat, weil für den 10. Sitz beide die gleiche Stimmenzahl aufweisen, für A entscheidet. Es erhalten dann A 5, B 2 und CDE 3 Sitze. Wäre die Verbindung nicht eingegangen worden, so hätten D und E je 1 Sitz, C aber keinen Sitz erhalten. Der 10. Sitz wäre vielmehr an B für die 60 Stimmen gefallen. Darauf sind dann die 3 Sitze der Gruppe CDE zunächst auf die Untergruppe CD, die für sich noch einmal verbunden ist, und den Einzelwahlvorschlag E zu verteilen, wie folgt:

Wahlvorschlag	C	D	E
	50	70	
geteilt durch 1	120 (1)		80 (2)
„ „ 2	60 (3)		40

C und D erhalten also zusammen 2, E für sich 1 Sitz. Die weitere Verteilung unter C und D ergibt folgendes:

Wahlvorschlag	C	D
		70 (1)
geteilt durch 1	50 (2)	35
„ „ 2	25	

C und D erhalten also je einen Sitz.

Ziff. 57.

(Zu § 63 der WO.) Da für die einzelnen Bewerber der Wahlvorschläge keine Stimmenzahlen festgestellt werden können, kann nur die von den Einreichern des Wahlvorschlages bestimmte Reihenfolge als Maßstab für die Zuweisung der dem Wahlvorschlag im ganzen zugefallenen Sitze an die einzelnen auf dem Wahlvorschlag enthaltenen Bewerber gelten, ebenso auch für den etwaigen Rang der Stadt- oder Gemeinderäte untereinander. Bei den Ersatzmännern entscheidet diese Reihenfolge auch über den Eintritt in den Stadt- oder Gemeinderat bei etwaigen Erledigungen.

Ziff. 58.

(Zu § 64 der WO.) Wenn ein Wahlvorschlag 8 Bewerber enthält und 6 Sitze zu besetzen hat, gelten die 6 ersten Namen als gewählt, die letzten 2 als Ersatzmänner. Da die Zahl der Ersatzmänner in dem Beispiel dann nicht halb so groß ist, wie die Zahl der Gewählten, kann hier der Vertrauensmann noch einen dritten Ersatzmann benennen. (Vgl. Ziff. 55.) Die Ergänzung des Wahlvorschlags ist nur bei Feststellung des Wahlergebnisses zulässig. Wenn etwa später ein größerer Abgang von Angehörigen eines Wahlvorschlages stattfindet, ist keine weitere Ergänzung des Wahlvorschlages mehr möglich.

Auch wenn nach den Gesetzen der Mehrheitswahl gewählt wird (§ 30 der WO), gelten die Bewerber, die nach dem letzten gewählten Bewerber als nicht gewählt aus der Wahl hervorgegangen sind, als Ersatzmänner.

Ziff. 59.

(Zu § 66 der WO.) Während in Gemeinden, die nur einen Stimmbezirk umfassen, die ganze Stimmenzählung und Ergebnisfeststellung unter der Leitung einer Person, des Gemeindewahlkommissärs, in einem Zug sich abspielt, scheidet sie sich in Gemeinden, die mehrere Stimmbezirke umfassen, in zwei verschiedene Verhandlungen:

a) beim Wahlvorsteher und Wahlvorstand erfolgt nur die Stimmenzählung für die Wahl zum Bürgermeister und für die Stadt- oder Gemeinderäte. Sobald der Wahlvorsteher damit fertig ist, ist seine Tätigkeit beendet. Er gibt die Verhandlungen an den Gemeindewahlkommissär ab,
b) dem Gemeindewahlkommissär obliegt der zweite Teil der Ergebnisfeststellung, nämlich die Zusammenstellung der Ergebnisse der verschiedenen Stimmbezirke, die Verteilung der Sitze auf Grund dieser Ergebnisse und die Zuweisung der Sitze an die einzelnen Bewerber.

Ziff. 60.

(Zu § 68 der WO.) Das Wahlergebnis ist zunächst der Aufsichtsbehörde alsbald anzuzeigen. Sobald die Wahlverhandlungen dann vollständig abgeschlossen sind, sind sie der Aufsichtsbehörde noch zur Prüfung vorzulegen. Die Gewählten bedürfen aber keiner Bestätigung mehr. Schließlich sind die Verhandlungen versiegelt in der Gemeinderegistratur zu hinterlegen. Die Bezirksämter und unmittelbaren Stadtmagistrate haben die Ergebnisse für ihre Bezirke zusammenzustellen und dem Staatsministerium des Innern anzuzeigen. Nähere Weisungen hierüber werden noch gesondert ergehen. Über Wahlanfechtungen entscheiden die gleichen Behörden, wie bisher.

Ziff. 61.

(Zu § 99 der WO.) Vgl. Ziff. 53 dieser VollzBek. Die Wahl durch den Stadt- oder Gemeinderat hat innerhalb 14 Tagen nach der Wahl zu erfolgen.

2. Bezirkswahlen.

Ziff. 62.

(Zu § 70 der WO.) Die Wähler haben die Stimmen für die Bezirkswahlen zugleich mit den Stimmen für die Gemeindewahlen abzugeben. Sobald das Ergebnis der Gemeindewahl fertiggestellt ist, schließt sich unmittelbar daran die Feststellung des Ergebnisses der Bezirkswahl an, in Gemeinden, die nur einen Stimmbezirk umfassen, beim Gemeindewahlkommissär, in Gemeinden mit mehreren Stimmbezirken bei den Wahlvorstehern. Sie beschränkt sich stets auf die Zählung der Stimmen und die Bekanntgabe der Zahlen. Vollständig ungültig sind bei dieser Wahl, wie bei der Kreiswahl, Stimmzettel gemäß §§ 52 und 54 der WO. Es darf erwartet werden, daß sämtliche Wahlergebnisse noch am Abend der Wahl festgestellt werden, schon damit nicht am nächsten Tag der Wahlausschuß oder Wahlvorstand nochmals hiezu zusammentreten muß.

Ziff. 63.

(Zu § 71 der WO.) Die Gemeinden haben bei Vorlage der Wahlverhandlungen an die Bezirksämter die Bekanntmachung nach §§ 29, 31 und 32 der WO beizufügen.

Ziff. 64.

(Zu § 73 der WO.) Die Wahlverhandlungen bleiben zunächst beim Bezirksamt, bis der Bezirkstag zusammentritt. Er entscheidet über die Legitimation seiner Mitglieder und über etwaige Wahlanfechtungen. (Art. 10 des Distriktsratsgesetzes.) Die Bezirksämter haben die Wahlergebnisse dem Staatsministerium des Innern anzuzeigen. Weitere Weisungen hierüber folgen.

3. Kreiswahlen.

Ziff. 65.

(Zu § 74 der WO.) Die Kreiswahlen vollziehen sich genau in der gleichen Weise, wie die Bezirkswahlen. Die Wahlverhandlungen gehen an den Kreiswahlkommissär, nehmen aber dabei im Hinblick auf die bei der Landtagswahl gemachten Erfahrungen von den mittelbaren Gemeinden ihren Weg über die Bezirksämter, zwecks Vorprüfung, weil die Bezirksämter vermöge ihrer unmittelbaren Beziehungen zu den Gemeinden weit besser in der Lage sind, für die ordnungsmäßige und pünktliche Einsendung der Verhandlungen Gewähr zu leisten. Die Gemeinden haben dabei die Bekanntmachungen nach §§ 29, 31 und 32 der WO den Bezirksämtern mit vorzulegen. Diese haben auf Grund derselben ein Verzeichnis der Stimmbezirke herzustellen und bei Vorlage der Wahlverhandlungen samt den Bekanntmachungen dem Kreiswahlkommissär vorzulegen.

Ziff. 66.

(Zu § 76 der WO.) Der Kreistag ist nach Art. 13 des Landratsgesetzes berufen, über die Gültigkeit der Wahlen selbst, ohne Zulassung einer Berufung zu beschließen. Zu diesem Zweck sind ihm bei seinem ersten Zusammentritt die Wahlverhandlungen zuzuleiten. Die Regierungen haben die Wahlergebnisse dem Staatsministerium des Innern anzuzeigen. Weitere Weisungen hierüber folgen.

E. Schlußbestimmungen.

Ziff. 67.

(Zu § 77 der WO.) Für die Gründe der Wahlablehnung und die Entscheidung hierüber gelten die bisherigen Bestimmungen der Gemeindeordnungen, des Distrikts- und Landratsgesetzes.

Ziff. 68.

(Zu §§ 78 und 79 der WO.) Der Wahlkommissär trifft die Feststellung, wer als Ersatzmann für einen Ausgeschiedenen einzutreten hat, selbständig, ohne daß er hiezu der Mitwirkung des Wahlausschusses bedarf.

Ziff. 69.

(Zu § 81 der WO.) Die früheren Beigeordneten und Adjunkten heißen nunmehr nach dem Gesetz über die Verfassung und Verwaltung der Gemeinden, Bezirke und Kreise, zweite, dritte, vierte Bürgermeister. Über die Wahl vgl. Ziff. 7 der VollzBek. Die Wahlvorschläge für die Wahl dürfen gleichfalls $1\,^1/_2$—2mal soviel Bewerber enthalten, als Personen zu wählen sind. Die Bestimmungen über die Ersatzmänner finden auch hier Anwendung. Berufsmäßige 2., 3. oder 4. Bürgermeister werden mit absoluter Stimmenmehrheit vom Stadt- oder Gemeinderat gewählt. Die Verhältniswahl erfolgt gleichfalls nach den Grundsätzen der gebundenen Listen. Die Stimmzettel haben nur das Kennwort des Wahlvorschlags zu enthalten.

F. Schlußbemerkung.

Das Staatsministerium des Innern macht auf die hohe politische Bedeutung und die Wichtigkeit der bevorstehenden Wahlen, mit denen eine neue Zeit im Leben der Gemeinden, Bezirke und Kreise beginnen wird, aufmerksam und ersucht alle Behörden und Beteiligten, auch die Parteiorganisationen, dringendst, zu einer möglichst glatten Abwicklung der Wahlgeschäfte nach Kräften mitwirken zu wollen

---

Anlage A.

Bekanntmachung des Gemeindewahlkommissärs für den Vollzug der Gemeinde-, Bezirks- und Kreiswahl in ......

Die Gemeindewahl in der Gemeinde .... findet zugleich mit der Wahl der Vertreter für den Bezirkstag (Distriktsrat) für ..... und den Kreistag (Landrat) für ....,

am 25. Mai[1]) ds. Jrs. statt.

[1]) Nunmehr 15. Juni.

Bei der Gemeindewahl sind zu wählen:

1. Der Bürgermeister [2]) mit absoluter Stimmenmehrheit.
2. ....[3]) Gemeinde(Stadt)räte nach den Grundsätzen des Verhältniswahlrechtes. Die Wahl der Gemeinde(Stadt)räte erfolgt auf Grund von Wahlvorschlägen. Sie sind spätestens am 15. Tag vor dem Wahltag, d. i. spätestens am 10. Mai [4]) ds. Js., bei dem unterfertigten Wahlkommissär einzureichen.

1. Jeder Bewerber darf für die gleiche Wahl nur in einem Wahlvorschlag enthalten sein.
2. Jeder Wahlvorschlag darf für die Gemeindewahl in Gemeinden mit weniger als 30 000 Einwohnern höchstens zweimal soviel, in größeren Gemeinden höchstens $1^1/_2$ mal soviel Namen enthalten, als Personen zu wählen sind. Bruchteile werden auf die nächste ganze Zahl aufgerundet.
3. Jeder Wahlvorschlag muß enthalten:
   a) sein Kennwort durch Angabe der Parteizugehörigkeit der Bewerber oder durch ein sonstiges einziges Kennwort. Fehlt das Kennwort, so wird der Wahlvorschlag nach dem ersten Bewerber benannt;
   b) die Angabe der Bewerber in erkennbarer Reihenfolge, nach Vor- und Zuname, Alter, Stand oder Beruf, Wohnort oder Wohnung;
   c) mindestens 10 Unterschriften, in Gemeinden über 10 000 Einwohner mindestens 20 Unterschriften wahlberechtigter Personen mit Angabe von Namen, Stand, Wohnort oder Wohnung;
   d) die Bezeichnung eines, wenn möglich, am Sitze des Wahlkommissärs wohnhaften Vertrauensmannes. Fehlt diese Angabe oder ist der Vertrauensmann verhindert, so gelten die Unterzeichner der Reihenfolge nach als Vertrauensmänner. Soll ein Vertrauensmann später durch einen anderen ersetzt werden, so ist hiezu die Erklärung von mehr als der Hälfte der Unterzeichner erforderlich. Der Vertrauensmann gilt als befugt, die zur Ergänzung oder Berichtigung des Wahlvorschlages nötigen Verfügungen des Wahlkommissärs entgegenzunehmen und alle hiezu erforderlichen Erklärungen abzugeben.
4. Als Anlage ist dem Wahlvorschlag die gemeindeamtliche Erklärung der Bewerber beizugeben, daß sie der Aufnahme ihrer Namen in den Wahlvorschlag zustimmen. Bei Kriegsgefangenen kann hievon abgesehen werden.
5. Die Gemeindebehörden sind verpflichtet, die nötigen Bestätigungen kostenlos auszustellen.

..........., den .. April 1919.

Der Gemeindewahlkommissär.

....

---

[2]) Gegebenenfalls zu streichen.
[3]) Die Zahl ist nach dem Beschluß der Gemeindeverwaltung hierüber einzusetzen.
[4]) Nunmehr 31. Mai.

Anlage B.

Bekanntmachung des Gemeindewahlkommissärs über die Wahlvorbereitungen für die Gemeindewahl in . . . . . .

Die Gemeindewahl findet zugleich mit der Wahl der Vertreter für den Bezirkstag (Distriktsrat) für . . . . und den Kreistag (Landrat) für . . . . . . am Sonntag, 25. Mai[1]) 1919 von 9 Uhr vormittags bis . . . . . . nachmittags statt. Die Gemeinde ist hiezu in folgende Stimmbezirke eingeteilt:

Stimmbezirk	Abgrenzung	Wahlraum	Name und Stand des Wahlvorstehers	Stand und Stand seines Vertreters
1. Stimmbez.				
2. "				

Für die Wahl der Stadt(Gemeinde)räte sind die untenstehenden Wahlvorschläge rechtzeitig bei mir eingereicht und vom Gemeindewahlausschuß als gültig erklärt worden.

Es wird darauf aufmerksam gemacht, daß die Wähler an diese Wahlvorschläge gebunden sind. Sie können sich nur für den einen oder den anderen dieser hier bekanntgegebenen Wahlvorschläge im ganzen entscheiden. Stimmen, die für andere Wahlvorschläge oder Personen abgegeben werden, sind ungültig. Für die Wahl des Bürgermeisters[2]) gelten diese Vorschläge nicht.

Der Stimmzettel ist (wo neben der Stadt- oder Gemeinderatswahl auch Bürgermeisterwahl stattfindet) durch einen Querstrich in zwei Hälften zu teilen und auf der oberen Hälfte, Name, Stand und Wohnort der Person, die zum Bürgermeister gewählt werden will, auf der unteren Hälfte aber nicht etwa der Name der zu Stadt- oder Gemeinderäten Gewählten, sondern nur das Kennwort des gewählten Wahlvorschlages (Parteibezeichnung oder ein sonstiges einzelnes Kennwort) anzugeben.

Als gewählt gelten in der Reihenfolge der Benennung auf dem Wahlvorschlag soviele Bewerber, als dem Wahlvorschlag Sitze zufallen. Die nichtgewählten Bewerber gelten der Reihenfolge der Benennung nach als Ersatzmänner für den Fall des Wegfalls eines Gewählten.

Die Wahlvorschläge mit den Kennworten . . . . ., ferner . . . . . und . . . . . sind verbunden worden. Sie gelten daher zwar für die Stimmabgabe als selbständig, aber für die Verteilung der Sitze bei der Ergebnisfeststellung den anderen Wahlvorschlägen gegenüber zunächst als ein Wahlvorschlag. Die der verbundenen Gruppe im ganzen zugefallenen Sitze werden dann erst unter die einzelnen verbundenen Wahlvorschläge nach dem Verhältnis ihrer Stimmen verteilt.

---

[1]) Nunmehr 15. Juni.

[2]) In Gemeinden, in denen keine Bürgermeisterwahl stattfindet, sind die darauf bezüglichen Sätze zu streichen.

Nr.	Kennwort des Wahlvorschlags	Vor- und Zuname	Alter	Stand oder Beruf	Wohnort oder Wohnung
		des Bewerbers in der Reihenfolge der Benennung			

. . . ., den 18. Mai 1919.

Der Gemeindewahlkommissär.

4.

Bekanntmachung des Staatsministeriums des Innern vom 30. März 1919 (Bayer. Staatsanzeiger Nr. 77).

Betreff: Anlage der Wählerlisten in Karteiform.

Unmittelbare Städte, die sich zur Anlage der Wählerlisten der Kartei-(Karthotek-)Form zu bedienen beabsichtigen, wollen die Art der Anlage und des Abschlusses der Kartei zuvor kurz anher mitteilen, wenn nicht das beim Stadtmagistrat München in Aussicht genommene Holzmannsche Verfahren benützt wird.

Die Kartei muß jedenfalls so beschaffen sein, daß die willkürliche Herausnahme oder Einfügung von Karten nach dem Abschluß der Wählerliste unmöglich ist. Für mittelbare Gemeinden kann diese Art der Anlage der Wählerlisten nur dann zugelassen werden, wenn durch die Form der Kartei dafür Gewähr geboten ist, daß sich die Zahl der Abstimmungsvermerke für die Gemeinde- und Bezirkswahl einzeln ohne Schwierigkeit feststellen läßt, namentlich auch in den Fällen, in denen einzelne Wähler nur für die Bezirkswahl wahlberechtigt sind.

5.

Bekanntmachung des Staatsministeriums des Innern vom 2. April 1919 (Bayer. Staatsanzeiger Nr. 89.)

Betreff: Wahlrecht von Militärpersonen bei den Gemeinde-, Bezirks- und Kreiswahlen.

Es sind Zweifel aufgetaucht, wo Heeresangehörige wahlberechtigt sind. Maßgebend für die Ausübung des Wahlrechtes ist der Ort des Aufenthaltes am Wahltage. Der Heeresangehörige kann also bei den kommenden Wahlen seine Stimme am Standort seines Truppenteiles abgeben, wenn er nur daselbst in die Wählerliste eingetragen ist, und zwar ohne Rücksicht auf die Dauer seines Aufenthaltes am Wahlorte. Denn das Wahlrecht der Heeresangehörigen (auch der Lazarettinsassen) soll durch ihre Heeresdienstleistung, auch durch Änderungen des Aufenthaltes infolge des Heeresdienstes, nicht beeinträchtigt werden. Heeresdienst ersetzt den Aufenthalt. Auch den aus dem Heeresdienst schon ausgeschiedenen früheren Heeresangehörigen soll diese Bestimmung zugute kommen. Auch solchen Wählern ist die Heeresdienstzeit gleich dem Aufenthalt am Wahlorte anzurechnen. Es genügt also für die Wahlberechtigung, wenn ein Wähler sich in den letzten sechs Monaten teils im Heeresdienst — auch an wechselnden Orten — befunden, und teils am Wahlorte aufgehalten hat.

Bei Anlage der Wählerlisten ist hiernach zu verfahren.

6.

Bekanntmachung des Staatsministeriums des Innern vom 28. April 1919 (Bayer. Staatsanzeiger Nr. 121).

Betreff: Gemeinde-, Bezirks- und Kreiswahlen, hier.

1. Farbenbestimmung für die Stimmzettel der Bezirks- und Kreiswahlen,
2. Bürgermeisterwahl in Bürgermeistereien.

1. Zur Stimmabgabe für die Bezirks- und Kreiswahlen sind hellblaue und hellbraune Stimmzettel zu verwenden. Es ist erforderlich, daß diese Farben wenigstens im einzelnen Stimmbezirk, um das Wahlgeheimnis zu wahren, für alle Wahlvorschläge, Parteien und Interessentengruppen gleich sind. Die Bezirks- und Kreiswahlkommission, nötigenfalls auch die Gemeindewahlkommission wollen sich daher mit den Vertrauensmännern der Wahlvorschläge und den Parteien rechtzeitig ins Benehmen setzen, damit die Stimmzettel der verschiedenen Wahlvorschläge wenigstens am gleichen Wahlort nicht verschiedene Farbenabstufungen aufweisen, da solche zur Ungültigkeit der Stimmzettel führen würden. Zur Bestimmung der Farbenabstufung sind die Bezirks- und Kreiswahlkommissäre, wenn deren Entscheidung nicht eingeholt werden kann, auch die Gemeindewahlkommissäre zuständig.

2. Die Wahl der Bürgermeister wird auch in den zu einer Bürgermeisterei vereinigten Gemeinden (Art. 198/123 der beiden Gemeindeordnungen) wie in den übrigen Gemeinden von sämtlichen Wahlberechtigten vorgenommen. Die Ergebnisse der Wahlen werden in den einzelnen zu der Bürgermeisterei gehörigen Gemeinden von den Gemeindewahlkommissären dieser Gemeinden festgestellt und dann dem vom Bezirksamt zur Feststellung des Gesamtwahlergebnisses für die Bürgermeisterei zu bestimmenden Bürgermeistereiwahlkommissär übermittelt. Dieser hat sie dann entsprechend dem § 67 der Wahlordnung vom 15. April 1919 mit dem Gemeindewahlausschuß seiner Gemeinde zusammen zu stellen und das Ergebnis zu ermitteln und zu verkünden.

7.

Bekanntmachung des Staatsministeriums des Innern vom 2. Mai 1919 (Bayer. Staatsanzeiger Nr. 124).

Betreff: Gemeinde-, Bezirks- und Kreiswahlen.

Mit Rücksicht auf die derzeitigen Post- und Verkehrsverhältnisse wurden die Gemeinde-, Bezirks- und Kreiswahlen um 3 Wochen verschoben und auf 15. Juni ds. Js. verlegt.

Damit verschieben sich alle Fristen und Termine gleichfalls um 3 Wochen. Des Pfingstfestes wegen wurden einige Termine außerdem noch geändert. Die Termine werden hiemit neuerdings bekanntgegeben.

1. Für die Wählerlisten.

24. Mai. Ablieferung der militärischen Wählerlisten an die Gemeindebehörden (§ 10 der Wahlordnung).

25. Mai bis 1. Juni. Auslegung der Wählerlisten und Einspruchsfrist (§ 11 der Wahlordnung).

6. Juni. Ende der Frist zur Entscheidung über Einsprüche (§ 13 der Wahlordnung).

7. Juni. Abschluß der Listen durch den Bürgermeister (§ 14 der Wahlordnung).

2. Für die Wahlvorschläge.

21. Mai. Spätester Zeitpunkt für die Bekanntgabe der Zahl der zu wählenden Personen und für die Aufforderung zur Einreichung der Wahlvorschläge bei den Wahlkommissären (§ 20 Abs. 2 der WO).

31. Mai. Spätester Zeitpunkt für die Einreichung der Wahlvorvorschläge bei den Wahlkommissären (§ 20 Abs. 2 der WO).

6. Juni. Spätester Zeitpunkt für die Beseitigung von Mängeln der Wahlvorschläge und für die Abgabe von Verbindungserklärungen (§ 24 und 26 Abs. 3 WO).

7. Juni. Entscheidung der Wahlausschüsse über die Wahlvorschläge und ihre Verbindungen (§ 27 WO).

7. Juni. Öffentliche Bekanntgabe der Wahlvorschläge und ihrer Verbindungen durch die Wahlkommissäre (§ 29 der WO).

3. Örtliche Leitung der Wahl.

7. Juni. Spätester Zeitpunkt für die Bestimmung der Wahlvorsteher und ihrer Vertreter durch die Gemeindewahlkommissäre (§ 31 WO).

7. Juni. Beschlußfassung über etwaige Abkürzung der Wahldauer durch die Gemeindewahlausschüsse (§ 41 Abs. 2 der WO).

7. Juni. Bekanntgabe der Wahlvorsteher und ihrer Vertreter, der Abgrenzung der Stimmbezirke, sowie von Tag, Stunde und Dauer der Wahl, durch die Gemeindewahlkommissäre (§ 31 der WO).

13. Juni. Aufforderung der Mitglieder der Wahlvorstände und Wahlausschüsse zum Erscheinen am Wahltag durch den Wahlvorsteher oder Gemeindewahlkommissär (§ 31 der WO).

II. Zur Behebung aufgetauchter Zweifel wird ferner noch folgendes bekanntgegeben:

1. Zu § 2 Abs. 1 der WO. In den Wahlausschuß treten nur die Vertrauensmänner der rechtzeitig eingereichten Wahlvorschläge ein, da verspätet eingereichte Wahlvorschläge als ungültig zurückzuweisen sind.
2. Zu § 21 Ziffer 3 der WO. Auch für Distrikts- und Kreisgemeinden sind 20 Unterschriften von Unterzeichnern notwendig.
3. Zu § 22 Abs. 1 der WO. Wo die Beibringung der gemeindeamtlichen Beglaubigung der Erklärung der Bewerber Schwierigkeiten bietet und der Wahlkommissär keine Bedenken gegen die Echtheit der Unterschrift hat, kann er auf die Beglaubigung verzichten.
4. Zu § 40 Abs. 1 der WO. Auf die Min.Bekm. v. 28. April ds. Js. (Freistaat Nr. 17 v. 29. April) über die Farbenabtönung der blauen und braunen Stimmzettel wird nochmals aufmerksam gemacht.
5. Zu § 54 Ziffer 3 der WO. Ungültig sind auch Stimmzettel, die

neben dem Kennwort Namen aus einem anderen, als dem durch das Kennwort bezeichneten Wahlvorschlag enthalten.

6. Zu Art. 11 Abs. 2 des Wahlgesetzes v. 15. April 1919. An die nach § 1 Satz 2 der WO vom Bezirksamt bestellten, außerhalb der Gemeinde wohnenden Wahlkommissäre ist der Ersatz von Barauslagen zulässig.

7. Zu Art. 3 Abs. 2 des Gesetzes vom 22. April 1919 über die Verfassung und Verwaltung der Gemeinden, Bezirke und Kreise. Eheleute schließen sich gegenseitig nicht von der Wahl in die Vertretungen der Gemeinden, Bezirke und Kreise aus, sondern können nebeneinander als Bewerber für die Wahl zu derselben Vertretung auftreten und gewählt werden.

8.

Bekanntmachung des Staatsministeriums des Innern vom 13. Mai 1919 (Bayer. Staatsanzeiger Nr. 125).

Betreff: Gemeinde-, Bezirks- und Kreiswahlen.

Zur Behebung von Zweifeln wird im Nachgang zur Min.Bekm. vom 2. Mai ds. Js. („Bayer. Staatsanzeiger" Nr. 124 vom 15. Mai) weiter folgendes bekanntgegeben.

1. (Zu § 19 Abs. 2 der Wahlordnung vom 15. April 1919.) Die Vorschrift bezieht sich nicht auf die Wahl des ersten Bürgermeisters, weil hierfür überhaupt keine Wahlvorschläge eingereicht werden. Es ist also durchaus zulässig, daß jemand, der als Bürgermeisterbewerber in Betracht kommt, auch auf einen Wahlvorschlag für den Stadt- oder Gemeinderat gesetzt wird. Wird er zum Bürgermeister gewählt, so ist er auf dem Wahlvorschlag für den Stadt- oder Gemeinderat zu streichen. Wird er nicht zum Bürgermeister gewählt, so kann er dann wenigstens noch zum Stadt- oder Gemeinderat gewählt werden.

2. (Zu § 21 Ziff. 2 der WO.) Auch rechtskundige Stadt- oder Gemeinderäte können, ebenso wie sonstige Gemeindebeamte auf Wahlvorschläge gesetzt werden.

3. (Zu § 21 Ziff. 3 der WO.) Für die Wahlvorschläge in Gemeinden bis zu 10 000 Einwohnern sind 10 Unterschriften für die Wahlvorschläge erforderlich, in Gemeinden über 10 000 Einwohnern, ferner in Bezirken und Kreisen je 20 Unterschriften.

4. (Zu § 21 Abs. 2 der WO.) Die gemeindeamtliche Bestätigung darf nicht nur die Bestätigung enthalten, daß der Bewerber in der Wählerliste eingetragen ist, sondern sie muß auch ersehen lassen, wie dieser Eintrag lautet, insbesondere muß sie also auch die Bestätigung enthalten, seit wann sich der Bewerber in der Gemeinde, dem Bezirk, dem Kreis aufgehalten hat. Am besten wird für diesen Zweck Abschrift des Eintrages in der Wählerliste ausgefertigt.

5. (Zu § 30 der WO.) Wenn kein Wahlvorschlag vorliegt, also Mehrheitswahl stattzufinden hat, sind die Vorschriften der WO über die Wahlvorschläge und die Wahl auf Grund derselben ohne weiteres unanwendbar. Auf den Stimmzetteln müssen die Namen der einzelnen Bewerber, die der Wähler wählen will, aufgeführt werden. Jeder Wähler kann soviele Namen in seinem Zettel eintragen, als die Wahlvorschläge in der Gemeinde, im Bezirk oder Kreis enthalten dürfen. Die Stimmenzahlen der einzelnen

Bewerber sind festzustellen. Die Bewerber gelten in der Reihenfolge ihrer Stimmenzahlen als gewählt oder als Ersatzmänner. Wenn ein Wahlvorschlag vorliegt, sei es auch nur ein einziger, ist die Berücksichtigung von Einzelbewerbern unzulässig.

6. (Zu § 31 der WO.) Für den Fall, daß die Gewinnung geeigneter Wahlvorsteher und Vertreter in einem Stimmbezirk nicht möglich ist, wird auch die Bestimmung von Wahlberechtigten anderer Stimmbezirke des gleichen Wahlkreises als Wahlvorsteher und Vertreter zugelassen.

7. (Zu § 29, 31, 32 der WO.) Wenn an dem Tag, an dem die Bekanntmachung erfolgen soll, an einem Ort etwa kein Amtsblatt erscheint, genügt es, wenn die Bekanntmachung rechtzeitig erlassen wird und alles geschieht, um die Bekanntmachung rechtzeitig zu veröffentlichen.

8. (Zu § 40 der WO.) Auch wenn nur ein Wahlvorschlag vorliegt, sind die Stimmen in der vorgeschriebenen Weise abzugeben.

9. (Zu § 44 der WO.) Wenn für eine Wahl kein Wahlvorschlag eingereicht wird, also Mehrheitswahl stattzufinden hat, kann der Wahlausschuß die Größe der Stimmzettel entsprechend der Zahl der zu wählenden Vertreter abweichend von § 44 WO bestimmen. Der Wahlausschuß wird dann nach § 2 Abs. 2 der WO zusammengesetzt. Die anderweitige Bestimmung der Größe der Stimmzettel ist sofort nach Ablauf der Frist für die Einreichung der Wahlvorschläge (31. Mai 1919) in ortsüblicher Weise öffentlich bekannt zu geben.

Wenn hierbei die Zahl der Ersatzmänner für eine Gruppe nicht mindestens halb so groß ist, als die Zahl der für die Gruppe Gewählten, ist nach § 61 der WO zu verfahren.

10. (Zu § 77 der WO.) Wenn ein Bürgermeister die Wahl ablehnt und die Ablehnung als begründet erklärt wird, hat der Gemeindewahlkommissär alsbald eine Neuwahl anzuberaumen.

Die Aufforderung zur Erklärung über die Annahme der Wahl ergeht nur an die Gewählten, nicht auch an die nur als Ersatzmänner in Betracht kommenden Bewerber.

11. (Zu Art. 2 Ziff. 3 des Wahlges.). Als Heeresdienst gilt auch Kriegsgefangenschaft. Kriegsgefangene sind wählbar.

12. (Zu Art. 6 Abs. 2 Ziff. 3 des Ges. über Verfassung und Verwaltung der Gemeinden, Bezirke und Kreise.) Die Zahl der zu wählenden weiteren Bürgermeister bestimmt der neugewählte Stadt- oder Gemeinderat. Auch diese Bürgermeister können aus sämtlichen Wahlberechtigten, nicht etwa nur aus der Mitte des Stadt- oder Gemeinderates gewählt werden. In jeder Gemeinde ist mindestens ein weiterer Bürgermeister zu wählen.

13. Das Statistische Landesamt wird den Gemeinden, Bezirksämtern und Regierungen, Kammern des Innern, verschiedene Formblätter übersenden, mit denen die Wahlkommissäre die Wahlergebnisse alsbald nach dem Abschluß der Wahlen dem Statist. Landesamt anzuzeigen haben. Die Formblätter für die Gemeindewahlen sind dabei zunächst den vorgesetzten Bezirksämtern vorzulegen und erst von diesen nach Durchsicht und etwaiger Ergänzung mit den Formblättern für die Ergebnisse der Bezirkswahlen an das Statistische Landesamt einzusenden.

9.

Bekanntmachung des Staatsministeriums des Innern und des Ministeriums für militärische Angelegenheiten vom 17. Mai 1919 (Bayer. Staatsanzeiger Nr. 128).

Betreff: Vorbereitung der Gemeinde-, Bezirks- und Kreiswahlen.

1. Mit Sonderbeilage zu Nr. 8 des „Freistaates" vom 16. April 1919 wurden das Wahlgesetz vom 15. April 1919 sowie die Wahlordnung vom gleichen Tag für die Gemeinde-, Bezirks- und Kreiswahlen bekannt gegeben. Eine Vollzugsbekanntmachung hiezu vom 22. April 1919 ist im „Freistaat" Nr. 13 vom 24. April 1919 veröffentlicht. Mit Entschließung des Staatsministeriums des Innern vom 2. Mai 1919 — „Freistaat" Nr. 19 vom 2. Mai 1919 — wurde der 15. Juni als Wahltag festgesetzt. Die Sonderbeilage zum „Freistaat" Nr. 8, sowie die Nr. 13 und 19 des „Freistaates" können zum Preis von je 10 Pfg. bei der Geschäftsstelle des „Freistaates" — Bamberg, Bambergerhof, Telephonruf Nr. 1290 — bezogen werden.

2. Nach § 10 der Wahlordnung haben für größere Truppenverbände die zuständigen militärischen Dienstesstellen auf Ersuchen der Gemeindebehörde die Wählerlisten herzustellen. Um unnötige Schreibarbeit zu vermeiden, erholen sich die Dienstesstellen die nötigen Formblätter bei den Gemeindebehörden.

Die Wählerlisten sind zum 24. Mai 1919 an die Gemeindebehörden abzuliefern.

3. In die Wählerlisten dürfen nur Personen aufgenommen werden, die nach den Bestimmungen des Artikels 2 des Wahlgesetzes wahlberechtigt sind, also nur Personen, welche

a) am Tage der Wahl das 20. Lebensjahr zurückgelegt haben werden und die bayer. Staatsangehörigkeit besitzen,

b) nicht entmündigt sind, nicht unter vorläufiger Vormundschaft stehen oder infolge eines rechtskräftigen Urteils die bürgerlichen Ehrenrechte nicht besitzen,

c) sich seit 6 Monaten in der Gemeinde, im Bezirk, im Kreis aufgehalten haben. Heeres- oder Hilfsdienst ersetzt den Aufenthalt. Eine Aufenthaltsänderung im bürgerlichen Verhältnis während der 6 Monate bringt dagegen das Wahlrecht zum Erlöschen. Militärpersonen können also am Standort ihres Truppenteiles wählen, wenn sie schon länger als 6 Monate im Heeresdienst stehen oder, falls sie erst kürzer im Heeresdienst sich befinden, die zu den 6 Monaten fehlende Zeit im bürgerlichen Verhältnis gleichfalls am Standort zugebracht haben. Sie können ferner an ihrem letzten bürgerlichen Aufenthaltsort wählen, wenn sie mit Einschluß der an beliebigen Orten zugebrachten Militärdienstzeit, daselbst einen mindestens 6monatlichen Aufenthalt aufweisen können. Dann müssen sie aber dort in der Wählerliste eingetragen sein.

Ob die Voraussetzungen zur Aufnahme in die Wählerlisten gegeben sind, hat die Dienststelle, der die Anfertigung der Wählerlisten übertragen worden ist, genauestens zu prüfen.

4. Zuständig für die Anfertigung der Wählerliste ist jeweils die oberste Dienststelle des Truppenteils, für den die Anfertigung der Wählerliste von

der Gemeinde übertragen wird. Ist also eine Kaserne oder ein Massenquartier von einem Regiment belegt: das Regiment; bei Belegung durch ein Bataillon: das Bataillon. Entsprechend ist zu verfahren, wenn die Übertragung der Herstellung einer gemeinsamen Wählerliste an einen Truppenteil, der in mehreren Gebäuden des gleichen Stimmbezirks untergebracht ist, erfolgt. Ersuchen um Herstellung von Wählerlisten an Truppenteile über dem Regiments-, selbständigen Bataillonsverbande usw. hinaus sind nicht zu stellen.

5. In den Listen sind, soferne nicht ausdrücklich etwas anderes bei der Übertragung der Herstellung zwischen dem Truppenteil und der Gemeinde vereinbart worden ist, nur die in den Kasernen, Massenquartieren usw. wohnenden Militärpersonen aufzunehmen.

Es ist nicht nötig, daß die Wahlberechtigten des gesamten Truppenteils in alphabetischer Ordnung mit fortlaufender Nr. aufgeführt werden.

Es dürfen die Listen nach Unterabteilungen, Kompagnien usw. angelegt werden, nur müssen die Listen vollständig sein. Werden die Listen nach Unterabteilungen hergestellt, so sind in den Unterabteilungen die Wahlberechtigten alphabetisch geordnet und mit fortlaufender Nr. zu versehen. Die Unterabteilungen sind zusammenzuheften und mit einem Umschlag zu versehen. Auf dem Umschlag sind die Unterabteilungen und die Zahl der Wahlberechtigten zu jeder Unterabteilung anzugeben und zum Schluß die Gesamtzahl der Wahlberechtigten zusammenzuzählen. Auch der Umschlag ist mit der Unterschrift des Führers des Truppenteils zu versehen. Zum Beispiel:

Wählerliste des 1. Infanterie-Regiments
in . . . . Unterabteilungen.

1. **Kompagnie**	200	**Wahlberechtigte**
2. **Kompagnie**	180	**Wahlberechtigte**
usw. bis 12. Kompagnie		
M.-G.-Kompagnie	80	**Wahlberechtigte**
1. **Ersatz-Kompagnie**	150	**Wahlberechtigte**
usw.		
Im ganzen:		Wahlberechtigte

N. N.

Major und Regiments-Kommandeur.

6. Werden ein militärisches Dienstgebäude oder eine Mehrheit von militärischen Dienstgebäuden oder ein oder mehrere Massenquartiere ausschließlich, ohne Hinzuziehung anderer Gebäude, als Stimmbezirk im Sinne des § 6 und 31 der Wahlordnung von der Distriktsverwaltungsbehörde bestimmt, so sind auch die in diesen Gebäuden wohnhaften Zivilpersonen, soweit sie an dem Standorte ihren bürgerlichen Wohnsitz haben, in die Wählerliste aufzunehmen. Für diese Personen ist eine Unterabteilung der Wählerliste zu bilden, in der sie unter fortlaufender Nr. alphabetisch aufzuführen sind. Im übrigen finden die Bestimmungen der Ziff. 5 Anwendung. In allen sonstigen Fällen findet eine Aufnahme von Zivilpersonen in die von den Truppenteilen herzustellenden Wählerlisten nicht statt; die Aufnahme dieser Personen in die Wählerlisten ist Sache der Gemeinden.

7. Überträgt eine Gemeinde einem Truppenteil, dessen Unterkünfte in mehreren Stimmbezirken der Gemeinde liegen, die Herstellung der Wählerliste, so hat die Gemeindebehörde bei Übertragung der Herstellung der Wähler-

liste dem Truppenteil die Stimmbezirke, in den die einzelnen von ihm belegten Gebäude sollen, genau zu bezeichnen. Für jeden Stimmbezirk hat dann die Anlegung einer getrennten Wählerliste zu erfolgen, im übrigen gilt für jede dieser Wählerlisten, insbesondere hinsichtlich der Zulässigkeit der Bildung von Unterabteilungen, das vorher Gesagte.

8. Die Wählerlisten sind der Gemeindeverwaltung von dem Truppenteil, dem die Anfertigung übertragen worden ist, am 24. Mai vormittags in doppelter Ausfertigung zu überreichen. Eine Drittschrift der Wählerliste ist zur Einsicht der Angehörigen des Truppenteils in einem Dienstzimmer bereit zu legen und die Bereitlegung entsprechend bekannt zu geben. Die Auflegung dieser Liste soll den Angehörigen des Truppenteils die Nachprüfung ermöglichen, ob sie in die Wählerliste aufgenommen sind und unnötige Anfragen bei der Gemeindebehörde vermeiden. Diese Liste soll aber nur zur Geschäftsvereinfachung dienen und bildet keine amtliche Liste im Sinne der Wahlordnung, die für die endgültige Feststellung der Wahlberechtigten maßgebend ist. Änderungen, die nach Einreichung der Wählerliste bei der Gemeindeverwaltung erfolgen, finden in die bei dem Truppenteile aufliegende Wählerliste keine Aufnahme. Die Liste bildet also nur einen Beweis dafür, daß der Truppenteil den Wahlberechtigten bei der Herstellung der Wählerliste berücksichtigt hat. Die Heeresangehörigen sind entsprechend zu belehren.

9. a) Wahlberechtigte Militärpersonen, die nach der Abgabe der Wählerliste an die Gemeindebehörde am Standorte ihres Truppenteiles neu eintreffen, können bis zum Ablauf der Einspruchsfrist (1. Juni 1919) durch Einspruch und Antrag auf nachträgliche Eintragung bei der Gemeindeverwaltung ihre Aufnahme in die Wählerliste herbeiführen (§ 11 der Wahlordnung und Ziffer 1 der Nachtragsbekanntmachung vom 2. Mai 1919).

b) Wahlberechtigte Militärpersonen, die nach Ablauf der Einspruchsfrist, also nach dem 1. Juni 1919 am Standorte ihres Truppenteiles eintreffen, können gemäß § 17 der Wahlordnung auf Grund einer Bestätigung ihres Truppenteils von der Gemeindebehörde einen Ausweis zwecks Zulassung zur Wahl ohne Eintrag in die Wählerliste erhalten.

c) § 17 der Wahlordnung ermöglicht weiter auch solchen wahlberechtigten Militärpersonen, die in der Zeit kurz vor der Wahl entlassen werden, die Zulassung zur Wahl an ihrem Wohnsitze.

10. Sonstige Bestimmungen:

a) Beurlaubte, wahlberechtigte Militärpersonen werden am Orte ihres Urlaubs zur Wahl zugelassen, wenn sie ihren Eintrag in der Wählerliste dieses Ortes rechtzeitig beantragt haben unter Vorlage einer Bescheinigung der Gemeindebehörde ihres Standortes darüber, daß sie dort in der Wählerliste nicht eingetragen sind. Beurlaubte Militärpersonen haben sich zwecks Erlangung einer solchen Bescheinigung an die Gemeindebehörde ihres Standortes zu wenden. Die Gemeindebehörde des Standortes hat die Bescheinigung unverzüglich auszustellen. Auf Grund dieser Bescheinigung haben die Beurlaubten ihre Aufnahmen in die Wählerlisten bei der Gemeindebehörde des Wahlortes zu beantragen.

b) In Kasernen und anderen militärischen Dienstgebäuden, Massenquartieren usw sind parteipolitische Versammlungen und Vorträge zwecks Wahlagitation nicht gestattet. Die Verteilung von Wahlaufrufen und Drucksachen muß jeder Partei gleichmäßig gestattet werden.

c) Sind Kasernen oder Massenquartiere als Stimmbezirke bestimmt worden, so muß insbesondere am Tage der Wahl den Angehörigen aller Parteien in den Kasernen usw., jedoch außerhalb des Wahlraumes die Verteilung von Wahlmaterialien und von Stimmzetteln gleichmäßig gestattet werden. Während der ganzen Dauer der Wahlhandlung ist jedem Wahlberechtigten, also auch jeder wahlberechtigten Zivilperson, die Anwesenheit im Wahlraum gestattet. Auf die Rechte des Wahlvorstandes, jeden aus dem Wahlraum zu verweisen, der die Ruhe und die Ordnung der Wahl stört, wird besonders aufmerksam gemacht. Der Wahlvorstand ist seitens des Truppenteils bei Handhabung dieses Rechtes tatkräftig zu unterstützen. Die Kommandeure haben die hierzu nötigen Anordnungen zu treffen.

d) Militärpersonen, die nicht in der Kaserne wählen, ist zur Ausübung des Wahlrechtes entsprechende Zeit dienstfrei zu geben.

11. Ein Abdruck dieses Erlasses ist vor dem Geschäftszimmer jeder Dienststelle einschließlich Kompagnie, anzuheften. Über den Inhalt des Erlasses hat wiederholte Belehrung an alle Angehörigen des Truppenteiles zu erfolgen.

10.

Bekanntmachung des Staatsministeriums des Innern und des Ministeriums für militärische Angelegenheiten vom 22. Mai 1919 (Bayer. Staatsanzeiger Nr. 132).

Betreff: Wahlrecht der Militärpersonen bei den Gemeinde-, Bezirks- und Kreiswahlen.

Militärpersonen sind, auch wenn sie in der Wählerliste der Gemeinde, in der sie sich vor ihrem Eintritt in den Heeresdienst zuletzt aufgehalten haben, nicht eingetragen sind, unter den gleichen Voraussetzungen, wie die übrigen **Wahlberechtigten, daselbst wählbar. Sie können ferner ihre Stimme daselbst, wie die übrigen Wahlberechtigten, abzugeben,** wenn sie in der Wählerliste eingetragen sind und am Wahltag sich beurlaubt in der Gemeinde aufhalten. Wenn sie sich indes an diesem Tag bei ihrem Truppenteil befinden, können sie außerdem sich an der Stimmabgabe beteiligen wie folgt:

1. Wer außerhalb seines früheren Aufenthaltsortes an der Wahl daselbst teilzunehmen wünscht, hat dies **bis spätestens 28. Mai 1919** durch Vermittlung seines Truppenteils der Gemeindebehörde mitzuteilen und um Ausfertigung eines Auszuges aus der Wählerliste für sich nachzusuchen.

2. Die Gemeindebehörde hat diesen Auszug alsbald herzustellen und an den Truppenteil zur Aushändigung an den Antragsteller zu übersenden.

3. Die Militärpersonen haben sich in diesem Fall die Kenntnis von den Wahlvorschlägen und die vorschriftsmäßigen Stimmzettel selbst zu verschaffen.

4. Die Wähler haben sodann **spätestens am 10. Juni d. J.**

a) ihre Stimmzettel, vorschriftsmäßig doppelt zusammengefaltet, in einem verschlossenen beliebigen Umschlag,

b) den Auszug aus der Wählerliste, diesen offen, ihrer vorgesetzten Dienststelle zu übergeben.

5. Diese verschließt beides zusammen in einem weiteren Umschlag, versieht diesen mit der Bezeichnung: Abstimmung des N. N. . . . . . (Name und Truppenteil des Wählers) für die Wahl in der Gemeinde N. N. . . . . . . versiegelt ihn vor den Augen des Wählers mit dem Dienstsiegel und übersendet ihn in einem weiteren Umschlag oder Paket mit etwa weiter noch für die gleiche Gemeinde bestimmten Abstimmungen an die Gemeindebehörde dieser Gemeinde.

6. Sie hat ferner von der Abgabe solcher Abstimmungen alsbald auch die Gemeinde zu verständigen, in deren Wählerliste die übrigen Angehörigen des Truppenteiles, die von dieser Abstimmungsart keinen Gebrauch gemacht haben, regelmäßigerweise eingetragen sind, damit Doppelabstimmungen vermieden werden. Sind solche auswärtswählende Wähler auch in der Wählerliste dieser Gemeinde eingetragen, so sind sie daselbst zu streichen.

7. Die Gemeindebehörde, die von einem Truppenteil solche Abstimmungen rechtzeitig vor der Feststellung des Wahlergebnisses erhält, bewahrt sie zunächst auf und stellt sie dann in den amtlich versiegelten Einzelumschlägen mit den Wählerlisten dem Gemeindewahlkommissär oder Wahlvorsteher zu.

8. Dieser hat nach Schluß der Wahlhandlung vor Entnahme der Stimmzettel aus der Wahlurne in Gegenwart des Wahlausschusses oder Wahlvorstandes die versiegelten Umschläge zu öffnen, den Auszug aus der Wählerliste mit dem Eintrag darin zu vergleichen, wenn kein Einwand gegen die Stimmabgabe durch die Wähler zu erheben ist, dieses in der Wählerliste zu vermerken, darin in der Spalte: Bemerkungen einzutragen: „Militärische Fernabstimmung," und den Auszug aus der Wählerliste der Niederschrift als Beilage beizufügen. Fehlt der Auszug aus der Wählerliste oder ist die Stimmabgabe durch den Wähler sonst aus irgendwelchen Gründen zu beanstanden, so ist die Stimmabgabe ungültig und der Umschlag mit den Stimmzetteln nach Beschlußfassung hierüber uneröffnet zu den ungültigen Stimmzetteln zu nehmen.

9. Ist die Stimmabgabe gültig, so ist erst jetzt auch der innerste Umschlag zu öffnen, ohne daß jedoch die darin enthaltenen zusammengefalteten Stimmzettel geöffnet werden. Es ist dann festzustellen, ob der Wähler für sämtliche Wahlen, für die er Stimmzettel abgegeben hat, wahlberechtigt ist und ob die Stimmzettel äußerlich der Vorschrift entsprechen. In diesem Fall sind die Stimmzettel uneröffnet zu den übrigen Stimmzetteln in die Wahlurne zu legen. Sonst ist über die Stimmzettel, wie gewöhnlich, beschlußmäßig zu entscheiden.

10. Über das ganze vorgeschriebene Verfahren ist in der Niederschrift über die Wahl Vormerkung zu machen.

11.

Bekanntmachung des Staatsministeriums des Innern vom 23. Mai 1919 (Bayer. Staatsanzeiger Nr. 134).

Betreff: Gemeinde-, Bezirks- und Kreiswahlen.

1. (Zu § 21 Abs. 2 der WO.) Als eine der Ziff. 4 der Min.Bekm. vom 13. Mai 1919 („Bayer. Staatsanzeiger“ Nr. 125 vom 16. Mai, und „Freistaat“ Nr. 31 vom 16. Mai 1919) entsprechende gemeindeamtliche Bestätigung ist es auch anzusehen, wenn darin die Bestätigung enthalten ist, daß der Bewerber für die Gemeinde-, Bezirks- und Kreiswahl in die Wählerliste eingetragen ist.

2. (Zu § 39 der WO.) Die Gemeinden haben für die Besorgung der zur Aufnahme der Wahlniederschriften erforderlichen Formblätter bei den einschlägigen Formblätterverlagen selbst zu sorgen, soweit nicht etwa die Bezirksämter die Beschaffung für sie in die Hand nehmen. Von allen Niederschriften, die mit der Post versendet werden, also insbesondere von den Niederschriften für die Bezirks- und Kreiswahlen, sind vor der Absendung Zweitschriften anzufertigen und bei der Gemeindebehörde zu hinterlegen. Bei der Bestellung der Niederschriften ist wohl zu beachten, daß für Gemeinden, die nur einen Stimmbezirk umfassen und solche, die mehrere Stimmbezirke umfassen, verschiedene Muster vorgeschrieben sind, daß aber für die Bezirks- und Kreiswahlen je ein Muster der gleichen Art (durch blaue und braune Streifen von den für die Gemeindewahlen zu verwendenden Mustern unterschieden) verwendet werden kann.

Muster I benötigt jede Gemeinde, für deren Wahl Wahlvorschläge eingereicht werden zur Beschlußfassung hierüber. (§ 27 der WO.) Die Bezirks- und Kreiswahlausschüsse verwenden dieses Muster bei der Beschlußfassung nach § 27 der WO mit entsprechender Abänderung.

Muster II benötigen alle Gemeinden, die nur einen Stimmbezirk umfassen, zur Berichterstattung über die Gemeindewahl.

Muster III dieselben Gemeinden zur Berichterstattung über die Bezirks- und Kreiswahl. Für jede dieser beiden Wahlen ist ein eigenes Formblatt mit entsprechender Abänderung zu verwenden.

Muster IV benötigen die Gemeinden, die mehrere Stimmbezirke umfassen, zur Berichterstattung über die Gemeindewahl für die einzelnen Stimmbezirke.

Muster V dieselben Gemeinden zur Berichterstattung über die Bezirks- und Kreiswahl. Für jede dieser beiden Wahlen ist ein eigenes Formblatt mit entsprechender Abänderung zu verwenden.

Muster VI benötigen gleichfalls die Gemeinden mit mehreren Stimmbezirken zur Berichterstattung über die Zusammenstellung der Ergebnisse der Gemeindewahl, dann einzelne Stimmbezirke für den ganzen Stadt- oder Gemeindebezirk. Die Bezirks- und Kreiswahlausschüsse verwenden zur Berichterstattung über die Zusammenstellung der Ergebnisse der Bezirks- und Kreiswahl aus den einzelnen Stimmbezirken für den ganzen Bezirk und Kreis gleichfalls Muster VI mit entsprechender Abänderung.

Jede Gemeinde mit einem Stimmbezirk benötigt also 4 Muster, nämlich I, II, III (zweimal), jede Gemeinde mit mehreren Stimmbezirken 5 Muster, nämlich I, IV, V (zweimal) und VI und zwar IV und V für jeden Stimmbezirk, Bezirksämter und Regierungen Muster I und VI.

Wenn für eine Wahl kein Wahlvorschlag eingereicht wird, also Mehrheitswahl stattfindet, sind die Muster entsprechend abzuändern.

3. Sobald die Wahlergebnisse feststehen, sind sie telegraphisch dem Staatsministerium des Innern in Bamberg anzuzeigen und zwar

a) von den Gemeindewahlkommissären aller unmittelbaren Städte,

b) von allen Bezirkswahlkommissären,

c) von allen Kreiswahlkommissären.

Die Gemeindewahlkommissäre der mittelbaren Gemeinden brauchen diese Anzeige nicht zu erstatten.

Die Anzeige hat die Stimmen und die Sitze zu enthalten, die auf jeden Wahlvorschlag entfallen.

Die an das Statistische Landesamt zu erstattenden Anzeigen werden hierdurch nicht berührt. (Siehe Ziff. 13 der Min.Bekm. vom 13. Mai 1919, „Bayer. Staatsanzeiger" Nr. 125 vom 16. Mai 1919, und „Freistaat" Nr. 31 vom 16. Mai 1919.

12.

Bekanntmachung der Staatsministerien des Innern und der Justiz vom 10. Juni 1919 (Bayer. Staatsanzeiger Nr. 145).

Betreff: Gemeinde-, Bezirks- und Kreiswahlen in Straf- und Untersuchungsgefängnissen.

Die Gemeindebehörden werden ermächtigt, wenn in einem polizeilichen Gewahrsam oder in einem Untersuchungs- oder Strafgefängnis eine größere Anzahl von Personen wegen politischer Verbrechen oder Vergehen in Untersuchungs- oder Strafhaft sich befindet, für diese die Stimmabgabe bei der Gemeinde-, Bezirks- und Kreiswahl in der Weise zu regeln, daß sie im Benehmen mit der Anstaltsverwaltung solche Anstalten hinsichtlich dieser Untersuchungs- oder Strafgefangenen von dem Stimmbezirk abtrennen, dem sie bisher zugeteilt waren und hierfür einen eigenen Stimmbezirk mit allen Einrichtungen eines solchen errichten. Welche Personen hierfür in Betracht kommen, entscheidet die Anstaltsverwaltung, nötigenfalls im Benehmen mit der zuständigen Staatsanwaltschaft.

1. Die Wählerlisten hierfür hat die Gemeindebehörde auf Grund eines Verzeichnisses der Anstaltsverwaltung über die in Betracht kommenden Personen als Auszug aus den gemeindlichen Wählerlisten herzustellen. In diesen ist der Eintrag für die in Betracht kommenden Personen zu streichen und der Übertrag in die Sonderlisten zu bemerken. Die in die Sonderlisten übertragenen Personen können dann nur in den neuerrichteten Stimmbezirken abstimmen. Gefangene, die zwar am Wahlorte wahlberechtigt, aber daselbst nicht in die Wählerliste eingetragen sind, können gegebenenfalls unter den Voraussetzungen des § 17 der Wahlordnung vom 15. April 1919 zur Wahl zugelassen werden. Am Haftort nicht wahlberechtigte Gefangene sind von der Stimmabgabe ausgeschlossen.

2. Für solche Stimmbezirke sind eigene Wahlvorsteher und Vertreter aufzustellen. Der Wahlvorsteher hat für den Zusammentritt eines Wahlvorstandes rechtzeitig Sorge zu tragen. Die Gemeindebehörde hat dem Wahlvorsteher die hergestellte besondere Wählerliste und die sonst für die Wahl erforderlichen Gegenstände, namentlich auch eine vorschriftsmäßige Wahlurne zur Verfügung zu stellen.

3. Als Wahlraum ist im Benehmen mit der Anstaltsverwaltung ein geeigneter Raum in der Anstalt zu bestimmen. Die Wahlzeit ist so zu be-

messen, daß alle für den einzelnen Wahlraum in Betracht kommenden Wähler in der Zeit ihre Stimme abgeben können.

4. Die Errichtung solcher Stimmbezirke, die Namen der Wahlvorsteher und ihrer Vertreter, ferner Ort, Tag und Stunde der Wahl sind den in Betracht kommenden Wählern spätestens zwei Tage vor der Wahl geeignet bekanntzugeben.

5. Die Parteien sind berechtigt, die Stimmzettel in einem Raum vor dem Wahlraum zur Verfügung der Wähler aufzulegen. Den Wählern ist daselbst auch Gelegenheit zu geben, Änderungen der Stimmzettel vorzunehmen.

6. Im übrigen gelten die allgemeinen Bestimmungen der Wahlordnung.

7. Die Befugnisse der Anstaltsverwaltungen hinsichtlich der Bewachung der Gefangenen werden hierdurch nicht berührt.

13.

Bekanntmachung des Staatsministeriums des Innern vom 29. Oktober 1919 (Bayer. Staatsanzeiger Nr. 269).

Betreff: Gemeinde-, Bezirks- und Kreiswahlen.

Die „absolute Stimmenmehrheit" im Sinne der Bestimmungen über die Gemeinde-, Bezirks- und Kreiswahlen ist in der gebräuchlichen Weise, nämlich dahin aufzufassen, daß der Gewählte mehr als die Hälfte der abgegebenen gültigen Stimmen erhalten haben muß (Ziff. 53 der Vollzugsbekanntmachung vom 22. April 1919, GVBl. S. 188).

14.

Bekanntmachung des Staatsministeriums des Innern vom 13. Juni 1919 (Bayer. Staatsanzeiger Nr. 149).

Betreff: Zusammentritt der neugewählten Verwaltungen.

Der Zusammentritt der neugewählten Verwaltungen der Gemeinden, Bezirke und Kreise soll sobald als möglich, tunlichst noch vor dem 1. Juli ds. Js., stattfinden.

I. Stadt- und Gemeinderäte.

1. Wenn die Wahl des ersten Bürgermeisters noch nicht vollzogen oder entschieden ist, so hat der Gemeindewahlkommissär dafür zu sorgen, daß sie sobald als möglich zur Entscheidung gebracht wird.

Es schließt sich die Wahl der weiteren Bürgermeister möglichst unmittelbar an. Die Leitung auch dieser Wahl obliegt dem Gemeindewahlkommissär, d. h. nach § 1 der Wahlordnung in unmittelbaren Städten dem Bürgermeister, also dem neugewählten ersten Bürgermeister, in mittelbaren Gemeinden dem vom Bezirksamt bestellten Wahlkommissär, also dem bisherigen Wahlkommissär, wenn nicht das Bezirksamt hiezu einen neuen Wahlkommissär bestellt.

Das gleiche gilt für die Wahl der berufsmäßigen Stadt- oder Gemeinderäte. Wenn diese später als 14 Tage nach dem Hauptwahltagtermin vollzogen wird, hat das Bezirksamt für mittelbare Gemeinden den Wahlkommissär neu zu bestellen.

Der Gemeindewahlkommissär hat bei dieser Wahl nur dann Stimmrecht, wenn er Mitglied des neugewählten Stadt- oder Gemeinderates ist.

2. Der neugewählte Bürgermeister ist von der Aufsichtsbehörde zu verpflichten. Die übrigen Mitglieder der Gemeindeverwaltung werden nicht verpflichtet. Der Antritt des Amtes und die Führung der Geschäfte ist von der Verpflichtung nicht abhängig. Der neugewählte Bürgermeister läßt sich die Geschäfte vom bisherigen Gemeindevorstand übergeben, beraumt die erste Sitzung des Stadt- oder Gemeinderates an, vollzieht die weiteren Wahlen des Armenrates, des Waisenrates. Für diese Wahlen gelten die bisherigen Bestimmungen. Die Stadträte wählen auch die besonderen Ausschüsse nach Artikel 106 der Gemeindeordnung.

3. Die Bestimmungen der Gemeindeordnung über den Magistrat finden, soweit sie sich noch mit dem Selbstverwaltungsgesetz vertragen, auf den Stadtrat, die Bestimmungen über Landgemeinden ebenso auf den Gemeinderat Anwendung.

II. Bezirkstag und Kreistag.

Die Einladung zur ersten Sitzung hat vom Bezirksamt, von der Regierung auszugehen. Die Gewählten sind vom Bezirksamtmann, vom Regierungspräsideenten oder bei Behinderung von deren Stellvertretern auf die Bedeutung der Selbstverwaltung, auf die Wichtigkeit und Verantwortlichkeit ihres Amtes aufmerksam zu machen und zur gewissenhaften Erfüllung ihrer Pflicht zu ermahnen. Eine Verpflichtung der Mitglieder des Bezirkstages, des Kreistages, der Ausschüsse findet nicht mehr statt.

Der Bezirkstag, der Kreistag, wählt unter dem Vorsitz des an Lebensjahren ältesten Mitgliedes, am besten schriftlich mit einfacher Stimmenmehrheit, den Vorsitzenden, den Schriftführer und deren Stellvertreter (Art. 24 I des Landratsgesetzes ist durch Art. 18 I des Selbstverwaltungsgesetzes ersetzt).

An diese Wahl schließt sich die Wahl des Bezirks-, des Kreisausschusses an. Sie kann durch Zuruf geschehen, wenn niemand widerspricht, und genügt den Grundsätzen des Verhältniswahlrechtes, wenn sie das Stärkeverhältnis der Parteien berücksichtigt. Außerdem ist nach der Wahlordnung, insbesondere nach § 81, zu verfahren.

Dem auf diese Weise eröffneten Bezirkstag, Kreistag, ist der laufende Haushaltsplan des Bezirkes, des Kreises, mit den zugehörigen Beilagen offenzulegen. Es ist ihm durch den Beamten, den Beamten des Bezirksamtes, der Regierung, ein möglichst vollständiges Bild der Finanzlage des Bezirkes, des Kreises, zu geben.

Der Bezirkstag hat auch den Kassier zu wählen. Für den Kreistag bleiben die bisherigen Vorschriften über die Verwaltung der Kassengeschäfte durch die staatliche Finanzverwaltung unberührt.

Der Bezirkstag, der Kreistag, werden sich baldigst eine Geschäftsordnung geben. Der Bezirkstag wird die Sonderausschüsse, der Kreistag die Ausschüsse zur Vorberatung der Gegenstände wählen (Art. 24 III des LRG.). Der Bezirkstag, der Kreistag sind Verwaltungsorgane wie der Stadt- und Gemeinderat. Der Vorsitzende stimmt überall mit. Art. 13 III DRG und Art. 25 II Satz 2 LRG vertragen sich nicht mehr mit dem SG. Der Stichentscheid ist in der Geschäftsordnung zu regeln, nur für den Kreisausschuß gilt Art. 35 III LRG.

Gleichzeitig sind die Vorbereitungen für die Beratung des nächstjährigen Haushaltsplanes und für die Rechnungsprüfung möglichst zu treffen. Es empfiehlt sich, die bisherigen Muster des Haushaltsplanes weiter zu verwenden. Die Entschädigung der Mitglieder des Bezirkstags ist aus verfügbaren Mitteln des laufenden Jahres zu gewähren.

Für das nächste Jahr sind die erforderlichen Mittel wie bisher schon für die Kreistage vorzusehen.

III.

Es darf erwartet werden, daß der Übergang zur Selbstverwaltung für die Bezirke und Kreise sich möglichst glatt vollziehen wird. Soweit über die einzelnen Fragen Zweifel bestehen, werden die Vorstände der Bezirksämter, der Regierungen, den Verwaltungen in jeder Weise helfend an die Hand gehen, auch wenn sich der vollständige Übergang der Geschäfte bereits vollzogen hat.

Die Aufsicht der Regierungen über die Kreisanstalten bleibt durch das SG unberührt.

Über die Tätigkeit der Bezirkstage haben die Bezirksämter an die Regierungen zu berichten. Die Regierungen senden einen zusammenfassenden Bericht an das Ministerium und fügen einen solchen über die Tätigkeit der Kreistage bei. Mit diesen Berichten können Anträge auf Ergänzung der Vollzugsanweisung verbunden werden.

15.

Bekanntmachung des Staatsministeriums des Innern vom 17. Juni 1919 (Bayer. Staatsanzeiger Nr. 151).

Betreff: Zusammentritt der neugewählten Verwaltungen.

1. In dem Ausschreiben vom 13. ds. Mts. („Bayer. Staatsanzeiger" Nr. 149 vom 15. ds. Mts.) ist Ziff. 2 dahin richtig zu stellen, daß für die Wahlen des Armenrates und des Waisenrates die Bekanntmachung der Staatsministerien der Justiz und des Innern vom 12. ds. Mts. Nr. 5704a („Bayer. Staatsanzeiger" Nr. 148 vom 14. Juni 1919) maßgebend ist.

2. Die rechtskundigen Bürgermeister, die sich nach Art. 32 des Selbstverwaltungsgesetzes einer Wiederwahl unterziehen müssen, haben bis dahin volles Stimmrecht im Stadtrat; sie nehmen auch an der Wahl der weiteren Bürgermeister und der berufsmäßigen Stadt- oder Gemeinderäte teil.

3. Die rechtskundigen oder technischen Magistratsräte, die sich nach Art. 32 des Selbstverwaltungsgesetzes einer Wiederwahl unterziehen müssen, haben bis dahin Sitz im Stadtrat, Stimmrecht aber nur in Gegenständen ihrer Geschäftsaufgaben. An der Wahl der weiteren Bürgermeister und der berufsmäßigen Stadt- oder Gemeinderäte nehmen sie nicht teil.

4. Die Ziffer I 1 des Ausschreibens vom 13. ds. Mts. („Bayer. Staatsanzeiger" Nr. 149 vom 15. ds. Mts.) bezieht sich in Abs. 1 nur auf die Wahl für die erledigten ersten Bürgermeisterstellen.

5. In Abs. 3 der Ziff. 1 muß es statt „unmittelbare Gemeinden" vielmehr „mittelbare Gemeinden" heißen.

6. In Abs. 2 der Ziff. II heißt der eingeklammerte Satz (Artikel 24 I des Landratsgesetzes ist durch Art. 18 I des Selbstverwaltungsgesetzes ersetzt).

7. In Abs. 5 der Ziff. II muß es heißen „für den **Kreistag** bleiben die bisherigen Vorschriften über die Verwaltung der Kassengeschäfte durch die staatliche Finanzverwaltung unberührt".

Anhang IV.

1.

Auszug aus dem Gemeindebeamtengesetz vom 15. Juli 1916 (GVBl. S. 113).

Art. 23.

Die Gemeinden können innerhalb der durch dieses Gesetz gesteckten Grenzen die Dienst- und Gehaltsverhältnisse ihrer Beamten einschließlich der Ruhegehaltsverhältnisse und Hinterbliebenenversorgung durch eine Satzung regeln.

Die Satzung wird durch Beschluß der Gemeindeverwaltung erlassen. Der Beschluß bedarf in Gemeinden mit städtischer Verfassung der Zustimmung der Gemeindebevollmächtigten, in Landgemeinden rechts des Rheins der Zustimmung der Gemeindeversammlung. Das gleiche gilt für die Änderung der Satzung.

Im Falle des Bedürfnisses kann die K. Regierung, Kammer des Innern, für größere Gemeinden, insbesondere solche, die eine größere Zahl von Beamten beschäftigen, die Aufstellung einer Satzung anordnen.

Die Satzung und ihre Abänderung bedürfen der Genehmigung der K. Regierung, Kammer des Innern. Dabei ist auf die Leistungsfähigkeit der Gemeinde Rücksicht zu nehmen.

Die Abs. I bis IV gelten entsprechend auch für die Distriktsgemeinden. Die Beschlußfassung erfolgt durch den Distriktsrat.

Art. 24.

Zur Ausgleichung der Lasten für die Versorgung von Gemeindebeamten und ihren Hinterbliebenen kann das K. Staatsministerium des Innern eine Körperschaft des öffentlichen Rechtes (Versorgungsverband) nach folgenden Grundsätzen errichten:

1. Gemeinden mit nicht mehr als 10 000 Einwohnern und die Distrikte können zur Mitgliedschaft verpflichtet werden; die übrigen Gemeinden sowie andere juristische Personen des öffentlichen Rechtes, gemeinnützige Vereine und Anstalten können zur Teilnahme zugelassen werden.
2. Der Verwaltung des Verbandes wird ein Ausschuß beigegeben, in den die Landräte aus den Verwaltungen der Verbandsmitglieder je ein Mitglied sowie je zwei Ersatzmänner wählen und das Staatsministerium des Innern ein weiteres Mitglied sowie zwei Ersatzmänner abordnet. Für die Zeit bis zum 31. Dezember 1916 bestimmt das K. Staatsministerium des Innern sämtliche Mitglieder des Ausschusses und ihre Ersatzmänner.
3. Streitigkeiten zwischen dem Verband und seinen Mitgliedern werden durch ein vom Ausschusse gewähltes Schiedsgericht entschieden.
4. Im übrigen regelt die Verwaltung des Verbandes mit Zustimmung des Ausschusses und mit Genehmigung des Staatsministeriums des Innern die Verhältnisse durch eine Satzung [1]). Diese schreibt insbesondere vor, wie der Verband seinen Ausgabenbedarf regelt, inwieweit Verfügungen der Mitglieder der Zustimmung des Verbandes bedürfen, um für ihn verbindlich zu sein, und inwieweit die Mitglieder die Versorgungslast selbst zu tragen haben.

5. Der Verband erhält vom Staate jährlich einen Zuschuß. Der Zuschuß wird jeweils durch das Finanzgesetz festgestellt.

Das Staatsministerium des Innern kann die Verwaltung und Vertretung des Verbandes der Versicherungskammer gegen eine der Landes-Brandversicherungsanstalt zu leistende angemessene Vergütung übertragen und hierfür bei der Versicherungskammer eine Abteilung für Gemeindeversicherung errichten. Mit seiner Genehmigung kann diese Behörde auch andere gemeindliche Versicherungsverbände in ihre Verwaltung nehmen; die Teilnahme an solchen Verbänden ist den Gemeinden freigegeben, andere juristische Personen des öffentlichen Rechtes, gemeinnützige Vereine und Anstalten können zur Teilnahme zugelassen werden; Ziff. 2, 3 und 4 des Abs. I gelten entsprechend.

Insoweit auf Grund der vorstehenden Bestimmungen die Unfallfürsorge nach Maßgabe des Reichsunfallfürsorgegesetzes vom 18. Juni 1901 (Reichsgesetzblatt Seite 211) eingerichtet wird, sind die Verbandsgemeinden und die verbandsangehörigen Distrikte zu den dort vorgesehenen Leistungen verpflichtet.

Art. 25.

In den beiden Gemeindeordnungen werden die Worte „Bedienstete" und „Gemeindebedienstete" durch die Worte „Beamte" und „Gemeindebeamte" ersetzt.

Art. 26.

Gegenwärtiges Gesetz tritt mit dem Tage der Verkündung im Gesetz- und Verordnungsblatt in Kraft. Weitergehende Rechte und Befugnisse, die den beim Inkrafttreten des Gesetzes im Dienste befindlichen Gemeindebeamten für sich und ihre Hinterbliebenen nach dem bisherigen Rechte zustanden, bleiben unberührt.

Vollbeschäftigte Gemeindebeamte sind nach den Bestimmungen des gegenwärtigen Gesetzes zu behandeln, wenn ihr Dienstverhältnis nach dem 1. August 1914 ohne wichtigen Grund gelöst wurde oder sie nach diesem Zeitpunkte wegen Dienstunfähigkeit aus dem Dienste geschieden oder gestorben sind.

Das K. Staatsministerium des Innern wird ermächtigt, die erforderlichen Anordnungen zum Vollzuge des Gesetzes zu erlassen und dabei Bestimmungen über Urlaub und Sonntagsruhe der Gemeindebeamten zu treffen [2]).

Abs. I Satz 2 und die Abs. II und III gelten entsprechend auch für Distriktsbeamte.

2.

Ministerialbekanntmachung vom 25. Juli 1916 zum Vollzug des Gemeindebeamtengesetzes (MABl. S. 108).

§ 1.

(Prüfung für den mittleren Gemeindeverwaltungsdienst.)

Für die in Art. 77 Abs. I der rechtsrheinischen Gemeindeordnung geforderte Prüfung bleibt die Ministerialbekanntmachung vom 6. April 1909 (MABl. S. 303) auch fernerhin in Geltung.

---

[1]) Abdruck der Satzung s. unten Anhang IV 5.

[2]) S. Min.Bekm. vom 25. Juli 1916; Abdruck unten Anhang IV 2.

§ 2.

(Anrechnung der Militärdienstzeit.)

Auf Grund der Art. 85 Abs. I und 141 Abs. I der rechtsrheinischen Gemeindeordnung, sowie Art. 75 Abs. II der pfälzischen Gemeindeordnung und Art. 26 Abs. III, IV des Distriktsratsgesetzes wird folgendes bestimmt:

I Einem Militäranwärter, der neun Jahre oder darüber im Heere oder in der Marine gedient hat, ist bei der Anstellung als Gemeinde- oder Distriktsbeamter der in den Gemeindeordnungen Art. 85 Abs. I, 141 Abs. I/75 Abs. II bezeichneten Art die Militär- und Marinedienstzeit auf das Besoldungsdienstalter anzurechnen, und zwar

1. soweit die Militär- und Marinedienstzeit und eine nachfolgende Dienstzeit in der Dienstgemeinde zwölf Jahre übersteigt, bis zu drei Jahren, mindestens jedoch mit einem Jahre,
2. soweit die Militär- und Marinedienstzeit und eine nachfolgende Dienstzeit in der Dienstgemeinde zwölf Jahre nicht übersteigt, mit einem Jahre.

II Einem Militäranwärter, der weniger als neun Jahre, jedoch mehr als acht Jahre im Heere oder in der Marine gedient hat, ist bei der Anstellung als Gemeinde- oder Distriktsbeamter der bezeichneten Art auf das Besoldungsdienstalter die Militär- und Marinedienstzeit anzurechnen, die er nach Vollendung des achten Militärdienstjahres zurückgelegt hat.

III Außer Betracht bleibt die Militär- oder Marinedienstzeit, die vor der Vollendung des 17. Lebensjahres liegt.

IV Dem Militär- oder Marinedienst steht gleich der Dienst bei den Kaiserlichen Schutztruppen, bei den Polizeitruppen sowie als Grenz- oder Zollaufsichtsbeamter in den Schutzgebieten.

V Als Dienstzeit in der Dienstgemeinde (Ziff. I) ist anzusehen:

1. die Zeit einer Unterweisungsbeschäftigung in der Dienstgemeinde, die nach dem Ausscheiden aus dem Heere oder der Marine erfolgt ist,
2. die Dienstzeit als sonstiger Berufsbeamter der Dienstgemeinde,
3. die Zeit einer Dienstleistung in der Dienstgemeinde als Gemeindedienstbewerber oder als nicht beamtete Person, die Verrichtungen von Gemeindebeamten dauernd oder vorübergehend auszuüben haben.

Die Einrechnung solcher Zeiten ist jedoch nur dann geboten, wenn die Aufnahme auf Grund der Eigenschaft als Militäranwärter geschehen ist und wenn die Dienstzeit in dem Verwaltungszweige zurückgelegt worden ist, in dem die ständige Anstellung erfolgt.

VI Für die Berechnung der Militär- und Marinedienstzeit sowie der nachfolgenden Dienstzeit in der Dienstgemeinde kann die Zeit außer Betracht bleiben, in der die ständige Anstellung unterblieben ist:

1. wegen unzureichender Befähigung des Militäranwärters,
2. aus anderen in seiner Person beruhenden Ursachen.

VII Hat ein Gemeinde- oder Distriktsbeamter eine Stellung, die im Verzeichnis der den Militäranwärtern vorbehaltenen Stellen nur als Aufrückungsstelle bezeichnet ist, als erste Anstellung in der Dienstgemeinde erreicht, so ist eine Anrechnung der Militärdienstzeit auf das Besoldungsdienstalter nicht geboten.

VIII Die Ziff. I bis VII gelten entsprechend für die Dienstzeiten, die vor dem Inkrafttreten des Gemeindebeamtengesetzes vom 15. Juli 1916 liegen.

IX Für die Auslegung der Ziff. I bis VIII sind die Erläuterungen entsprechend zu beachten, die in der Ministerialbekanntmachung vom 28. Dezember 1910 (GVBl. S. 1202) über die Anrechnung der Militärdienstzeit von den Staatsbeamten enthalten sind.

§ 3.

(Sonntagsruhe der Gemeinde- und Distriktsbeamten.)

I Die berufsmäßigen Gemeinde- und Distriktsbeamten sind zum Dienst an Sonn- und Feiertagen einschließlich der politischen Feiertage nur insoweit heranzuziehen, als dies zur Erledigung unverschieblicher Geschäfte oder durch Eigenart des Dienstes geboten ist.

II Soweit hiernach ein Offenhalten von Geschäftsräumen an Sonn- und Feiertagen geboten ist, ist nur das zur Erledigung der unverschieblichen Geschäfte notwendige Personal zum Dienst heranzuziehen. Hierbei ist auf die Freihaltung der Zeit des Hauptgottesdienstes besonders Bedacht zu nehmen.

III An Orten mit überwiegend protestantischer Bevölkerung sind an den besonderen katholischen Feiertagen und an Orten mit überwiegend katholischer Bevölkerung sind an den besonderen protestantischen Feiertagen die Geschäftsräume zwar offen zu halten, jedoch zum Dienst tunlichst nur die Beamten des Bekenntnisses heranzuziehen, für das dieser Tag als Feiertag nicht gilt.

§ 4.

(Urlaub der Gemeinde- und Distriktsbeamten.)

I Jedem berufsmäßigen Gemeinde- oder Distriktsbeamten ist alljährlich auf sein Ansuchen ein angemessener Urlaub zu bewilligen, soweit die dienstlichen Verhältnisse es gestatten.

II Im übrigen sind für den Urlaub sowie für die Dienstbefreiung aus besonderen Anlässen die Grundsätze der gleichartigen Regelung für den Staatsdienst (vgl. die Ministerialbekanntmachungen vom 14. Juli 1909 und vom 9. Mai 1913, GVBl. 1909 S. 427 und 1913 S. 187) entsprechend anzuwenden.

III Wo ein Bedürfnis zu näherer Regelung besteht, hat diese in der Satzung über die Dienst- und Gehaltsverhältnisse der Gemeindebeamten zu erfolgen.

3.

Ministerial-Bekanntmachung vom 25. Juli 1916 über das Verfahren in Dienststrafsachen gegen berufsmäßige widerrufliche Gemeinde- und Distriktsbeamte (MABl. S. 112).

Das K. Staatsministerium des Innern erläßt auf Grund der Art. 168 Abs. III und Art. 98 Abs. III der beiden Gemeindeordnungen in der Fassung der Art. 12 und 20 des Gemeindebeamtengesetzes vom 15. Juli 1916 über das Verfahren in Dienststrafsachen nachstehende

Vorschriften.

A. Im allgemeinen.

§ 1.

Die Verhandlungen in Dienststrafsachen sind bei allen Dienststrafbehörden nicht öffentlich.

§ 2.

Zeugen und Sachverständige werden, soweit nicht gesetzliche Ausnahmen begründet sind, eidlich vernommen.

Bei Dienststrafsachen von geringerer Bedeutung kann jedoch mit Zustimmung der Beteiligten von der Eidesabnahme Umgang genommen werden.

§ 3.

Zustellungen im Dienststrafverfahren erfolgen in der Regel durch die Post mittels Zustellungsurkunde; ausnahmsweise können sie auch in anderer Weise, insbesondere durch die Gemeindebehörde, erfolgen.

§ 4.

Alle im Dienststrafverfahren ergehenden Entscheidungen sind mit der Überschrift „Dienststrafbescheid" und mit Gründen zu versehen.

Mit jedem Endbescheid ist ein Ausspruch über den Kostenpunkt nach Maßgabe der bestehenden Gesetze zu verbinden.

Jeder Bescheid ist dem Beschuldigten in schriftlicher Ausfertigung zuzustellen.

§ 5.

Die Vornahme von Untersuchungshandlungen vor der Einleitung des Dienststrafverfahrens, die Führung der Untersuchung selbst und die Vernehmung von Beschuldigten, Zeugen und Sachverständigen kann durch Gemeindebeamte erfolgen. Diese haben entsprechenden Aufträgen oder Ersuchen Folge zu leisten.

§ 6.

Den im Laufe der Untersuchung stattfindenden Vernehmungen der Zeugen und Sachverständigen darf der Beschuldigte nicht beiwohnen.

Jedoch soll ihm im Laufe der Untersuchung, soweit es ohne Gefährdung des Untersuchungszweckes geschehen kann, im Interesse seiner Verteidigung von wichtigen oder neuen Beweisergebnissen Mitteilung gemacht werden.

Vor dem Schlusse der Untersuchung ist dem Beschuldigten das Ergebnis mitzuteilen und ihm nochmals Gelegenheit zu seiner Verteidigung zu geben.

Der Beschuldigte kann sich des Beistandes eines Rechtsanwalts als Verteidigers bedienen. Der Verteidiger ist nach dem Schlusse der Untersuchung zur Einsicht der Akten über das Dienststrafverfahren befugt. Schon vor diesem Zeitpunkte ist ihm auf Antrag die Einsicht dieser Akten insoweit zu gestatten, als dies ohne Gefährdung des Untersuchungszweckes geschehen kann.

§ 7.

Die Vernehmung der sämtlichen Beteiligten sowie der Zeugen und Sachverständigen hat zu amtlicher Niederschrift zu erfolgen.

Hiezu ist ein beeidigter Schriftführer beizuziehen.

In dringenden Fällen kann der die Untersuchung führende Beamte eine andere geeignete Persönlichkeit als Schriftführer beiziehen und beeidigen.

§ 8.

Vor jeder Dienststrafverfügung ist der Beschuldigte mit seiner Rechtfertigung zu hören.

§ 9.

Beschwerden im Dienststrafverfahren sind an eine Notfrist von vierzehn Tagen gebunden und werden von der nächstvorgesetzten Behörde entschieden.

Die Beschwerdefrist ist auch dann als gewahrt anzusehen, wenn die Beschwerde innerhalb der gesetzlichen Frist bei einer unrichtigen Amtsstelle angebracht wurde.

(K. Deklaration vom 15. Juni 1898, die Wahrung der Beschwerdefrist in Verwaltungsrechtssachen betr., GVBl. S. 294.)

Ist die nächstvorgesetzte Behörde eine Distriktsverwaltungsbehörde, so ist eine weitere Berufung an die Kreisverwaltungsstelle zulässig, soweit es sich nicht um die Entlassung oder Suspension vollbeschäftigter berufsmäßiger Gemeindebeamten handelt. Im letzteren Falle ist gegen den Bescheid der nächstvorgesetzten Behörde unmittelbar Beschwerde zum Verwaltungsgerichtshofe zulässig.

B. Verfahren des Verwaltungsgerichtshofs.

§ 10.

Der Verwaltungsgerichtshof entscheidet über die Dienststrafsachen der Dienstentlassung und Suspension in einem Senate von fünf Mitgliedern.

Eine besondere Verpflichtung der Mitglieder dieses Senats auf die Erfüllung ihrer Obliegenheiten findet nicht statt.

Die Senatsbildung und Geschäftsverteilung erfolgt nach §§ 30 bis 32 der Vollzugsvorschriften vom 25. Januar 1901 zu dem Gesetze vom 8. August 1878, betreffend die Errichtung eines Verwaltungsgerichtshofs und das Verfahren in Verwaltungsrechtssachen (GVBl. 1901 S. 41).

§ 11.

Die Verrichtungen der Staatsanwaltschaft bei dem Senate des Verwaltungsgerichtshofs für Dienststrafsachen obliegen dem Generalstaatsanwalte bei diesem Gerichtshofe und im Falle seiner Verhinderung dessen Nebenbeamten.

§ 12.

Den Dienst des Schriftführers bei dem Senate des Verwaltungsgerichtshofs für Dienststrafsachen versieht einer der Sekretäre des Verwaltungsgerichtshofs.

§ 13.

Art. 18 des Gesetzes vom 8. August 1878, betreffend die Errichtung eines Verwaltungsgerichtshofs und das Verfahren in Verwaltungsrechtssachen (GVBl. S. 369), über Ausschließung und Ablehnung von Richtern ist sinngemäß auch in dem Dienststrafverfahren gegen Gemeinde- und Distriktsbeamte anzuwenden.

§ 14.

Dem Verwaltungsgerichtshofe steht das Recht zu, in Dienststrafsachen die Beweiserhebungen in vollem Umfange selbst bei der mündlichen Verhandlung vorzunehmen oder durch beauftragte Richter aus seiner Mitte an Ort und Stelle vornehmen zu lassen.

§ 15.

Zur mündlichen Verhandlung vor dem Verwaltungsgerichtshofe ist der Beschuldigte mit dem Beifügen zu laden, daß die Verhandlung im Falle seines Ausbleibens gleichwohl stattfinden werde.

Zwischen der Zustellung der Ladung und dem Tage der Verhandlung muß eine Frist von mindestens einer Woche liegen.

§ 16.

Der Beschuldigte kann sich bei der Verhandlung durch einen Rechtsanwalt vertreten lassen. Dem Verwaltungsgerichtshofe steht es jedoch frei, das persönliche Erscheinen des Beschuldigten unter der Warnung anzuordnen, daß bei seinem Ausbleiben ein Verteidiger zu seiner Vertretung nicht würde zugelassen werden.

§ 17.

Das Ministerium oder die von ihm ermächtigte Stelle ist befugt, einen Beamten in die Verhandlung des Verwaltungsgerichtshofs als Zuhörer abzuordnen.

Auch kann die Regierung, Kammer des Innern, einen ihrer Beamten sowie die Verwaltung der Dienstgemeinde einen Gemeinde- bzw. Distriktsbeamten zu dem gleichen Zwecke abordnen.

Auf Antrag des Beschuldigten können einzelne Personen nach dem Ermessen des Vorsitzenden als Zuhörer zugelassen werden.

§ 18.

Die Verkündung des Dienststrafbescheides erfolgt am Schlusse der Verhandlung oder spätestens innerhalb der darauffolgenden vierzehn Tage durch Verlesung des Entscheidungssatzes und Eröffnung der Gründe. Die Eröffnung der Gründe geschieht durch Verlesung oder mündliche Mitteilung ihres wesentlichen Inhalts. War die Verkündung des Dienststrafbescheides ausgesetzt, so sind die Gründe vor der Verkündung schriftlich festzusetzen.

§ 19.

Die Niederschrift über die Verhandlung des Verwaltungsgerichtshofs muß den Ort und Tag der Verhandlung, die Namen der mitwirkenden Mitglieder des Senats, des Generalstaatsanwalts oder seines Vertreters und des Schriftführers, dann des Beschuldigten und seines Verteidigers, sowie das Wesentliche über den Gang und das Ergebnis der Verhandlung enthalten.

In die Niederschrift sind ferner die im Laufe der Verhandlung gestellten Anträge und erlassenen Beschlüsse sowie der Entscheidungssatz aufzunehmen.

§ 20.

Zum Schlusse der Verhandlung werden der Generalstaatsanwalt und der Beschuldigte mit ihren Ausführungen und Anträgen, und zwar der Beschwerdeführer zuerst, gehört.

Dem Beschuldigten gebührt das letzte Wort.

§ 21.

Eine Ausfertigung des Dienststrafbescheides ist auch der Verwaltung der Dienstgemeinde zu erteilen.

§ 22.

Soweit durch vorstehende Vorschriften nicht etwas Abweichendes bestimmt ist, bemißt sich das Verfahren des Verwaltungsgerichtshofs nach dem Gesetze vom 8. August 1878, betr. die Errichtung eines Verwaltungsgerichtshofs und das Verfahren in Verwaltungsrechtssachen.

C. Verfahren der unteren Dienststrafbehörden.

§ 23.

Die Dienststrafbescheide der Gemeindebehörden und der Vertretungen der Distriktsgemeinden ergehen in dem von beiden Gemeindeordnungen bzw. vom Distriktsratsgesetze für ihre Beschlußfassungen vorgeschriebenen Verfahren.

§ 24.

In Städten — kreisunmittelbaren wie mittelbaren — von 10000 Seelen und darüber können nach Maßgabe der Art. 102 Abs. IV, 107 Abs. I der rechtsrheinischen Gemeindeordnung und Art. 2 Abs. I des pfälzischen Städteverfassungsgesetzes Senate zur Entscheidung über Dienststrafsachen gebildet werden.

§ 25.

Die Regierung, Kammer des Innern, entscheidet im Dienststrafverfahren gegen Gemeinde- und Distriktsbeamte — vorbehaltlich der dem Regierungspräsidenten durch § 133 der Formationsverordnung vom 17. Dezember 1825 (Weber Ges. u. VO Sammlung Bd. II S. 279 ff.) eingeräumten Befugnis zur Anordnung kollegialer Beratung und Beschlußfassung — im Bureauwege.

§ 26.

Zur möglichsten Klarstellung des Tatbestandes wird der Regierung, Kammer des Innern, die Befugnis eingeräumt, die Beweiserhebungen durch Kollegialmitglieder vornehmen zu lassen.

§ 27.

Bei Zustellung des Dienststrafbescheides ist der Beschuldigte über sein Beschwerderecht, die Beschwerdefrist und deren ausschließende Natur, sowie darüber zu belehren, bei welcher Behörde oder Stelle eine etwaige Beschwerde (schriftlich oder zu amtlicher Niederschrift) anzubringen ist.

Kommt eine Beschwerdeschrift bei unzutreffender Stelle oder Behörde in Einlauf, so ist die Beschwerde unverzüglich an die im Rechtszuge zuständige Dienststrafbehörde abzugeben.

§ 28.

Im übrigen sind die Vorschriften für das Verfahren des Verwaltungsgerichtshofs auch im Verfahren der unteren Dienststrafbehörden sinngemäß anzuwenden.

4.

Ministerial-Bekanntmachung vom 25. Juli 1916 zum Vollzuge des Gemeindebeamtengesetzes, hier die Satzungen zur Regelung der Dienst- und Gehaltsverhältnisse der Gemeindebeamten (MABl. S. 118).

I.

Nach Art. 22 des Gemeindebeamtengesetzes vom 15. Juli 1916 können die Gemeinden innerhalb der durch dieses Gesetz gesteckten Grenzen die Dienst- und Gehaltsverhältnisse ihrer Beamten einschließlich der Ruhegehaltsverhältnisse und der Hinterbliebenenversorgung durch eine Satzung regeln. Im Falle des Bedürfnisses kann die Regierung, Kammer des Innern, für größere Gemeinden, insbesondere solche, die eine größere Zahl von Beamten beschäftigen, die Aufstellung einer Satzung anordnen.

Hienach besteht für kleinere Gemeinden, insbesondere solche, die nur wenige vollbeschäftigte Beamte haben, keine Verpflichtung zur Aufstellung einer solchen Satzung. Für diese Gemeinden wird es im allgemeinen genügen, durch ordnungsmäßige Beschlüsse die Besoldungen ihrer vollbeschäftigten Beamten, die diesen nach dem Gesetze zustehenden Ruhegehalte und die Versorgung ihrer Hinterbliebenen (die Witwen- und Waisengelder) in angemessener Weise festzusetzen.

II.

Die Satzung wird durch Beschluß der Gemeindeverwaltung erlassen. Der Beschluß bedarf in Gemeinden mit städtischer Verfassung der Zustimmung der Gemeindebevollmächtigten, in Landgemeinden rechts des Rheines der Zustimmung der Gemeindeversammlung. Das gleiche gilt für die Änderung der Satzung.

Wenn die Satzung oder ihre Änderung — etwa wegen der Erhöhung der Beamtengehalte — die Einführung oder Erhöhung von Gemeindeumlagen erfordert, gilt für die Beschlußfassung das Umlagengesetz Art. 29 bis 31.

Vor der endgültigen Beschlußfassung über die Satzung oder ihre Änderung wird es sich in der Regel empfehlen, den beteiligten Gemeindebeamten oder ihren Vertretungen Gelegenheit zur Äußerung zu geben.

Um die Aufstellung der Satzungen zu erleichtern, hat das Staatsministerium des Innern die beigefügte Mustersatzung [1]) ausgearbeitet. Es empfiehlt sich, diese den Beschlüssen zugrunde zu legen. Den Gemeinden bleibt es aber überlassen, da, wo besondere Gründe dafür bestehen, eine andere Regelung zu treffen, soweit dies mit dem Gesetze vereinbar ist, insbesondere weitergehende Bestimmungen aufzunehmen oder solche Bestimmungen wegzulassen, die nach Lage der Sache entbehrt werden können. Wird die Mustersatzung den gemeindlichen Beschlüssen zugrunde gelegt, so kann der Beschluß der Gemeindeverwaltung einfach lauten:

„Die Mustersatzung (MABl. 1916 S. 123) wird unverändert (mit nachstehenden Änderungen — mit den in dem beigehefteten Sonderabdrucke des MABl. vermerkten Änderungen) angenommen. Das Verzeichnis der berufsmäßigen Gemeindebeamtenstellen und die Besoldungsordnung für die vollbeschäftigten berufsmäßigen Gemeindebeamten (Beilagen I und III der Mustersatzung) werden wie folgt festgesetzt: . . . . ."

III.

Die Besoldungen der berufsmäßigen Gemeindebeamten, dann die Ruhegehalte und Hinterbliebenenbezüge müssen nach dem Gesetze (GO Art. 77a/64a) angemessen sein. In dieser Richtung wird folgendes bemerkt:

1. Das Gesetz enthält keine Umschreibung des Begriffs der Angemessenheit. Nach den Gesetzgebungsverhandlungen werden aber die Besoldungen als angemessen nur dann zu erachten sein, wenn sie der Bedeutung, dem Umfang und der Schwierigkeit der Dienstesaufgaben sowie (bei Vollbeschäftigung) den Erfordernissen des Lebensunterhalts entsprechen.
2. Bei Beurteilung der Pflicht zur angemessenen Festsetzung der Besoldungen werden vielfach der Staatsdienst und die staatliche Gehaltsordnung vom 6. September 1908 (GVBl. S. 685) wertvolle Vergleichsmöglichkeiten und Anhaltspunkte bieten; eine maßgebende

---

[1]) Von deren Abdruck wurde abgesehen.

Bedeutung für die gemeindliche Regelung kommt ihnen aber selbstverständlich nicht zu.

3. Bei den Gemeindebeamtenstellen, deren Dienstesaufgaben an Bedeutung, Umfang oder Schwierigkeit hinter denen der letzten Klasse der etatsmäßigen Staatsbeamtenstellen zurückbleiben, wird die Bemessung der Gehalte zumeist an den Ortslohn, d. i. das artsübliche Tagesentgelt gewöhnlicher Tagarbeiter (Reichsversicherungsordnung §§ 149 ff.) anknüpfen können. Dies gilt z. B. für die vollbeschäftigten Polizeidiener in vielen kleineren Gemeinden.

Bei solchen Gemeindebeamtenstellen, deren Dienstesaufgaben sich über die Tätigkeit gewöhnlicher Tagarbeiter nicht erheben, werden die Gemeinden nicht verpflichtet sein, die Besoldungen höher zu bemessen als auf den 300fachen Betrag des Ortslohns.

4. Dem Ermessen der Gemeinden ist es überlassen, ob sie den Gemeindebeamten gleichbleibende oder steigende Besoldungen gewähren wollen. Wird beschlossen, steigende Besoldungen zu bestimmen, so müssen in diesem Falle die einzelnen Besoldungsstufen nach dem Willen des Gesetzes angemessen sein.

5. Auch über die Angemessenheit der Ruhegehalte und Hinterbliebenenbezüge enthält das Gesetz keine näheren Vorschriften. Die Mustersatzung schließt sich in dieser Richtung dem Beamtengesetze vom 16. August 1908 und den Erörterungen im Landtag über den Entwurf des Gemeindebeamtengesetzes an.

6. Nach Art. 77 II und 132 I (Art. 64 Abs. I) der beiden Gemeindeordnungen tritt der Anspruch auf Ruhegehalt außer dem Falle der Dienstunfähigkeit nach „Erreichung" des 65. Lebensjahrs ein; nach den Gesetzgebungsverhandlungen ist diese Fassung dahin zu verstehen, daß das volle 65. Lebensjahr erreicht, also das 65. Lebensjahr „vollendet" sein muß.

IV.

Um für die Satzung oder ihre Änderung die nach dem Gemeindebeamtengesetz Art. 22 Abs. 5 erforderliche Regierungsgenehmigung zu erwirken, legt die Gemeindeverwaltung Abschriften der Satzung oder ihrer Änderung vor. Als solche Abschriften können auch Sonderabdrucke der gegenwärtigen Nummer des Ministerialamtsblattes benützt werden. Wird die Mustersatzung unverändert angenommen, so genügt die Vorlage von Abschriften des Stellenverzeichnisses usw. (Beilagen I und III).

Die Zahl der vorzulegenden Abschriften beträgt für kreisunmittelbare Städte 2, für andere Gemeinden 3; die Abschriften sind zur Rückgabe an die Gemeindeverwaltung sowie für die Akten des Bezirksamts und der Regierung bestimmt. Der Vorlage werden Abschriften der gemeindlichen Beschlüsse beigefügt. Diese müssen ersehen lassen, ob die Beschlüsse rechtsgültig zustande gekommen sind. Ferner werden der Vorlage die Verhandlungen mit den beteiligten Gemeindebeamten oder ihren Vertretungen (oben Ziff. II Abs. 3) sowie sonst etwa nötige Behelfe beizugeben sein. In Gemeinden, die einem Bezirksamt unterstehen, erfolgt die Vorlage durch dessen Vermittlung. Das Bezirksamt veranlaßt die etwa nötigen Ergänzungen und erstattet der Regierung, Kammer des Innern, ein kurzes Gutachten.

Gemäß Art. 23 Abs. V Satz 2 des Gemeindebeamtengesetzes hat die Regierung, Kammer des Innern, bei der Genehmigung der Satzung und ihrer Abänderung auf die Leistungsfähigkeit der Gemeinde Rücksicht zu nehmen.

Trägt die Regierung, Kammer des Innern, Bedenken, die beantragte Genehmigung zu erteilen, so wird es sich häufig empfehlen, nicht sofort einen versagenden Bescheid zu erlassen, sondern zunächst der Gemeindeverwaltung die Beseitigung der Mängel anheimzugeben.

V.

Die genehmigte Satzung soll in der Gemeinde öffentlich bekanntgemacht werden. Das gleiche gilt für genehmigte Änderungen der Satzung.

VI.

Vorstehende Ziff. I bis V gelten entsprechend auch für die Distriktsgemeinden. Die Beschlußfassung über die Satzung und ihre Änderung erfolgt dort durch den Distriktsrat.

Was oben in Ziff. III 4 über die Gehalte der Polizeidiener in kleineren Gemeinden gesagt ist, wird häufig auch für die Distriktsstraßenwärter und die Distriktskrankenhauswärter gelten.

Die Vorlage zur Erwirkung der Regierungsgenehmigung (oben Ziff. IV) erfolgt durch die Distriktsgemeinden durch das Bezirksamt. Die Zahl der vorzulegenden Abschriften der Satzung oder ihrer Änderung beträgt 2; diese sind zur Rückgabe an das Bezirksamt und für die Akten der Regierung bestimmt.

5.

Ministerial-Bekanntmachung vom 12. August 1916 über die Satzung des Bayerischen Versorgungsverbandes (MABl. S. 169).

Unter Bezugnahme auf die Bekanntmachung vom 16. Juli 1916 über die Errichtung des Versorgungsverbandes (Bayer. Staatsanzeiger Nr. 164 vom 18. Juli 1916, MABl. S. 105) wird nachstehend die Satzung des Bayerischen Versorgungsverbandes vom 29. Juli 1916 mit dem Beifügen bekanntgegeben, daß sie vom K. Staatsministerium des Innern gemäß Art. 24 Abs. I Ziff. 4 des Gemeindebeamtengesetzes unterm heutigen genehmigt worden ist.

Satzung des Bayerischen Versorgungsverbandes.

I. Allgemeine Bestimmungen.

§ 1.

Der Bayerische Versorgungsverband ist eine Körperschaft des öffentlichen Rechts mit dem Zwecke gegenseitiger Ausgleichung der Kosten, die den Mitgliedern durch die Versorgung von Angestellten und ihren Hinterbliebenen erwachsen.

Seine Verwaltung besorgt unter Aufsicht des Staatsministeriums des Innern die Versicherungskammer im Benehmen mit der Mitgliedervertretung (Landesausschuß).

Der Verband hat seinen Sitz in München.

§ 2.

Soweit die Verhältnisse des Versorgungsverbandes nicht gesetzlich geregelt sind, werden sie durch die Satzung geordnet.

Änderungen der Satzungen beschließt die Versicherungskammer mit Zustimmung des Landesausschusses und mit Genehmigung des Staatsministeriums des Innern. Für Mitglieder, welche binnen drei Monaten nach der öffentlichen Bekanntgabe einer Änderung ihren Austritt erklären, bleibt die Änderung unwirksam.

II. Mitgliedschaft.

§ 3.

Mitglieder des Versorgungsverbandes sind alle Gemeinden mit nicht mehr als 10 000 Einwohnern, welche versorgungsberechtigte Beamte haben, und alle Bezirke.

§ 4.

Die übrigen Gemeinden können Mitglieder des Verbandes werden, desgleichen andere juristische Personen des öffentlichen Rechts, gemeinnützige Vereine und Anstalten, wenn sie versorgungsberechtigte Angestellte haben, welche nach zehnjähriger Dauer — Frauen nach fünfjähriger Dauer — des Anstellungsverhältnisses ohne ihre Zustimmung nur aus einem wichtigen Grund entlassen werden können.

Der Beitritt ist der Versicherungskammer unter Vorlage der maßgebenden Beschlüsse schriftlich anzumelden. Wenn die Versicherungskammer den Beitritt nicht binnen drei Monaten beanstandet oder wenn die Beanstandung auf Beschwerde (§ 31 Abs. 2) als unbegründet erklärt wird, beginnt die Wirksamkeit des Beitritts mit dem auf den Einlauf der Anmeldung folgenden Tage.

Der Austritt ist nur zum Ende eines Kalenderjahres zulässig und muß mindestens drei Monate vorher der Versicherungskammer schriftlich erklärt werden. Betragen sämtliche Leistungen des austretenden Mitgliedes an den Verband nach Abzug von 5 % Verwaltungskosten weniger als sämtliche Leistungen des Verbandes für Angestellte des Mitgliedes, so hat dieses seine Minderleistungen bar zu vergüten. Andernfalls erhält es den Mehrbetrag — nach Wahl der Versicherungskammer in Geld oder in Vermögensstücken des Verbandes — zurück, jedoch höchstens den Betrag, der zum Verbandsvermögen in gleichem Verhältnis steht, wie die letzte Jahresumlage des Mitgliedes zur gesamten Jahresumlage des Verbandes.

Satz 2 und 3 des vorstehenden Absatzes gelten sinngemäß, wenn die Mitgliedschaft von Rechts wegen endet.

§ 5.

Die Rechte und Pflichten gegenüber dem Versorgungsverbande kommen nur dem Mitgliede, nicht auch den Angestellten und ihren Hinterbliebenen zu.

Ein Angestellter, welcher das 60. Lebensjahr vollendet hat, kann dem Versorgungsverbande nicht neu angemeldet werden.

Endigt die Mitgliedschaft von Rechts wegen, so werden die Versorgungsbezüge insoweit fortgewährt als der Verband nach § 4 Abs. 3 und 4 zur Rückerstattung verpflichtet ist; in diesem Falle erfolgt eine unmittelbare Rückerstattung nur dann, wenn das ausgeschiedene Mitglied nach Erledigung sämtlicher Versorgungsfälle eine Mehrleistung aufzuweisen hat.

Endigt das Anstellungsverhältnis vor Eintritt des Versorgungsfalles, so kann das beteiligte oder ein anderes Mitglied das Versicherungsverhältnis so fortsetzen, wie wenn sich das Anstellungsverhältnis nicht geändert hätte. Das gleiche gilt, wenn bei fortdauerndem Anstellungsverhältnisse die Anwartschaft auf Versorgung endigt.

(Abs. 4 rückwirkend zum 1. November 1918 gültig.)

§ 6.

Das Mitglied ist verpflichtet, der Versicherungskammer die zur Erfüllung ihrer Aufgabe erforderlichen Unterlagen zu verschaffen.

Es hat der Versicherungskammer jeweils sofort die für die Besoldung und Versorgung seiner Angestellten geltenden allgemeinen Bestimmungen und, soweit in den einzelnen Anstellungsverträgen besonderes bestimmt ist, auch diese vorzulegen. Sollen Bezüge eines nur nebenamtlich beschäftigten Angestellten versorgungsfähig sein, der schon auf Grund einer hauptberuflichen Anstellung Anwartschaft auf Versorgung hat, so ist die Zustimmung der Stelle nachzuweisen, die für die Genehmigung zur Übernahme des Nebenamtes zuständig ist.

Soweit nicht die Versicherungskammer Ausnahmen zuläßt, hat ihr das Mitglied alle versorgungsberechtigten Angestellten und die Höhe ihrer Bezüge anzumelden. Es genügt, wenn die Angaben beim Zugange des Mitgliedes auf ein Jahr zurück und alljährlich im Januar, jeweils für das abgelaufene Kalenderjahr, gemacht werden. Werden die Angaben verzögert, so kann die Versicherungskammer die Höhe der Bezüge unter Vorbehalt der endgültigen Feststellung schätzungsweise ermitteln.

Das Mitglied hat ferner der Versicherungskammer alljährlich im Januar die im abgelaufenen Kalenderjahr ausbezahlten Versorgungsbezüge anzumelden. Wird die Anmeldung verzögert, so kann die Versicherungskammer ihre Berücksichtigung auf das nächste Jahr verschieben. Bei der Gewährung neuer und der Veränderung bestehender Versorgungsbezüge sind jeweils die Akten möglichst bald vorzulegen.

Die Versicherungskammer ist zur Nachprüfung der Angaben berechtigt. Aus Tatsachen, welche ihr nicht oder unzutreffend oder nicht rechtzeitig angegeben wurden, kann zwar der Versorgungsverband, nicht aber das Mitglied Rechte herleiten.

Das Mitglied hat bei seinen Erklärungen die von der Versicherungskammer vorgeschriebenen Formen einzuhalten.

III. Leistungen des Versorgungsverbandes.

§ 7.

Der Versorgungsverband ersetzt seinen Mitgliedern neun Zehntel

1. der Ruhegehalte in den Fällen der Dienstunfähigkeit und des zurückgelegten 65. Lebensjahres,
2. der Sterbegehalte der Hinterbliebenen,
3. der Witwen- und Waisengelder,

soweit diese Bezüge von einem Mitgliede auf Grund einer während seiner Mitgliedschaft bestandenen Anstellung gewährt werden und sich entweder innerhalb der vom Staatsministerium des Innern zu Art. 23 des Gemeindebeamtengesetzes aufgestellten Mustersatzung halten oder im Falle einer abgekürzten Wartezeit den Mindestsätzen oder den Mindestbeträgen der Mustersatzung entsprechen.

Eine im letzten Jahre vor dem Eintritte des Versorgungsfalles eingetretene außerordentliche Gehaltserhöhung bleibt regelmäßig außer Betracht. Die Versicherungskammer entscheidet hierüber nach billigem Ermessen. Bleiben hienach Versorgungsbezüge hinter den Mindestbeträgen der Mustersatzung zurück, so sind auch die Bestimmungen über Teuerungszulagen nur im entsprechenden Verhältnis anzuwenden.

§ 8.

Der Versorgungsverband ersetzt seinen Mitgliedern ferner neun Zehntel ihrer Leistungen an Angestellte und ihre Hinterbliebenen aus Anlaß von Betriebsunfällen, welche in reichsgesetzlich der Unfallversicherung unterliegenden Betrieben eintreten, soweit sich diese Leistungen in den Grenzen des Unfallfürsorgegesetzes vom 13. Juni 1901 (Reichsgesetzblatt S. 211) halten.

§ 9.

Nicht ersatzfähig sind die Versorgungsbezüge,

1. soweit sie der Kürzung oder Einziehung unterliegen,
2. soweit nach der Mustersatzung (§ 7 Abs. 1) oder nach dem Unfallfürsorgegesetz die Voraussetzungen zur Kürzung oder Einziehung gegeben wären,
3. soweit dem Mitgliede aus Anlaß ihrer Gewährung ein Entschädigungsanspruch gegen einen Dritten zusteht.

Findet die Kürzung wegen eines Rentenbezugs statt, der durch Beiträge des Mitgliedes erworben wurde, so bleibt sie dem Versorgungsverbande gegenüber zur Hälfte außer Betracht.

§ 10.

Die Versicherungskammer kann genehmigen, daß der Versorgungsverband einem Mitgliede bis zu neun Zehntel dessen ersetzt, was es nach der Mustersatzung (§ 7 Abs. 1) auf einen Unterhaltsbeitrag oder auf eine Abfindung verwendet. Unter besonderen Verhältnissen kann bei der Bewilligung eines Unterhaltsbeitrags von der Erfüllung einer dreijährigen Dienstzeit abgesehen werden.

§ 11.

Den in den §§ 7—10 vorgesehenen Ersatz leistet der Versorgungsverband auf Grund der gemäß § 6 Abs. 4 erstatteten Anmeldungen.

Der Versorgungsverband kann jedoch schon im Laufe des Jahres den Mitgliedern zur Auszahlung der Versorgungsbezüge Vorschüsse gewähren.

§ 12.

Der Versorgungsverband kann die Kosten eines Heilverfahrens, das zur Abwendung oder Beseitigung drohender oder bereits eingetretener Dienstunfähigkeit eines Angestellten eingeleitet werden soll, nach Einvernahme des Mitgliedes ganz oder teilweise übernehmen.

IV. Leistungen der Mitglieder.

§ 13.

Die Versicherungskammer verteilt jährlich im Februar nach Anhörung des Landesausschusses den gemäß §§ 7—12 für das abgelaufene Kalenderjahr berechneten Aufwand samt den Verwaltungskosten des Versorgungsverbandes auf die sämtlichen Mitglieder nach Verhältnis der von ihnen in demselben Jahre bezahlten versorgungsfähigen Diensteinkommen.

Hiebei wird

1. ein nur vorübergehend eingezogenes oder gekürztes Diensteinkommen im vollen versorgungsfähigen Betrag angesetzt,
2. für eine aufgehobene oder geminderte Stelle das Diensteinkommen, das der letzte Inhaber bezog, so lange in Rechnung gezogen, als noch für sie eine Versorgung zu bezahlen ist.

Die Umlage wird auf volle Hundertstel des Diensteinkommens aufgerundet, mindestens aber auf 5 Hundertstel.

Mitglieder, welche dem Versorgungsverbande erst im Lauf eines Rechnungsjahres beitreten, werden erst vom Monat ihres Beitritts an zur Umlage herangezogen.

Gleichzeitig mit den in § 6 Abs. 3 und 4 vorgeschriebenen Jahresvorlagen sollen die Mitglieder den sich vorläufig berechnenden Umlagenbetrag mit Abzug der ersatzfähigen Versorgungsbeträge unter Vorbehalt der endgültigen Abrechnung einsenden.

§ 14.

Ein Mitglied, das erst nach dem 31. Dezember 1916 dem Versorgungsverbande beitritt, hat einen einmaligen Beitrag zu leisten, der zu dem vorhandenen Verbandsvermögen im gleichen Verhältnisse steht, wie der jährliche Gesamtbetrag der von dem Mitgliede bezahlten versorgungsfähigen Besoldungen zum jährlichen Gesamtbetrag der von den vorhandenen Mitgliedern bezahlten versorgungsfähigen Besoldungen.

Beim Zugang eines versorgungsberechtigten Angestellten hat das Mitglied als einmaligen Beitrag die Umlagen für die gesamte im Versorgungsfalle anzurechnende Dienstzeit nachzubezahlen, soweit solche nicht schon aus dem tatsächlichen Einkommen des Angestellten entrichtet worden sind. Für die Berechnung des Beitrages ist der zur Zeit der Nachzahlung geltende Einkommensbetrag und Umlagensatz maßgebend. Im Falle des Beitritts wird auf die sich berechnende Summe der nach Abs. 1 zu bezahlende Betrag angerechnet.

Ein dem Abs. 2 entsprechender Beitrag ist auch für die Zeit vor dem 1. Juli 1916 zu entrichten, soweit sie nicht im Dienste des Reiches oder des Staates oder eines Verbandsmitgliedes zugebracht wurde.

Die Versicherungskammer kann für den einmaligen Beitrag Teilzahlungen bewilligen.

(Abs. 3 für alle am 25. 8. 19 vorhandenen Angestellten der Mitglieder gültig.)

§ 15.

Die Versicherungskammer kann Umlagen und einmalige Beiträge, welche nicht binnen einem Monat nach ergangener Aufforderung entrichtet werden, mit 4 % Verzugszinsen mittels Postnachnahme erheben.

§ 16.

Mit Zustimmung des Landesausschusses kann die Versicherungskammer Vereinbarungen treffen, wonach der Verband Versorgungsbezüge, deren Lauf vor der Zugehörigkeit eines Mitgliedes begonnen hat, gegen eine angemessene, allenfalls in Teilzahlungen zu entrichtende Einlage übernimmt.

In gleicher Weise kann der Versorgungsverband, wenn die Zugehörigkeit eines Mitgliedes von Rechts wegen endigt, die weitere Zahlung der laufenden Versorgungsbezüge übernehmen, soweit er sie nicht nach § 5 Abs. 2 fortgewährt. Dasselbe gilt von Abfindungen, deren Lauf mit der Beendigung der Mitgliedschaft beginnt.

V. Unfallkasse.

§ 17.

Die Unfallkasse des Versorgungsverbandes bezweckt die Ausgleichung der Kosten, die ihren Mitgliedern durch die Einrichtung einer Unfallfürsorge gemäß § 14 des Unfallfürsorgegesetzes vom 18. Juni 1901 für solche Angestellte erwachsen, welche im übrigen nicht versorgungsberechtigt sind.

Die Kasse ersetzt ihren Mitgliedern die Leistungen aus Anlaß von Unfällen, welche die in Abs. 1 bezeichneten Angestellten in Ausübung des Dienstes erlitten haben, soweit sich die Leistungen sonst innerhalb der Grenzen des angeführten Reichsgesetzes halten.

Der jährliche Bedarf der Kasse wird auf die Mitglieder nach Verhältnis des gesamten Arbeitsverdienstes umgelegt, den sie ihren an der Unfallfürsorge beteiligten Angestellten im gleichen Jahre gewährt haben.

Den Mitgliedern bleibt freigestellt, bei der Kasse auch für solche Angestellte Deckung zu nehmen, welche im übrigen versorgungsberechtigt sind, jedoch nur hinsichtlich solcher Unfälle, welche sie in Ausübung des Dienstes, aber nicht in einem reichsrechtlich der Unfallversicherung unterliegenden Betriebe erleiden. Für solche Angestellte ist die Hälfte der Umlage nach Abs. 3 zu entrichten.

Für Unfälle in Betrieben, welche reichsrechtlich nicht der Unfallversicherung unterliegen, gilt an Stelle des § 4 Abs. 1, 2, 4 des angeführten Reichsgesetzes die Bestimmung, daß soweit das jährliche Diensteinkommen den Betrag von 300 Mk. nicht erreicht, dieser Betrag zugrunde zu legen ist, wenn nicht zwischen der Kasse und dem Mitglied ein höherer Betrag vereinbart ist. Im Falle einer solchen Vereinbarung erhöht sich auch die Umlage verhältnismäßig.

§ 18.

Die Unfallkasse bezweckt ferner die Ausgleichung der Kosten, die ihren Mitgliedern durch die Einrichtung einer Unfallfürsorge für die Inhaber von Ehrenämtern entstehen.

Die Kasse ersetzt ihren Mitgliedern die Leistungen aus Anlaß von Unfällen, welche die Inhaber von Ehrenämtern in deren Ausübung erlitten haben, soweit die Leistungen sonst sinngemäß innerhalb der Grenzen des Unfallfürsorgegesetzes vom 18. Juni 1901 bemessen sind. Dabei ist an Stelle des jährlichen Diensteinkommens der Betrag von 900 Mk. zugrunde zu legen, soweit nicht zwischen der Kasse und dem Mitgliede ein höherer Betrag vereinbart ist.

Der jährliche Bedarf der Kasse wird auf die Mitglieder nach Verhältnis der Beträge umgelegt, die im gleichen Jahre für die Bemessung der Leistungen in Betracht zu ziehen waren. Die Versicherungskammer kann die Umlagen je nach der durchschnittlichen Dauer der ehrenamtlichen Beschäftigung und der damit verbundenen Gefahr abstufen.

§ 19.

Für die in §§ 17 und 18 bezeichneten Zwecke wird je eine eigene Abteilung der Unfallkasse mit selbständiger Verrechnung der Einnahmen und Ausgaben errichtet. Den Tag der Errichtung bestimmt die Versicherungskammer.

§ 20.

Mitglied einer Abteilung der Unfallkasse können juristische Personen des öffentlichen Rechts, gemeinnützige Vereine und Anstalten sein, wenn sie dem Versorgungsverbande angehören oder wegen Mangels versorgungsberechtigter Angestellten nicht angehören können. Der Staat kann Mitglied der Unfallkasse sein, ohne dem Versorgungsverbande anzugehören. Bezirke können für sich und die zugehörigen Gemeinden die Mitgliedschaft erwerben.

Soweit nicht die Versicherungskammer Ausnahmen zuläßt, kann der

Beitritt nur für sämtliche in Betracht kommenden Angestellten und Inhaber von Ehrenämtern erfolgen.

§ 21.

Die Unfallkasse haftet nur für Unfälle, welche sich während der Zugehörigkeit des Mitgliedes ereignet haben.

Das Mitglied hat der Versicherungskammer Gelegenheit zu geben, an der Unfalluntersuchung in jedem Stande des Verfahrens teilzunehmen.

Die Versicherungskammer kann jederzeit im Benehmen mit dem Mitgliede unmittelbare Verhandlungen mit dem Unfallfürsorgeberechtigten führen, insbesondere wegen einer etwaigen Abfindung.

§ 22.

Zur Gewinnung von Rücklagen kann die Versicherungskammer im Einverständnisse mit dem Landesausschusse des Versorgungsverbandes die Umlagen mäßig aufrunden.

§ 23.

Im übrigen gelten für die Unfallkasse und ihre Abteilungen sinngemäß die Bestimmungen der vorhergehenden und nachfolgenden Abschnitte mit Ausnahme des § 14.

VI. Verwaltung des Versorgungsverbandes.

§ 24.

Die Mittel des Versorgungsverbandes dürfen nur zu den in der Satzung ausdrücklich genannten Zwecken verwendet werden. Ausnahmen kann der Landesausschuß bewilligen.

Soweit die Mittel des Verbandes weder für den Zweck und die Verwaltung noch für den Betrieb benötigt werden, sind sie mündelsicher anzulegen. Über die Vermögensanlagen und ihren Zinsenertrag darf die Versicherungskammer nur auf Grund der Satzung verfügen.

Über die Verwendung des Staatszuschusses beschließt, soweit sie nicht durch das Finanzgesetz vorgeschrieben ist, die Versicherungskammer mit Zustimmung des Landesausschusses und mit Genehmigung des Staatsministeriums des Innern.

Zum Erwerb eines Grundstücks, zur Ausführung eines Baues, zur Aufnahme eines Anlehens und zum Abschluß eines Rückversicherungsvertrags ist die Zustimmung des Landesausschusses erforderlich.

§ 25.

Die Versicherungskammer vertritt den Versorgungsverband gerichtlich und außergerichtlich. Sie hat die Stellung eines gesetzlichen Vertreters.

Der Versorgungsverband hat der Landes-Brandversicherungsanstalt den für seine Verwaltung entstehenden Aufwand voll zu vergüten.

Über das Ergebnis der Verwaltung stellt die Versicherungskammer für jedes Kalenderjahr Rechnung, legt sie dem K. Staatsministerium des Innern zur Prüfung und dem Landesausschusse zur Erinnerung vor und veröffentlicht sie in ihrem Geschäftsberichte.

In allen Angelegenheiten des Versorgungsverbandes führt die Versicherungskammer die Bezeichnung „K. Versicherungskammer, Abteilung für Gemeindeversicherung“.

VII. Landesausschuß.

§ 26.

Der Landesausschuß besteht aus mindestens neun Mitgliedern; für jedes Ausschußmitglied soll ein erster und ein zweiter Ersatzmann vorhanden sein.

Für die Jahre 1917 bis 1922 und weiterhin für je sechs Jahre wählt der Kreistag jedes Regierungsbezirks aus den Verwaltungen der Verbandsmitglieder je ein Ausschußmitglied und zwei Ersatzmänner. Scheidet ein Ausschußmitglied oder Ersatzmann vor Ablauf der Wahlzeit aus, so findet für den Rest der Wahlzeit Ergänzungswahl statt.

Das neunte Mitglied und zwei Ersatzmänner werden vom Staatsministerium des Innern abgeordnet.

Der Ausschuß ergänzt sich für die Dauer seiner Wahl durch Zuwahl von höchstens sechs Mitgliedern und der erforderlichen Anzahl Ersatzmänner, soweit er es im Einverständnisse mit der Versicherungskammer zur Vertretung wichtiger Mitgliedergruppen für angezeigt erachtet.

§ 27.

Der Landesausschuß hat sich, abgesehen von den ihm durch die Satzung besonders gegebenen Zuständigkeiten, in allen Fällen zu äußern, in denen das Staatsministerium des Innern oder die Versicherungskammer seine Anhörung für angemessen erachtet.

Der Landesausschuß ist berechtigt, in allen auf die Verwaltung des Versorgungsverbandes bezüglichen Angelegenheiten Fragen und Anträge an die Versicherungskammer zu stellen.

§ 28.

Die Versicherungskammer beruft den Landesausschuß alljährlich mindestens einmal. Sie muß ihn berufen, wenn drei Mitglieder es unter Angabe der Gründe beantragen.

Die Versicherungskammer teilt jedem Ausschußmitgliede Zeit und Ort der Versammlung sowie die Gegenstände der Tagesordnung so rechtzeitig mit, daß im Falle seiner Verhinderung der Ersatzmann eingeladen werden kann.

Das K. Staatsministerium des Innern ordnet zu jeder Beratung des Landesausschusses einen Vertreter ab.

Der Vorstand der Versicherungskammer bestimmt die zur Beratung beizuziehenden Anstaltsbeamten.

§ 29.

Den Vorsitz im Landesausschusse führt der Vorstand der Versicherungskammer oder sein Stellvertreter.

Der Landesausschuß ist beschlußfähig, wenn sämtliche Mitglieder oder ihre Ersatzmänner richtig eingeladen sind und mindestens die Hälfte anwesend ist.

Den Ausschußmitgliedern, die nicht in München wohnen, gewährt der Versorgungsverband Reiseentschädigungen nach den für den Landesausschuß der Brandversicherungsanstalt geltenden Normen.

§ 30.

In geeigneten Fällen kann die Versicherungskammer den Ausschuß durch Rundschreiben einladen, schriftlich abzustimmen. Hiebei gibt sie den Beratungsstoff jedem Mitgliede bekannt.

Die Erklärung des Abstimmenden ist binnen der im Rundschreiben gesetzten Frist einzusenden.

Auf Antrag von drei Ausschußmitgliedern ist mündliche Beratung und Beschlußfassung herbeizuführen.

VIII. Schiedsgericht.

§ 31.

Gegen Verfügungen der Versicherungskammer steht den beteiligten Mitgliedern binnen zwei Wochen nach der Eröffnung Beschwerde an das Schiedsgericht des Versorgungsverbandes zu.

Ebenso steht gegen einen Bescheid der Versicherungskammer, wodurch eine Beitrittserklärung abgelehnt wird, dem Antragsteller Beschwerde zu.

§ 32.

Das Schiedsgericht besteht aus einem Vorsitzenden und zwei Beisitzern.

Der Landesausschuß wählt alljährlich in seiner ersten Sitzung mündlich oder schriftlich die Mitglieder des Schiedsgerichts und ihre Ersatzmänner. Die Gewählten treten am Tage nach der Wahl an die Stelle der bisherigen Mitglieder und Ersatzmänner.

§ 33.

Die Versicherungskammer beruft das Schiedsgericht zur mündlichen Verhandlung und teilt dem Beschwerdeführer die Verhandlungszeit mit.

Ein Beamter der Versicherungskammer erstattet in der Verhandlung Vortrag. Der Beschwerdeführer oder sein Vertreter ist zu hören.

Das Schiedsgericht entscheidet mit Stimmenmehrheit. Die Entscheidung wird mit Gründen versehen und vom Vorsitzenden unterschrieben. Die Versicherungskammer beglaubigt die Ausfertigung und stellt sie dem Beschwerdeführer zu.

Die Kosten einer unbegründeten Beschwerde können ganz oder teilweise dem Beschwerdeführer überbürdet werden. Im übrigen trägt der Versorgungsverband die Kosten.

§ 29 Abs. 3 gilt entsprechend.

IX. Schluß- und Übergangsbestimmungen.

§ 34.

Gegenüber den dermalen vorhandenen und bis zum 31. Dezember 1917 zugehenden Mitgliedern übernimmt der Versorgungsverband Ruhegehalte, Sterbegehalte, Witwen- und Waisengelder, Unterhaltsbeiträge und Abfindungen hinsichtlich der Angestellten, deren Dienstverhältnis nach dem 1. August 1914 ohne wichtigen Grund gelöst wurde oder die nach diesem Zeitpunkte wegen Dienstunfähigkeit aus dem Dienste geschieden oder gestorben sind, mit Rückwirkung in gleicher Weise, wie wenn diese Satzung schon beim Eintritt der Versorgungsfälle gegolten hätte. Zur Regelung der Fälle dürfen nur die bei ihrem Eintritt in Geltung gewesenen oder die fortan allgemein geltenden Versorgungsnormen angewendet werden. Die auf die Monate September, Oktober und November 1916 treffenden Teilbeträge der Versorgungen werden nur insoweit ersetzt, als für diese Monate Verbandsumlagen bezahlt worden sind.

Die sich hieraus ergebenden Lasten gelten im Sinne des § 13 Abs. 1 als Lasten des Jahres 1916 oder 1917.

§ 35.

In §§ 3, 20, 25, 26, 28 treten die nunmehrigen amtlichen Bezeichnungen an die Stelle der alten.

§ 36.

Die am 3. Juli 1919 beschlossenen Änderungen treten mit ihrer Genehmigung unter dem Vorbehalt des § 2 Abs. 2 Satz 2 sofort, hinsichtlich des § 5 Abs. 4 rückwirkend zum 1. November 1918 und hinsichtlich des § 14 Abs. 3 für alle dermaligen Angestellten der Mitglieder in Kraft.

§ 37.

Der Versorgungsverband ersetzt vom 1. Januar 1920 an den Mitgliedern neun Zehntel der Teuerungszulagen für die am 1. August 1914 oder früher aus dem Dienste geschiedenen Angestellten und ihre Hinterbliebenen, soweit sich die Zulagen innerhalb der Mustersatzung halten; § 7 Abs. 2 gilt entsprechend.

Der Aufwand wird durch eine Sonderumlage gedeckt; diese bemißt sich nach § 13 Abs. 1 und 2, kann aber für Mitgliedergruppen, deren Teuerungszulagen solcher Art erheblich unter dem Durchschnitt stehen, entsprechend ermäßigt werden.

6.

Verordnung über die Errichtung einer Gemeindebeamtenkammer vom 9. Januar 1919 (GVBl. S. 13).

Zur Vertretung der Distrikts- und Gemeindebeamten, die unter das Gemeindebeamtengesetz fallen, wird eine Gemeindebeamtenkammer mit dem Sitze in München errichtet.

Diese Kammer ist eine Körperschaft des öffentlichen Rechtes, sie kann unter ihrem Namen Rechte erwerben und Verbindlichkeiten eingehen, vor Gericht klagen oder verklagt werden. Für ihre Verbindlichkeiten haftet nur ihr Vermögen.

Die Kammer gehört in den Geschäftsbereich des Staatsministeriums des Innern, sie verhandelt mit allen Staats- und Gemeindebehörden unmittelbar und ist berechtigt, innerhalb ihres eigenen Wirkungskreises von diesen Behörden Aufschlüsse zu verlangen.

Das Staatsministerium des Innern trifft die näheren Bestimmungen über die Einrichtung, den Wirkungskreis und die Tätigkeit der Kammer, es kann die Gemeinden, Distrikte und Kreise zu den auf die Errichtung und Tätigkeit der Kammer erwachsenden Kosten bis zu zwei Dritteln des nachgewiesenen Aufwandes heranziehen.

7.

Wahlordnung zum Vollzuge der Art. V mit IX der Bekanntmachung vom 11. Januar 1919 betreffend die Errichtung einer Gemeindebeamtenkammer vom 9. Mai 1919 (Bayer. Staatsanzeiger Nr. 125).

I. Die Vorstandschaft des Zentralverbandes der Gemeindebeamten Bayerns stellt die Zahl der für jeden Regierungsbezirk und auf jede unmittelbare Stadt zu wählenden Kammermitglieder, sowie der Ersatzmänner nach Maßgabe des Art. V der Bekanntmachung vom 12. Januar 1919 fest.

II. 1. Der Ausschuß des genannten Verbandes gibt in der „Bayer. Gemeindebeamtenzeitung“ bzw. den Organen der Berufsabteilungsverbände einen Wahlaufsatz bekannt, der soviele Bewerber enthalten muß, als nach Ziffer I Kammermitglieder und Ersatzmänner zu wählen sind. Von den Berufsabteilungsverbänden wird für jedes angefangene Tausend Mitglieder ein Mitglied und ein erster und zweiter Ersatzmann als Bewerber für den Wahlaufsatz benannt.

2. Kein Mitglied ist an den Wahlaufsatz gebunden. Wählbar sind also auch solche Mitglieder, die nicht auf dem Wahlaufsatz stehen.

3. Jedes Mitglied stimmt auf den ganzen Wahlaufsatz ab.

4. Der Zentralverband oder der von ihm bevollmächtigte Berufsabteilungsverband übersendet jedem Mitglied

den Wahlaufsatz,
einen Stimmzettel,
einen gestempelten Stimmzettelumschlag,
einen Wahlausweisumschlag.

5. Für die Wahl sind die ausgegebenen Stimmzettelvordrucke zu benützen; an deren Stelle kann aber auch der Wahlaufsatz selbst benützt werden. Die Durchstreichung von Namen und die Beisetzung anderer Namen ist zulässig.

6. Die Gewählten müssen mit Namen, Stand und Wohnort angegeben sein, so daß ihre Person unzweifelhaft feststeht.

7. Mitglieder, die sowohl unmittelbar dem Zentralverband als auch einem Berufsabteilungsverband angehören, sind nur beim Berufsabteilungsverband wahlberechtigt.

8. Der Stimmzettel oder der an seiner Stelle benützte Wahlaufsatz ist in den Stimmzettelumschlag zu legen und dieser zu verschließen. Der Stimmzettelumschlag ist sodann im Wahlausweisumschlag portofrei an die Geschäftsstelle des Zentralverbandes in München, Wittelsbacherplatz 1 oder die sonst hierfür bestimmte Stelle bis zu dem festgesetzten Tage, der auch auf dem Wahlausweisumschlag zu nennen ist, einzusenden.

9. Der Einlauftag ist auf dem Wahlausweisumschlag handschriftlich oder mit Stempel zu vermerken.

10. Stimmzettel, die nicht spätestens 3 Kalendertage nach dem festgesetzten Tage einlaufen, bleiben unberücksichtigt.

11. Zwischen der Bekanntgabe des Wahlaufsatzes in der „Bayer. Gemeindebeamtenzeitung“ bzw. den Organen der Berufsabteilungsverbände und dem Zeitpunkt der Einsendung der Stimmzettel muß ein Zeitraum von mindestens 14 Tage liegen.

III. 1. Spätestens eine Woche nach dem bestimmten Einlauftage sind die Wahlausweisumschläge durch einen dreigliederigen, von der Vorstandschaft einzusetzenden Ausschuß zu öffnen.

Die Stimmzettelumschläge dürfen von diesem Ausschuß nicht geöffnet werden.

2. Der Ausschuß stellt dann die Zahl der rechtzeitig und verspätet eingelaufenen Stimmzettelumschläge fest.

3. Das Ergebnis ist in einer Niederschrift festzulegen.

4. Diese Niederschrift nebst den rechtzeitig und verspätet eingelaufenen, getrennt verpackten und versiegelten Stimmzettelumschlägen, sowie den dazu gehörigen Wahlausweisumschlägen sind dem Hauptwahlausschuß gegen Nachweis mit den übrigen Wahlakten zu übergeben.

IV. 1. Der Hauptwahlausschuß des Zentralverbandes besteht aus einem Vorsitzenden und seinem Stellvertreter sowie sechs Beisitzern. Während der Stimmenzählung und der Feststellung des Wahlergebnisses müssen mindestens 3 Mitglieder des Ausschusses anwesend sein. Der Vorsitzende und sein Stellvertreter dürfen nie gleichzeitig abwesend sein. Bei einer notwendig werdenden Unterbrechung der Stimmenzählung, die dann gegeben ist, wenn die Arbeit sich auf mehrere Tage erstreckt, sind die Wahlakten unter Siegel zu legen und unter Verschluß zu verwahren.

2. Zur Mithilfe bei den Feststellungsgeschäften können nach Bedarf geeignete Personen beigezogen werden.

3. Die Ernennung der Mitglieder des Hauptwahlausschusses geschieht durch die Vorstandschaft des Zentralverbandes der Gemeindebeamten Bayerns.

V. 1. Für die Wahl gilt einfache Stimmenmehrheit.

2. Lehnt ein Gewählter das Amt ab, dann rückt der Ersatzmann an die Stelle des Ablehnenden.

3. Der Stimmzettel, bzw. der an seiner Stelle benützte Wahlaufsatz ist nicht ungültig, wenn er nicht die volle Anzahl der zu Wählenden enthält oder wenn unter den Gewählten einzelne nicht wählbare Personen sich befinden. Gezählt werden dann nur die gültigen Stimmen.

4. Unterschriebene Wahlzettel sind ungültig.

5. Enthält ein Stimmzettelumschlag mehrere Stimmzettel, so sind alle ungültig.

VI. 1. Die Stimmzählung ist in einer Stimmliste und in einer Gegenliste zu beurkunden.

2. Die Öffnung der Stimmzettelumschläge und die Beurkundung des Ergebnisses geschieht in sinngemäßer Anwendung der Ziff. 7 der Vollzugsbekanntmachung der Wahlordnung für die gemeindlichen Verhältniswahlen vom 19. August 1908.

VII. Die Gewählten sind vom Vorsitzenden des Hauptwahlausschusses schriftlich oder mündlich über die Annahme der Wahl zu hören. Das Ergebnis der Wahl wird darnach in der „Bayer. Gemeindebeamtenzeitung“ bzw. in den Organen der Berufsabteilungsverbände bekannt gegeben.

VIII. Die Kosten der Wahl sind vom Zentralverband der Gemeindebeamten Bayerns vorläufig zu tragen. Sie werden von der Bayer. Gemeindebeamtenkammer ersetzt.

IX. Streitigkeiten über Wahlberechtigung und Wahlbeschwerden entscheidet endgültig das Bezirksamt München.

Am 9. Mai 1919.

Zentralverband der Gemeindebeamten Bayerns e. V.: Jehle.

Verband der Landgemeinden e. V.: J. A.: Link.

Bamberg, den 9. Mai 1919.

Genehmigt: Staatsministerium des Innern: Segitz.

8.

Bekanntmachung des Staatsministeriums des Innern über die Errichtung einer Gemeindebeamtenkammer vom 25. Oktober 1919 (MABl. S. 259).

Auf Grund der Verordnung vom 9. Januar 1919 („Bayer. Staatsanzeiger“ Nr. 9) über die Errichtung einer Gemeindebeamtenkammer wird bestimmt:

I. 1. Die Gemeindebeamtenkammer vertritt die Interessen der unter das Gemeindebeamtengesetz fallenden, verbandsweise zusammengeschlossenen Beamten der Bezirke und Gemeinden.

2. Die Bildung von Abteilungen für einzelne Bezirke des Landes oder für einzelne Beamtengruppen, insbesondere für die ehrenamtlichen Beamten, kann durch die Kammer angeordnet werden. Den Abteilungen können die in Ziffer II und III benannten Aufgaben für ihren Bezirk oder für die bestimmten Beamtengruppen ganz oder teilweise überwiesen werden. Örtliche Beamtenausschüsse können von der Kammer als Abteilungen anerkannt werden.

II. 1. Die Kammer kann:

a) den Vorbereitungsdienst der Beamten mit Ausnahme der Militäranwärter regeln und die Durchführung ihrer Anordnungen überwachen;

b) Gutachten und Anträge in allen das Interesse der Beamten berührenden Angelegenheiten an die Gemeinden und Staatsbehörden bringen. Die Anträge sind zu behandeln und zu bescheiden;

c) in allen die Dienst-, Gehalts-, Versorgungs- und Qualifikationsverhältnisse der Beamten betreffenden Angelegenheiten unmittelbar mit den Anstellungs-, Dienst- und Aufsichtsbehörden verhandeln.

2. Die Kammer oder eine ihrer Abteilungen ist von den Gemeindeverwaltungen und Bezirkstagen zur Abordnung eines Vertreters einzuladen, wenn eine der vorgenannten Angelegenheiten zur Beratung kommt.

3. Sie ist befugt, Veranstaltungen zur beruflichen Ausbildung sowie zur Förderung der gemeinnützigen sozialen Arbeit der Gemeindebeamten zu treffen, Fachschulen zu errichten und zu unterstützen.

III. Die Kammer kann innerhalb ihres Wirkungskreises von den Behörden des Staates, der Gemeinden und Bezirke Aufschlüsse verlangen. Sie ist befugt, Vertreter gemäß Ziffer II, 2 abzuordnen, die die Verhandlungen im Sinne der Ziffer II, 1 c mit den Gemeindeverwaltungen und Bezirkstagen führen und die auch Wünsche und Beschwerden der Beamten entgegennehmen können.

IV. 1. Die Kammer wählt einen ständigen dreigliedrigen Beirat zum Staatsministerium des Innern, der bei allen wichtigeren Maßnahmen gehört wird.

2. Maßnahmen allgemeiner und grundsätzlicher Art auf sozialem, wirtschaftlichem, rechtlichem und beamtenpolitischem Gebiete für die Gemeindebeamten werden vom Staatsministerium des Innern nur gemeinsam mit dem Beirate getroffen. Dieser Beirat kann verlangen, daß vorher die Kammer gehört wird.

V. 1. Die Mitglieder der Kammer werden gewählt.

2. Für jedes angefangene Tausend Mitglieder wird ein Mitglied und ein erster und zweiter Ersatzmann in die Kammer gewählt.

3. Die Zählung geschieht für jeden Regierungsbezirk selbständig; erreicht in einer unmittelbaren Stadt die Zahl der zusammengeschlossenen Beamten tausend, dann geschieht auch hier die Zählung selbständig.

VI. 1. Wählbar und wahlberechtigt ist jedes Mitglied der Berufsvereinigungen, das zum bayerischen Landtage wählen oder gewählt werden kann.

2. Ein Zwang zur Annahme der Wahl wird nicht geübt. Der Austritt aus der Kammer ist jederzeit zulässig.

VII. Die Wahlordnung für die Wahl der Kammer erläßt erstmalig der Zentralvorstand der Gemeindebeamten Bayerns im Einvernehmen mit dem Staatsministerium des Innern. Die Wahlordnung kann nur durch die Hauptversammlung der Kammer geändert werden.

VIII. 1. Mit dem Verluste der Wählbarkeit erlischt auch die Mitgliedschaft der Kammer.

2. Wird gegen ein Mitglied die Eröffnung des Hauptverfahrens wegen einer mit Verlust der bürgerlichen Ehrenrechte bedrohten strafbaren Handlung beschlossen, so ruht die Mitgliederschaft bis zur rechtskräftigen Aburteilung.

3. Die Kammer kann ein Mitglied ausschließen, wenn es durch seine Handlungen die öffentliche Achtung oder die Achtung seiner Standesgenossen verloren hat. Dem Ausgeschlossenen steht das Recht der Beschwerde an das Staatsministerium des Innern zu.

IX. 1. Die Wahlzeit beträgt sechs Jahre. Das Wahljahr läuft vom 1. Oktober bis 30. September.

2. Scheidet ein Mitglied während der Wahlzeit aus, so tritt an seine Stelle der Ersatzmann auf die Dauer der Wahlzeit. Ist kein Ersatzmann vorhanden, so findet eine Ergänzungswahl statt.

X. 1. Die Kammer regelt ihre Verwaltung durch eine Satzung.

2. Die Satzung muß jedenfalls Bestimmung treffen:

a) über die Wahl, die Zusammensetzung, die Befugnisse des Vorstandes und die Form seines Ausweises;
b) über die Voraussetzungen der Beschlußfähigkeit der Hauptversammlung und des Vorstandes;
c) über die Voraussetzung und die Form der Einberufung der Hauptversammlung und des Vorstandes;
d) über den Wirkungskreis der Hauptversammlung;
e) über Bildung und Aufgaben von Kammerabteilungen, über die Aufstellung von Beauftragten, die Bestellung des Beirats, die Bildung, Zusammensetzung und Befugnisse von Ausschüssen;
f) über den Geschäftsgang der Kammer und über die Erlassung einer Geschäftsordnung;
g) über die Form der Bekanntmachungen der Kammer;
h) über das Verfahren bei Änderung der Satzung;
i) über die Aufstellung eines fachwissenschaftlichen, berufsmäßigen Kammerbeamten;
k) über die Festsetzung der Gebühren für die Benützung der Kammereinrichtungen.

3. Die Satzung wird im Einvernehmen mit dem Staatsministerium des Innern von der Hauptversammlung erlassen.

XI. 1. Die Sitzungen der Hauptversammlung sind öffentlich. Die Hauptversammlung kann aus wichtigen Gründen die Öffentlichkeit ausschließen.

2. Von den Sitzungen der Hauptversammlung und der Tagesordnung ist dem Staatsministerium des Innern rechtzeitig vorher Kenntnis zu geben. Dieses kann einen Vertreter zur Sitzung abordnen, der auf sein Verlangen jederzeit gehört werden muß.

3. Auf Antrag des Vorstandes ordnet das Staatsministerium des Innern zu der Hauptversammlung einen Vertreter ab.

XII. 1. Der erste Vorsitzende vertritt die Kammer nach außen, vorbehaltlich des Artikels XIII. In Verhinderungsfällen vertritt ihn der zweite Vorsitzende.

2. Die beiden Vorsitzenden sind für den geordneten Geschäftsgang verantwortlich.

3. Einer der Vorsitzenden muß seinen Wohnsitz in München haben.

XIII. Urkunden, die die Kammer vermögensrechtlich verpflichten, bedürfen der Unterschrift der beiden Vorsitzenden und eines weiteren Vorstandsmitgliedes.

XIV. Die aus der Errichtung und Tätigkeit der Kammer erwachsenden Kosten werden, soweit sie nicht anderweitig Deckung finden, zu einem Drittel von der Kammer selbst getragen, die übrigen zwei Drittel verteilt das Staatsministerium des Innern nach einem einheitlichen Schlüssel auf die Kreise, Distrikte und Gemeinden.

XV. 1. Die Gemeinden und Angestelltenbehörden müssen den Beamten die Teilnahme an den Verhandlungen der Kammer sowie der Abteilungen und Ausschüsse, ferner die Tätigkeit als Beauftragter gestatten.

2. Wegen Äußerungen der Mitglieder der Kammer bei den Sitzungen der Kammer, Abteilungen und Ausschüsse, ferner bei Vertretungen darf keine dienststrafrechtliche Verfolgung eintreten.

XVI. Die Einnahmen und Ausgaben der Kammer sind von allen zweckfremden Einnahmen und Ausgaben getrennt festzustellen. Die Bestände sind getrennt zu verwahren. Sie müssen in der durch § 1807 und § 1808 des BGB. vorgeschriebenen Weise angelegt werden. Zeitwillig verfügbare Gelder dürfen auch in anderer Weise vorübergehend angelegt werden.

XVII. Die Kammer führt als Siegel den bayerischen Rautenschild, von einem Lorbeer- und Palmzweig umkränzt mit der Aufschrift: Bayerische Gemeindebeamtenkammer.

XVIII. Diese Bekanntmachung tritt an Stelle der Bekanntmachung vom Januar 1919 („Bayer. Staatsanzeiger" Nr. 11 vom 12. Januar 1919).

Anhang V.

1.

Bekanntmachung des Staatsministeriums des Innern vom 24. November 1919 (Bayer. Staatsanzeiger Nr. 286)

über die Haushaltvoranschläge und Rechnungen der Gemeinden, Ortschaften und Bezirke.

Voraussichtlich wird wegen des Zusammenhanges der Reichs-, Staats- und Gemeindefinanzen künftig auch das Rechnungsjahr der Gemeinden, Ortschaften und Bezirke vom 1. April bis zum 31. März zu laufen haben. Das wird schon für das Jahr 1920 beachtet werden müssen.

Für den Staatshaushalt wird ein Nachtrag für das erste Vierteljahr 1920 nicht angefertigt. Dieses erste Vierteljahr 1920 wird dem Rechnungsjahr 1919 angeschlossen; auf Grund eines besonderen Gesetzes wird die Weiterführung des Staatshaushalts für diesen Zeitraum ermöglicht werden.

Das gleiche Verfahren muß auch den Gemeinden, Ortschaften und Bezirken zur Nachahmung dringend nahegelegt werden. Es wird allgemein gestattet, in dieser Beziehung vorläufig von den bestehenden gesetzlichen Vorschriften abzuweichen. Danach sollen die Rechnungen des Jahres 1919 für das erste Vierteljahr 1920 fortgesetzt werden. Das gilt auch für die von den Gemeinden verwalteten Stiftungen.

Für das erste Vierteljahr 1920 können bestimmte Umlagen so wenig wie für den Staat bestimmte Steuern in Rechnung gestellt werden, weil bezüglich der Steuerveranlagung für diesen Zeitraum noch nichts feststeht und die Erhebungsgrundlagen fehlen. Es wird daher nur erübrigen, die Fortführung des Haushalts der Gemeinden, Ortschaften und Bezirke für das erste Vierteljahr 1920 auf Grund des Haushalts für 1919 zu beschließen. Hierbei wird der durch Umlagen zu deckende Fehlbetrag in den Einnahmen einzusetzen und die Bestimmung des Hundertsatzes bis zur Gewißheit über die Steuergrundlagen zu verschieben sein.

Mit der Aufstellung des Haushaltsplans für die Zeit nach dem 1. April 1920 kann noch zugewartet werden.

2.

Bekanntmachung des Staatsministeriums des Innern vom 13. Januar 1920 (MABl. S. 7).

Betreff: Gründung eines Prüfungsverbandes öffentlicher Kassen.

Dem Prüfungsverband öffentlicher Kassen wird unter Genehmigung der am 29. September 1919 beschlossenen Satzung die Rechtsfähigkeit als Verein des öffentlichen Rechtes verliehen.

Der Prüfungsverband öffentlicher Kassen wird ferner gemäß Art. 16 des Selbstverwaltungsgesetzes vom 22. Mai 1919 als Verband zur Prüfung des gemeindlichen Rechnungs- und Kassenwesens anerkannt.

Die Bezirke, dann Städte und Märkte, soweit und solange sie weniger als 10 000 Einwohner haben, ferner Gemeinden, die eine Sparkasse haben, soweit und solange sie weniger als 10 000 Einwohner haben, sind zum Beitritt zu dem Verbande verpflichtet.

3.

Bekanntmachung des Staatsministeriums des Innern vom 29. Januar 1920 (Bayer. Staatsanzeiger Nr. 27)

über die Haushaltsvoranschläge der Gemeinden, Ortschaften und Bezirke.

Im Anschlusse an die Bekanntmachung vom 24. November v. Js. Nr. 3013 a 8 („Bayer. Staatsanzeiger" Nr. 286) wird im Einvernehmen mit dem Staatsministerium der Finanzen einstweilen darauf aufmerksam gemacht, daß die direkten Steuern für das 1. Vierteljahr 1920 im wesentlichen auf Grund der Steueranlage für 1919 voraussichtlich forterhoben werden und daß in diesem Falle die Umlageberechtigung der Gemeinden, Ortschaften und Bezirke unverändert fortbesteht.

4.

Auszug aus der Ministerialbekanntmachung vom 12. Januar 1911; Vollzugsanweisung zum Umlagengesetz.

§ 130.

I Als Schuldner der Distriktsumlagen galten im bisherigen Rechte nach der Rechtsprechung des Verwaltungsgerichtshofs neben den Eigentümern ausmärkischer Grundstücke die einzelnen Steuerzahler in den Gemeinden. Diese hatten die Distriktsumlagen durch Vermittlung der Gemeinden an die Distriktsgemeinden abzuführen. Der Maßstab für die Distriktsumlagen war indessen (seit 1899) durchweg der nämliche wie für die Gemeindeumlagen. Daß beide Arten von Umlagen getrennt neben einander herliefen, entbehrte daher des inneren Grundes und erschwerte den Vollzug.

II Das neue Distriktsumlagenrecht gestaltet die Sache klarer und macht den Vollzug einfacher. Es schaltet die einzelnen Steuerzahler ganz aus, belastet mit Distriktsumlagen lediglich die Gemeinden und die Eigentümer der ausmärkischen Grundstücke und stellt die Bestreitung der hiernach die Gemeinden treffenden Lasten unter die allgemeinen Regeln über die Aufbringung des Gemeindebedarfs.

III Im Art. 38 ist dementsprechend der künftige Begriff der Distriktsumlagen umschrieben.

IV Der Klammerhinweis auf Art. 30 des Distriktsratsgesetzes bringt die Vorschriften des Umlagengesetzes über die Distriktsumlagen in die erforderliche Verbindung mit den Vorschriften des Distriktsratsgesetzes.

§ 131.

Art. 39 regelt die Berechnung und Verteilung der Distriktsumlagen. Die Zuständigkeit hiefür bemißt sich wie bisher nach dem Distriktsratsgesetze.

§ 132.

Nach Art. 39 Abs. I Ziff. 1 ist der Berechnung der Distriktsumlagen für jede Gemeinde die nämliche Summe der Steueransätze zugrunde zu legen, wie nach Art. 26 der Berechnung der Gemeindeumlagen. Nur muß für die Berechnung der Distriktsumlagen der eigene Steueransatz der Gemeinde (oben § 88) ausnahmslos mitangesetzt werden.

§ 133.

I Nach Art. 39 Abs. I Ziff. 2 wird für jedes ausmärkische Grundstück die Summe der Steueransätze in der nämlichen Weise festgestellt, wie es zu geschehen hätte, wenn das ausmärkische Grundstück eine Gemeinde wäre.

II Der Ausdruck „Grundstück" ist dabei nicht wörtlich zu nehmen. Es genügt vielmehr, die Summe der Steueransätze für den Gesamtbesitz eines jeden Pflichtigen innerhalb des ausmärkischen Besitzes festzustellen.

§ 134.

I Nach Art. 39 Abs. I Ziff. 3 werden die Distriktsumlagen aus der Gesamtheit der Steueransatzsummen (§§ 132, 133) nach einem einheitlichen Hundertsatze berechnet. Dabei ist jedoch die Auferlegung von Vorausleistungen nach dem Distriktsratsgesetz Art. 32 ausdrücklich vorbehalten.

II Mit dem errechneten Hundertsatze werden die Distriktsumlagen auf die einzelnen Pflichtigen (Gemeinden und Eigentümer ausmärkischer Grundstücke) entsprechend ihren Steueransatzsummen ausgeschlagen.

§ 135.

Nach Art. 39 Abs. II Satz 1 ist der maßgebende Zeitpunkt für die Berechnung und Verteilung der Distriktsumlagen der 1. Januar des Jahres, für das die Distriktsumlagen erhoben werden.

§ 136.

I Die Steueransatzsummen vom 1. Januar stellen natürlich keine unabänderlichen Größen dar. Durch Steueränderungen, Steuerzugänge, Steuerabgänge usw. [1]) werden vielmehr fortgesetzt Mehrungen und Minderungen der Steueransatzsummen eintreten. Um den Vollzug nicht mit endlosen Berechnungen zu beschweren, bestimmt Art. 39 Abs. II Satz 2, daß spätere Änderungen für das Kalenderjahr nicht zu berücksichtigen sind.

II Eine solche „spätere Änderung" liegt jedoch dann nicht vor, wenn das Rechtsverhältnis, auf dem der einzelne Steueransatz beruht, unverändert bleibt und nur dessen Beurteilung eine Richtigstellung erfährt. Richtigstellungen dieser Art wirken auf den 1. Januar zurück, sie mehren oder mindern also die Steueransatzsumme von diesem Tage und müssen deshalb bei der Bemessung der Distriktsumlagenschuld berücksichtigt werden. Hieher gehören z. B. Berichtigungen der Steuerveranlagung oder der Steuerausscheidung im Rechtsmittelwege, Steuernachholungen und Ausscheidungsnachholungen (Art. 23 Abs. II), Berichtigungen von Ansatzberechnungen (Art. 25, 27, 28), immer vorausgesetzt, daß die Richtigstellung auf den 1. Januar zurückwirkt. Ferner gehört hieher natürlich der Fall, daß die allgemeine Steuerveranlagung oder die Steuerausscheidung dabei erst nach dem 1. Januar, aber mit Wirkung von diesem Tage erfolgt [2]).

§ 137.

Im einzelnen empfiehlt sich für die Berechnung und Verteilung der Distriktsumlagen folgendes Verfahren:

1. Vor der Aufstellung des Distriktsvoranschlags ermittelt der Distriktsratsausschuß durch Anfrage beim Rentamt, ob für den nächsten 1. Januar wesentliche Mehrung oder Minderung der Gesamtheit der Steueransatzsummen in der Distriktsgemeinde (§§ 132, 133) gegenüber dem Stande vom letzten 1. Januar zu erwarten ist und wie hoch die Änderung etwa veranschlagt werden kann.

   Diese Ermittlung soll lediglich dazu dienen, einen Anhaltspunkt für die Bemessung der Leistungsfähigkeit der Distriktsgemeinde bei der Aufstellung des Distriktsvoranschlags zu gewinnen.

2. Der Distriktsrat setzt bei der Aufstellung des Distriktsvoranschlags

---

Noch zu § 136.

[1]) Vgl. insbesondere Einkommensteuergesetz Art. 66—70; Umlagengesetz Art. 5, 18 Satz 2.

[2]) Die spätere Veranlagung mit der vollen Jahressteuer vom Gewerbebetrieb im Umherziehen nach dem Gesetze vom 10. März 1879, 20. Dezember 1897 Art. 6 Abs. I oder Art. 15 Ziff. 4 (GVBl. 1897 S. 424) enthält eine Rückwirkung auf den 1. Januar dann nicht, wenn der steuerbare Gewerbebetrieb erst nach diesem Tage begonnen hat.

lediglich den Geldbetrag des Distriktsumlagenbedarfs[1]) fest. Er ermächtigt zugleich den Distriktsratsausschuß, entsprechend diesem Geldbetrage nach Vollendung der allgemeinen Steuerveranlagung den Hundertsatz der Distriktsumlagen festzusetzen und dabei den Ansatz für die Reserve soweit zu ändern, als es zur Abrundung des Hundertsatzes nötig ist. Das Ziel und das Maß der Abrundung (nach oben oder nach unten, auf den nächsten halben oder ganzen Hundertteil) bestimmt der Distriktsrat[2]).

Die Regierung, Kammer des Innern, beschränkt sich bei der Bescheidung der Distriktsratsverhandlungen gleichfalls auf die Festsetzung des Geldbetrags des Distriktsumlagenbedarfs und auf die Würdigung des bezeichneten weiteren Beschlusses des Distriktsrats.

3. Nach Vollendung der allgemeinen Steuerveranlagung fordert der Distriktsratsausschuß die Gemeindeverwaltungen auf, Zusammenstellungen der Steueransätze zu fertigen und einzusenden, die sich nach dem Stande vom 1. Januar in jeder Gemeinde ergeben.

Für die Zusammenstellung empfiehlt sich folgendes Muster:

Gemeinde . . . .

Steueransätze nach dem Stande vom 1. Januar 191 . . .

(Umlagengesetz Art. 24, 25.)

(Vortrag nach dem Muster der „Errechnung des Hundertsatzes der Gemeindeumlagen" Ziff. 1 bis 8, das oben im § 86 gegeben ist.)

Ort und Tag der Fertigung.

Auf Dienstpflicht.

Der Stadtmagistrat (Marktmagistrat), Gemeindeausschuß, Gemeinderat.)

(Siegel.) Unterschrift des Bürgermeisters.

In der Aufforderung, solche Zusammenstellungen zu fertigen und einzusenden, weist der Distriktsausschuß ausdrücklich darauf hin, daß in Ziff. 1 der Zusammenstellung auch die Steuern mit aufzunehmen sind, mit denen die Gemeinde selbst veranlagt ist.

4. Der Distriktsratsausschuß unterzieht die Zusammenstellungen im Benehmen mit dem Rentamt einer sorgsamen Nachprüfung, klärt etwaige Zweifel auf und nimmt die erforderlichen Berichtigungen vor.

Zur Nachprüfung dienen insbesondere die Steuerlisten und die sonstigen Behelfe des Rentamts und (in der Pfalz) der Steuereinnehmerei, dann die Mitteilungen, die nach §§ 62, 67, 75 Fußnoten 1, 2, § 94 an das Rentamt gelangen.

Für die ausmärkischen Grundstücke (§ 133) stellt der Distriktsratsausschuß im Benehmen mit dem Rentamte die Steueransätze selbst zusammen.

Zu § 137.

[1]) Wenn bei der Beschlußfassung des Distriktsrats die Staats- und Kreiszuschüsse noch nicht bekannt sind, wird der Geldbetrag des Distriktsumlagenbedarfs erst durch die Regierung richtig bemessen werden können.

[2]) Es empfiehlt sich nicht, für die Festsetzung des Hundertsatzes die nachträgliche Genehmigung des Distriktsrats vorzubehalten. Denn dadurch würden Zweifel über den Zeitpunkt der Fälligkeit der Distriktsumlagen entstehen. Vgl. unten § 139, übrigens auch § 137 Ziff. 8.

5. Aus der Gegenüberstellung der Gesamtheit der Steueransatzsummen (Ziff. 3, 4) und des Geldbetrags des Distriktsumlagenbedarfs (Ziff. 2) ergibt sich der Hundertsatz der Distriktsumlagen. Entsprechend der Ermächtigung des Distriktsrats (Ziff. 2) setzt der Distriktsratsausschuß diesen Hundertsatz fest.
6. Aus den Steueransatzsummen (Ziff. 3, 4) und nach dem festgesetzten Hundertsatze (Ziff. 5) berechnet der Distriktsratsausschuß den Distriktsumlagenbetrag, der auf jede Gemeinde und auf jeden Eigentümer ausmärkischer Grundstücke trifft.
7. Ergibt sich Anlaß, eine für den 1. Januar ermittelte Steueransatzsumme nachträglich zu berichtigen (§ 136 Abs. II), so macht die Behörde, die hiervon erfährt, dem Distriktsratsausschuß entsprechende Mitteilung.
   Anlässe solcher Art können insbesondere zutage treten:
   für die Gemeindeverwaltung bei der Einhebung von Gemeindeumlagen,
   für die Gemeindeverwaltung bei der Einhebung von Gemeindemittelwege, bei entsprechend rückwirkenden Steuernachholungen und Ausscheidungsnachholungen,
   für das Bezirksamt bei der Prüfung der gemeindlichen und ortschaftlichen Rechnungen.
   Soweit nötig berichtigt hiernach der Distriktsratsausschuß die nach Ziff. 6 geschehene Berechnung.
8. Der Distriktsratsausschuß legt das Ergebnis seiner Tätigkeit (Ziff. 3—7) dem Distriktsrate zur Nachprüfung vor.

§ 138.

Die Gesamtheit der Steueransatzsummen nach Art. 39 ist wohl in jeder Distriktsgemeinde erheblich größer als das bisherige Staatssteuersoll. Wo der Umlagenbedarf für 1912 gegenüber dem für 1911 keine Steigerung erfährt, wird daher der Hundertsatz der Distriktsumlagen von 1911 auf 1912 entsprechend sinken.

§ 139.

Zu Art. 40. I Art. 40 trifft die erforderlichen Bestimmungen über die Fälligkeit der Distriktsumlagen und über den Zeitpunkt ihrer Entrichtung.

II Er ist dem Art. 32 nachgebildet. Vgl. dazu oben §§ 106, 107.

§ 140.

Zu Art. 41. I Nach Art. 41 haben die Gemeinden die Distriktsumlagen, die sie treffen, in gleicher Weise aufzubringen wie ihren sonstigen Bedarf.

II Die Distriktsumlagen müssen daher in den Gemeindevoranschlägen und in den Gemeinderechnungen als Ausgaben erscheinen. Ihre Deckung erfolgt zusammen mit der des sonstigen Gemeindebedarfs, also nach den Gemeindeordnungen Art. 39/30 Abs. II, soweit nötig, durch Erhebung von Gemeindeumlagen.

Für den Ansatz der Distriktsumlagen in den Gemeindevoranschlägen wird es hauptsächlich darauf ankommen, wie sich der Geldbetrag des Umlagenbedarfs der Distriktsgemeinde (oben § 137 Ziff. 2) gegenüber dem des Vorjahres stellt. Bleibt dieser Geldbetrag unverändert, so werden die Gemeinden als Distriktsumlage regelmäßig den Betrag veranschlagen können, den sie im Vorjahre als Distriktsumlage zu entrichten hatten; andernfalls werden sie ihre Distriktsumlage regelmäßig entsprechend höher oder entsprechend niedriger zu veranschlagen haben. Ausnahmen können dann veranlaßt sein, wenn innerhalb der Distriktsgemeinde eine erhebliche Verschiebung der Belastung mit Distriktsumlagen zu erwarten ist.

Anhang VI.

Auszug aus dem Verwaltungsgerichtsgesetz.

Art. 8.

Verwaltungsrechtssachen im Sinne dieses Gesetzes sind alle bestrittenen Rechtsansprüche und Verbindlichkeiten in nachbenannten Angelegenheiten:

22. Verpflichtungen einzelner Gemeinden aus besonderen Verbänden nach Art. 37 des Distriktsratsgesetzes vom 28. Mai 1852.
23. Ansprüche der Gemeinden an distriktive Anstalten, dann Ansprüche der Distrikte an die Gemeinden in Bezug auf den Bedarf oder Unterhalt solcher Anstalten.
24. Verbindlichkeit zur Teilnahme an Distriktsumlagen.
34. Öffentliche Eigenschaft eines Weges mit Zugehörungen, einer Brücke oder eines Abzugskanales; Verbindlichkeiten in Bezug auf Herstellung und Unterhaltung der nicht in die Klasse der Staatsstraßen gehörigen öffentlichen Wege, Brücken, Fuhren, Stege und Abzugskanäle, unbeschadet der gesetzlichen Befugnis der Verwaltungsbehörden, über die Anlage von Distriktsstraßen und Gemeindeverbindungswegen und über deren Unterhaltung aus Distrikts- und Gemeindemitteln zu beschließen.

Art. 9.

Soweit in den Fällen der Art. 1, 2, 4, 5, 7, 9, 13, 16, 17, 20, 21, 24, 25, 27, 31, 32, 33, 36, 37, 39 und 40 des Art. 8 nach den bestehenden Gesetzen oder Verordnungen die Distriktsverwaltungsbehörden zur Entscheidung in erster oder zweiter Instanz berufen sind, geht die Berufung gegen deren Entscheidungen unmittelbar an den Verwaltungsgerichtshof.

In allen übrigen Fällen kann die Berufung an den Verwaltungsgerichtshof nur gegen Entscheidungen der Kreisregierungen, Kammern des Innern, ergriffen werden.

Soweit die Reichsgesetze nicht entgegenstehen, ist diese Berufung auch in denjenigen Fällen zulässig, in welchen eine Berufung an die dritte Instanz bisher gesetzlich ausgeschlossen war.

Art. 10.

Der Verwaltungsgerichtshof ist abgesehen von Art. 8 zur Bescheidung von Beschwerden gegen Beschlüsse oder Verfügungen der Regierungen, Kammern des Innern oder der Finanzen,

in den Fällen der Ziff. 5 und 6 der Distriktsverwaltungsbehörden, soweit diese zur Entscheidung berufen sind, dann

der Generaldirektion der Zölle und indirekten Steuern in folgenden Angelegenheiten zuständig:

1. Verfügungen in Gegenständen der Staatsaufsicht über die Bezirke und Kreise, wenn der Bezirk, der Kreis behauptet, die Verfügung verletze sein gesetzliches Selbstverwaltungsrecht oder belaste ihn mit einer gesetzlich nicht begründeten Leistung.

Art. 11.

Wenn Änderungen im Bestande von Gemeinden, Gesamtarmenverbänden, Distrikten, Kreisen oder Schulverbänden eintreten und sich die Beteiligten über die Teilung oder Auseinandersetzung des Gemeinde-, Verbands-, Distrikts-, Kreis- oder Schulvermögens oder über die Rechte und Pflichten in Bezug auf bestehende Anstalten nicht gütlich zu einigen vermögen, so tritt in letzter Beziehung schiedsrichterliche Entscheidung ein.

Diese steht zu:

1. einer von dem K. Staatsministerium des Innern delegierten Kreisregierung, Kammer des Innern, in denjenigen Fällen, in denen eine Gemeinde, welche einer Kreisregierung unmittelbar untergeordnet ist, eine Distrikts- oder Kreisgemeinde beteiligt erscheint;
2. einem von der vorgesetzten Kreisregierung delegierten Bezirksamte in allen übrigen Fällen.

Gegen die Entscheidung der Kreisregierung, beziehungsweise — in den Fällen der Ziff. 2 — des Bezirksamtes findet Berufung an den Verwaltungsgerichtshof statt, welcher in letzter Instanz entscheidet.

Wird in dem Schiedsspruch ein einer Gemeinde, einer Ortschaft, einer abgesonderten Markung oder einem Schulverband gehörendes Grundstück auf eine andere Gemeinde, Ortschaft oder abgesonderte Markung oder einen anderen Schulverband übertragen, so tritt die Eigentumsänderung mit der Rechtskraft des Schiedsspruchs ein. Im Schiedsspruche kann ein anderer Zeitpunkt bestimmt werden.

Art. 13.

Die Zuständigkeit des Verwaltungsgerichtshofes erstreckt sich nicht

1. auf Rechtssachen, die vor die bürgerlichen Gerichte, die Strafgerichte oder die Versicherungsbehörden gehören,
2. auf vorsorgliche Maßregeln, dann auf administrative Aussprüche, welche unter dem gesetzlichen Vorbehalte der Zuständigkeit der Gerichte erfolgen,
3. auf Angelegenheiten und Fragen, in welchen die Verwaltungsbehörden nach ihrem Ermessen zu verfügen berechtigt sind.

Steht ein zur Zuständigkeit des Verwaltungsgerichtshofes nicht gehöriger Gegenstand mit einem bei dem Gerichtshofe anhängigen im Zusammenhang, so wird dadurch die Befugnis des Gerichtshofes, seine Zuständigkeit auf den ersteren Gegenstand auszudehnen, nicht begründet, auch wenn dieser in denselben Akten behandelt ist.

Anhang VII.

1.

Auszug aus dem Armengesetz vom 21. August 1914.

C. Landarmenverbände.

Art. 47.

Jede Kreisgemeinde bildet einen Landarmenverband mit dem Rechte der Selbstverwaltung nach Maßgabe der Gesetze.

Art. 48.

Durch Königliche Entschließung kann ein Ortsarmenverband zu einem eigenen Landarmenverband erklärt werden. Die Erklärung erfordert die Zustimmung des beteiligten Landarmenverbandes und der Gemeinde, bei einem Gesamtarmenverbande der Gemeinden des neuen Landarmenverbandes.

Über die Zustimmung beschließen im Landarmenverbande der Landrat, in den Gemeinden die Gemeindeverwaltungen, bei städtischer Verfassung die Magistrate und die Gemeindebevollmächtigten. In rechtsrheinischen Landgemeinden ist auch die Zustimmung der Gemeindeversammlung erforderlich.

Die Königliche Entschließung regelt auch die Einzelheiten.

Die Abs. I bis III gelten auch für die Wiederauflösung des neuen Landarmenverbandes.

Art. 49.

In jedem Landarmenverband (Art. 47) besteht ein Landarmenrat.

Für die Verwaltung des Landarmenverbandes, der nach Art. 48 gebildet ist, gelten die Vorschriften über die Verwaltung der Ortsarmenverbände.

Art. 50.

Der Landarmenrat besteht aus dem Vorstand und sechs weiteren Mitgliedern.

Den Vorstand und seinen Stellvertreter entnimmt das Staatsministerium des Innern den höheren Beamten der inneren Verwaltung.

Die weiteren Mitglieder und sechs Ersatzmänner wählt der Landrat für die Zeit seiner Amtsdauer aus seiner Mitte. Bei der Wahl entscheidet die einfache Stimmenmehrheit, bei Stimmengleichheit das Los. Das gleiche gilt für die Reihenfolge der Gewählten und der Ersatzmänner. Personen, die miteinander als Brüder, als Vater und Sohn, Oheim und Neffe, verwandt oder als Schwäger, als Stiefvater und Stiefsohn, Schwiegervater und Schwiegersohn verschwägert sind, dürfen nicht zugleich Mitglieder des Landarmenrates sein.

Die Wahl kann abgelehnt und die Stelle kann niedergelegt werden:

1. wegen körperlicher oder geistiger Unfähigkeit,
2. wegen Vollendung des 60. Lebensjahres,
3. wenn der Gewählte die Stelle 6 Jahre lang verwaltet hat.

Über die Zulässigkeit der Ablehnung entscheidet der Landrat, über die des Austritts der Landarmenrat.

Die gewählten Mitglieder des Landarmenrats führen ihr Amt, bis ihre Nachfolger gewählt sind.

Art. 51.

Die gewählten Mitglieder des Landarmenrats versehen ihre Stellen unentgeltlich, erhalten jedoch Entschädigung für Reisekosten und Zeitverlust aus Mitteln des Landarmenverbandes; das Nähere bestimmt die Satzung (Art. 53).

Art. 52.

Der Landarmenrat führt die Verwaltung des Landarmenverbandes. Er vertritt den Landarmenverband in allen Angelegenheiten der Landarmenpflege. Ihm kommt insbesondere zu:

1. die Anerkennung oder Ablehnung der Pflicht zur Leistung öffentlicher Armenunterstützung und die Beschlußfassung über Art und Maß der Fürsorge,
2. die Errichtung von Anstalten des Landarmenverbandes nach den Landratsbeschlüssen und die Verwaltung dieser Anstalten,

3. die Ernennung und Entlassung der nicht zu den Beamten gehörigen Angestellten des Landarmenverbandes und seiner Anstalten,
4. die Beschlußfassung über Leistungen nach Art. 58 Abs. III, 59,
5. die Herstellung und der Vollzug der Voranschläge,
6. die Rechnungsstellung.

Art. 53.

Zur Gültigkeit eines Beschlusses des Landarmenrats ist erforderlich, daß mehr als die Hälfte der Mitglieder mit Einschluß des Vorstandes an der Beratung und Abstimmung teilgenommen und daß dem Beschlusse mehr als die Hälfte der Abstimmenden zugestimmt hat. Bei Stimmengleichheit entscheidet der Vorsitzende.

Den Geschäftsgang des Landarmenrats und die Art seiner Beschlußfassung bestimmt im übrigen die Satzung; sie wird vom Landarmenrat errichtet und bedarf der Genehmigung des Staatsministeriums des Innern. Das gleiche gilt für Änderungen.

Die Satzung kann einen Teil der Aufgaben des Landarmenrats dem dem Vorstand übertragen.

Art. 54.

Der Vorstand vertritt den Landarmenrat nach außen. Er leitet dessen Geschäfte und erledigt alle Angelegenheiten, die ihm durch die Satzung übertragen sind.

In dringenden Fällen hat der Vorstand auch über Angelegenheiten, die dem Landarmenrate vorbehalten sind, das Erforderliche zu verfügen. Hiervon gibt er dem Landarmenrate bei seinem nächsten Zusammentritte Kenntnis.

Art. 55.

Für die Zuständigkeit des Landrats und für die Bescheidung seiner Beschlüsse gilt das Landratsgesetz Art. 15 Buchst. a, b, d, f, g, i, 18, 28, entsprechend.

Art. 56.

Die Landarmenverbände sind berechtigt, die Personen, die ihrer Fürsorge anheimfallen, gegen Entschädigung denjenigen Ortsarmenverbänden ihres Bezirks zu überweisen, die nach dem Gesetz über den Unterstützungswohnsitz § 28 zu ihrer vorläufigen Unterstützung verpflichtet sind. Die Überweisung von Personen, die der Anstaltspflege bedürfen, kann nur erfolgen, soweit Zweck und Raumverhältnisse der dem Ortsarmenverbande zur Verfügung stehenden öffentlichen Anstalten dies zulassen. Dem Ortsarmenverband ist in allen Fällen der gesetzlich notwendige Aufwand durch den Landarmenverband voll zu ersetzen.

Soweit es Zweck und Raumverhältnisse der Anstalten eines Landarmenverbandes zulassen, ist dieser auf Antrag eines Ortsarmenverbandes seines Bezirkes verpflichtet, in den Anstalten gegen Entschädigung Personen aufzunehmen, die der Fürsorge eines Ortsarmenverbandes anheimfallen.

Art. 57.

Mehrere Landarmenverbände können die gemeinsame Herstellung, Unterhaltung und Verwaltung von Einrichtungen für die öffentliche Armenpflege vereinbaren. Das Staatsministerium des Innern bestimmt, in welcher Weise die Einrichtungen zu beaufsichtigen sind.

Art. 58.

Aufgabe der Landarmenverbände ist allgemein die Fürsorge

1. für hilfsbedürftige Geisteskranke, Geistesschwache, Blöde, Epileptische, Blinde, Taubstumme, Krüppelhafte und unheilbare, abschreckend oder ansteckend kranke Sieche, soweit solche Personen der Anstaltspflege bedürfen,

2. für die Erziehung und Ausbildung hilfsbedürftiger blöder, blinder, taubstummer und krüppelhafter Kinder, soweit sie bildungsfähig sind und der Unterbringung in Anstalten bedürfen.

Verpflichtet ist zunächst der Landarmenverband, zu dessen Bezirk der vorläufig unterstützungspflichtige Ortsarmenverband gehört. Er kann die Übernahme des Hilfsbedürftigen und den Ersatz der aufgewendeten Kosten von dem Landarmenverbande beanspruchen, zu dessen Bezirk der endgültig unterstützungspflichtige Ortsarmenverband gehört.

Die Landarmenverbände können mit Genehmigung des Staatsministeriums des Innern noch andere Aufgaben der Ortsarmenverbände (Art. 3 Abs. II, III) übernehmen.

Der endgültig verpflichtete Ortsarmenverband hat in den Fällen des Abs. I ein Fünftel und in den Fällen des Abs. III mindestens ein Viertel des reinen Unterstützungsaufwandes dem Landarmenverbande zu ersetzen.

Art. 59.

Neben der Fürsorge nach Art. 58 obliegt den Landarmenverbänden auf Verlangen die Gewährung von Beihilfen an Ortsarmenverbände ihres Bezirkes, wenn im Bezirke des Ortsarmenverbandes oder in dessen größerem Teile die Höhe der Gemeinde- und Ortsumlagen den Durchschnitt des Landarmenverbandes erheblich übersteigt, ein erheblicher Teil dieser Umlagen zu Armenzwecken verwendet wird und infolgedessen unverhältnismäßige Belastung vorliegt.

Die Beihilfe kann in Geld oder in anderer Weise geleistet werden.

III Die Landarmenräte sind ermächtigt, für die Geltendmachung des Verlangens Fristen zu bestimmen und die Einreichung bestimmter Nachweise vorzuschreiben.

Gegen den Beschluß des Landarmenrats, der den Beihilfenanspruch ganz oder teilweise ablehnt, ist Beschwerde an die Staatsaufsichtsbehörden zulässig.

Art. 60.

Die Erstattung von Kosten an einen Ortsarmenverband, der zur Bezahlung der ihm endgültig auferlegten Kosten laut Bescheinigung der vorgesetzten Behörde ganz oder teilweise außerstande ist (Gesetz über den Unterstützungswohnsitz § 59) obliegt dem Landarmenverbande, zu dessen Bezirk jener Verband gehört.

Gegen den Beschluß des Landarmenrats, der den Erstattungsanspruch ganz oder teilweise ablehnt, ist Beschwerde an die Staatsaufsichtsbehörden zulässig.

Art. 61.

In den Fällen des Gesetzes über den Unterstützungswohnsitz § 33 ist zur Erstattung der Kosten und zur Übernahme des Hilfsbedürftigen der Landarmenverband verpflichtet, in dessen Bezirk der Hilfsbedürftige seinen letzten Unterstützungswohnsitz gehabt hat.

Kann dieser Unterstützungswohnsitz nicht ermittelt werden, so hat den

Aufwand der Landarmenverband zu tragen, in dessen Bezirk die Hilfsbedürftigkeit hervorgetreten ist.

Der Staat ersetzt dem Landarmenverbande vier Fünftel des Aufwandes.

Art. 62.

Solange einem Nichtdeutschen der Aufenthalt in Bayern gestattet wird, ist er in Bezug auf Art und Maß der öffentlichen Armenunterstützung einem Deutschen gleichzuachten.

Zur Erstattung des Aufwandes und zur Übernahme eines solchen Hilfsbedürftigen ist der Landarmenverband verpflichtet, in dessen Bezirk die Hilfsbedürftigkeit hervorgetreten ist.

Der Staat ersetzt dem Landarmenverbande vier Fünftel des Aufwandes.

Art. 63.

Der Aufwand für die Landarmenpflege ist eine Kreislast.

Er ist soweit nötig durch Erhebung von Kreisumlagen zu decken.

Art. 64.

Die Landarmenverbände erhalten Staatszuschüsse.

Der Gesamtbetrag der Staatszuschüsse wird für jede Finanzperiode durch das Budget festgestellt.

Die Verteilung erfolgt alljährlich nach dem Verhältnisse der Hundertsätze der Kreisumlagen für den gesetzlich vorgeschriebenen Armenaufwand durch das Staatsministerium des Innern.

2.

Auszug aus der Ministerialbekanntmachung vom 12. Juni 1911; Vollzugsanweisung zum Umlagengesetz.

§ 141.

Zu Art. 42. I Im Art. 42 wird der Begriff der Kreisumlagen — entsprechend dem bisherigen Rechte — umschrieben.

II Der Klammerhinweis auf Art. 15 Buchst. a, Art. 18 des Landratsgesetzes bringt die Vorschriften des Umlagengesetzes über die Kreisumlagen in die erforderliche Verbindung mit den Vorschriften des Landratsgesetzes.

§ 142.

Zu Art. 43. I Die Grundlage der Kreisumlagenpflicht ist die Veranlagung mit einer direkten Staatssteuer.

II Im einzelnen finden auf die Kreisumlagenpflicht die Grundsätze entsprechende Anwendung, die oben in §§ 4—8, 10 dargelegt sind; nur sind die im § 6 Abs. II Ziff. 3 Buchst. c, d bezeichneten Kleingewerbetreibenden nach dem Umlagengesetz Art. 44 Abs. I Ziff. 2 kreisumlagenfrei.

III Nach Art. 43 Abs. III bewirkten Steuerniederschlagungen und Steuernachlässe gleichwie bisher die entsprechende Minderung oder Aufhebung der Kreisumlagenpflicht [1]).

Zu § 142.

[1]) Das Gegenteil gilt für die Gemeindeumlagenpflicht. Vgl. oben § 9.

§ 143.

I Nach Art. 44 Abs. I Ziff. 1 sind kreisumlagen frei die im Art. 4 bezeichneten Erträge. Vgl. dazu im einzelnen oben §§ 11, 15—18. Zu Art. 44.

II Durch Art. 44 Abs. I Ziff. 1 im Zusammenhalte mit Art. 4, dann mit dem Grundsteuergesetz in der Fassung vom 4. November 1910 § 120 und dem Haussteuergesetz in der Fassung vom 4. November 1910 § 2 wird die völlige gegenseitige Gleichstellung des Staates, der Kreisgemeinden und der Gemeinden in Bezug auf die Freiheit von Grund- und Haussteuern sowie von den entsprechenden Kreis- und Gemeindeumlagen bewirkt. Vgl. oben § 17 Abs. IV.

§ 144.

I Nach Art. 44 Abs. I Ziff. 2 sind kreisumlagen frei die Gewerbetreibenden mit einem Betriebskapitale von nicht mehr als 4000 Mk. oder mit einem Reinertrage von nicht mehr als 1500 Mk., die nach dem Gewerbsteuergesetz Art. 11 Abs. II mit Gewerbsteuer vorgemerkt werden.

II Die Kreisumlagenfreiheit beschränkt sich auf die hiernach vorgemerkten Gewerbsteuern; sie erstreckt sich nicht auf andere Steuern, mit denen solche Personen etwa veranlagt oder vorgemerkt sind.

§ 145.

II Nach Art. 44 Abs. II beginnt und endet die Kreisumlagenfreiheit der im Art. 4 bezeichneten Erträge mit dem Anfange des Kalendervierteljahres nach dem Zeitpunkt, in dem die Voraussetzungen der Kreisumlagenfreiheit eingetreten oder weggefallen sind. Vgl. dazu oben § 19.

§ 146.

I Art. 45 ist dem Art. 7 Abs. 1 nachgebildet und hat die gleichen Ziele wie dieser. Vgl. oben § 21. Zu Art. 45.

II Durch die Ausdrucksweise des Art. 45 („Pflichtige, die auch außerhalb Bayerns zur Bestreitung kreislastenähnlicher Ausgaben beizutragen haben") wird auch der Fall getroffen, daß außerhalb Bayerns kreisgemeindeähnliche Verbände nicht bestehen [1]) oder daß solche Verbände ihre Steuern nicht unmittelbar von den einzelnen Steuerpflichtigen abheben, sondern sie auf die Unterverbände ausschlagen [2]).

§ 147.

I Nach Art. 46 steht die Kreisumlagenberechnung regelmäßig der Kreisgemeinde des Ortes der Steuerveranlagung zu. Zu Art. 46.

II Diese Regel gilt ohne Einschränkung für die Kreisumlagen, die den Grundsteuern, den Haussteuern und den Steuern vom Gewerbebetrieb im Umherziehen zugeschlagen werden (Art. 46 Abs. I Ziff. 1). Vgl. dazu oben §§ 25, 26.

III Für die Kreisumlagen, die den Gewerbesteuern, den Kapitalrentensteuern und den Einkommensteuern zugeschlagen werden, ist dagegen nach Art. 46 Abs. I Ziff. 2, Abs. II bei jedem Pflichtigen zu prüfen, ob nicht nach Art. 9—23 ein Gesamtbetrag solcher Steuern von mindestens 20 Mk.

Zu § 146.
1) So z. B. in Württemberg.
2) So z. B. in Preußen.

auf Gemeinden oder ausmärkischer Bezirke trifft, die zu einer[1]) anderen Kreisgemeinde gehören. Ist dies der Fall, so ist in Bezug auf den entsprechenden Steuerbetrag jene andere Kreisgemeinde umlagenberechtigt. Andernfalls verbleibt es bei der Kreisumlagenberechtigung nach dem Orte der Steuerveranlagung; dieser Ort bemißt sich nach dem Einkommensteuergesetz Art. 22, dem Gewerbsteuergesetz Art. 12 und dem Kapitalrentensteuergesetz Art. 10.

IV Zur Erläuterung diene folgendes Beispiel:

Ein Pflichtiger mit Wohnsitz in der oberbayerischen Gemeinde A ist dort mit Gewerbsteuer, Kapitalrentensteuer sowie Einkommensteuer im Gesamtbetrage von 200 Mk. veranlagt.

Davon treffen auf Grund der Steuerausscheidung (Art. 22)[2])

auf die oberbayerische Gemeinde	A:	120 ℳ,	
„ „ niederbayerische „	B:	40 ℳ,	
„ „ „ „	C:	10 ℳ,	
„ „ oberfränkische „	D:	10 ℳ,	
„ „ „ „	E:	10 ℳ,	
„ „ mittelfränkische „	F:	10 ℳ,	
	zusammen:	200 ℳ.	

Es treffen daher

auf die Kreisgemeinde	Niederbayern (40 + 10 =)	50 ℳ,
„ „ „	Oberfranken (10 + 10 =)	20 ℳ,
„ „ „	Mittelfranken (weniger als 20 ℳ =)	— ℳ,
„ „ „	Oberbayern (der Rest =)	130 ℳ,
	zusammen:	200 ℳ.

V Über die Zuständigkeit zur Entscheidung von Streitfragen s. §§ 152, 153.

§ 148.

Zu Art. 47. I Die Festsetzung des Hundertsatzes der Kreisumlagen erfolgt wie bisher auf Antrag des Landrats durch den König im Landratsabschied, und zwar auf Grund der Steuersumme (Art. 43—46), die für das Erhebungsjahr veranschlagt wird.

II Die Steuersumme, die sich nach Art. 43—46 ergibt, ist wohl in jeder Kreisgemeinde erheblich größer als das bisherige Staatssteuersoll. Wo der Umlagenbedarf für 1912 gegenüber dem für 1911 keine Steigerung erfährt, wird daher der Hundertsatz der Kreisumlagen entsprechend sinken.

Zu § 147.

[1]) Es muß eine andere Kreisgemeinde sein, auf die mindestens 20 Mk. solcher Steuern entfallen. Vgl. das Beispiel im Abs. IV.

[2]) Der Fall, daß eine andere Kreisgemeinde als die des Ortes der Steuerveranlagung kreisumlagenberechtigt ist, kann auch ohne die Notwendigkeit einer Steuerausscheidung eintreten. Hieher gehört z. B. der Fall, daß der Pflichtige in Oberbayern seinen Wohnsitz hat und sein ganzes Einkommen aus einem Gewerbetriebe in Schwaben bezieht, für den er mit einer Gewerbsteuer von mindestens 20 Mk. veranlagt ist.

§ 149.

I Mit dem festgesetzten Hundertsatze werden die Kreisumlagen auf die einzelnen Pflichtigen entsprechend ihren Steuern ausgeschlagen. Maßgebend sind dabei die Steuern, mit denen der einzelne Pflichtige im Laufe des entsprechenden Jahres oder nachträglich für dieses Jahr wirklich veranlagt oder vorgemerkt ist.

II Über die Zuständigkeit zur Berechnung der Einzelschuldigkeiten s. unten §§ 152, 153.

§ 150.

Art. 48 Abs. I trifft die erforderlichen Bestimmungen über die Fälligkeit der Kreisumlagen. Vgl. dazu auch oben § 106. Zu Art. 48.

§ 151.

Nach Art. 48 Abs. II erfolgt die Erhebung und Beitreibung der Kreisumlagen wie bisher durch die nämlichen Behörden, zu gleicher Zeit und in derselben Weise wie die Erhebung der Staatssteuern, denen die Kreisumlagen zugeschlagen sind.

§ 152.

I Die Verwaltung der Kreisumlagen (Berechnung der Einzelschuldigkeiten, Erhebung, Beitreibung und Verrechnung) obliegt den Rentämtern [1]), in der Pfalz unter Mitwirkung der Steuereinnehmereien.

II Örtlich zuständig ist das Rentamt, das die entsprechende Staatssteuer verwaltet, also das Rentamt, bei dem oder von dem diese Staatssteuer veranlagt worden ist.

III Beschwerden bescheidet die vorgesetzte Regierung, Kammer der Finanzen, im Benehmen mit der Regierung, Kammer des Innern, und in letzter Instanz das Staatsministerium der Finanzen im Benehmen mit dem Staatsministerium des Innern.

§ 153.

I Die örtliche Zuständigkeit nach § 152 Abs. II erstreckt sich auch auf die Berechnung, Erhebung und Beitreibung jener Kreisumlagen, die einer amtsfremden Kreisgemeinde zufließen. Zu beachten ist dabei, daß solche Kreisumlagen nach dem Hundertsatze zu berechnen sind, der für die amtsfremde Kreisgemeinde festgestellt ist.

II Die Kreisumlagen dieser Art werden in der Steuerliste usw. (Spalte Bemerkungen) vorgemerkt. Rückstände und Nachlässe werden in die entsprechenden Verzeichnisse übertragen.

III Die vereinnahmten Kreisumlagen dieser Art übersendet das Rentamt (unter entsprechender Minderung seiner Solleinnahmen) mit einem Verzeichnisse der Beträge und ihrer Schuldner dem Rentamte der Hauptstadt der umlagenberechtigten Kreisgemeinde, für Oberbayern dem Stadtrentamte München II. Abdrücke des Verzeichnisses sendet es an die Regierungen, Kammer der Finanzen, die ihm und dem Empfangsamte vorgesetzt sind.

IV Das Empfangsamt verrechnet diese Kreisumlagen in seiner Kreisfondsrechnung.

Zu § 152.

[1]) S. die Verordnung über die Neuorganisation der Rentämter vom 10. Mai 1903 § 1 Abs. I Buchst. a (GVBl. S. 315).

V Nachholungen und Rückvergütungen werden in das nächstjährige Verzeichnis eingesetzt, es sei denn daß besonderer Anlaß zu beschleunigter Behandlung besteht.

VI Die beiden beteiligten Regierungen, Kammern der Finanzen, treffen im gegenseitigen Benehmen die zur Überwachung erforderlichen Maßnahmen.

VII Die vorstehenden Absätze gelten nicht für die Kreisumlagen, die den Steuern vom Gewerbebetrieb im Umherziehen zugeschlagen werden. Für diese bleibt es bei den bisherigen Vorschriften. Vgl. insbesondere die Ministerialbekanntmachung vom 16. März 1879 § 16 Ziff. 6—8 und die Ministerialentschließung vom 11. September 1879 (GVBl. S. 171 und FinMBl. S. 175).

§ 154.

I Über die Erhebung und Beitreibung der Kreisumlagen s. auch die Vollzugsvorschriften zum Einkommensteuergesetz vom 28. Mai 1911 § 96 (GVBl. S. 556), über die Niederschlagung ebenda § 97, über die Rückvergütungen bei Überzahlungen ebenda §§ 64 Abs. VI, 73 Abs. IV.

II Im übrigen gelten für die Verwaltung der Kreisumlagen die bisherigen Vorschriften.

Register zum Bezirkstagsgesetz.

Die großen arabischen Ziffern bedeuten die Artikel des Kreistagsgesetzes, die römischen Ziffern die des Kreislastenausscheidungsgesetzes, die kleinen arabischen Ziffern die Anmerkungen zu den betr. Artikeln.

Register zum Kreistagsgesetz.

Die großen arabischen Ziffern bedeuten die Artikel des Kreistagsgesetzes, die römischen Ziffern die des Kreislastenausscheidungsgesetzes, die kleinen arabischen Ziffern die Anmerkungen zu den betr. Artikeln.

Ergänzung zu „Helmreich, Bezirks- und Kreistagsgesetz.

1. Gesetz über Notmaßnahmen für die Kreisgemeinden.

Vom 28. März 1924 (GVBl. S. 116).

Der Landtag hat das folgende Gesetz beschlossen:

Art. 1. Die Angelegenheiten der Kreise werden bis auf weiteres von den Kreisausschüssen behandelt. Die Kreistage werden nur noch einmal zur Neuwahl der Kreisausschüsse einberufen.

Art. 2. Vom 1. April 1924 an übernimmt der Staat den persönlichen und sächlichen Bedarf für die Oberrealschulen, Realschulen, Progymnasien und Lateinschulen, deren etatmäßige Beamte bisher von den Kreisen besoldet wurden. Der Sachbedarf für diese Anstalten wird auf den Staat auch insoweit übernommen, als er bisher von einer Gemeinde bestritten worden ist. Die Einrichtung dieser Anstalten geht unentgeltlich auf den Staat über.

Die Unterhaltung der Anstaltsgebäude wird nur dann vom Staat übernommen, wenn die Gebäude dem Staat unentgeltlich übereignet werden und frühestens vom Zeitpunkt der Übereignung an. Bis zu diesem Zeitpunkt bleibt die bisherige Pflicht zur Unterhaltung und Bereitstellung des Gebäudes bestehen. Der Staat kann die Übereignung der Gebäude ablehnen, wenn und solange diese nicht für die Bedürfnisse der Schule entsprechend ausgebaut sind.

Art. 3. Vom 1. April 1924 an übernimmt der Staat den gesamten Aufwand für die Versorgungsbezüge der vor dem 1. Januar 1920 aus dem Dienste geschiedenen Volksschullehrer und ihrer Hinterbliebenen sowie für die Versorgungsbezüge der vor dem 1. April 1920 aus dem Dienste geschiedenen Kreisschulaufsichtsbeamten und ihrer Hinterbliebenen, soweit dieser Aufwand bisher von den Kreisen zu leisten war.

Das gleiche gilt für den Anteil, den die Kreise bisher zu den Gesamtausgaben für die Kulturbauverwaltung bei den Regierungen und den Kulturbauämtern zu tragen haben.

Art. 4. Der Aufwand, der dem Staat durch die Übernahme der Lasten nach den vorstehenden Art. 2 und 3 erwächst, ist durch Änderung der Verteilung der Reichseinkommensteuer und Körperschaftssteuer zu Lasten der Kreise zum Ausgleich zu bringen. Zu diesem Zwecke wird der Anteil des Staates (Art. 1 des Gesetzes vom 30. Juni 1921 zum Vollzuge des Landessteuergesetzes vom 30. März 1920) am Landesanteil der Einkommens- und Körperschaftssteuer um einen entsprechenden Hundertsatz erhöht, der Anteil jedes Kreises um den gleichen Hundertsatz vermindert. In gleicher Art wird die Übernahme des Sachbedarfs nach Art. 2 Abs. I Satz 2 dieses Gesetzes zugunsten des Staates und zu Lasten der beteiligten Gemeinden ausgeglichen. Der Ausgleich erfolgt nach Anhörung der Beteiligten durch die Staatsministerien des Innern und der Finanzen.

Art. 5. Vom 1. April 1924 an entfallen die Vorschüsse des Staates für die Ausgaben der Kreise. Die Kreise erhalten für das Haushaltjahr 1924 jedoch einen Betriebsvorschuß von insgesamt 1 Million Mark. Die Verteilung erfolgt durch das Staatsministerium der Finanzen im Benehmen mit dem Staatsministerium des Innern. Der Betriebsvorschuß ist zur Befriedigung der allernotwendigsten Ausgaben in mäßigen Grenzen überschreitbar.

Art. 6. Das Gesetz ist dringend. Es tritt sofort in Kraft. Die Ausführungsbestimmungen erlassen die beteiligten Staatsministerien. Diese sind ermächtigt durch Verordnung die einschlägigen gesetzlichen oder verordnungsmäßigen Bestimmungen den Vorschriften dieses Gesetzes anzupassen.

2. Aus dem Gesetz zum Vollzuge des Finanzausgleichgesetzes.

Vom 28. April 1924 (GVBl. S. 157)*).

Bezirksumlagen.

Art. 24. Die Bezirksumlagen sind steuerliche Beiträge der Gemeinden und der Eigentümer ausmärkischer Grundstücke zur Bestreitung der Bezirksbedürfnisse.

Art. 25. I Die Berechnung und Verteilung der Bezirksumlagen geschieht in folgender Weise:

1. Für die Gemeinden kommt das Aufkommen an den im Art. 7 bezeichneten Landessteuern in Ansatz.
2. Für die ausmärkischen Grundstücke werden entsprechende Steuersummen festgestellt.
3. Aus der Gesamtheit dieser Steuersummen werden die Bezirksumlagen nach einem einheitlichen Hundertsatze berechnet. Mit diesem Hundertsatze werden sie auf die einzelnen Pflichtigen (Art. 24) entsprechend ihren Steuersummen ausgeschlagen. Übersteigen die Bezirksumlagen 100 vom Hundert der Steuersummen, so ist staatsaufsichtliche Genehmigung erforderlich. Diese darf nur bis zum Satze von 200 vom Hundert erteilt werden.

II Für die Berechnung und Verteilung der Bezirksumlagen ist für das Rechnungsjahr 1924 das Aufkommen dieses Rechnungsjahrs, für die Zukunft das Aufkommen des jeweils vorangegangenen Rechnungsjahrs maßgebend. Die Bezirksumlagen sind mit dem 1. April des Jahres fällig. Den Zeitpunkt der Entrichtung bestimmt der Bezirksausschuß. Dieser ist berechtigt, Vorschüsse gegen spätere Abrechnung von den Gemeinden anzufordern.

Art. 26. Der Bezirk kann den Hundertsatz für die einzelnen Gemeinden oder ausmärkischen Bezirke je nach der Teilnahme an den Vorteilen einer Einrichtung im Rahmen des Art. 25 höher festsetzen. Er kann unter der gleichen Voraussetzung die Zahlung einer bestimmten Geldsumme oder die Gewährung von Sachleistungen auferlegen. Die Beschlüsse bedürfen der Zustimmung von zwei Dritteln der im Bezirkstag abstimmenden Vertreter. Bei Beschwerde entscheidet vorbehaltlich des Art. 10 Ziff. 1 des Verwaltungsgerichtsgesetzes die Regierung, Kammer des Innern, endgültig.

Art. 27. Von den Gemeinden werden die Bezirksumlagen in gleicher Weise wie ihr sonstiger Bedarf aufgebracht.

Art. 28. Die Gemeinden, Bezirke und die ihnen hinsichtlich der Straßenunterhaltung gleichgestellten Rechtspersönlichkeiten können die Unternehmer von Betrieben, die eine Straße wiederkehrend in außergewöhnlichen Maße abnützen, zu besonderen Vorausleistungen heranziehen und zwar zusammen bis zum Betrage der Hälfte der Grund-, Haus- und Gewerbsteuer, die für die

*) In Kraft seit 1. April 1924 (Art. 44 Abs. 1 des Ges.).

Betriebe zu entrichten sind. Gegen die Festsetzung ist vorbehaltlich des Art. 8 Ziff. 31 des Verwaltungsgerichtsgesetzes Beschwerde zur Aufsichtsbehörde zulässig. Die Regierung, Kammer des Innern, entscheidet als Aufsichtsbehörde endgültig.

Art. 29. Die Gemeinde des Betriebssitzes hat die Beiträge nach Art. 28 auf Antrag des Berechtigten und auf dessen Kosten in gleicher Weise wie Gemeindeumlagen zu erheben und beizutreiben.

Kreisumlagen.

Art. 30. I Kreisumlagenpflichtig ist, wer mit einer in Art. 7 bezeichneten Steuern veranlagt ist.

II Die Vorschriften des Art. 8 Abs. II, III finden entsprechende Anwendung.

III Steuerniederschlagungen und Steuernachlässe bewirken die entsprechende Minderung oder Aufhebung der Kreisumlagenpflicht.

Art. 31. I Kreisumlagenfrei sind die in Art. 9 bezeichneten Erträge.

II Im Falle des Abs. I findet der Art. 10 entsprechende Anwendung.

Art. 32. Die Staatsregierung kann in bezug auf Kreisumlagenpflichtige, die auch außerhalb Bayerns zur Bestreitung kreislastenähnlicher Ausgaben beizutragen haben, Vereinbarungen und Verfügungen treffen, die von den Vorschriften dieses Gesetzes abweichen.

Art. 33. Kreisumlagenberechtigt ist

1. in bezug auf die Erträge aus Grundbesitz, Hausbesitz und Gewerbebetrieb im Umherziehen vorbehaltlich des § 10 des Finanzausgleichsgesetzes die Kreisgemeinde des Ortes der Steuerveranlagung,
2. im übrigen der Kreis, zu dem die nach Art. 13—17 umlagenberechtigten Gemeinden gehören, und zwar nach Maßgabe der Steuerbeträge, die auf diese Gemeinden treffen.

II An die Stelle des nach Abs. I Ziff. 2 berechtigten Kreises tritt die Kreisgemeinde des Ortes der Steuerveranlagung, wenn die Steuern des Pflichtigen, die hiernach auf jenen Kreis treffen, weniger als 100 Mark betragen.

Art. 34. I Die Kreisumlagen werden mit den Landessteuern fällig, denen sie zugeschlagen werden.

II Die Kreisumlagen werden zugleich mit den Landessteuern erhoben und in derselben Weise wie diese beigetrieben. Art. 19, 22 Abs. II finden entsprechende Anwendung.

Kolibri 360 GmbH
Ferdinand-Jühlke-Straße 7
99095 Erfurt, Deutschland
produktsicherheit@kolibri360.de